＝ホルシュタイン州が憲法改正により初めて採用した後、旧東ドイツ地域の五州、さらにニーダーザクセン州、ブレーメン、ベルリン、ハンブルクおよびラインラント＝プファルツ州が各々の州憲法の制定あるいは改正により（ブレーメンおよびラインラント＝プファルツ州は従来の二段階の手続に代えて）採用している。

他方、わが国における住民投票制度は、現行法上、一定の限られた対象について認められているにすぎず、また直接請求の一つである条例の制定改廃請求も住民の発案にとどまり住民投票を伴ってはいない。このため特定の行政施策に関して住民の賛否を問う住民投票を条例により制度化し、実際に住民投票を実施する自治体も現れている。なるほどそれは住民の意思を直接行政に反映させるという意味で住民自治の実現にとって極めて実効的な手段であるが、投票の対象や法的拘束力、投票に際しての公正さの確保などの問題点が指摘され、これをさらに一般的な制度として発展させるためには、同様の制度を有する諸外国における理念と運用の実際を詳細に検討することが必要である。

本書は、このような観点から、ドイツの各州において採用されている州民投票制度について、その対象である法律の制定改廃、憲法改正および州議会の解散の別に、従来より発表してきた拙稿を二〇〇〇年三月までの各州の実例および議論を加えてまとめたものである。とりわけ州民立法制度については、二段階の手続および三段階の手続を採用する州の代表として、各々バーデン＝ヴュルテンベルク州およびシュレスヴィヒ＝ホルシュタイン州をとりあげ、その制度が採用されるに至った経緯とりわけ州議会における賛否の議論を紹介し、当該制度の特徴を検討するとともに、その手続が試みられた実例を考察する。

本書は、妻康子にささげられる。長男英一郎を亡くした失意の底から立ち上がり、折しも一九八七年に文部省在外研究員のチャンスを得て渡独、誕生したばかりの次男悠とともに、南西ドイツは湖畔の町コンスタンツにおいて希望あふれる生活をスタートさせたことはいまだに記憶に新しい。この留学時の成果であるドイツ州議会の解散制度に関する研究が本書の構想の端緒となり、そして一九九九年の留学に際して家族とともに再度コンスタンツを訪れ、このテーマに関する研究をともかくも完結させることができたことを考えると、本書の公刊はまさにわれわれの家族の歩みと軌を一にしているとの思いが強い。君と悠とのお互いを思いやる温かい家庭がなければ、この研究を成就させることはできなかったであろう。

本書の執筆に至るには多くの方々のお世話になったが、とりわけ次の三人の先生には心からの感謝の意を記して表しなければならない。まず、手島孝先生（九州大学名誉教授）には、九州大学法学部在学中より厳しくご指導をいただき、先生の学問研究に対する厳しくも情熱的な姿勢に接するたびに研究精進への思いを新たにさせていただいてきた。また安藤高行先生（九州大学教授）には、佐賀大学着任時より、同じ法律コースの、また工房会の先輩として公私にわたりお世話になり、折にふれて貴重なご教示をいただいてきた。そしてヴィンフリート・ブローム先生（ドイツ・コンスタンツ大学名誉教授）には、二度にわたるドイツ留学に際し、コンスタンツ大学において十分なる研究条件を提供していただいたのみならず、ドイツでの生活を家族共々極めて有意義なものにしていただいた。本書が、先生方の学恩にいささかなりとも報いることができれば幸いである。

最後に、本書の出版については、法律文化社編集部の秋山泰氏にお世話になった。厚くお礼申し上げる。

二〇〇一年六月、筑紫野にて

著　者

目　次

序論　ドイツの州民投票制度

一　ドイツ基本法は、その二八条一項において、「州における憲法的秩序は、この基本法の意味における共和制的、民主的および社会的な法治国家の諸原則に合致していなければならない。」と規定し、さらに同条三項において、「連邦は、州の憲法秩序が基本権ならびに第一項および第二項の規定に合致することを保障する。」と、州に対する連邦の影響力の行使を認めることにより、連邦と州の憲法的秩序に関する一定の同質性を要求している。しかし、これらの規定は、決して両者の画一化までをも要求するものではなく、州が各々の憲法あるいは州法を制定するに際しては、その具体的内容においてこの原則的規準に合致すべきとの制約はあるものの、その他の点においては基本的に自由に決定することができる余地が認められていると解されている。[1]これは直接民主主義的諸制度、とりわけ州民投票的要素の採用に関しても同様である。なるほど基本法は、「すべての国家権力は国民に由来」し、それは「選挙および投票において国民により……行使される。」（二〇条二項）と規定しながらも、その「投票」を、二九条および一一八条が規定する「連邦領域の再編成」の際の州民投票に限定し、ワイマール憲法が規定していた法律の制定改廃に関する国民請願および国民投票（七三条三項）のごとき制度を採用していない。しかし、基本法は、州が州民投票的要素を採用することまでをも制約しているわけではなく、州民投票の対象が各州固有の権限の範囲内に限定され、連邦固有の権限へ介入することはできないなどの制約はあるものの、州の法律の制定改廃あるいは州議会の解散などを対象とする州民投票制度を州憲法に採用することは、何ら問題とはならないと考えられる。[2]

二　実際に、ドイツの各州憲法は、州民主権に関する条項において、州民は州民投票を通じて州権力の行使に参加すると規定し、(3) 現在では、一六の州憲法はすべて、州民が法律の制定改廃、憲法の改正あるいは州議会の解散を、「州民発案（Volksinitiative）」あるいは「州民請願（Volksbegehren）」という手続により要求し、最終的には「州民投票（Volksabstimmung, Volksentscheid）」により決定するという、州民投票制度を採用している。

例えば、バーデン＝ヴュルテンベルク（以下、「ＢＷ」と略する）州憲法は、「州権力は、州民に由来する。それは、州民により選挙および投票において……行使される。」（二五条一項）と規定し、具体的には、州議会の解散、法律の制定改廃および憲法の改正という三つの対象について、「州民請願」および「州民投票」の二段階の手続を通じて提案できる権利を州民に認めている。すなわち、州議会の解散に関する要求が、有権者の六分の一により提案（州民請願）された場合には、州民投票が実施され、有権者の過半数がこの要求に同意した場合には州議会は解散され（四三条二項）、同様に有権者の六分の一により、法律の制定改廃あるいは憲法の改正が要求され、州議会がこの要求に応じない場合には州民投票が実施され、有効投票の過半数で有権者の三分の一（憲法改正の場合は、有権者の過半数）が同意した場合には、法律の制定改廃あるいは憲法改正が成立する（五九条、六〇条、六四条三項）。

他方、シュレスヴィヒ＝ホルシュタイン（以下、「ＳＨ」と略する）州憲法も、「州民は、その意思を選挙および投票を通じて表明する。」（二条二項）と規定するが、その具体的な手続としては、ＢＷ州の二段階の手続と異なり、州民請願の前段階として「州民発案」という手続を置くことにより、三段階の州民投票制度を採用している。この州民発案により、州民は、州議会の決定権限の範囲内で政治的意思形成に関する（法律案に限定されない）案件を審議するよう州議会に要求することができる。州議会がこの提案を受け入れなかった場合は、州民請願の手続に移行し、有権者の五％の支持が得られると州民投票が実施され、投票の過半数で有権者の四分の一（憲法改正の場合は、投票の三分の二で有権者の過半数）が同意すれば、それらの提案が採択される（四一条、四二条）。

三　このように各州の州憲法が採用している州民投票制度を沿革的にみると、戦後の憲法制定期においては、ほとんどの州がワイマール憲法期の伝統を引き継いで、当初よりこの制度に関して開放的であり、州民投票による州民の共働権を規定していなかったのは、ハンブルク、ニーダーザクセン州およびSH州の三州の州憲法だけであった。これらの三州は、基本法が成立（一九四九年五月二三日）した後（ハンブルク憲法は一九五二年六月六日、ニーダーザクセン州憲法は一九五一年四月一三日、SH州憲法は一九四九年一二月一三日）に制定されたため、基本法が原則として国民投票的制度を採用しなかったことを考慮して、国家意思形成への州民の直接参加を規定しなかったとされる。[4][5][6]

その後一九七〇年代に入ると、バイエルン州やノルトライン＝ヴェストファーレン（以下、「NW」と略する）州において行われた州民請願の有意義な成果が契機となって、他の州におけるこの直接民主主義的制度の採用に一層の上昇気流が加わり、一九七四年には、BW州において、すでに規定されていた州民投票制度に加えて、新たに本来の州民立法制度が導入され、またザールラント州においても同様に、一九七九年の憲法改正により、州民に州民請願を通じた法案提出権を認める制度が導入された。他方、ベルリンだけは、こうした動きと逆コースを歩み、一九七四年、当初より施行法を欠いて空洞化された状態にあった憲法改正および法律制定に関する州民の法案提出権（州民請願）に関する規定を憲法から削除し、州議会の解散に関する州民投票制度だけを有する州となった。

SH州は、前述のようにハンブルクおよびニーダーザクセン州とならんで、州民投票制度をもたない州の一つであったが、一九八七年に起きた政治的スキャンダルを解明するために設置された州議会の調査委員会が、同州憲法に関する改革勧告をも行ったことを契機に、州憲法は一九九〇年六月に全面的に改正され、そのなかでは州民立法制度も採用されたが、それは従来の州民請願と州民投票の二段階の手続からなる制度ではなく、州民請願の前段階として州民発案を加えた三段階の制度であった。そして折しもドイツ統一により新しい州憲法を制定するための審議が行われていた旧東ドイツ地域の五州は、すべてこのSH州の制度をモデルとして、三段階の州民投票制度を採用した。またニーダーザクセン州とハンブルクも、各々一九九三年および一九九六年の憲法改正により、この制度を採用した。さらに、ブレーメンとラインラント＝プファルツ（以下、「RP」と略する）州は、従来二段階の州民投票制度を有していたが、各々、一九九四年および二〇〇〇年の憲法改正により州民発案制度を導入することにより、三段階の制度の仲間入りをした。前述のように一九七四年に州民立法制度を失ったベルリンは、その約二〇年後の一九九五年の憲法改正により、三段階の手続による州民立法制度を改めて導入している。

したがって、現在、ドイツの一六の州憲法はすべて州民投票制度を採用しているが、これらの州は、ワイマール憲法期の伝統を継受して州民請願と州民投票の二段階の手続から成る制度を採用する州、すなわちBW州、バイエルン州、ヘッセン州、NW州およびザールラント州の五つの州と、SH州が一九九〇年に採用して以来一躍ブームとなった州民発案、州民請願および州民投票の三段階の手続から成る制度を採用する州、すなわちSH州以下、旧東ドイツ地域のブランデンブルク州、メクレンブルク＝フォアポンメルン（以下、「MV」と略する）州、ザクセン州、ザクセン＝アンハルト（以下、「SA」と略する）州およびテューリンゲン州、さらにベルリン、ブレーメン、ハンブルク、ニーダーザクセン州およびRP州の一一の州とに大別される。なお、NW州議会は、州民発案手続の導入に向けて、二〇〇一年にはすべての会派が一致してそのための憲法改正に関する審議を本格化していることから、同州も三段階の手続を採用する州に加わると考えられる。

四　これら二種類の州民投票制度は、それらを採用する州により、その対象や手続などにおいて異なる点もあるが、概ね、次のような特徴が認められる(7)。

まず、二段階の手続の出発点となる州民請願とは、州民（州議会選挙の有権者）が、法律の制定改廃（憲法改正を含む）あるいは州議会の解散を要求することである。[8] ただし、予算、公租公課法、公務員の給与法など、州の財政に関わる法律の制定改廃を求める州民請願（あるいは州民投票）は許されていない。州民請願は、実際には、その要求の提案を支持する州民が登録名簿に署名することにより行われ、その登録者数が一定数に達すれば成立して州議会の審議にかけられ、最終的には州民投票へと続く手続にのせられる。しかし、この州民請願の実施、すなわちその支持者による登録手続に着手するためには、事前にその許可を得なければならない。この許可の申請は、一定数の有権者の署名（ヘッセン州の三％を除き、概ね一％以下）、理由が付されて完成された法律案の添付などの形式的要件を満たしていなければならないが、さらに当該法律案については、それが基本法や州憲法に違反していないかどうかの実質的な審査が行われる。[9] したがって、州民請願は、まずその実施の許可を得るための署名、次に州民請願のための署名という二つのハードルを越える必要があり、また州民請願の成立要件は、二段階の制度を採用する州のうち、バイエルン州（一〇％）およびBW州（六分の一）を除く四州においては、有権者の二〇％の署名というかなり高いハードルが設定されている。

州民発案は、このような要式性およびハードルの高い成立要件が求められる州民請願に対して、州民の要求が比較的簡便に公的に表明されるように工夫された手続である。まずその対象は、ハンブルクおよびザクセン州を除いて法律案に限定されず、例えばSH州憲法が、「州議会の権限の範囲内で政治的意思形成の一定の案件」（四一条一項）と概括的に規定するように、窓口が広く開けられている。もっとも、州民請願と同様、州の財政に関わる州民発案は許されていない。この州民発案を提出するためには一定数の署名が必要であるが、その署名者を州議会選挙の有権者に限定せず、ドイツ人以外の住民にも参加権を認めている州（ブランデンブルク州、ベルリンおよびブレーメン）もあり、必要とされる署名者数も有権者（住民）総数の一％前後にすぎない。この要件を満たして提出された州民発案に対して、州議会はそれを審議することを義務づけられ、その発案代表者は、州議会において意見を述べる権利を有する。州議会が、州民発案の要求を受け入れなかった場合、それに続く手続としては、SH州、ブランデンブルク州、ハンブルクおよびザクセン州の四州においては、発案者の申請に基づいて、そのまま州民請願の手続へと移行する（すなわち州民発案と州民請願は手続上直結している）が、他の七州においては、州民発案と州民請願とは連続した手続としては構成されていない。したがって、これら七州の州民は、自分たちの要求をさらに州民請願の手続にのせたい場合は、二段階の制度と同様、州民請願の許可申請からスタートしなければならないが、その要求をハードルの低い州民発案から開始するか、それともハードルは高いが州民投票までの期間が短い州民請願から開始するかは、発案者の任意に委ねられている。

以上のように、州民発案および州民請願の特徴を簡単に述べたが、二段階あるいは三段階の手続に関わりなく、一六の州の州民投票制度すべてに共通する最大の特徴として挙げられることは、その手続が、最初（州民発案あるいは州民請願）から最後（州民投票）まで、すべて州民のイニシアティブだけにより推し進められるのではなく、その手続は必ず州議会を経由し、州議会も州民の要求に関する議決を通じてその手続に参加するという点である。それは、第一に、州民発案あるいは州民請願により提出された法律案あるいはその他の提案は、直ちに州民投票にかけられるのではなく、まず州議会に提出されて、その提案の採否に関して審議が行われること（間接的州民発案・州民請願）、第二に、州議会がその提案を受け入れなかった場合に初めて、その提案に関する州民投票が実施されること（条件付義務的州民投票）、第三に、州議会には、州民の提案を受け入れない場合は州議会自らの対案を州民投票にかけることが認められ、したがってこの場合の州民投票においては、州民および州議会の両提案について州民の賛否が問われることにあらわれている。

五　わが国の地方自治においても、昨今、住民投票制度はきわめて重要なキーワードの一つとなっている。とりわけ、原子力発電所の設置、産業廃棄物処理施設の設置など特定の行政施策の是非を住民に問うために住民投票を実施することを内容とする条例、いわゆる「住民投票条例」が注目を集め、実際にそうした条例に基づいて住民投票が実施された自治体もみられる。こうした動きは、一方で住民の意思に基づく地方自治行政の推進が叫ばれながら、他方でその重要な手段の一つである地方自治法上の直接請求制度が体系的に不完全であることのあらわれでもある。すなわち、直接請求制度の中心的存在と考えられる条例の制定改廃請求権は、発案の段階までにとどまり、その提案の採否は住民投票によるのではなく、議会の議決に委ねられているため、議会でそれが否決されれば、住民にはその提案を成立させる方途はもはや存しないのである。もっとも、さらに議会の解散あるいは長の解職の請求という手段に訴えられることもあるが、それらと条例の制定改廃請求とは、本来は存在目的を異にし、手続的にも連続するものではない。[10] また市町村合併特例法が規定する住民発議制度も、なるほど住民が有権者の五〇分の一以上の署名により、長に対して合併協議会設置協議を議会に付議することを義務づけることができる（同法四条の二）点では、住民の要求を政治的意思形成過程に反映させる制度として評価できるが、住民の合併に関する要求は、いずれにせよ長に対する協議会設置請求にとどまり、その合併手続の入口の段階で終わる点においては、他の直接請求権と同様の批判を免れることはできないであろう。[11] 行政施策の個別具体的問題に関して住民の賛否を問う住民投票条例は、まさにこうした直接請求等の法制度上の限界に対して、住民側の創意と工夫により生み出されたものであるといえよう。

こうしたわが国の直接民主主義的制度に関する法状況に対して、アメリカ、スイス、さらにドイツにおいては、住民による発案は、最終的には、住民投票でその採否が決定されるところに制度の核心がある。なるほど、住民投票制度には問題がないわけではなく、例えば、十分な情報や討論なしに直ちに投票によって決することの危険性、投票の対象案件の妥当性や投票に際しての公正な手続の確保などの問題点が指摘されている。しかし、住民の意思をできるだけ行政に反映させるためにもっとも実効的な手段としてのこの制度については、前述のような状況下の今日、わが国の現行制度の再点検のみならず、諸外国の制度の理念と運用の実際を詳細に検討し、その導入について改めて考えてみる必要があるように思われる。

本書は、このような観点から、ドイツの住民投票制度、[12]とりわけ州のレベルにおける州民投票制度について従来より発表してきた拙稿を、[13]二〇〇〇年三月までの事例および議論を加えて再構成したものである。本書の構成としては、まず、一六の州すべての州憲法が採用している法律の制定改廃について、二段階の手続を採用する州（第一章）と三段階の手続を採用する州（第二章）とに分け、その代表として、前者についてはBW州、後者についてはSH州をとりあげ、各々の制度が採用されるに至った経緯、とりわけ州議会における議論ならびにその手続が試みられた事例を詳細に考察するとともに、その他の州においても各々の制度の概要および事例を考察する。続いて第三章においては、州憲法の改正に関する州民投票制度、そして第四章においては、州議会の解散に関する州民投票制度について、各々の制度の概要および事例を考察する。

なお、本書で引用した各州議会の議事録をはじめとする資料および文献の詳細ならびに略語については、巻末に一括して掲載した。

【注】

（1）基本法二八条一項は、連邦と州の間ならびに各州の間における憲法上の同質性（Homogenität）を達成しようとするものの、画一化（Uniformierung）までをも要求するものではなく、したがって、例えば、州議会と州政府との関係、州議会の構成、議員の選挙制度、直接民主主義的諸制度、憲法改正手続などに関して、州は原則的規定に拘束されるほかは、自由に州憲法あるいは州法において規定することができる。参照、Maunz/Dürig, Grundgesetz, Art.28,Rdnr.3, 31ff.; AK Grundgesetz, Art.28,Abs.1, Rdnr.4; Schmidt-Bleibtreu/Klein, Grundgesetz, Art.28, Rdnr.1b.

（2）Krause, Unmittelbare Demokratie, §39, Rdnr.3; Pestalozza, Popularvorbehalt, S. 14-15; Weber, DÖV 1985, S.179; Maunz/Dürig, Grundgesetz, Art.28,Rdnr.34.

（3）州民が、「州民請願」および「州民投票」により、州の意思形成に参加することを明示的に規定している州憲法として、参照、バイエルン州憲法七条二項（「州民は、その権利を選挙、住民請願および住民投票、ならびに州民請願および州民投票への参加により行使する。」）、ヘッセン憲法七一条（「州民は、この憲法の規定にしたがって、直接的には、州民投票（州民選挙、州民請願および州民投票）を通じて……行動する。」）、NW州憲法二条（「州民は、選挙、州民請願および州民投票を通じて、その意思を表明する。」）、テューリンゲン州憲法四五条二文（州民は、「選挙、州民請願および州民投票を通じてその意思を実現する。」）。

（4）ワイマール憲法は、七三条から七六条などにおいて、国民投票による国民の共働権を認めており、とくに七三条三項において、有権者の一〇分の一の支持に基づく国民請願により国民投票が実施される国民立法制度について規定していた。しかし実際にこの国民請願の申請が行われたのは八件にとどまり、そのうち五件は許可されず、許可された三件のうち二件の国民請願は当該要件を満たして成立し、国民投票が実施されたが、いずれも成功するには至らなかった（Sampels, Bürgerpartizipation, S. 25; Bocklet, VB undVE in Bayern, S.308-319; Krause, Unmittelbare Demokratie, §39, Rdnr.8)。これに対して、州のレベルにおいては、州民投票の制度はかなり広範に認められていた。例えば、プロイセン憲法は、まずその三条において、「州民は、その意思をこの憲法およびライヒ憲法の規定にしたがって、直接的には州民投票（州民請願、州民投票および州民選挙）を通じて、間接的には憲法上設置された機関を通じて表明する。」と規定し、六条において、「㈠州民請願は、一　憲法改正、二　法律の制定改廃、三　州議会の解散、に対して行われうる。㈡州民請願は、州政府に提出され、州政府によりその意見が付されて遅滞なく州議会に提出されなければならない。…州民請願は、二の場合には有権者の二〇分の一、一および三の場合には有権者の五分の一により提出された場合にのみ法的に有効である。㈢（略）㈣……州民投票は、有権者の過半数がそれに参加した場合にのみ法的に有効である。㈤州民投票は、州議会が州民請願に応じた場合には実施されない。㈥憲法改正あるいは州議会解散の提案は、その決定のためには有権者の過半数の同意を必要とする。」と、州憲法の改正、法律の制定改廃ならびに州議会の解散という三つの対象について、州民請願および州民投票の手続を認めていたように、州民投票制度はほとんどの州において、とくに立法を対象とする手続はすべての州において採用されていた（Kaisenberg, VB und VE, S.218 ff. 参照。Hartwig, VB und VE, S.62 ff. および河村又介『直接民主政治』日本評論社、一九三四年、二二六頁以下）。また実際に、二二件の州民請願が実施され、そのうち一〇件の州民請願が成立して州民投票が実施されている。これらの州民請願のほとんどは州議会の解散を求めるものであったが、唯一オルデンブルク州における州民投票は成功して、州議会が解散されている（Sampels, Bürgerpartizipation, S.26; Strenge, ZRP 1994, S.272-275 および第四章第一節参照）。また、ワイマール憲法期に提出された州民請願をまとめた一覧表として、参照、Schiffers, Elemente direkter Demokratie, S.243-246; Hernekampf, Direkte Demokratie, S.376-384; Bocklet, VB und VE in Bayern, S.314.

（5）基本法に国民投票的要素を採用することについて、憲法制定会議においては意見が分かれ、その本会議において、メンツェル（Dr.Menzel）委員（SPD）は、法律の制定のみならず連邦議会の解散についても国民投票制度を導入することに賛成した。他方、ホイス（Heuß）委員（FDP）は、国民請願および国民投票は、将来の民主主義の負担になると警告し、スイスのモデルを直ちにドイツの状況に持ってくることはできないこと、国民請願、国民発案は、国民的伝統をもつ見通しのきく案件においては有益であるが、大衆化し、拠りどころのない時代においては、また広範囲に及ぶ民主主義においては、あらゆる煽動家のためのプレミアムであり、苦労して獲得し、さらに獲得すべき立法機関の威信をたえず動揺させることになることについて述べている。その後、主委員会において、国民請願および国民投票による法律の制定に関する制度が提案されたが、同委員会において否決され、また本会議の第二、三読会においても繰り返し同様の提案が行われたが、すべて否決されている。以上、JöR 1 (1951), S.620-621 による。なお、参照、Jung, Grundgesetz und Volksentscheid, S.281-298; Krause, Unmittelbare Demokratie, § 39, Rdnr.11; Sampels, Bürgerpartizipation, S.28-29; Huber, ZRP 1984, S.246; AK Grundgesetz, Art.20 Abs. 1-3 II, Rdnr.5; W.Weber, Mittelbare und unmittelbare Demokratie, S.769-770.

（6）Berger, Unmittelbare Teilnahme, S.102. 同旨、Abelein, ZParl 1971, S.187. 他方、Pestalozza, Popularvorbehalt, S.15 は、これらの州が、戦後いずれもイギリスの管理地区とされたことから、イギリスの影響を受けたのではないかと述べている。なお、ちなみにその他の州についてみると、バイエルン州憲法およびヘッセン州憲法は一九四六年、ブレーメン憲法、RP州憲法およびザールラント州憲法は一九四七年、ベルリン憲法とNW州憲法は一九五〇年に制定されている。またBW州憲法は一九五三年の制定であるが、その前身であるバーデン州憲法、ヴュルテンベルク＝バーデン（以下WBと略する）州憲法およびヴュルテンベルク＝ホーエンツォレルン（以下WHと略する）州憲法は、一九四六年から四七年の間に制定され、バーデン州憲法が採用していた州民立法制度（九三条）はBW州憲法には引き継がれず、結局、州政府の指定に基づく州民投票制度（WB州憲法八三条）、州議会の解散を求める州民請願および州民投票制度（バーデン州憲法六三条、WB州憲法五八条）、ならびに憲法改正に関する州民投票制度（いわゆる憲法レファレンダム）（バーデン州憲法九二条、WB州憲法八五条、WH州憲法二三条）の三種類の州民投票制度が採用されるにとどまった。もっとも後述するように、同州の一九五三年の憲法制定会議においては、州民立法制度の採用に反対する論拠として、なるほど基本法制定者の当該制度に対する消極的立場を直接引用した発言はみられないものの、ワイマール憲法期の経験に言及する発言がみられ、さらにその二〇年後の一九七三年、州民立法制度の採用に関する審議においては、その歴史的、経験的な考慮に加えて、基本制定当時のホイス氏のこの制度に対する消極的な発言（前述（注）5）が議論の重要なポイントとして引用されていることから、一九五三年当時の当該制度の採用をめぐる議論においても、当然、基本法の法状況が少なからず影響を与えたものと考えられる。

（7）　以下の一般的な特徴の例外として、州民請願手続を前提とせずに州民投票が実施されるケースがある。一つは、州憲法の改正に関して、州議会の議決に基づいて実施される州民投票（いわゆる憲法レファレンダム）である。法律案に関しては、州政府の裁量により実施される州民投票の例として、BW州憲法とNW州憲法が、州政府が州議会により議決された法律を州民投票にかけることができる旨を規定している。前者は、州議会で可決された法律、および否決された州政府提出法律案のいずれについても州政府が州民投票を指定することができることを認めるが、いずれの場合も州議会の三分の一の議員による申立てを前提とする（六〇条二・三項）。また後者は、州政府が州議会により否決された自らの法律案を州民投票にかけることができることを認め、州政府は、その法律案が州民投票により採択された場合には州議会を解散することができるが、逆にそれが否決された場合には退陣しなければならない（六八条三項）。他方、ブレーメン憲法七〇条一項は、州民投票が実施されるケースとして、（a）憲法レファレンダム、（c）州議会の解散および（d）州民立法とならんで、（b）「州議会が、その権限に属する他の問題を州民投票に提出した場合」を挙げている。一九二〇年制定のブレーメン憲法四条にも同様の規定がみられるこの制度は、国家のいわゆる死活問題に際しては、州議会における賛否伯仲の決定よりも政治的に重みをもつと考えられるものの、慎重な取り扱いを要する問題の決定においては、州議会の責任を回避し、州民にそれを転嫁する可能性を州議会に開き、また州民の感情的分裂に至る危険性を有しているとの批判がある（Abelein, ZParl 1971, S.195）。

（8） 州民請願、州民発案など州民投票制度に関する用語の定義については、Sampels, Bürgerpartizipation, S.18-20; Paterna, Volksgesetzgebung, S.23-24; Strenge, ZRP 1994, S.271 参照。

（9） このような法律案に対する憲法適合性の事前審査に関しては、多数説ならびに判例は、それが憲法上問題のないことを確認している。他方、わが国の地方自治法上の条例の制定改廃請求に際しては、代表者がその請求の要旨その他必要な事項を記載した条例制定または改廃請求書を添え、当該普通地方公共団体の長に対し、文書をもって代表者証明書の交付を申請しなければならず（地方自治法施行令九一条一項）、その申請には条例案を添付しなければならない（同九八条の三、地方自治法施行規則九条および同規則別記様式）が、その条例案の内容に関する長の実質的審査権に関しては、ドイツの法状況とは反対に、学説ならびに判例ともに消極的である。例えば、東京地裁昭四三・六・六（判時五一九号二二頁）は、「条例で規定しえない事項又は条例の制定（改廃）請求をなしえない事項に関するものであることが一見極めて明白で、条例としての同一性を失わせない範囲で修正を加える可能性がな」い場合を除いて、長は当該条例案の内容の適否を審査する権限を有しないと判示したが、さらに東京高裁昭四九・八・二八（判時七五五号五三頁）は、「安易に長にかかる判断を許すときは、ともすれば長の見解により代表者証明書交付申請という前哨段階において住民の条例制定請求権の行使を阻止し、条例制定請求制度を設けた趣旨を没却せしめるおそれがある」ため、「何人にとっても自明と見られる場合を除いては、長において『一見極めて明白』との判断を下すことも許されないものというべきである。」と、長の実質的審査権を事実上否定している。後者の判例評釈として、三橋良士明「条例制定請求代表者証明書の交付拒否」別冊ジュリスト『地方自治判例百選』五二―五三頁、阿部照哉「条例制定請求代表者証明書交付拒否事件」ジュリスト五七五号八四―八五頁など、参照。

（10） わが国の直接請求制度の実態および問題点については、さしあたり、手島孝「現代リコール論」ジュリスト八七〇号四〇頁、「法と政策」一八号（一九八二・一二）所収の住民投票に関する諸論文（山下健次「住民投票の憲法上の意義」、加藤富子「地方自治体の意思決定と住民投票」、真砂泰輔「住民投票制度の推移と現状」）、千葉勇夫「住民の直接参加」『現代行政法大系8』（有斐閣、一九八四年）三三五頁、兼子仁「自治体住民の直接民主主義的権利」東京都立大学法学会雑誌三三巻一号一五頁、松野光

伸「現行直接請求制度の制定過程」島大法学二四巻二・三号八九頁など、参照。

(11) 平成一三年の第一五一回国会に提出された地方自治法改正案では、合併協議会の設置が議会により否決された場合には、有権者の六分の一の署名による直接請求に基づいてその設置に関する住民投票を実施する手続の導入が提案されている。

(12) ドイツの住民投票制度を扱った論文として、稲葉馨「ドイツにおける住民（市民）投票制度の概要（一）～（六・完）」自治研究七二巻五号四五頁・八号三一頁・九号四一頁、七三巻二号三〇頁・五号一八頁・八号二二頁、山内健生「ドイツにおける国民投票制度及び市民投票制度について（一）～（五）」自治研究七三巻七号一〇一頁・八号七一頁・一〇号七七頁・一一号八二頁、七四巻一号八二頁、参照。

(13) 拙稿「ドイツの州民立法制度――バーデン＝ヴュルテンベルク州を中心として――（上）（中）（下―I）（下―II・完）」佐賀大学経済論集二六巻四号一三一頁、二七巻一号六三頁、二九巻六号八三頁、三〇巻一・二合併号二六三頁、「ドイツの『州民発案』制度――シュレスヴィヒ＝ホルシュタイン州の試み――」佐賀大学経済論集二九巻一・二合併号二五五頁、「西独ラント議会の解散制度（一）（二）」佐賀大学経済論集二二巻三号一七一頁、二三巻四号九七頁。

第一章　法律の制定改廃（一）――二段階の州民立法手続――

ワイマール憲法期の伝統を継受して州民請願および州民投票の二段階の手続から構成される州民立法制度は、西ドイツ基本法の制定（一九四九年五月）以前に州憲法を制定したバイエルン州、ヘッセン州、RP州およびブレーメンに採用され、ザールラント州においても一九七九年の憲法改正により採用された。また基本法の制定後に制定された州憲法のうち、NW州とベルリンは採用したが、その他の四州すなわちSH州、ニーダーザクセン州、ハンブルクおよびBW州は、基本法がワイマール憲法期における経験に鑑みてこの制度の継受に消極的立場をとった影響を受けて採用しなかった。しかしBW州は、一九七四年の憲法改正により導入し、他方、同年ベルリンは同州の特殊な法的立場を理由としてこの制度を州憲法から削除した。その後一九九〇年代に入ると、まずはSH州の憲法改正、続いて旧東ドイツ地域の五州の憲法制定により三段階の州民立法制度が採用されたことにより、この三段階の手続が一躍ブームとなり、ブレーメンは一九九四年の憲法改正により、従来の二段階の手続に州民発案手続を追加した三段階の手続を採用し、さらに二〇〇〇年三月には、RP州も三段階の州民立法制度へとリニューアルする憲法改正を行った。したがって、二〇〇〇年三月時点で、この二段階の州民立法制度を採用しているのは、BW州、バイエルン州、ヘッセン州、NW州およびザールラント州の五つの州憲法となっている。

第一節　バーデン＝ヴュルテンベルク州の制度

一　沿　革

ＢＷ州憲法は、「国家権力は、州民に由来する。それは、州民により選挙および投票において……行使される。」（二五条一項）と規定しているが、州民が州民請願および州民投票を通じて法律の制定改廃を求めることのできる州民立法制度が確立されるまでには、同州の憲法制定より約二〇年を経過した一九七四年の憲法改正を待たなければならなかった。その改正までは、憲法上、法律の発案権は州政府と州議会議員に限定され（州憲法旧五九条一項）、州民の発案権は認められていなかった。なるほど当時の州憲法も、「法律は、州議会あるいは州民投票により決定される。」（旧五九条二項）と、法律制定の可否を問う州民投票制度を認めていたものの、それは州民の要求により実施されるものではなく、州議会が議決した法律（案）について州議会議員の申立てに基づいて州政府が任意的に実施を指定できる州民投票であった。この制度は、一九七四年の憲法改正後も憲法上同一文言で残されており、現在、同州には、(1)州民の要求（州民請願）に基づいて実施される州民投票、および、(2)州議会議員の申立てに基づき州政府の指定により実施される州民投票という二種類の州民立法制度が存する。以下、これらの州民立法制度の導入をめぐる議論を、まずは憲法制定会議について考察する。

1 憲法制定会議における議論

(1) 州政府の指定による州民投票制度

一 憲法制定会議に提出された政府与党ならびにCDU会派の憲法草案は、州議会により議決された法律について州政府が指定できる州民投票制度を採用し、各々次のように規定していた。

政府与党案[1] 五六条

㈠ 州政府は、州議会により議決された法律を、州議会の議員の三分の一が申し立てた場合、その公布の前に州民投票にかけることができる。

㈡ 指定された州民投票は、州議会が三分の二の多数をもってその法律を再可決した場合には実施されない。

㈢ 州民投票は、公租公課法律、給与法律および予算法律に関しては実施されない。

CDU案[2] 八三条

㈠ 州政府は、州議会により議決された上院の同意を要しない法律を、州議会の議員の三分の一あるいは上院の議員の過半数が申立てた場合、州民投票にかけることができる。

㈡ 同一の前提の下で、州政府は、自らにより提出されたが州議会により否決された法律を州民投票にかけることができる。これは州議会が事後にその法律を議決した場合には実施されない。

㈢ 第一項の場合、州議会あるいは上院の議員の申立ては、州議会の最終議決後二週間以内に行われなければならない。州政府は、この申立ての到着後一〇日以内に、州民投票を指定するか否かを決定しなければならない。

二 両案ともに、州議会により「可決された法律」について、州政府が州民投票の実施を指定することができる制度（現行六〇条二項）および州民投票においては（有効）投票の過半数により決定されること（与党案五七条およびCDU案八四条―略）については見解が一致していたが、この州民投票の対象を、さらに州議会により「否決された州政府提出法律案」にまで拡大するCDU案の是非をめぐって、憲法委員会における議論が展開された。

CDU会派のミュラー委員は、「CDU案が与党案と本質的に異なるのは、州民への訴えかけの可能性を拡大させる点である。われわれは、より拡大された範囲において、州民への訴えかけの可能性を二重の面でつくり出したいのである。一つは、州議会により可決された法律が、州民の意思に合致していないと州議会の少数派が考える場合であり、……それだけでなく、州議会により否決された法律が州民の意思に合致していると州政府が考える場合にも、その可能性をつくり出したいのである。」と述べた。[3] しかし政府与党SPD会派のラウゼン委員は、CDU案の構成によれば、「州議会の中に、自らの考えに対して必要な多数をもたない州政府は、州民に訴えかけなければならない……という状況が容易に生じうる」が、「州政府が州議会により否決された法律を何とかして成立させたいという場合を、実際に想像してみてほしい。その結果は、州議会がその多数により不信任に賛成する提案を出さざるを得ないことになるであろう。」と述べて、CDU案の考え方がまったく理解できないとした。[4]

三　この問題をめぐる両会派の主張は、次のように要約される。[5]

まずCDU会派は、「州民への訴えかけを拡大することは、直接民主制に資することとなり、とりわけ州においては、純粋な代表民主制から離れて、州民をいま以上に立法作業に接近させ、そして州民、州議会および州政府の間の結びつきを深めなければならない。州政府の法律案が、まさにぎりぎりの多数あるいは見解を同じくしない多数により否決されたような場合、あるいは表決に際してすべての政党にわたって意見の相違が生じたり、政府案が例えば連邦法律の指示に基づいて提出されたものであるような場合、それが州議会により否決された場合には、最高立法者としての州民に決定を委ねることが望ましい。」と主張した。
これに対してSPD会派は、「憲法草案の基礎となっている議会制民主主義においては、そのような州民への訴えかけは不必要に思われる。州政府は、法律案の提出に際しては、事前に政府多数派の同意を確認するであろうから、その法律案が否決されるのは例外的な場合にあたる。そのうえ、州議会は、州政府が議会多数派の見解に反対して州民に頼ろうとする場合には、不信任案決議により州政府の機先を制することができる。州において決定されるべき諸問題は、そのような可能性をつくり出すほど重要なものではない。」と反論した。
同じ政府与党であるFDP／DVP会派のエルベ委員も、CDU案に反対して、「州政府が、自ら有害かつ実施不可能と考えることを行うよう州議会により強制されうるか否か―この場合は、州民への訴えかけが許されるべきである―と、州政府が、自ら重要あるいは必要……と考えることを行わないよう強制されるか否かとは異なり、「州民への訴えかけを拡大することに関して、後者の場合にはそれほど重要な必要性は存せ」ず、「州議会が州政府により提出された法律案を可決しない場合」、「州政府は、修正案を提出する可能性を常に有している。」と述べた。[6]
他方、州政府のカウフマン次官は、むしろCDU案を擁護し、そのような州民への訴えかけが想定できるケースとして、「州政府が、ある法律案を提出しなければならないことが、州憲法の規定によりやむを得ない状況であると考える場合」を挙げ、それは「州議会において多数の賛成が得られないとしても、だからといって政府の危機が生じるとは限らない。」と述べ、さらに、「州政府が、基本法の男女平等規定があるがゆえに、家族法における一定の改正を提案しなければならないと考える場合」、「それは基本法の規定ゆえに、他に途はないのであ」り、もし、「基本法に規定はあるが、そのようには解釈できず、理解できない」として、議会において、「この改正について多数を得られない」ような場合、「本来、このような男女平等の重要な問題について、どうして州民投票が実施されてはな

らないのであろうか。」と与党会派に反論した。(7)

四　このように州民投票の対象をめぐる両会派の主張が相違する根底には、州民投票制度それ自体に対する考え方の違いが存していたと思われる。

例えば、ＣＤＵ会派のグルク委員は、「われわれは、そのような本当の決定の可能性の前に州民を立たせなければならない。代表民主主義が実際にもたらしたことは、州民が、国家の諸問題から離れ、州議会をも何も共にすることがないある種の行政官庁とみなしていることである。われわれはそのような専門的問題において、とにかく自分で考え、公的な諸問題について考えることを身につける可能性を州民に与えなければならない。」と、州民投票に積極的な意義を認めようとする。(8)これに対してＳＰＤ会派のクラウゼ委員は、ワイマール時代には国民投票制度のまずい経験があったため、戦後の立法者は、とりわけ基本法においても国民投票制度の手段にきわめて慎重であったことを指摘し、「州民投票は、つねに不完全で、しかもコストのかかる制度であり、とくに政治的にはきわめて危険な制度であるため、十分慎重に利用されなければならない。」と、基本的には懐疑的な立場をとり、他方、「その展開において、また長い目で見れば、州民投票は有意義な制度であり、……州民投票の可能性を開くべきであると考える」が、「われわれはスイスの今日の状況にまで急ぎ行くのではなく、この道を徐々に先に進むことができる」と、州民投票の制度化に対しては漸進的に臨む姿勢を表明している。(9)

五　この問題をめぐる両会派の論戦はさらに続き、最終的には、与党会派とＣＤＵ会派の勢力比は一四対一一であったにもかかわらず、ＣＤＵ案（八三条二項）は、一二対一一（棄権二）の僅差で採択された。(10)こうして州議会により「可決された法律」（第一項）だけでなく「否決された州政府提出法律案」（第二項）についても、州政府が州民投票の実施を指定できる制度が採用されたわけであるが、両者の関係を明確にするために、第一項の「州議会の議員の三分の一が申し立てた場合」の文言を第二項にも付け加え、また州民投票が実施されない場合の州議会の議決について、第二項の場合は単純多数でよいことから、与党案の第二項「三分の二の多数による再可決」の文言を第一項に入れるなどの文言上の修正が行われた[11]。他方、予算法律など州民投票にかけることが許されない事項、州民投票の投票方式および結果の判定方式については、CDU会派側からは特に異論なく与党案が採択された[12]。

こうして憲法委員会は、州民投票制度に関しては、以下の第五六条および第五七条を本会議に提案したが[13]、これらの条文は、結局、ヴュルテンベルク＝バーデン憲法（一九四六年）八三条とほとんど同じ文言となった[14]。

第五六条　㈠　州政府は、州議会により可決された法律を、州議会の三分の一の議員が申し立てた場合には、その公布の前に州民投票にかけることができる。指定されたその州民投票は、州議会がその法律を三分の二の多数により再可決した場合には実施されない。

㈡　州議会の三分の一の議員が申し立てた場合には、州政府は、自らにより提出されたが州議会により否決された法律案を州民投票にかけることができる。

㈢　その申立ては、最終表決後二週間以内に行われなければならない。州政府は、その申立ての到着後一〇日以内に、州民投票を指定するか否かを決定しなければならない。

㈣　公租公課法律、給与法律および予算法律に関しては、州民投票は行われない。

第五七条　㈠　第五六条に基づく州民投票においては、「はい」か「いいえ」により投票が行われる。その際、有効投票の過半数が決定する。

㈡　その手続は、法律がこれを定める。

【注】

（1）VLV BW, Beilage 40.

（2）VLV BW, Beilage 118. なお、CDU案は、州議会（Landtag）および上院（Senat）から構成される二院制議会制度を採用しており、この上院は、裁判官、学問・芸術、教会、市町村、商工農業など八つの職業分野から選出された四五人の議員から成る、いわゆる職能代表議会であり、州の立法に共働する権限を有していた（同案五九条、六〇条、六三条）。

（3）Abg. Dr. Gebhard Müller (CDU): 16. Sitzung des Verfassungs-Ausschusses vom 3. Oktober 1952, Feuchte, Quelle 3, S.33.

（4）Abg. Lausen (SPD): Feuchte, Quelle 3, S.34.

（5）Bericht des Verfassungs-Ausschusses über den Entwurf einer Verfassung, VLV BW, Beilage 1103, S.61.

（6）Abg. Dr. Erbe (DVP/FDP): Feuchte, Quelle 3, S.37.

（7）Staatssekretär Dr. Kaufmann: Feuchte, Quelle 3, S.38-39.

（8）Abg. Dr. Gurk (CDU): Feuchte, Quelle 3, S.45.

（9）Abg. Krause (SPD): Feuchte, Quelle 3, S.45-46.

（10）Feuchte, Quelle 3, S.48-49. したがって、この表決結果は、与党会派の一委員がCDU案に賛成したことを示している（Feuchte, Quelle 3, S.49, Rdnr.56）。

（11）Feuchte, Quelle 3, S.49-50. 憲法委員会における第二審議（47. Sitzung des Verfassungs-Ausschusses, vom 14. April 1953）においては、第二項の「第一項一文の前提の下で」（第一審議において修正）との文言は誤解を招きやすく、むしろ州議会の議員の三分の一だけに関わる問題であるとして削除され、またCDU案第三項の「期限」の設定は、第一・二項ともに必要であるとの州政府の意見に基づく修正などが行われた（Feuchte, Quelle 6, S.54-55）。

（12）Feuchte, Quelle 3, S.52, S.54-55.

（13）Antrag des Verfassungs-Ausschusses, Entwurf einer Verfassung, VLV BW, Beilage 825. なお、政府与党案、CDU案および憲法委員会の第一・二審議において採択された委員会案各々の対照表として、参照、VLV BW, Beilage 850.

（14）Braun, Verfassung BW, Art.59, Rdnr.26. ヴュルテンベルク＝バーデン憲法八三条は、州議会により否決された州政府提出法案について、「指定された州民投票が実施されないのは、州議会がその法律を事後に議決した場合だけである」ことを明記した点が異なる。他方、バーデン憲法九四条は、「州政府は、州議会により議決された法律を、再議決のために州議会に差し戻すことができる。州議会が、再度、実質的に同じ法律を議決した場合、州政府はその法律に関する州民投票を実施することができる。」と、州政府は、州議会議員の申立てがなくとも、専権により州民投票の実施を指定できる旨を規定していた。

(2) 州民請願に基づく州民投票制度

一　こうした憲法委員会の提案に関する本会議での第二読会においては、この州政府の指定による州民投票制度については、本来この制度の導入自体に関しては政府会派、反対会派に異論はなく、憲法委員会において一応の妥協が成立したことから、提案された当該条項に関してはまったく発言がなく、議論の焦点となったのは、州民請願に基づく州民投票制度、すなわち州民立法制度の導入の是非であった。(1)

反対会派のKPDは、すでに政府与党案の第一読会に際して、州民投票の制度化に対する州政府の必ずしも積極的でない姿勢を批判していた。すなわち、政府会派DVP／FDPのゲネンヴァイン議員が政府与党案の提案理由の説明において、「直接民主主義的制度の導入の可能性を考えられるかぎりもっとも控えめにしか利用しなかった」基本法の憲法制定会議と異なり、政府会派は、「州、すなわちより小さな国家共同社会においては、直接民主主義的制度をむしろより多く実現することができるし、また実現しなければならない」という立場をとったが、「問題は、州民にできるだけ頻繁に直接発言させることを、どこまでこの努力で達成するか」ということであり、政府会派としては、「中道」を行くこととし、州議会の解散、州議会の議決した法律、および憲法改正という三つの対象について州民投票を規定したと述べたことに(2)対して、KPD会派のルエス議員は、政府与党案には、「州民の立法に対する直接の影響力」、「州民の立法への共同参加・決定権」が含まれておらず、「直接民主主義を擁護するのであれば、州民自身にも、必要な場合には法律案を提出し、そしてそれを投票にかける可能性が与えられていなければならないと考える。」と発言した。(3)

こうした主張を裏づけるかたちで、KPD会派は、憲法委員会における審議が終了した後の一九五三年六月末に、州民の州民請願を通じた法案提出権およびその州民請願が州議会で否決された場合の州民投票を内容とする、次のような対案を本会議に提出した。(4)

第五五条　(一)　法律案は、州政府、州議会の中から、あるいは州民請願を通じて州民により提出される。

(二)　法律は、州議会により議決され、あるいは州民投票を通じて州民により決定される。

第五六条　(一)　州民投票は、二〇万人の有権者が法律の制定を求める州民請願を行った場合に実施されなければならない。

(二)　州民請願は、完成され理由を備えた法律案に基づいていなければならない。それは州政府により、その意見を付して州議会に提出されなければならない。州民投票は、請願された法律案が、州議会において無修正で採択された場合には実施されない。

(三)　州民請願は、その提出後二ヵ月以内に州議会により取り扱われなければならず、さらにその後二ヵ月以内に決定のために州民に提出されなければならない。

KPD会派がこの対案を提出してまもなく、CDU会派もまた同様に、州民立法制度の導入に関する提案を行っている。(5)両案の相違は、州民請願の成立要件を、KPD案が「二〇万人の有権者」（一九五三年当時の有権者総数の約四・六％）の支持としたのに対して、CDU案は「有権者の五分の一」の支持とした点だけであった。

二　このように、州民投票制度に関しては、憲法委員会の提案とはまったく異なる州民立法制度の導入に関する提案が行われたため、本会議における憲法委員会案五五条および五六条に関する第二読会の審議は、もっぱらこれらKPD会派およびCDU会派の当該提案について行われ、政府与党会派と反対会派との間で激しい議論が展開された。

まず、KPD会派のルエス議員は、州議会および州政府の法案提出権だけでなく、「州民自らも法律案を提出する権利を、しかも州民請願による形式でもつべきであ」り、「その後、この法律は州議会によってだけでなく、州民投票を通じて州民自らにもよって決定されるべきである」と考えるが、ここに根本的な問題があり、「もしこの憲法の中に、民主主義思想を本当に定着させようとするのであれば、まさに州民に対しても、自ら立法に共働する権利が与えられねばならないと考える。」と述べた。さらにその提案の理由づけの一つとして、「この提案は、実際、われわれの国の政治的状況にふさわしく、そのことは、われわれの隣国であるスイスにおいては、この形式がすでに数世紀以前より実際に採用されており、国民が立法に直接参加することにより、きわめてすばらしい経験をしているだけに、なおさらそうであると考える。」と、スイスの状況を引きあいに出した(6)。

三　これに対して、SPD会派のラウゼン議員は、「スイスにはレフェレンダムの制度があり、そこでは二、三週間ごとに国民による法律案に関する投票が行われている」という指摘は、「スイスが、残念ながらドイツ国民とはまったく異なる伝統の中で育ったがゆえに、われわれには通用しない。」としたうえで、「われわれは、州民請願の採用により、おそらく強力な国家組織が動きだし、何はさておき、そのような州民請願が濫用される事態が出現するであろうことを危惧する。また、州民の大部分が、一定の法律案を成立させることを真に要望する場合、これらの州民は、様々な議員に対して、その請願を州議会において議題に持ち込むよう依頼する可能性を容易に有している。

そのような大きな民意が存在する場合には、州議会はそのような請願を避けることなく、そのような法律の審議を行うであろうことが当然想定されうる。」と、議員および議会の役割を強調して、憲法の中に州民請願を導入することに反対した。(7)

四　続いて、CDU会派のゴーグ議員は、「州民請願は、実際に、わが州民における民主主義を活性化させる広い可能性を意味し、しかもそれは州政府の法案提出権および議員の法案提出権と並んで、さらに直接州民からの提案という安全弁装置も創設されるべきであるという意味においてそうであるという見解に立つ。」と述べ、そのような制度の導入を提案する理由として、直接州民からの法案提出と、州民により選出された個々の議員による法案提出との相違に言及し、「議員が法律案を提出した場合、それが拒否されたとしても、州民投票がいかなる場合にも実施されるというわけではない。なぜなら、それは五六条のこれまでの文言中に規定されている特別の諸前提の下にのみ実現されうるにすぎないからである。しかし、州民の提案が否決された場合、この法律の問題はいかなる場合にも州民投票にかけられるであろう。この重みの相違は、実際にこれら両者を互いに混同することなく、そしてわれわれが望む制度に賛同するに十分意味があると考える。」とした。(8)

五　他方、FDP／DVP会派のゲネンヴァイン議員は、州民請願の法制度は、一九四五年以降のドイツの憲法制定において敵視されているが、それは理論的な考慮によるものではなく、ワイマール共和国時代の経験から推論されうる、ある種の実用主義的な歴史の見方によるものであって、同会派は、決して州民請願それ自体に反対するわけではないとしながらも、憲法委員会が第二審議において提案した解決の維持に賛成した。その理由として同議員は、州の立法権限との関連で州民請願の必要性に言及し、州に残されている立法権限のもとでは、「いっそう多くの州民の一般的で大きな関心に値し、それに相応する関心を呼び起こすような素材はほとんど存在しない。他方、立法上の必要性が存する場合、州議会が任意に歩み寄ることなく、また州議会が自らあるいは州政府の提案に基づいて立法的解決を与えないような素材はほとんど存在しない。したがって、州民が、もっとも自由な発案から、完成された……法律案を実際に提出し、州議会に、この法案に対する態度を決めるよう強いるような場合は、実際にはほとんど考えられない。民意が直接州議会に伝えられる可能性および経路は無数にあるため、州議会はそのような目前の大事に気づかないことはなく、立法において実際に補われるべき不備はどこにあるかを認識するであろう。」と述べた。(9)

六　再度発言を求めたKPD会派のルエス議員は、社会民主党がワイマール憲法の制定時には国民請願の導入を主張したことを挙げ、「ここでわれわれの提案に反対して提示されている諸理由は、決して確固としたものではないと考える。州民を本当に国家における共同作業に引き込むことに関心があるのであれば、州民が州民請願の形式で積極的に立法に参加することができるという保証が、きっと最善の方法である。それゆえわれわれは、社会民主党が数十年の間主張してきた原則を、実際にここでも憲法の中に根拠づけるために、社会民主党の会派の側からも、ここに表明されている疑念が克服されなければならないと考える。」と述べた。(10)

七　これに対してSPD会派のカルプフェル議員は、同会派がワイマール憲法の制定に際して、国民請願の導入を要求した当時と現在とでは、諸条件が全く異なっているとした上で、州民を代表する議員は、州民がいかなる願望を抱いているかを当然知っており、「われわれは、……すべての政党を通じた広範な基礎を有し、また州民各層は、州議会選挙に際して、その投票を通じて議員を選出し、さらにその議員が州政府を選出することによって、その意思を表明するという可能性を有している。両者とも投票権をもっているのである。したがって、州民請願を憲法の中に根拠づけようとする願望に応じるいわれは何らない。」と反論した。(11)

八　同じＳＰＤ会派のラウゼン議員は、この州民請願の制度が導入されると、極めて頻繁に州民投票が行われることに苦しむことになり、個人的見解としては、連邦・州・郡・市町村レベルでの現在の選挙だけで十分であり、それ以上は必要ではないとして、「そのような選挙が少なくなればなるほど、それらはますます集中的となるであろうし、それらの選挙にふさわしい意義もますます大きくなると思われる。」と述べた。「他方、スイスにおける国民投票および国民アンケート調査には、ある点では不安なイメージが生じる。」として、これらの投票におけるわずか二〇～三〇％という低い投票参加に言及し、「それはドイツにおいては、場合によっては、ある一定の行動が、極めて攻撃的なまったく特定の集団のところだけで、特定の期間だけに行われるであろうから、非常に危険な結果を招くであろう。」との危惧を表明した。(12)

九　以上で各議員の発言は終了し、本会議の第二審議における表決に移った。まず、法律案の提出権者を規定する五五条として、州民にもその権利を与えようとするＫＰＤ会派案およびＣＤＵ会派案が否決され、法案提出権者を州政府および州議会に限定する憲法委員会案が過半数の賛成を得た。次に、州民投票制度に関する五六条については、ＫＰＤ、ＣＤＵ会派の両案は、州民の法案提出権に関する提案が否決されたことにより、もはや議決は不必要であるとの確認が行われた後、憲法委員会提案の文言による五六条が、圧倒的多数をもって受け入れられた。(13) その後、本会議の第三審議においては、五五条はまったく異議なく、また五六条も、「州民投票においては、有効投票の過半数をもって決定される。」との超党派提案による文言が第四項として付加されたうえで（従来の第四項は第五項となる）承認された後、(14)(15) 最終表決においても修正なく議決され成立した。(16)

【注】

（1） 以下、憲法制定会議における州民立法制度の導入をめぐる議論については、Rittger, Direkte Demokratie, S.44-46; Feuchte, Verfassungsgeschichite, S.216-217, S.337 参照。

（2） Abg. Dr. Gönnenwein (DVP/FDP): VLV BW, PlPr.10. Sitzung vom 25. Juni 1952, S.286.

（3） Abg. Rueß (KPD): VLV BW, PlPr. a. a. O., S.295.

（4） VLV BW, Beilage 970 (Art.55), Beilage 971 (Art.56).

（5） VLV BW, Beilage 1052 (Art.56), Beilage 1082 (Art.55).

（6） Abg. Rueß (KPD): VLV BW, PlPr.53. Sitzung vom 8. Oktober 1953, S.2311.

（7） Abg. Lausen (SPD): VLV BW, PlPr. a. a. O., S.2311.

（8） Abg. Gog (CDU): VLV BW, PlPr. a. a. O., S.2312.

（9） Abg. Dr. Gönnenwein (FDP/DVP): VLV BW, PlPr. a. a. O., S.2312.

（10） Abg. Rueß (KPD): VLV BW, PlPr. a. a. O., S.2312.

（11） Abg. Kalbfell (SPD): VLV BW, PlPr. a. a. O., S.2313.

（12） Abg. Lausen (SPD): VLV BW, PlPr. a. a. O., S.2313.

（13） VLV BW, PlPr. a. a. O., S.2313. なお、政府会派、ＣＤＵ会派および憲法委員会の各案、ならびに本会議の第二読会で議決された条文の対照表として、VLV BW, Beilage 1280 参照。

（14） VLV BW, Beilage 1283, Ziffer.8.

（15） VLV BW, PlPr.59. Sitzung vom 5. November 1953, S.2476.

（16） VLV BW, PlPr.60. Sitzung vom 11. November 1953, S.2513; Verfassung des Landes Baden-Württemberg, VLV BW, Beilage 1320.

2 州民立法制度の採用に関する憲法改正

このように憲法制定会議においては、州民にも法律案提出権を付与しようとする州民立法制度導入の提案は否決され、その制度をより好意的に評価することは、その後の時代の政治的展開に委ねられた。[1] もっとも戦後二〇年間においては、州民請願および州民投票制度を憲法上採用していた当時の西ドイツ諸州全体を概観しても、それが基本法二九条の規定の範囲内で実施されることはあったものの、立法の目的で利用されることはなかった。[2] ところが、一九六〇年代の後半になると、まずバイエルン州[3]において、さらに一九七〇年代に入ると、BW州やNW州[4]においても、この州民投票的要素に対する共感が、従来より広い範囲で得られる動きが現れている。これらの動きは、同じ時期にドイツの多くの地域で展開された住民運動を反映したものであり、同時にそれは、政治的諸決定を州政府および州議会だけに任せたくないとする願望の広まり、および政党が事実上ほとんど完全に国家の意思形成を独占していることに対する不快感の現れであったが、こうした動きの結果、BW州の他、ザールラント州、ハンブルク、ニーダーザクセン州およびSH州の各州議会において、州民立法手続の要素を採り入れようとするSPDおよびFDPの努力が部分的に成功している。[5]

BW州においては、一九七〇年代におけるこうした州民投票制度をめぐる動きとして、一九七一年九月一九日、州憲法四三条に基づいて、州議会の解散を求める州民投票が行われている。これは、SPDとCDUの連立政府により推し進められていた行政改革に対する議会外の抵抗運動の一手段であったが、州民投票には一六％の有権者が参加したにとどまり、このうち五四・五％が州議会の解散に同意したものの、それは有権者総数の八・六％にすぎず、解散に必要な「有権者の過半数」の同意という憲法上の要件には到底及ばず、州民による州議会解散の試みは失敗に終わった。[6]

しかしこの経験を契機として、また他州とりわけバイエルン州における動向をも考慮に入れて、SPD会派は、一九七二年一一月二一日、州民請願を通じて州民が法律案を提出する権利を有する制度の創設を内容とする憲法改正法律案を提出した。この制度の創設はCDU会派によっても基本的に支持され、一九七四年の憲法改正により州民立法制度が導入されるに至った。(7) 以下、この州民立法制度の導入をめぐる経緯および州議会における議論を考察する。(8)

(1) 第一読会

一　SPD会派が提出した憲法改正法律案は、法案提出権を州政府と州議会議員に付与している当時の州憲法五九条と、法律案に関する州民投票の実施を州政府の指定に委ねている同六〇条を、次のように改正すべきとするものであった。(9)

第五九条　(一)　法律案は、州政府、議員あるいは州民(州民請願)により提出される。

(二)　州民請願は、完成され理由を備えた法律案に基づいていなければならない。州民請願は、投票権者の少なくとも一〇分の一により申し立てられた場合に、法的に有効である。州民請願は、州政府により、その意見を付して遅滞なく州議会に提出されなければならない。

第六〇条　(三)　州議会が、州民請願に応じない場合には、州民投票が実施される。この場合、州議会はその州民請願とともに決定に付する自らの法律案を州民に提出することができる。詳細は、法律がこれを定める。

二　このSPD会派の提案は、一九七三年二月一五日の本会議に上程され、その第一読会において、同会派のガイゼル議員は、その提案理由を、次のように説明した。(10)

「われわれの州憲法に州民請願を導入することを目的として、今や審議案件に上程された社会民主党の会派提出法案は、あらゆる政治的かつ社会的領域において、市民のためにより多くの共働権および共同決定権を実現させようとするわれわれの努力との関係で考慮しなければならない。この法案は、法案提出権の領域においても、より多くの民主主義を思い切って取り入れようとする要請に添うはずである。それは結局のところ、市民が政治的に成年に達したことをわれわれの憲法の中に明示し、それを現実のものとすることに寄与するはずである。」

同会派は一九五三年の憲法制定会議においては、州民請願制度の導入に反対したが、「この態度は、当時の視点では、確かに理解、説明できるものであり、またおそらく正しいことでもあった。ワイマール時代の国民投票制度の濫用が落とした長い影は、なおもあまりに顕著だったのである。当時、思いきってそのような一歩を踏み出すには、一九四五年の挫折以後、議会主義的および民主主義的な実施方法の練習期間が、なお短すぎたのである。」しかし、ボン基本法の中にもみられるこの強力な自制を理解させる当時の状況は、現在では根本的に変化しており、「州民請願のような国民投票的制度は、議会制民主主義のなかにおいても、その地位を完全に有し、またそれらは議会制民主主義の法的内容を侵害することもなく、またその他何らかの方法でそれに影響を及ぼすこともない、という考え方が、この間一般的に認められたのである。」

次に、州民請願制度を採用している他の州憲法の例、とりわけバイエルン州において学校政策や放送政策を阻止した州民請願の実例[11]について、「これらのできごとは、州民請願が絶対に役立つ制度であることを……実際に証明した証拠である」。もっとも、「州民請願は、もちろん、日常の政治の手段ではありえないし、またそうあってはならず、「議会制民主主義において、州民請願と州民投票は完全に例外でなければならない」が、「他の州に目を向けると、このバーデン＝ヴュルテンベルク州の州民に、この権利をさらに今後も一般的に与えないでおくことはもはやできないと考える」。「何故、いまこの時期にこの提案をするのか」、という問いかけに対しては、このＢＷ州においても、「今やすでに二五年以上にわたって、実践的な民主主義が行われている」。すなわち「市民に政治参加のための準備があること、および市民の政治的成熟は、まさに一九七二年一一月一九日の選挙決定の前およびそれに際して極めて明白なものとなった。ここで明らかとなったのは、市民が、単なる政治的な下心のある宣伝にすぎないものおよび不安を起こさせる張本人を見極め、かつその化けの皮を剥ぐことを完全に学んだということである。それゆえ、われわれは、市民にそのような手段を信用して任せることを懸念すべきではないし、とくに市民がそのような権利を、もしかすると濫用し、あるいはそれをないがしろにするかもしれない、ということを何ら懸念すべきではないと考える」。

もっとも、前述の「州民請願は日常の政治の手段ではありえない」という観点から、「州民請願が法的に有効に成立するには、定足数が必要であることは自明である」ところ、その定足数は、同会派が提案する「有権者の一〇分の一」が適当である。すなわち、その程度の定足数は、「一方では、局地的あるいは特定地域の少数の人々が、場合によっては利己的な願望を州民請願の対象にできることを阻止し」、他方では、「憲法上保障された法案提出権が、単なる一片の死文のままにはすまされないようにするのである」。「なぜなら、必要な数の有権者を署名させるためには、相当な努力と最大限の政治参加を要するからである。……市民が、匿名の投票用紙記入ボックスの中で、ある一定の政党提案に賛成して×印を付けるにすぎないか、それとも名簿への登録により、ある政治的請願を公然と認めるかは、いずれにせよ異なっている」がゆえに、「最初から、その障壁をあまりに高く設定すべきではないと考える」。確かに、「州民請願と州民投票の方式に関する補充的立法の範囲内において、一方ではこの手段の効率性を堅持し、他方では場合によっては生じうる濫用の危険性を実効的に防止するために、この方式がどのように個々に規律されるべきかについて話し合わなければならないであろう」が、「そのような州民請願をわれわれの州憲法に導入することに真剣であるならば、憲法で市民に保障されたその権利を一片の死文にする障壁を、すでにはじめから立てるべきではないであろう」。

最後に、同会派は、「この法律案が、市民の共働権の強化に本質的に寄与するものであると考えており、法案提出権の領域に関しても、『もっと民主主義を！』という言葉が、単なる学問上の決まり文句あるいは単なるスローガンにとどまることなく、生気にあふれたものとなるよう配慮されたい。」と述べて、この法案が委員会に付託されるよう、本会議の同意を求めた。

三　続いて、CDU会派のフォルツ議員は、このSPD会派の提案に対して積極的かつ偏見のない態度で臨むとしながらも、まず、ガイゼル議員による提案理由のなかに議論を要する点があるとした。すなわち、第一に、州民請願をすでに憲法中に条文化しているブレーメン、NW、RP、ヘッセンおよびバイエルンの各州においては、その制度により極めて有益な経験をしたとの発言に対して、それはただバイエルンについてあてはまるにすぎず、その他の州では事情は全く異なっており、例えば、「ヘッセンにおいては、一九四五年以降初めて州民請願が行われたが、失敗に終わり」[12]、「それ以降、ヘッセンにおいては州民請願はもはや行われていない。」と反論した。第二に、ガイゼル議員が、議会における絶対多数は、バイエルンに見られるように、濫用の危険性と結びつく可能性があるところ、州民請願はそのような危険に対処する矯正策でありうると述べたことに対して、ハンブルクやニーダーザクセン州では、SPD会派が長期間州議会における絶対多数を有しているものの、同会派は州民請願制度を導入して市民に立法過程におけるより多くの共働権を付与することを考えておらず、BW州においてCDU会派が絶対多数を有している状況[13]を当該制度導入の論拠とすることには説得力がないとした。

CDU会派が州民請願制度の導入に賛成する「最も重要かつ決定的な理由」は、「政党に対して存在する不信を取り除くことである」。さらに「団体支配」に対しても奥深い不信が存し、「今日の多元的社会において、こうした団体に組織されていない少数派は、その利害を主張する可能性をもはやほとんど有していない」し、「これらの団体の背後には、通常強力な経済力も存する」ことから、「まさにこのような団体支配においてこそ、個々の市民は、市民行動や市民運動を越えて自分の考えを表明する機会を持たなければならないのである」。もっとも、市民運動が起きているのは、州の政治領域ではなく、むしろもっぱら市町村の領域であるため、「憲法改正を発案する場合には、同時に、市町村法の必要のある箇所に新たな条項を追加することを熟考すべきであるし」、また「市民に、より多くの情報入手可能性を付与するだけでなく、市町村行政に対しても少なくとも年に一度は市民集会を実施することを余儀なくすべきであろうし、それにより市民は自らの意見を表明する可能性を持つことになる。」と述べた。

そして、CDU会派は、「市民が、政治的意思・意見の形成過程に、より強力に参加しなければならないという点に賛成であ」り、「その基本的前提は、市民に対するすべての委員会の情報提供義務である」。それは、「市民が十分に情報を得ていないかぎり、市民はその請願や市民運動を適切に実行することができない」からであるが、この点に関して、SPD会派の提案は何ら解決策を示しておらず、委員会において真剣に話し合う必要があるとした。

次に、州民請願の限界と可能性をも指摘するとして、州憲法六〇条所定の州政府の指定により実施される州民投票制度に言及した。すなわち、SPD会派と同様、「州憲法六〇条においては、確かに市民が多かれ少なかれ共働権を有しているが、それは非現実的である」と考える。その理由は、第一に、「第六〇条において、市民は市民自身の発案という枠の中で扱われておらず」、「むしろ議会多数派と政府との間に衝突が生じた場合の審判員として呼び出される」が、「この役割は、市民には荷が重すぎる」からであり、第二には、「第六〇条は、政府とそれが依存する議会多数派との間の衝突ということを前提とするが」、「政府は、議会内にもはや多数派を有しない場合には、退陣しなければなら」ず、「世論に支持を求めることはできない」からであるとした。「それゆえ、われわれは州民請願を広く州民の中において、実際的価値をもつよう、現実的なものにしなければならないであろう」が、「州民請願は、議会の政治的責任をないがしろにし、議会に対する政府の政治的責任をゆるめるように利用されてはならない」から、「私は、州民請願は例外的な場合にのみ、補完的に実施されうるという考えである。」と、この点ではSPD会派と同意見であることを示した。そして、この例外的な場合をどのように憲法の中に規定するかという点の議論においては、例えば他の州憲法の事例を挙げることもできるし、ヘッセン州やNW州のように州民請願を許さない領域を除くことも一つの可能性であるが、いずれにせよ州民請願の範囲を限界づける場合には、州民請願の成立に必要な入口の定足数の問題について極めて真剣に話し合わなければならないとした。

この定足数の問題については、SPD会派提案の「有権者の一〇分の一」（バイエルンも同様）に対して、例えば、ヘッセン、NW、SH、RPの各州憲法が規定している「有権者の五分の一」への賛同を求めた。その理由について、「その定足数をかなり低くしても、第二段階、すなわち州民投票に際しては、より高い障壁をつくりだすことになり、その場合州民請願は、確かにすべて成功するであろうが、州民投票は失敗するであろうと考える。」とし、一九七一年に行われた州議会の解散を求める州民請願と州民投票の経験を引き合いに出した。[14]

最後に、州民投票の成立要件に言及し、SPD会派はこの点につき何ら新たな提案を行っておらず、このため州民投票は、州憲法六〇条四項に基づき、投票の過半数が賛成した場合に成功することとなる点を批判した。すなわち、従来の規定では、州民投票の有効性の前提として、例えば投票への最低参加数などは規定されておらず、また州憲法四三条に基づく州議会の解散に関する州民投票ならびに州憲法六四条に基づく憲法改正に関する州民投票の成立が、いずれも有権者の過半数の賛成を要求している点と比べると、この法律の制定改廃に関する州民投票の成立要件は極めて容易なものであり、「理論的に計算すれば、有権者の三、四％が参加し、この有権者の三、四％のうち過半数が法律案に賛成すれば、この法律案は採択されるということになろう」が、「それは、勿論、適切で現代的な民主主義の趣旨ではない。」として、「それゆえ州民投票は、投票の過半数が少なくとも有権者の四分の一に達する場合に初めて成功するかどうか、という点がよく考慮されるべきであると考えており」、「そうすれば、われわれみんなが達成しようと望んでいること、すなわち市民が、実効的な、しかも成果も豊かな方法で政治的意思形成および意見形成過程に参加するとともに、そこでは成熟した市民として、適切な役割をも果たすことができるということをわれわれは達成することになるのである。」と述べた。[15]

四　このフォルツ議員の見解に対して、ＦＤＰ／ＤＶＰ会派のホフマン議員は、ＳＰＤ会派の提案に賛成する立場をとり、「市町村法は住民請願および住民投票を規定しているが、経験が示すように、われわれの市民は、決して州民請願の狂信的な演出家ではな」く、「州内の至るところに現れる通常好ましい市民運動は、もしそれらが何ら安全弁をもたず、またその参加が拡大しえないのであれば、行き詰まり、本当に参加しようとするすばらしい意思は無に帰すことになるが」、ここに提案されている「州民請願こそ、この安全弁となりうるであろう。」と述べた。

さらに州民請願における政党の役割に関して、「とりわけ民主的な政党は、そのような州民請願に際して、問題を解明し、情報を提供する機能を果たし、ある問題に対して正しい方向づけを与える可能性を有している。」と述べ、また「バイエルンの経験から、州民請願と州民投票は、反対派の補助的武器であることを学んだ。」として、反対派の役割が強化されることの必要性にも言及した。また、市民との関連では、「州民請願は、議会と市民との間の真の接触を作り出すことができるし、その関心は、直接かつ積極的な国家への参加により促進され」、「無気力の感情および憤慨は、少なくとも部分的には市民から取り除かれ、政治的諸現象は、より透明なものとなるのである」。他方、議会との関連では、「その法案中の新しい六〇条四項は、議会自らの法律案を州民に提出する可能性を議会に確保するものであ」り、「この議院の内には、確かに極めて多くの政治的能力があるが、それはまたこの議院の外にも確実に存在する。」とし、「自由は、結果的には自由の濫用ともなりうることを十分心得た上で、この能力を実効的なものにしようではありませんか。」と呼びかけた。

最後に、現代の民主制が必要とする市民の共働は、単に賛成・反対だけを述べたり、投票用紙のチェック欄に×印をつけることだけに尽きるのではないと、州民請願の重要性を繰り返し強調するとともに、委員会においては、州民請願や州民投票の成立要件など個々の条文の文言が一義的に定義されるように審議されなければならないことを付言して、「いかなる政治も、それが統治者だけに委ねられるならば堕落する。」との、トマス・ジェファーソンの言葉を引用して発言を締めくくった。(16)

五　政府側から発言に立ったフィルビンガー首相は、SPD会派の提案が、州民立法制度の導入を目的として州憲法を改正し、州憲法に直接民主制の方向への可能性をさらに開き、したがってわれわれの議会制民主主義的秩序を変革することを意図していることから、本会議や委員会において熟考してもらいたいとして、まず、この憲法制度の真価の有無を歴史的に説明した。

それによると、ワイマール憲法期のほとんどすべての州憲法がこの制度を有しており、現在も多くの州憲法が州民立法手続を規定しており、かつてのバーデン憲法もそうであったこと、また、BW州の憲法制定会議では、州民立法制度を憲法に採用しようとする提案は否決されたが、現行憲法は、州民請願と州民投票を、四三条一項（州議会の解散を求める州民請願および州民投票）、六〇条（州議会により議決された法律あるいは否決された法律案に対して、州議会の少数派の申立てに基づき州政府により指定される州民投票）および六四条三項（州議会の過半数の申立てに基づく憲法改正に関する州民投票）の三つの場合について規定していること、ワイマール期には、ライヒレベルで八回の国民請願が行われ、そのうち国民投票に至ったのは二回にすぎず、諸州において州民立法制度は意義がなかったこと、そして一九四五年後も、州民発案制度が利用されたのは稀であるとして、RP州、ヘッセン州およびバイエルン州の実例を挙げるとともに、バイエルン州における成功例は他州の経験であると片付けた。また州政府は、これらの州に対して照会を行った旨を報告した。そして、「州民立法制度の存するところでは、それは真価を発揮しているのであろうか。」と問いかけて、「ワイマール期において、国民立法制度は、議会や政党の一方的支配に対する矯正策として憲法に採用されたが、それはほとんど専ら扇動的に濫用され」、「それゆえ、憲法制定会議における基本法の審議に際して、当時の議員ホイスは、この国民立法制度は扇動家のためのプレミアムである旨を表明し[17]」、憲法制定会議はこの提案を拒否したのであるとした。また、「一九四五年以降の諸州における適用事例で、その制度の真価を実証するものはほとんどな」く、バイエルンで「上演」された州民立法の実例から、BWの州憲法にその制度を導入する合目的性を結論づけることはできないのであって、それは、「バイエルンにおいては、州議会に代表されている諸政党がその州民請願を申し立て、かつそれを支持したからであり」、「そこではBWのように、議会少数派や多数派が法律案を州民投票にかけることはできず」、「州民請願が成功した場合には、学校制度および放送の自由という内容上、いずれにせよ決定のために州民に提案されなければならない憲法改正が問題となっていたのである。[18]」と、BW州の状況との相違を強調した。

同首相は、このように州民立法制度を歴史的かつ他州との比較制度的に考察し、それを消極的に評価する観点から、第一の質問として、「われわれにおいては、州民立法制度の導入のための必要性が、そもそも存在するのであろうか。」と問いかけた。「SPD会派は、その提案理由の中で、州民立法制度の導入は、選挙権を越えてなおそれ以上の共働権を市民に与えるために必要である。」とするが、「州民立法制度が有意義となりうるのは、ただ州民と州議会との間に真剣な見解の相違が存するところだけということになる」ため、「それは州議会の構成を通じて、市民との広範囲にわたる意思の一致が得られている場合にはあてはまら」ず、「わが州は、疑う余地なくこの場合にあたり」、それは「われわれの選挙制度および州議会に代表されている政党の高い得票率が特有のものであ」り、それは一九七二年の州議会選挙に際しては、有権者の八〇％が投票し、その九八・四％が州議会に代表されている政党に投票したことからいえる、とした。さらに、「州民立法制度は、議員の自由委任を補って、議会がそれ自身の能力から考慮に入れない州民自身の考えや願いを立法過程の中で押し通すものでなければなら」ず、「これに対して、議会少数派が、その見解を押し通すために州民に呼びかけるということは無意味であ」り、「この目的に仕えるのは、すでにわが州憲法六〇条に基づく議会少数派の州民投票を求める申立てである。」と述べて、BW州においては、州議会と州民との間に十分な意思の疎通のあることを理由として、州民立法制度導入の必要性に疑問を呈した。

さらに「州民立法制度は、州民による州の立法の強化のために必要であろうか。」との問題を、州の立法権限が連邦によりますます空洞化されていることを指摘することにより回避したくはないが、「州民の中にあるあらゆる真剣な願望は、組織化された利害を越えて議員および政党に持ち込まれ、立法者にとりあげられて審議される」ということを述べるにとどめるとして、かつての憲法制定会議において、州民立法制度を不必要とする議員の発言を持ち出した。すなわち、一定の立法を望む世論が州民の中に存する場合は、当然議員がそれを議会での審議に持ち込むはずである旨のラウゼン議員（SPD）および州民を代表する議員は、州民がいかなる願望を抱いているかを当然知っている旨のカルプフェル議員（SPD）の発言を議事録通りに引用するとともに、州民立法制度を導入しようとする当時の提案は、議会多数派であったSPD会派およびFDP／DVP会派により否決された点を強調した。また、同制度導入に際して問題となるのは、明らかに合目的性の考慮である旨のラウゼン議員の発言は適切であり、委員会において審議されるべきであるが、その審議に際して留意されるべき点として、「国民立法制度は、扇動家のためのプレミアムである。」との、ボン基本法制定会議に際してのホイス議員の見解、ならびに州民請願制度の導入は強力な国家組織を生み出し、それが濫用される事態が出現するとのラウゼン議員の危惧は今日もなお正当化されるのか、という問題提起を行った。

第二の質問として、政党請願が、しばしば州民請願に形を変えられるのではないかという点について、「それは内容上州民請願ではなく、政党の議員を通じた世論調査であり」、かりに、反対派が議会では負けてしまう法律案の提出を、世間に公表するためにそのような憲法制度を利用しうるとしても、それは何ら民主主義の利益とはいえないであろう。」とし、さらに州民立法手続は、経費がかかるのみならず、数多くの市町村および国家機関の投入を必要とすることになるから、それらは実際に必要かつ適切な場合にのみ投入されるべきであろう、と述べた。

最後の観点として、州民請願の定足数の問題、すなわちSPD会派は「有権者の一〇分の一」を提案しているが、他の州憲法は一般に「有権者の五分の一」を採用していることに簡単に触れ、「もし州民全体の高い投票率により選出された議会に代って、地域的なあるいはその他共通の利益により結びついた小さな少数派が州民請願の成立について決定できるとすれば、それは民主主義の損失であると考える」し、「例えば、激しい戦いの末成立した郡改革法を回想しさえすれば」、「一〇分の一の定足数であれば、解体が予定されていたわずかな郡だけで州民請願を成立させることができたであろう。」とし、さらに州民投票の成立要件について、「州民請願がいったん成立すると、部分的利害により結びついた少数派が、それに続く州民投票に際して、公益にとっては損失となるが、その見解を押し通すという危険が存し」、「それは特に投票の単純過半数で十分であるとするSPD案のような場合にあてはまる。」

と述べて、ＳＰＤ会派提案を批判した。もっとも、「政府は、この問題においては、是が非でも否決を達成するために、盲目的に狂った決意をもっているわけでは決してない」が、「われわれが、それにより、より多くの民主主義およびとりわけ民主主義的本質への利益を我々にもたらすものを本当に得るかどうか、あるいはわれわれはまさに民主主義的本質への不利益を危惧しなければならないのか否かを、より鋭く洞察し、かつ十分冷静に審査することが正当と考える。」と結んだ。(19)

六　このようにＳＰＤ会派提案に基本的に反対の立場をとった首相の発言に対して、再度発言を求めたガイゼル議員は、まず、首相がこの法案提出直後の新聞発表において、「この案を州政府側で十分受け入れる用意をもって審査するとの希望を抱かせ」、「偏見のない読者は、この提案に対しては確かに限定的ではあるものの、いずれにせよ確実に賛成であることをほのめかしたと理解したに違いない」発言を行ったにもかかわらず、今日の詳細な説明は、要するに反対の表明としか感じられず、確実に気が変わったという印象を受けずにはおれず、遺憾であると述べた。そして、かつての同会派の僚友の発言は、当時の見解からすれば確かに理解・説明できるし、おそらく適切でもあったが、時代は進行し、「今日、状況は異なっており、われわれはこの問題に対して、現在は一九五三年にそうであったよりも本質的に広く受け入れる用意をもって臨んでいるのである。」と述べた。

同議員は特に悲しむべき点として、州民立法制度の導入に際して重要であることは純粋な合目的性の考慮であるとした首相の発言を取り上げ、それは、「決して合目的性の問題ではなく、民主主義をいかに理解し、民主主義においてはいかなる権利を市民に与える気があるかという原則的問題である。」と反論し、その関連で、経費の問題に対していかに然るべき敬意を払うとしても、それを州民請願制度の導入の正当性や合目的性を考慮する上での重要な論点とすることは、ややさもしく感じられたと述べた。また、州民請願と州民投票の方式（それらの成立要件）の問題については、所轄の委員会における十分生産的な話し合いが是非とも必要であるが、「われわれは、この問題においても決して閉鎖的ではな」く、「それはわれわれにとっては、信仰の問題ではない」がゆえに、「私は、これに関して確かにあらゆるサイドからもっともな提案が行われていることに感謝しており、われわれはこの問題を委員会において極めて徹底的に審査しなければならないであろう。」とした。最後に、CDU会派が州議会の絶対多数を有していることが、州民請願制度の導入を提案した決定的な理由ではないが、「そのような絶対多数という権力の充満には、いかなる危険が存在するかということを、CDU会派は熟考すべきであろう。」と述べて、発言をしめくくった。[20]

以上で、SPD会派が提出した法律案に関する発言は終了し、長老評議会の提案に基づいて、その法律案は新旧議会間委員会[21]に付託されることが議決された。[22]

【注】

（1） Feuchte, Verfassungsgeschichite, S.217.

（2） Troitzsch, VB und VE, S.23.

（3） バイエルン州における一九七〇年までの例としては、一九六八年七月七日、学校問題に関する州憲法一三五条を改正するための州民投票が実施され、有権者の七六・三％の賛成により、憲法改正が成立している。また一九七〇年五月二四日には、選挙資格年齢の引き下げに関する州民投票が実施され、有権者の三八・三％が投票に参加し、そのうちの五四・八％の賛成によりこの憲法改正も成立した（Pestalozza, Bayerischer Verfassungsleben, S.340)。

（4） NW州における一九七〇年代の例としては、一九七四年二月および一九七八年二月に州民請願が実施されている。前者は、市町村の合併を内容とする地域の再編成計画に反対し、市町村の独立性および広域的計画を保障するための地方自治体連合の設立を規定する法律案に基づく請願であったが、その州民請願を支持した有権者は七一万九九二〇人で、全体の六・〇二％にすぎず、

「有権者の五分の二」という憲法上の要求（六八条一項）には達せず失敗に終わった。これに対して後者は、その前年に州議会で議決された学校制度の改革（従来の基幹学校・実科学校・ギムナジウムの三種類の学校を、いわゆる総合型学校へ統合することにより、包括的な教育の提供の確保を目的とする改革）に反対する州民請願であり、三六三万七二〇七人（有権者総数の二九・九％に相当）の支持に達して成立し、州議会はこの州民請願の要求を受け入れて当該改革を撤回した（Troitzsch, VB und VE, S.97-100; Berger, Unmittelbare Teilnahme, S.97）。

（5）Braun, Verfassung BW, Art.59, Rdnr.26; Troitzsch, VB und VE, S.23.

（6）Wehling, ZParl 1972, S.76-85.

（7）Gesetz zur Änderung der Verfassung des Landes Baden-Württemberg vom 16. Mai 1974 (GBl. BW, 1974, S.186).

（8）以下、この州民立法制度の導入をめぐる経緯については、Ritger, Direkte Demokratie, S.46-49; Feuchte, Verfassungsgeschichte, S.337; Jürgens, Direkte Demokratie, S.49-50; Schlenker, VBlBW 1984, S.13; Wassermann, RuP 1986, S.128-129 参照。

（9）Initiativgesetzentwurf der Fraktion der SPD, Änderung der Landesverfassung (Volksbegehren), Landtag BW, Drs.6/1115.

（10）Abg. Dr. Geisel (SPD): Landtag BW, PlPr.16. Sitzung vom 15. Februar 1973, S.807-808.

（11）いずれも州憲法の改正を求めるこれらの州民請願は成立要件を満たして成立し、州民投票も成立した（ただし、採択されたのは州議会の法律案である）結果、州憲法が改正された。

（12）一九六六年一〇月、戦後のドイツ諸州の中では最初の州民請願が、ヘッセン州憲法一二四条に基づき、郵便投票の採用に関して行われたが、その請願を支持して登録名簿に登録した有権者は、有権者総数の六・九％にとどまり、憲法上の成立要件である「有権者の五分の一」を満たすことができず、この州民請願は失敗に終わっている。

（13）一九七二年四月の州議会選挙において、ＣＤＵ会派は、議員定数一二〇人のうち、六五議席を獲得した（Handbuch des Landtags von Baden-Württemberg, 6. WP., S.269ff.）。

（14）一九七一年に実施された州民投票に関する同議員の発言については、第四章第二節参照。

（15）Abg. Dr. Volz (CDU): Landtag BW, PlPr. a. a. O., S.809-810.

（16）Abg. Dr. Hofmann (FDP/DVP): Landtag BW, a. a. O., S.810-812.

（17）基本法の制定会議におけるホイス（Theodor Heuss）議員の発言については、序論参照。

(18) バイエルン州の憲法改正においては、州民請願が成立した場合、および州議会が三分の二の多数で憲法改正案を発議した場合のいずれにおいても、州民投票は強制的に実施される(同州憲法七四条一項、七五条二項)。これに対して、BW州の一九七四年改正前の州憲法においては、憲法改正は、州議会において少なくとも三分の二の議員が出席し、三分の二の多数(ただし法定議員の過半数)により議決され(六四条二項)、州民投票にかけられることはなかった。

(19) Ministerpräsident Dr. Filbinger: Landtag BW, PlPr. a. a. O., S.812-814.

(20) Abg. Dr. Geisel (SPD): Landtag BW, PlPr. a. a. O., S.814-815.

(21) この委員会は、「被選期の満了あるいは州議会の解散から、改選された州議会の召集まで」(州憲法三六条一項)の議会不存在期間に設置される委員会で、州憲法上は、「常置委員会(Ständiger Ausschuß)」との名称が付されているが、本書においてはその活動期間の特殊性から、「新旧議会間委員会」と呼ぶことにする。なお、この委員会は、被選期間中も法務・憲法問題に関する委員会として事実上活動するのが慣行となっている(第四章第二節三**2**参照)。

(22) Landtag BW, PlPr. a. a. O., S.815.

(2) 委員会提案

一 こうしてSPD会派が提出した法律案の審査は新旧議会間委員会に付託されたが、その約三ヵ月後の一九七三年五月二三日、CDU会派も同様に、州民請願制度の導入を目的とする州憲法改正法律案を提出した。[1] このCDU案がSPD案と相違していたのは、第一に、州民請願の成立に必要な有権者数を、有権者の「五分の一」(SPD案は有権者の「一〇分の一」)としたこと、第二に、州民投票の成立要件を「有権者の半数の参加および有効投票の過半数の賛成」と規定したこと(この点についてSPD案は何ら規定せず、従来の州憲法六〇条四項が規定する「有効投票の過半数」と考えられる)の二点、すなわち州民請願および州民投票の成立に必要な有権者数であった。

二 すでにSPD案の付託を受けていた委員会は、このCDU案をも併せて審議の対象とし、SPD案の第一読会から約一年一ヵ月後の一九七四年三月一九日、憲法改正に関する以下のような委員会提案を行ったが[2]、それは当面の問題である州民立法制度（五九条、六〇条）のみならず、それに関連して、州議会の解散に関する州民請願・州民投票を規定した四三条、ならびに憲法改正の手続に関する六四条の改正にも及ぶものであった[3]。

第五九条　㈠　法律案は、州政府、議員、あるいは州民請願を通じて州民により提出される。
㈡　州民請願は、完成され理由を付した法律案に基づいていなければならない。州民請願は、有権者の少なくとも六分の一により提出された場合に成立する。州民請願は、州政府により、その意見を付して遅滞なく州議会に提出されなければならない。
㈢　法律は、州議会により議決され、あるいは州民投票により決定される。
第六〇条　㈠　州民請願により提出された法律案は、州議会がその法律案を無修正で受け入れなかった場合には、州民投票にかけられなければならない。この場合、州議会は、自らの法律案を決定のために併せて州民に提出することができる。
㈡　州政府は、州議会の三分の一の議員が申し立てた場合には、州議会により議決された法律を、その公布前に州民投票にかけることができる。州議会が、三分の二の多数によりその法律を再可決した場合には、指定されたその州民投票は実施されない。
㈢　州議会の三分の一の議員が申し立てた場合には、州政府は、自らが提出したが州議会により否決された法律案を州民投票にかけることができる。
㈣　第二項および第三項に基づく申立ては、最終表決後二週間以内に行われなければならない。州政府は、その申立ての到着後一〇日以内に、州民投票を指定するか否かを決定しなければならない。
㈤　州民投票においては、有効投票の過半数が決定する。法律は、有権者の少なくとも三分の一が同意した場合に決定される。

㈥　公租公課法、給与法および予算法に関しては、州民投票は実施されない。

この委員会提案をＳＰＤ案およびＣＤＵ案と対比すると、すでに両会派案の相違点として挙げた州民請願および州民投票の成立要件に特徴を見出すことができるが、それ以外の点においてはおおむね両案に即した内容となっている。すなわち、州民請願の成立に必要な有権者数について、ＳＰＤ案が有権者の「一〇分の一」、ＣＤＵ案が有権者の「五分の一」と規定していたのに対して、委員会は両案の中間をとり、有権者の「六分の一」との妥協案となっている。他方、州民投票の成立要件については、ＳＰＤ案が別段の提案をすることなく従来の「有効投票の過半数」、ＣＤＵ案は「有権者の半数の参加および有効投票の過半数」としていたのに対して、委員会案は、「有効投票の過半数」による決定については両案と同様であるが、「有権者の三分の一の同意」（憲法改正法律の場合は「有権者の過半数の同意」）との要件を新たに付加しており、これは少数の投票参加により法律が成立しないよう配慮した提案であるといえよう。(4)

【注】

（1）Initiativgesetzentwurf der Fraktion der CDU, Änderung der Landesverfassung (Volksbegehren), Landtag BW, Drs.6/2521.

（2）Antrag des Ständigen Ausschusses zu a) dem Initiativgesetzentwurf der Fraktion der SPD - Drucksache 6/1115, b) dem Initiativgesetzentwurf der Fraktion der CDU — Drucksache 6/2521, Entwurf eines Gesetzes zur Änderung der Verfassung des Landes Baden-Württemberg, Landtag BW, Drs.6/4828.

（3）州議会の解散に関する州民請願の成立要件（四三条一項）を、従来の「二〇万人」から、「有権者の六分の一」へ引き上げ（第四章第二節参照）、州民立法手続に基づく憲法改正（六四条）の導入（第三章第一節参照）などを提案する。

（4） 同委員会における審議経過について、Schriftlicher Bericht Nr.136 über die Beratung des Ständigen Ausschusses zu dem Initiativgesetzentwurf der Fraktion der SPD betr. Änderung der Landesverfassung (Volksbegehren) — Drucksache 6/1115, 6/4828, Landtag BW, PlPr.54. Sitzung vom 9. Mai 1974, Anlage 1, S.3486-3487 参照。

（3） 第二・三読会

一　州民請願による州民立法制度の導入を骨子とするＳＰＤ案およびＣＤＵ案の第二・三読会は、両会派案の審議を付託された新旧議会間委員会の提案を主たる審議の対象として、一九七四年五月九日の第五四本会議において行われた。

まず、ＳＰＤ会派のガイゼル議員は、「州民請願制度をわが州憲法に導入するためのＳＰＤ州議会会派提案に関する最終表決により、バーデン＝ヴュルテンベルクの憲法史に、新たな、重要かつ注目すべき一章が開かれる」と前置きし、「州民請願制度を一般的に導入するには、この州の市民の政治的成熟を顧慮し、またこの州議会がこれらの市民に対して、より多くの共働権および共同決定権を付与する意思のあることを明確に示すことが必要である。」と述べた。また、同会派提出案の第一読会に際しても明言した点、すなわち、「州民請願と州民投票は、日常的な政治の手段ではありえず」、「代表民主主義において、立法は、まず第一には、自由に選出された議会の権限でなければならない」が、「われわれは、わが州憲法の発効二〇年後、市民の立法上の意思表明の可能性が例外的な場合には与えられねばならず、それは統制および補正の極めて適切な手段がそこに存するからであるという見解を有している。」ことを強調した。

次に、当該委員会提案については、「極めて詳細かつ長時間にわたる審議の後に成立した……その結果は、公平なる妥協である。」と評価した。また同会派より約四、五ヵ月後に議会に提出され、同会派案とほぼ同じ内容を繰り返すCDU案は、「決して妨害物ではなく、委員会における審議を実り豊かなものとするためにまったく適切なものであったと言明してはばからない」し、それは「州政府がこの問題についてある程度考え直すきっかけをつくるうえにおいて、明らかに適していた」がゆえに、SPD会派としては感謝の念をもって記憶に留めたことを述べたいとした。同議員は、これらはすべて「皮肉や論難のない」発言であるとし、「その限りでわれわれは、反対派の他の提案に際しても、そのような政府の学習過程が可能であるように望む」と述べて、この委員会における審議のあり方を高く評価した。

さらに手続上の問題として、まず第一に、州民請願の対象に関して、「われわれは、委員会において、憲法改正法律についても州民請願と州民投票の途を開くことが適切であるという見解をもっていた」が、この州民請願と州民投票の適用範囲の拡大を、州憲法六四条三項の新たな文言の中に明示的に規定したことにより、われわれは、「州民立法を通じて憲法改正をも行う可能性を市民に与えたのである。」と述べた。

第二の論点として、同議員は、委員会において極めて長時間の審議を要した州民請願と州民投票の成立要件（定足数）の問題を取り上げ、まず、「州民請願が成立するための定足数は、この制度が、そもそも実際に使えるものであるかどうか、あるいは多かれ少なかれ単なる机上の空論にすぎないような制度について論じているに過ぎないのかどうかを、ほとんど十分に決定づけるものである。」と、この問題の重要性を強調した。その上で、州民請願の要件について、委員会では最終的に有権者の六分の一という妥協が成立したことについて、「われわれは、この問題のために結局その提案を駄目にしてしまうべきではないと考えたがゆえに」、同会派としてはこの妥協に応じる旨を表明した。また、州民投票に関しても、委員会が単純法律については有権者の三分の一が同意しなければならず、州民立法の方法による憲法改正法律については有権者の過半数の同意が必要であるとした提案を、「賢明なる妥協である」と評価した。

第三に、州憲法四三条所定の州議会の解散を求める州民請願の成立要件の問題に言及し、その要件を州民立法のそれと同じ定足数に合わせたことは適切かつ必要なことである、という点で意見は一致し、さらに市町村改革との関連で、ありうべき州議会解散のための試みが継続的に行われていることを考慮して、この四三条の改正は、次の被選期の開始から発効することについてもわれわれの意見は一致していると述べた。

最後に、ＳＰＤ会派は、「州民立法の制度は、わが州における民主化の領域において、重要な制度であると理解しており」、「今や市民に与えられるべきその権利を、市民が程よくかつ適切に利用するであろうことを確信している」がゆえに、この憲法改正に同意する、と結んだ。(1)

二　続いて発言に立ったＣＤＵ会派のフォルツ議員は、まず、同会派が第一読会において公表したその法律案に対する規準、すなわち、「憲法の現在の形式の州民投票制度は、もはや現代の民主主義の理解に一致せず」、したがって、「この州民投票制度は、改革が必要であると結論づけた」が、それは現行の文言が、「選挙民、市民に発案権を与えていないからである」こと、また「州民請願は、政治的決定手続において市民のより強力な共働を招来するに違いない」ことを挙げた。しかし同会派は、同時に全体的な議論の中で、州民請願の限界、すなわち第一に、「州民請願と州民投票は、代表民主制の範囲内においては、単なる補完的機能を有するだけでよい」こと、第二に、それらはＳＰＤ会派も強調したように、「万能薬でも、日々の政治の手段であってもならない」ことを指摘し、「このような理由から、その法律審議においては、定足数の問題が浮上したのであ」り、州民請願に関してＳＰＤ会派は有権者の一〇分の一を、ＣＤＵ会派は五分の一を提案したが、委員会で「見出された六分の一という妥協は、適当である」が、それは、その程度の要件であれば、「州民請願を妨げることはなく」、他方、「若干の扇動家が、政治的意思形成のための積極的な端緒をつくる気もなく、不穏状態を作り出すために州民立法制度を利用しうることを妨げることになるからである。」と述べた。

次に州民投票の成立要件に関して、SPD会派は「投票の過半数」を提案し、他方、CDU会派は、「少なくとも有権者の過半数がなければならないという定足数が確定されなければならない」と発言していたが、私見では、委員会において、「なるほど投票の過半数が決するが、同時に有権者の三分の一がその選択に関わらなければならないという内容の、適切で機能を発揮する妥協が見出され」、それは「市民が立法者として現れる場合、市民は単純法律のための立法者としてのみならず、憲法改正法律のための立法者としてもそうであるということを考慮しなければならないからであ」り、「つまり選挙民は、州民請願と州民投票において、州議会と同様、州憲法を改正することができるということである。」と述べた。

それゆえ、CDU会派の見解としては、総じて、「委員会において作成された憲法改正案は、極めて適切な妥協であり、それによりわれわれは以下のことが達成されうる手段を創設した。」とした。すなわちそれは、「議会の意思形成手続が、あまりに鈍重であったり、あるいは住民の中にある社会的な動きに十分敏感に対応しない場合に備えて、われわれは早期警告システムを設置することにより、市民が、ここにいるわれわれに対して、この外にはあなた方が今日に至るまでなお受け入れなかった社会的障害がある、と言うことができる。」ということである。また、「われわれは、さらにこの州民立法制度が、扇動家により濫用されえないように配慮した」が、それは「ある素材が州民投票の範囲内で成功を収めることができるのは、それが政治全体、社会全体の関心事である場合だけであると信じているからであり」、「私見では、その場合にのみ、州民立法の発案の領域における努力が実を結ぶのである。」

と述べた。

以上のことから、同議員は、委員会における「その作業は、適切であったということ、そしてわれわれが到達したものは十分機能し、われわれは政治的意思形成における市民のより強力な共働への一歩を踏み出した」ことを確認することができると述べ、CDU会派としてもこの委員会提案に賛成する旨を表明した。[(2)]

三　FDP／DVP会派のホフマン議員も、「常置委員会は、市民を一定の前提の下に立法過程に組み入れることを目標とした州憲法の改正の件において、適切で納得のゆく作業を行った。」と述べて、委員会の作業を積極的に評価するとともに、成立したものはSPD案とCDU案との間の「真の妥協」であるが、この妥協の成功には自分の会派が決定的に関わっているとした。

まず委員会における審議経過は、「実質的な議論の中で賢明なる結論に達した点に、真の議会主義がなお存在する一例である。」と評価した上で、SPD会派とCDU会派の「両案には、州民請願の定足数と州民投票のそれとの間に適切な関係がなかったのである」が、「いまや釣り合いのとれた関係が見出され」、「約一〇〇万人の有権者が、理由を付して完成された法律案を名簿への登録により同意した場合には、議員にお灸をすえるにふさわしい有意義な出来事がすでに問題となっているに違いない。」とした。そして単純法律案に関しては、「一〇〇万人の請願が法的効力をもつには、約二〇〇万人の市民が同意しなければなら」ず、その間になお、議会は「自らの法案を投票のために提出することができるのであり」、さらに憲法改正あるいは州議会の解散の成立には、「約三〇〇万人の有権者の同意」が必要であるから、[(3)]「したがって、懐疑論者にとっても十分なる安全装置が取りつけられているのであり」、なるほど「民の声は、必ずしも神の声というわけではない」が、「二、三〇〇万人の選挙民が動員されるまでには、やはり大きな組織が必要である。」と述べて、州民立法制度の濫用に関する危惧に対して、多数の有権者の動員を必要とする「十分なる安全装置」がこの委員会案には備わっていることを強調した。

他方、同議員は、なるほど委員会提案は、「さらなる民主主義への一歩である」ものの、「それはほんの僅かなもの」にすぎず、「この議院内外の多くの人々は、それがより大きく、さらに進んだものであるよう望んだであろう」にもかかわらず、この提案は、「代表民主制における州民投票的要素を憚り、あるいは恐れを抱くような人でさえ了承することができるであろう」と、この提案の不十分性を指摘しながらも、「われわれは、さらなる民主主義の途上におけるその小さな一歩が、市民から無気力の感情を取り去り、安全弁を開き、国家への積極的な参加を促進し、真の共働への意思を強化し、また反対派に対してもさらなる統制の可能性を与えるよう期待する。」と述べて、FDP／DVP会派はこの委員会案に同意するとした(4)。

四 州政府側から発言に立ったシース内務大臣は、政府としては、第一読会の際に首相が表明した疑問をなおもっており、「州政府は、当初、これら二つの提案を決して熱狂的に歓迎したわけではないが、無論、委員会においては、活発に協力して作業を行った」がゆえに、「今日一定の均衡のとれた成果となったこの憲法改正において、若干の修正を行うことに僅かでも助力することができるであろうとも考える」と述べ、必ずしも積極的とは言えないもののの、この案を容認する州政府の方針を表明した(5)。

五 以上で、第二読会における討論は終了して表決に移り、委員会の憲法改正案はすべて採択され、引き続き行われた第三読会においても同様に採択された。そして最終表決(6)が、その法律案全体について記名投票で行われた結(7)果、投票した九四人の議員全員が賛成し、この憲法改正案は可決され、州民が州民請願および州民投票を通じて法律を制定改廃することができる制度は、SPD提案から約一年半を経てここに成立したのである。

【注】

（1）　Abg. Dr. Geisel (SPD): Landtag BW, PlPr.54. Sitzng vom 9. Mai 1974, S.3451-3452.

（2）　Abg. Dr. Volz (CDU): Landtag BW, a. a. O., S.3453.

（3）　Abg. Dr. Hofmann (FDP/DVP): Landtag BW, a. a. O., S.3454.

（4）　同議員によるこの発言は、当時の有権者総数は約六〇〇万人（一九七二年九月の州議会の解散に関する州民投票の際、約五九三万人であった。）ことから、委員改定案が規定する州民請願の成立には、有権者の六分の一に相当する約一〇〇万人の支持、および州民投票の成立には、有権者の三分の一に相当する約二〇〇万人（憲法改正の場合は、有権者の過半数である約三〇〇万人）の同意が必要となる、という意味である。

（5）　Innenminister Schiess: Landtag BW, a. a. O., S.3454-3455.

（6）　州憲法六四条二項によれば、憲法改正は少なくとも三分の二の議員の出席の下、三分の二の多数決で、しかも議員の過半数の同意が必要であると規定されており、第六被選期におけるBW州議会の議員数は一二〇人であった（Handbuch Landtag BW, S.269ff）ことから、最終表決においては、少なくとも八〇人の議員が出席し、六一人の議員が同意しなければならなかった。なお、同州選挙法は、州議会の議員数を、「少なくとも一二〇人」（一条一項）と規定しているが、比例代表方式による配分に際して、県において各政党に対してその得票数に基づいて配分された議席数が、各選挙区において最多得票により選出された候補者の数よりも多くなった場合は、県における議席数に応じて議員数を増やすものと規定している（二条四項）。この結果、議員定数は一二〇人を超える可能性があり、実際に、一九九二年の州議会選挙においては一四六、一九九六年の州議会選挙においては一五五の議席が配分された（Landtag BW, Volkshandbuch 1996, S.107）。

（7）　州議会議事規則によれば、「憲法改正に関して、最終表決は記名投票で行われなければならない」（九九条二項）。

二　制度の概要

1　州政府の指定による州民投票制度

州憲法六〇条二―四項は、州政府が州議会により可決あるいは否決された法律（案）について、州議会議員の提案に基づいて実施を指定することができる州民投票制度を規定している。

第六〇条　(二)　州政府は、州議会の三分の一の議員が申し立てた場合には、州議会により可決された法律を、その公布前に州民投票にかけることができる。指定された州民投票は、州議会が三分の二の多数をもってその法律を再可決した場合には実施されない。

(三)　州議会の三分の一の議員が申し立てた場合には、州政府は、自らにより提出されたが州議会により否決された法律案を州民投票に提出することができる。

(四)　第二項および第三項に基づく申立ては、最終表決後二週間以内に行われなければならない。州政府は、その申立ての到着後一〇日以内に州民投票を指定するか否かを決定しなければならない。

まず、州憲法六〇条二項一文によれば、「州政府は、州議会の三分の一の議員が申し立てた場合には、州議会により可決された法律を、その公布前に州民投票にかけることができる。」と規定されている。この州民投票の実施は、義務的ではなく州政府の自由裁量に委ねられているが[1]、州民投票を実施する場合には、その法律が未だ公布されていないこと、ならびにそれが州議会の法定議員数の三分の一の提案に基づくことが前提とされる。[2][3] この三分の一の議員の提案により州民投票が実施される可能性は、なるほど州議会における少数派の保護をねらったものであろうが、州政府により指定された州民投票は、他方、「州議会が三分の二の多数をもってその法律を再可決した場合には実施されない」（同項二文）ため、この少数派保護は必ずしも常に保障されているわけではない。[4][5] もっとも、その存立を州議会の多数派の信任に依存している州政府が、[6] 州議会の少数派と協力することは一般的には考えにくく、なぜなら、そうすることにより州政府はそれ自体の存在基盤を失い、不信任投票を誘発する危険性が存するからであり、したがって、この規定が想定する政治状況は決して現実的とは言い難く、実際にこの規定が適用された例はこれまでのところみられない。[7]

州政府の任意の指定により州民投票が実施される第二の可能性は、州議会により否決された州政府提出の法律案について、州議会の三分の一の議員が州民投票を申し立てた場合（六〇条三項）である。前述の第二項の場合と比較すると、州民投票の実施が州政府の裁量に委ねられている点は同じであるが、州民投票の対象が、州議会により「否決された」、「州政府提出の法律案」である点において、第二項の場合の、州議会により「可決された」、「法律」（したがって州政府提出か州議会提出かを問わない）[8] と異なる。また、第二項の場合のように、州議会が当該法律を再可決することにより州民投票を回避することができる旨の明示的な規定はないが、州議会が、単純多数をもって当初の議決とは逆にその政府提出法律案を可決すれば、州民投票は実施されないと解される。[9] なぜなら、この規定は、ある法律案をめぐる州議会と州政府の見解が衝突している場合を想定していると考えられるが、その法律案を州議会が受け入れることにより、その衝突は一応終了し、さらに六〇条三項所定の「州議会により否決された法律案」という要件を欠くことになるからである。[10] 州政府提出法律案の「否決」には、その案の意図する目的がもはや達せら

れないほどに本質的に修正された場合をも含み、この場合も州政府は州民投票の実施を指定できると解される。(11)

以上の二つの議員による申立ては、いずれも州議会において法律案に対する最終議決が行なわれた後二週間以内に行われ、州政府は、その提案の到着後一〇日以内に州民投票を指定するか否かを決定しなければならない。したがって州議会で可決された法律は、通常は、一ヵ月以内に首相により公布される（州憲法六三条一項）が、この提案が行われた場合は、州政府が州民投票の指定に関する決定を行うまで、当該法律の公布は行われてはならないと解される。(12) 州政府は、州民投票の実施を決定をした場合は、その日から三ヵ月以内の日を州民投票日に確定しなければならない（州民投票法五条二項二号）。そして州民投票は、当該法律の成立に賛成か反対かを問うかたちで実施され（州憲法二六条五項）、その成立のためには、有効投票の過半数ならびに少なくとも有権者の三分の一の同意が必要である（同六〇条五項）。

【注】

（1） Feuchte, Verfassung BW, Art.60, Rdnr.5; Spreng/Birn/Feuchte, Verfassung BW, Art.60, Anm.2; Göbel, Verfassung BW, S.70.

（2） 州憲法九二条は、「この意味における『州議会の議員』の多数あるいは少数は、州議会の法定議員数に基づいて算出される。」と規定しており、この六〇条二項一文ならびに後述の六〇条三項にも適用される（Braun, Verfassung BW, Art.92, Rdnr.4）。

（3） Braun, Verfassung BW, Art.60, Rdnr.13.

（4） この場合の三分の二の多数の算出の基準となるのは、法定議員数ではなく、投票数である（Feuchte, Verfassung BW, Art.60, Rdnr.5）（参照、州憲法三三条二項一文「州議会は、憲法が別段の定めを置いていない限りにおいて、投票数の過半数をもって議決する。」）ことから、ここでは州議会が正確に三分の一の少数派と三分の二の多数派に分かれることを前提としているわけではない。したがって、もし州民投票を求める提案が法定議員数の三分の一より一人だけ多い議員により行われたとすれば、当該法律の再可決に必要な三分の二の多数はもはや得られないことになるが、ＢＷ州議会の実際の議員定数（州議会選挙法は、「少なくとも一二〇人」（一条一項）と規定するが、その時々の選挙結果次第では一二〇人を超えることもあり（二条四項）、例えば一九九六年の選挙では一五五人、一九九二年の選挙では一四六人が当選した）が正確に三等分できない数であることを考えれば、「このような状況はまったくありえないであろう」、とのユルゲンスの指摘（Jürgens, Direkte Demokratie, S.51）は妥当とはいえない。しかし、法定議員数の三分の一の賛成による提案が、なるほど実際の投票者は法定議員数よりも通常少ないとはいえ、投票者の三分の二の多数により無効とされるという状況は、可能ではあるものの現実には想定しにくいのが事実である。

（5）Abelein, Plebiszitare Elemente, S.194; 参照、Braun, Verfassung BW, Art.60, Rdnr.13.

（6）州憲法が議院内閣制を採用していることについては、例えば、州政府の構成について、「首相は、州議会の議員の過半数をもって、州議会により選出され」（四六条一項）、首相による閣僚の任命（同条二項）の後、「州政府はその任務担当のために州議会の承認を必要とする。」（同条三項）との規定など参照。

（7）Braun, Verfassung BW, Art.60, Rdnr.15. ただし一九七〇年七月、ＦＤＰ会派が当時州議会で審議されていた行政改革法律案の成立に反対して、もしその法律案が可決された場合には、この州憲法六〇条二項に基づく州民投票を実施させたいとの提案を行っている。しかしこれは単なる宣伝的色彩が濃いものにすぎず、成功する見込みはないと考えられた。なぜなら、この州民投票の実施のためには、まず当該提案を行う州議会の少数派と州政府が当該法律の成立に反対する点で一致することを前提とするが、当該行政改革は州政府ならびにそれを担う州議会の連立会派により積極的に推進されていたことから、そのような意見の一致は考えられず、さらにその提案のためには、当時の法定議員数の三分の一に相当する四三人の議員の支持が必要であったが、ＦＤＰ会派が有する票は、その改革を阻止すべく州議会の解散のための州民請願と州民投票を積極的に支持していたＮＰＤ会派を加えても三〇票にすぎなかったからである（Wehling, Parlamentsauflösung, S.83）。なお、第三章第四節参照。

（8）Spreng/Birn/Feuchte, Verfassung BW, Art.60, Anm.2.

（9）Spreng/Birn/Feuchte, Verfassung BW, Art.60, Anm.3; Göbel, Verfassung BW, S.70.

（10）Feuchte, Verfassung BW, Art.60, Rdnr.6.

（11）Ebenda.

（12）Spreng/Birn/Feuchte, Verfassung BW, Art.60, Anm.4; Feuchte, Verfassung BW, Art.60, Rdnr.7.

2 州民請願に基づく州民投票制度

第五九条 ㈠ 法律案は、州政府、議員あるいは州民請願を通じて州民により提出される。

㈡ 州民請願は、完成され理由を付した法律案に基づいていなければならない。州民請願は、有権者の少なくとも六分の一により提出された場合に成立する。州民請願は、州政府により、その意見とともに遅滞なく州議会に提出されなければならない。

㈢ 法律は、州議会により、あるいは州民投票により決定される。

第六〇条 ㈠ 州民請願により提出された法律案は、州議会がその法律案に無修正で同意しない場合は、州民投票にかけられなければならない。この場合、州議会は、州民に対して自らの法律案を決定のために併せて提出することができる。

㈡—㈣ (略—州政府の指定により実施される州民投票制度)

㈤ 州民投票においては、有効投票の過半数が決定する。法律は、少なくとも有権者の三分の一が同意した場合に決定される。

㈥ 公租公課法、給与法および予算法に関しては、州民投票は実施されない。

一 五九条は、州政府および州議会の議員の発案権とならんで、州民請願を通じた州民の発案権を規定している。この「州民請願」とは、狭義には、州民による法律の制定改廃の要求であるが[1]、その請願は、理由を備えて完全な形で仕上げられた法律案に基づいていること(二項一文)を要件とし、その法律案の採否に関するその後の手続が憲法・法律上保障されていることから、法律の制定改廃を求めて議会に提出された単なる「請願」とは異なる[2]。この州民の発案手続について、同条は、州民請願が有権者の六分の一により提出された場合に成立すること(二項二文）を規定するにすぎないが、この州民請願とは、それに添付された法律案を支持する有権者が、市町村に置かれた登録名簿に署名することにより行われ、その署名数が一定数に達すれば州民請願が成立した、すなわち州民による法律案の提出が行われたとされ、次の手続に移行するものである。そして、このように市町村に登録名簿を設置して州民による署名を実施するためには、その前段階として、内務省の許可を得る必要があり（州民投票法二五条一項）、しかもその申請には事前に一定数の有権者の署名を必要とする（同法二五条四項は「一万人」と規定する）ことから、州民は単独では、その申請を行うことはできず[3]、したがって申請の権利は、確かに憲法上は各有権者個人が有していると解されるが、事実上は、その請願の真剣さと形式的かつ内容的に十分な法律案の仕上げを保障するに足る署名者グループにのみ帰属することになるといえよう[4]。

二　州民は、憲法改正法律をも州民請願を通じて発案することができる（六四条三項二文）が、すべての法律が州民請願の対象となりうるわけではなく、予算法律の提案権は、政府に専属すると一般に解されており[5]、さらに公租公課法律[6]、給与法律および予算法律に関しては、州民投票は実施されないと憲法上規定されている（六〇条六項）。これら三種の法律に関しては、州民投票が認められない以上、州民請願も許されないとする説[7]と、当該条項の元来の文言は一九七四年の州民請願制度の導入によっても改正されなかったのであるから、その文言に反して州民請願をも許されないと拡大解釈する理由はないとして、州民請願は行われうるとする説[8]に分かれる。

予算や財政法など財政に関連する法律を州民立法の対象から除外する旨の規定は、二段階あるいは三段階の制度の違いを問わず、一六の州憲法すべてにみられるが[9]、各州憲法における規定の仕方は必ずしも同じではなく、列挙されている財政関連法律の種類の相違、財政関連法律以外の事項（例えば、人事決定）の排除のほか、州民投票の対象から除外する州憲法（BW州、バイエルン州など）と州民請願の対象から除外する州憲法（NW州、RP州など）の区別もみられる。[10] また州民請願や州民投票が許されない法律の範囲についても、各憲法における当該文言が必ずしも明確でないことから、各々の条文の解釈に委ねられることになる。BW州の場合は、州民投票が実施されない三種類の法律を列挙しているが、それら以外の法律については、それが財政に対していかに強い影響を及ぼすものであろうと、直ちに当該規定が適用されて州民投票が実施されないわけではないと解され、[11] 他方、NW州憲法六八条一項四文が、「財政問題、公租公課法および給与法に関して、州民請願は許されない。」と規定している点について、この「財政問題」に関する法律には、例えば、新たな官庁の設立の必要性により歳出に影響を及ぼすような案件に関わる法律は含まれないと解されているが、[12] 他方、同州憲法裁判所は、「国家予算に本質的な影響を及ぼす歳入あるいは歳出の指定に重点をおくすべての法律が、この規定の適用を受ける。」と判示している。[13]

このように財政に関する法律の制定過程に州民の介入を認めない根拠は、一般に、この問題に関する専門的知識が市民に欠けていることや、租税負担の限定づけに優先的に関心を持つ市民に公共の福祉に対する義務感が欠けていることに求められている。[14] しかし、例えばNW州憲法が、財政問題に関する州民請願を禁止しながら、他方で政府による任意の州民投票の指定によるとはいえ、この問題が州民投票にかけられる可能性を残している（同州憲法六八条三項一文は、「州政府も、自らにより提出されたが州議会により否決された法律を州民投票にかける権利を有する。」と、BW州憲法六〇条三項と同様の制度を規定しているが、NW州憲法の場合は、同項二・三文で、「その法律が州民投票により受け入れられれば、州政府は州議会を解散することができ、それが州民投票により拒否された場合は、州政府は退陣しなければならない。」とされている点において異なる。）[15] ことは、州憲法が州民にいかなる財政政策的専門知識も、いかなる超党派性をも認めていないわけではないことを示しており、なるほど財政に関する州民固有の法律案を提出するに際しては、専門家による当該法律案の鑑定を十分に行うことはなかなかできないが、州民請願や州民投票の定足数を設定することにより、若干の向こう見ずの人々や党派的利害関係を持つ人々の提案が成立しないように配慮されているのであるから、州民の権限の範囲を最初から制約することなく、州民を信頼したいとする見解がある。[16]また州議会の議員は、複雑な部分的利益の代表を義務づけられているが、絶えず増加する国家支出の実効的な抑制についても、また州政府に対する州議会の中核的な統制機能としての予算議決権の実効的な行使についても、その有能さを実証していないのであるから、この点からも財政に関する法律を州民請願や州民投票の対象から除外している諸州の憲法の立場をいま一度よく考えるべきであろうとの見解も存する。[17]

三　法律の制定改廃を求める州民請願に関して、州民投票法（以下、「法」と略する）二五条一項一文は、「州民請願は、内務省の許可を必要とする。それは、市町村に登録名簿を設置することにより実施される。」と規定している。これは、州民請願が有効に成立するためには、有権者の六分の一が、その州民請願（が目的とする法律案の制定改廃の要求）を支持しなければならず（州憲法五九条二項一文）、その支持の表明は、市町村に設置される登録名簿への登録により行なわれる（法二五条一項二文）が、この州民請願を支持する登録手続を実施するためには、事前に内務省の許可を得る必要があるという意味であり、これが一般的に、「州民請願の許可」と呼ばれている。この許可手続については、NW州やザールラント州と異なり、州憲法は明示的に規定しておらず、[18]その詳細はもっぱら州民投票法が規定するところとなっているが、それはワイマール憲法期の状況と同様、多数の支持のない請願や違法な請願を阻止するために不可欠の手続と解されている。[19]

許可の申請を受けた内務省は、㈠その申請が規定どおりに行われ、㈡その法律案が基本法および州憲法に違反していないときは、その州民請願を許可しなければならないと規定されている（法二七条一項）ことから、内務省は、当該申請に対する形式的審査のみならず、州民請願の目的である法律案の内容に関する実質的審査をも行うことが認められている。

この申請手続において形式上要求されていることとしては、㈠書面による申請であること（法二五条二項一文）、㈡理由を付して完成された法律案が添付されていること（州憲法五九条二項一文）、㈢登録名簿を設置する市町村の指定（法二五条二項二文）、㈣二人の申請代表者の指定（同条五項一文）、㈤署名の時点で州議会議員の選挙権を有する少なくとも一万人の有権者の署名（同条四項）などである。なるほど、州民請願を通じた発案権は、憲法上は個々の州民（有権者）各人に帰属すると考えられるが、一万人の署名が要求されることにより、州民は、事実上個人では州民請願の許可の申請を行うことはできず、その申請の権利は、代表者を通じて行動する申請署名者のグループ自体に帰属するにすぎず、[20]少数派の発案権は最初からチャンスがないことになる。[21]二段階の州民立法制度を採用する他の州においても、州民請願の許可申請に一定数の署名者を要求しているが、その数は三千人から一〇万人以上までさまざまであり、[22]ＢＷ州の要件はそれらの中間に位置する。

四　州民請願の対象とされる法律案に対する実質的な審査、すなわち基本法および州憲法に適合するか否かの審査については、学説ならびに判例ともに憲法上問題なしとされている。その理由について、例えばシュテルンは、州民といえども、州民請願に際しては憲法の枠内で行動できるにすぎず、超憲法的に憲法制定者として行動するのではないという点を挙げており、[23]そのほか、当該法律案は州民立法手続の継続中は州民の側からはもはや修正され得ないこと、多大の出費の下に推し進められた州民立法手続が終了した後になって、州民投票により決定された法律が憲法違反という理由で公布されなかったり、あるいは憲法裁判所により無効とされることは、憲法政治上耐えられないであろう、との見解もみられる。[24]判例上も、事案はヘッセン州における州民請願の許可に関するものであるが、ヘッセン州憲法裁判所は、同州の州民投票法三条が規定する州政府による法律案の憲法適合性に関する審査には、「憲法上何らの疑念はなく」」、その審査権は、「州憲法一二四条四項が、『州民請願および州民投票における手続』を規律する権利を立法者に留保している」範囲内にあり、そこには、「憲法により与えられた州民請願および州民投票による直接の権利の制約は存しない」こと、さらに、州政府による州民請願の不許可決定に対する州憲法裁判所への訴訟提起の可能性により、州政府が自らにとって不都合な州民請願を憲法上の理由とは別の理由により妨害し得るといった、あらゆる危険が予防されていることについて判示している。(25)

州民請願の法律案に対する実質的審査を行い、州民請願実施の許否を決定するのは、内務省であり、ヘッセン州、NW州およびザールラント州においても同様であるが(26)、バイエルン州においては、内務省が法律案の内容に何らかの疑念をもっても、自ら不許可の決定を下すことは許されず、その決定は州憲法裁判所に委ねられなければならない。すなわち、バイエルン州選挙法六五条一項は、「内務省は、州民請願の許可に関する法的前提がないと判断する場合は、それに対して州憲法裁判所の決定を得なければならない。」と規定しており、このように独立の司法機関が許可手続に介入することは、民主的法治国家における権利保護の基本的考え方に添うものであるとの見解もある。(27)

五　内務省は、申請の許否を決定した場合は、その決定を州政府および申請代表者に通知しなければならず（法二七条二項）、不許可の決定が下された場合は、申請代表者はその決定の到達後二週間以内に州憲法裁判所に異議を申し立てることができる（同条三項一文）。他方、内務省が申請を許可した場合には、続いて州民請願の手続に移行し、内務省は、当該許可を官報において公示するとともに、登録名簿が設置される市町村名、ならびに州民請願の登録期間をも公示する（法二八条一項）。そして内務省により実施の許可が与えられた州民請願は、その基礎となっている法律案を支持する有権者が、申請者により指定された市町村に設置された登録名簿に登録することにより実施され、有権者の少なくとも六分の一が登録すれば、その州民請願は成立する（州憲法五九条二項二文）。

六　成立した州民請願は、州政府により、その意見が付されて、遅滞なく州議会に提出されなければならない[28]（州憲法五九条二項三文）。ここで州政府は、前述の州民請願の許可に関する決定とは関わりなく、その法律案の憲法適合性などその内容に対する立場、例えば、その受け入れあるいは拒否に関する勧告や修正提案などを州議会に示すことができるが、例えばそれを憲法違反であるとの理由で州議会に提出しないことは許されない[29][30]。

このように州民請願が成立しても、その法律案の採否は、直ちに州民投票にかけられて州民自身の決定に委ねられるのではなく、まずは州民の代表機関としての州議会の議決を経なければならないという点で、ここでの州民請願は、「間接的（indirekt）」請願であることを特徴としている。州民請願を通じた州民による発案と州議会における審議手続を結合させたこの制度は、州民立法制度を採用しているドイツの一六の州すべてに共通であるが[31]、代表制的正当性という目標を、ある程度州民の権限を起用することによって強化し、また二つの被選期の間に表明される州民の意思に対して、州議会の場における政党政治的意思形成の欠陥を調整する点において、基本的には目的にかなっており[32]、他方、スイスやアメリカ合衆国において認められているような、議会の介入なしに直接住民に決定を委ねる「直接的」請願と対照的であるが、この間接的な発案のほうが、法律案を成立させるという目的を満たし、議会には建設的な寄与を認め、さらにその州民の権限を州民のコンセンサスが得られるかたちで通常の法律と同様の発案・審議手続にのせ、最終的には州民の負担を軽減する点において、より実践的であるとの評価がある[33]。

七　こうして州議会に審議のために送付された法律案は、「州議会が、無修正で同意しない場合には、州民投票にかけられなければならない。」（州憲法六〇条一項一文）と規定されている。すなわち、ここでの州民投票は、州議会がその法律案を無修正で議決しないかぎりは実施を義務づけられるという、いわゆる「条件付義務的（bedingt obligatorisch）」投票であることを特徴としている[34]。問題は、当該法律案を修正（可決）した場合の取扱いであるが、州議会議事規則五〇d条は、[35]「州民請願により提出された法律案は、無修正での受け入れ、あるいは否決により処理される。州議会がその法律案の修正を議決した場合は、その州民請願は否決されたものとされる。」（二項一・二文）と規定し、修正は否決とみなされる。したがって、州議会は、当該法律案を、他の法律案と同様、自由に修正した上でそれを州民投票にかけることは許されず、[36]修正した場合は、否決した場合と同様に州民投票が実施される。

他方、州議会には、州民請願の法律案に対して、自らの法律案すなわち対案を州民投票に提出することが憲法上認められている（六〇条一項二文）。この対案を州議会がどのように作成するかについては、州民請願の法律案の審議と並行して独立の手続により、州議会提案あるいは州政府提案に基づいて作成することも考えられるが、州議会議事規則は、州民請願の法律案を修正した場合の「その修正案は、州憲法六〇条一項二文の意味における、州議会自身の法律案である。」（五〇d条一項三文）と規定し、州民請願の法律案の審議と州民投票に提出する州議会の対案の審議を結びつけている。[37]換言すれば、州民請願の法律案に対する修正は、州議会自身の対案を州民投票にかけることにより可能であるにすぎない点で、この州民請願は「硬性的（starr）」である。[38]

州議会における審議期間については、「州民請願により提出された法律案は、通常、その提出後三ヵ月以内に処理される。」（州議会議事規則五〇d条三項）と規定されている。他の州では、例えばヘッセン州は、一ヵ月以内の審議期間に議決を行わない場合は、「それは否決とみなす。」と規定する（州民投票法一五条二項）など、厳格な期限が設定されているが、[39]ここで「通常」と規定されたことについては、この三ヵ月の期間内に最終的な審議が求められるが、例えば州民請願が州議会の休暇期間中に提出された場合など、合理的な理由により、この期限を超えることは認められると解されている。[40]

八　州民投票に際しては、賛否をもって投票が行われ（州憲法二六条五項）、「有効投票の過半数をもって決定される」が、法律が成立するためには、さらに「有権者の三分の一の賛成」（同六〇条五項）の要件が付加されている。[41] これは投票への参加が少ない場合には、州民の少数派が州議会の多数派を制して法律を成立させる可能性を防ぎ、他方、それは必然的に一定数の投票への参加を要求することになるが、例えばワイマール憲法七五条が規定していたような厳しい要求（有権者の過半数が国民投票に参加すること）から生じる瑕疵（当該法律案の反対者は、反対票を投じたことがこの参加要件を充足した場合には国民投票を成功に導くことがありうるため、投票に参加しないことにより、この要件の充足を妨げて投票を不成立にすることができたこと）を回避するものといえよう。[42]

州民請願の法律案に対して州議会が対案を議決した場合は、二つの法律案が州民投票にかけられることになるが、このような州民投票に際して、投票用紙は、それらの法律案各々について賛否の質問が設定されていなければならない（法一五条二項三文）と規定されていることから、投票の成否は各々の法律案について判定されることになる。その結果、いずれの法律案も州憲法六〇条五項に規定された要件（すなわち賛成者が投票の過半数に達し、それが有権者の少なくとも三分の一に相当すること）を満たした場合は、両案のうち、賛成票が、より多いほうの法律案が法律として採択される（法二〇条一文）という判定方式が採用されている。[43] 州民投票法に規定はないが、同じ対象に関する複数の州民請願が同時期に競合して成立し、同じ日の州民投票にかけられる場合も同様に解されるといえよう（複数の法律案が州民投票にかけられた場合の投票方式および結果の判定方式に関しては、本節四参照）。州民投票は、その結果の公示後一ヵ月以内に、各有権者の異議申立てにより、州憲法裁判所において取り消されうる（法二一条一・二項）。

最後に、州民投票を通じて州民により決定された法律は、州議会により議決された法律よりも高い地位を有するものではないと解するのが通説であり、[44] したがって、州議会は、他の法律と同様、それを修正することができるが、その修正は、当該州民投票が行われたのと同一の被選期においても可能か否かについては説が分かれている。[45]

【注】

（1）　Berger, Unmittelbare Teilnahme, S.22. LV NW, Art.68, Abs.1, Satz 1; LV RP, Art.109, Abs.1; LV Saarland, Art.99, Abs.1, Satz 1が、「法律の制定改廃」という狭義の州民請願を明文で規定する。そのほか州民請願の定義として、Abelein, ZParl 1971, S.187-188は、「単純法律あるいは憲法改正法律の制定、改正あるいは廃止に向けられた、法定された最低人数の投票権者の発案権と理解される」が、「基本的には立法というテーマに限定されず」、「それ以外の任意の問題に関する議論を強いるためにも実施されることがあり」、「議会の解散あるいは政府の退陣を引き起こすことを目標とした州民請願が際だっている。」と、各州憲法が採用している諸制度を念頭において州民請願をより広く解し、さらに Fell, Plebiszitäre Einrichtungen, S.6 は、「任意の内容の問題を公的に議論の対象とし、あるいはそれを決定のために州民に提出させる、州民の全体あるいは一部の権利」と最広義に定義する。

（2）　Stern, Staatsrecht, Bd. II, S.13. したがって、シュテルンは、州民請願を「発案行動という形式による、議会と並列的な（para-parlamentarisch）州民の立法への参加」としている。

（3）　ヘッセン州における事案につき、同旨、BVerfGH 60, S.201.

（4）　Schlenker, VBlBW 1988, S.124.

（5）　Braun, Verfassung BW, Art.79, Rdnr.11; Feuchte, Verfassung BW, Art.79, Rdnr.33.

（6）　Braun, Verfassung BW, Art.59, Rdnr.40 によれば、公租公課法（Abgabengesetz）とは、租税（Steuer）、分担金（Beitrag）、手数料（Gebühr）あるいは公共予算への他の公課の形式による金銭負担をいうが、議会の議員に関する歳費法律は含まれないとする。参照、BVerfGH 40, S.296, S.316ff., S.327.

（7）　Braun, Verfassung BW, Art.59, Rdnr.40.

（8）　Feuchte, Verfassung BW, Art.59, Rdnr.7. もっとも、この説も予算法律に関する州民請願は事実上排除し、その許容性は政府がその発案権を独占しているか否かにかかっているとする。

（9）　二段階の制度をとる他の四州について、LV Bayern, Art.73; LV Hessen, Art.124, Abs.1, Satz 3; LV NW, Art.68, Abs.1, Satz 4; LV Saarland, Art.99, Abs.1, Satz 3.

（10）　参照、Pestalozza, Popularvorbehalt, S.27; Weber, DÖV 1985, S.182.

（11）　Braun, Verfassung BW, Art.59, Rdnr.40; Spreng/Birn/Feuchte, Verfassung BW, Art.60, Rdnr.5.

（12） Geller/Kleinrahm, Verfassung NW, Art.68, Anm.2 b) bb); Gensior/Krieg/Grimm, VB und VE, Erl.§3, Anm.2.

（13） VerfGH NW, Beschl. v.26.6.1981, NVwZ 1982, S.188-189. この事案は、「外国人ストップ住民運動（Bürgerinitiative Ausländerstopp)」が、一九八〇年九月一二日の文書をもって、外国人労働者とその家族の帰国の推進に関する法律の制定を求める州民請願の許可を、ＮＷ州内務大臣に申請したが、同大臣は州政府の名でその申請を不許可とする決定を行ったため、その代表者が同州憲法裁判所に対して当該不許可決定の取消しを求める訴訟を提起したものである。この法律案は、「（第一条）ＮＷ州は、外国人労働者の本国における実効的な労働行政、とりわけ労働市場に関して、職業紹介および失業者保険制度の組織づくりを援助する。（第二条）ＮＷ州は、外国人労働者およびその家族の帰国促進計画の補助のために、資金的および技術的援助を投入する。（第三条）ＮＷ州は、外国人労働者の帰国に関する経済的な自助の開始を、本国における経営の基盤づくりおよびその拡大の形で促進する。（第四条）ＮＷ州は、その本国における職場の創設のための基金に参加する。（第五条）この法律の措置は、ともかく帰国を望んでおり帰国の意思をもってはいるが、その帰国の時期に関しては未だ不明確であり、また指定された計画によりおそらく帰国の決心をすることのできるような外国人を対象とする。」という条文から成り、その提案理由においては、ＮＷ州にはあまりに多くの外国人が生活しており、それにより生じる諸問題は今にも解決不能となるおそれがあるため、できるだけ多くの外国人の帰国が促進されなければならないとされていた。しかし、ＮＷ州憲法裁判所は、この憲法訴願を明らかに理由なしとして退けた。その第一の理由として、同裁判所は、「財政問題に関しては、州民請願は許されていない（州憲法六八条一項四文、州民投票法三条三文）」ことを挙げ、「確かに、ある法律が財政的影響を必然的に伴う場合、例えば、新たな官庁の設立や新たな学校あるいは職業訓練所の導入の場合には、この規定にいう『財政問題』が通常問題とされることはない。しかしながら、その重点が歳入あるいは歳出の指定にあり、それが国家予算に実質的に影響を及ぼす法律はすべて上に挙げた規定の中に入る。」とした。また、「この解釈は当該諸規定の意義および目的、さらにそれらの成立経緯より明白になる」として、「すでにワイマール憲法七三条四項は、『財政問題』なる概念のかわりに、より狭義の『予算案』なる概念を用いていたが、その規定の目的を十分に達成するために広く解釈され」（参照、Kaisenberg, VB und VE, S.207 は、「『予算案』なる概念は、形式的な帝国予算と技術的意味において同一視されえず、……この概念には、予算案を事実上覆すような方法で、予算案の存立全体に直接の影響を及ぼす法律も含まれる。」としている。）、「それに応じて一九二〇年一一月三〇日のプロイセン憲法六条三項は、より広義の文言による解釈が必要であることを顧慮するために、『予算案』という用語の代わりに『財政問題』なる概念を用いた」のであり、「この規定と

ＮＷ州憲法六八条一項四文は文言上一致する。」とした。そしてこの州民請願により制定が「追求された法律は、州の予算に本質的な影響を及ぼす歳出を指定することにその重点をもつであろう。」と判示した。なお、同裁判所は、「たとえ、その計画された法律が財政問題を含んでいる点を問わず、またさらにその内容がそもそも州の立法権限の下にあるかどうかという点をも問わないとしても、州はその法律の制定により、いずれにせよ連邦忠誠という不文の憲法原則を侵すことになるであろう。」と述べて、当該州民請願の許されない第二の理由として「連邦忠誠（Bundestreue）」原則違反を挙げる。すなわち、「その原則によれば、州は連邦と同様にそれらを結びつける憲法上の『同盟』の本質に応じて共働し、その確立および連邦と州の利益の擁護に寄与するという憲法上の義務を有」し、「州は、国家全体の利益および他の州の利益が正当化できない形で侵害され、あるいは影響を受けないようにその権限を行使しうるにすぎない」ところ、「その計画された法律により、国家全体の利益は著しい影響を受けることになるであろう。」——なぜなら、「外国人の高い割合から生じる諸問題は、ＮＷ州のみならず、連邦および他の州にも関わる問題であ」り、「その解決は、一州のみにより他から孤立して追求されうるものではなく、加えていずれにせよ連邦の政策的な観点が考慮されていないという危険が存し」、「一州だけの規律が、連邦および他の州に対して許されない圧力をかけることになるであろう」からである、と判示した。

(14)　Degenhart, Der Staat 1992, S.94.　参照、Danwitz, DÖV 1992, S.603; Krause, Unmittelbare Demokratie, §39, Rdnr.27.

(15)　ＲＰ州憲法も、財政問題に関する州民請願は禁止している（一〇九条三項三文）が、他方、州議会の三分の一の申立てにより公布が延期された法律は、一五万人の有権者が申し立てた場合には、州民投票にかけられなければならない（一一四条、一一五条）と規定して、この問題に関する州民投票の可能性を残している。また、ワイマール憲法七三条四項は、「予算案、公租公課法および給与法に関しては、ライヒ大統領だけが国民投票を実施させることができるにすぎない。」と規定して、他の国家機関である大統領がこれらの法律に関して国民投票の実施を指定できることを認めていた。

(16)　Pestalozza, Popularvorbehalt, S.28 は、スイスやアメリカ合衆国の経験に基づいて、財政上の混乱に対する州憲法の心配は大げさであるとする。

(17)　Degenhart, Der Staat 1992, S.94.

(18)　ＮＷ州憲法六八条一項五文は、州民請願の「許容性に関しては、州政府が決定する。」と、ザールラント州憲法九九条三項は、「州民請願の許容性および成立に関しては、州政府が決定する。」と規定する。

(19)　Zinn/Stein, Verfassung Hessen, Art.124, Erl.VI. ワイマール憲法七三条三項が規定する国民請願の許可手続については、参照、Kaisenberg, VB und VE, S.206-209; Hernekamp, Direkte Demokratie, S.258. なお、この許可申請手続は、わが国の地方自治法上の条例の制定改廃に関する直接請求代表者証明書交付申請手続（地方自治施行令九一条以下、地方自治施行規則九条以下）に相当すると考えられる。すなわち、条例の制定または改廃の直接請求をしようとする代表者は、その請求の要旨（千字以内）、その他必要な事項を記載した請求書および条例案を添えて、当該地方公共団体の長に対し、文書をもって条例制定または改廃請求代表者証明書の交付を申請しなければならず、その請求があった場合、長は、直ちに市町村の選挙管理委員会に対して、当該請求代表者が選挙人名簿に登録されたものであるかどうかの確認を求め、その確認があったときは、これに証明書を交付しなければならない（地方自治施行令九一条）と規定されている。代表者証明書交付申請の審査については、この選挙人名簿登録者の確認が法定されているだけであるが、このほかに当該申請の形式的要件、例えば、文書による申請であること（ただし、その様式は別に定められていないため適宜なものでよい）、法律案が添付されていること、当該請求書が法定の書式により作成されていること（「請求の要旨」については、かりにその内容が虚構であっても、そのために請求を無効とする理由はないと解されている—名古屋高裁昭二六・二・二七判決（行裁例集二巻二号二五九頁以下））などが満たされているか否かの確認は、当然行われる（参照、角島靖夫・山本鎮夫『直接請求制度の解説』ぎょうせい、一九七八年、六七頁以下）。問題は、当該請求書に添付された法律案の内容に関する長の実質的審査が許されるか否かであるが、前述（序章（注）9）のように、学説ならびに判例ともに消極的に解している。

(20)　BVerfGH 60, S.201. この判決は、ヘッセン州の州民請願に関するものであるが、同州の州民請願の許可手続はＢＷ州のそれとほぼ同一である。判決はさらに、州民請願が州政府により拒否された場合の州憲法裁判所への異議申立ての権利、ならびに許可申請の撤回の権利も、署名者個人には与えられておらず、それらは署名者グループの代表者に帰属するにすぎないことにも言及している。

(21)　H. Schneider, Volksabstimmungen, S.172.

(22)　ＮＷ州は三千人（有権者総数の〇・〇二%—以下同様）（VAG Art.2, Abs.1）、ザールラント州は五千人（〇・六一%）（VAG Art.2, Abs.2）、ＲＰ州は二万人（〇・六六%）（LWG Art.57, Abs.2）、バイエルン州は二万五千人（〇・二八%）（LWG Art.70, Abs.1）、そしてヘッセン州は有権者の三%（VAG Art.2, Abs.2）の署名が要求され、有権者総数に占める割合としては、ＮＷ州の〇・〇二%からヘッセン州の三%までの幅がある。有権者総数は、一九九九年六月に実施されたヨーロッパ議会選挙時点の統計（Statistisches Bundesamt, Statistisches Jahrbuch 1999 für die Bundesrepublik Deutschland, S.86）による。

(23) Stern, Staatsrecht, Bd. II, S.14. 同旨、ヘッセン州について、Zinn/Stein, Verfassung Hessen, Ar.124, Erl.V3 c); Schonebohm, Volksgesetzgebung, S.330-331; またNW州について、Grawert, NWVBl. 1987, S.3.

(24) Schlenker, VBlBW 1988, S.125.

(25) StGH Hessen v.14. /15.1.1982, DÖV 1982, S.320ff.; DVBl. 1982, S.491ff.; NJW 1982, S.1141ff.

(26) LV NW, Art.68, Abs.1, Satz 5; LV Saarland, Art.99, Abs.3, Satz 1.

(27) Boettcher/Högner, Landeswahlgesetz, Art.65, Rdnr.3. なお、憲法機関ではない内務省に法律案の実質的審査を委ねるのは、許可申請の段階においてすでに、立法機関の一部である州民の憲法上の地位と相容れないなどと主張して、内務省による許可を憲法違反とするプロイス（Preuß, DVBl. 1985, S.710ff.）と、それに反論するシュレンカー（Schlenker, VBlBW 1988, S.121ff. u. S.167ff.）の論争がある。

(28) 州政府が、成立した州民請願を州議会に送付する期限を、法律上明示的に規定する州もあり、ヘッセン州では二週間（VAG Art.15, Abs.1）、バイエルン州では四週間（LWG Art.80, Abs.1）とされている。

(29) Zinn/Stein, Verfassung Hessen, Art.124, Erl.VIII; Geller/Kleinrahm, Verfassung NW, Art.68, Anm.2 f).

(30) Braun, Verfassung BW, Art.59, Rdnr.48.

(31) 州民請願による提案に関して、いかなる場合にも直ちに州民投票が行われて決定されるか、それともある国家機関（例えばBW州憲法六〇条一項の場合における州議会）にその中間決定が委ねられ、その提案に応じない限り州民投票が行われるかにより、「直接的（direkt）」州民請願と「間接的（indirekt）」州民請願が区別される（Braun, Verfassung BW, Art.59, Rdnr.30; Berger, Unmittelbare Teilnahme, S.26）。間接的州民請願は、ワイマール憲法においても採用されていた（七三条三項四文）が、二段階の州民立法制度を採用する五州の州憲法のなかでは、BW州憲法五九条二項三文のほか、バイエルン州憲法七四条三項、ヘッセン州憲法一二四条二項一文、NW州憲法六八条二項一文、およびザールラント州憲法九九条四項は、ほぼ同一の文言で、州民請願が州政府によりその意見を付して州議会に提出されなければならない旨を規定して、この間接的制度によることを明示している。また、三段階の州民立法制度を採用する一一州においても同様であり、例えば、SH憲法は、州民請願に先行する第一段階としての州民発案は、州議会に提出され（四一条一項一文）、州議会がその案に同意しなかった場合に、州民は州民請願実施の申請を行う（四二条一項一文）と規定して、州議会の審議を介在させる間接的制度を採っている。

（32） Weber, DÖV 1985, S.181.

（33） Pestalozza, Popularvorbehalt, S.22.

（34） 州民投票は、一般に、その実施が憲法上強制的に指定される「義務的（obligatorisch）」州民投票と、その実施の指定が国家機関の裁量に委ねられる「任意的（fakultativ）」州民投票に区別される（Berger, Unmittelbare Teilnahme, S.28-29; Braun, Verfassung BW, Art.59, Rdnr.31）。

（35） 州議会議事規則五〇d条は、一九七四年の州憲法の改正により州民立法制度が導入され、翌年州民投票法が改正されたが、その法律改正により、当該手続の州議会の段階での規定が必要となったことに伴い、一九七八年の改正により挿入されたものである。Bekanntmachung über die Änderung der Geschäftsordnung des Landtags von Baden-Württemberg vom 13. Dezember 1978. GBl. 1979, S.59.

（36） 一九七四年の憲法改正に際しての委員会審議においては、編集的な修正は許されると解されている（Schriftlicher Bericht über die Beratungen des Ständigen Ausschusses, Landtag BW, PlPr. 54. Sitzung vom 9. Mai 1974, S.3487）。参照、Braun, Verfassung BW, Art. 60, Rdnr.8.

（37） ＢＷ州議会議長による州議会議事規則改正案の提案理由による。Änderung der Geschäftsordnung: Behandlung von Volksbegehren im Landtag, Landtag BW, Drs. 7/4710, Anlage 1, S.9.

（38） Schlenker, VBlBW 1988, S.122; Braun, Verfassung BW, Art.60, Rdnr.8, 9.

（39） ＮＷ州においても二ヵ月の審議期間内に議決が成立しなかった場合は、州民請願は否決されたものとされている（VAG NW, Art.17, Abs.2）。また、バイエルン州は三ヵ月以内（LWG Bayern, Art.73, Abs.1）、ザールラント州も三ヵ月以内（VAG Art.14, Abs.1）を州議会の審議期間と規定する。

（40） 州議会議事規則改正案を審議した新旧議会間委員会の審議報告書による（Bericht über die Beratung des Ständigen Ausschusses, Änderung der Geschäftsordnung des Landtags von Baden-Württemberg, Landtag BW, Drs.7/4710, S.3）。

（41） 憲法改正法律に関する州民投票の場合は、「有権者の過半数」の賛成が必要である（州憲法六四条三項三文）。

（42）Schlenker, VBlBW 1984, S.14; Berger, Unmittelbare Teilnahme, S.304-305; Braun, Verfassung BW, Art.60, Rdnr.10.

（43）参照、Feuchte, Verfassung BW, Art.60, Rdnr.3; Boettcher/Högner, Landeswahlgesetz, Art.80, Rdnr.2.

（44）ザールラント州憲法裁判所も、「ザールラント州憲法は、州議会の立法者が一定の規律素材を、最初からあるいは少なくとも州民がそれを一旦自分のものにした後には取り上げることはできないというように、州民に対して立法権限の行使を留保していない。州民投票による立法には、議会における立法との関係で、その他の点でも決して優先権はない。」と判示して、この点を認めている（VerfGH Saarland, Urt.v.14.7.1987, DÖV 1988, S.29ff.; DVBl. 1988, S.56ff.）。同旨、Schlenker, VBlBW 1988, S.122; Braun, Verfassung BW, Art.60, Rdnr.18; Feuchte, Verfassung BW, Art.60, Rdnr.11; Stern, Staatsrecht, Bd. II, S.16. ワイマール憲法七三条に基づき国民投票により決定される法律について、同旨、Anschütz, Verfassung des Deutschen Reichs, Art.73, Rdnr.4. シュナイダー（Schneider, Gesetzgebung, S.111）は、州民により決定された法律が議会により議決された法律より高い地位を有するわけではないことを認めながらも、前者は、より大きな政治的重要性を有するので、議会多数派が修正を敢えて行えるのは、一般に納得のゆく理由、例えば状況が本質的に変わったこと等を示した場合に限られるであろうとしている。こうした通説的見解と異なり、パイネ（Peine, Der Staat 1979, S.401）は、州民投票的立法手続と代表議会的立法手続とは法的に等価値であり、「反対の行為（actus contrarius）」の理論により、「ある国家行為は、同じ行為により廃止され、あるいは修正されうるにすぎ」ず、「この権限は、その法的行為を行った権限の担い手にのみ帰属する。」として、州民により決定された法律は、原則として（ただし、「事情変更約款（clausula rebus sic stantibus）の留保の下、事情が本質的に変化した場合には議会の立法者も修正の権限ありとする）、議会により修正されえないとしている。

（45）Feuchte, Verfassung BW, Art.60, Rdnr.11 は、「州民投票により決定された法律が、州議会により直ちに廃止されあるいは本質的に修正されることは、憲法六〇条に反するであろう。第六〇条二項および三項は、州民投票が州議会の決定の代わりとなることを明示的に認めている。……確かに州民投票の結果は、その後いかなる修正をも受けないことが保障されているわけではない」が、「新たに選出された州議会は、その決定において自由であり、それは州議会選挙が州議会と州民との間の意見の相違を克服するからである。」とするのに対して、Braun, Verfassung BW, Art.60, Rdnr.18 は、「法律の改正あるいは廃止が憲法上現在の被選期の終了後初めて許されるとする見解は、不適切である。」としている。

三　州民請願および州民投票の実施手続

州民請願および州民投票を通じた州民立法手続に関して、州憲法には基本的な規定が置かれるにとどまり、具体的な実施手続は、いわゆる州民投票法あるいは同施行規則等の規定に委ねられている。

ＢＷ州においては、「州民投票および州民請願に関する法律（Gesetz über Volksabstimmung und Volksbegehren (Volksabstimmungsgesetz)）」[1]（以下、「州民投票法」あるいは「法」と略する）、「州民投票法の施行に関する内務省令（Verordnung des Innenministeriums zur Durchführung des Volksabstimmungsgesetz (Landesstimmordnung)）」[2]（以下、「施行令」あるいは「令」と略する）、さらに州民請願の州議会における審議手続に関しては「ＢＷ州議会議事規則（Geschäftsordnung des Landtags von Baden-Württemberg）」[3]（以下、「議事規則」と略する）が、当該手続を規定している。なお、州憲法は、州民立法制度の詳細な手続規定を法律に授権することに関して、州民投票については、（選挙および投票に関する）「詳細は法律がこれを定める。」（二六条七項一文）と明示的に規定しているが、州民請願についての規定を有しない。しかしこの点については、一九七四年の憲法改正に関する委員会審議の中で、この州憲法二六条七項は同六〇条（州民立法）および四三条（州民請願を通じた州議会の解散）についても適用されるべきであるとの見解が示されており[4]、二六条に規定される「投票」および「投票権」の概念は州民請願にも妥当すると解されている。[5]

州民請願および州民投票から構成される二段階の州民立法手続は、さらに州民請願の許可申請、州民請願の実施、州議会における審議、および州民投票の実施という四つの段階に区分されることから[6]、以下、順を追ってそれらの手続を考察する。

1　州民請願の許可申請

住民請願を実施するためには、まず、その許可を内務省に申請しなければならない（法二五条一項一文）。また州民請願は、登録名簿が市町村に設置されることにより実施される（同項二文）が、この登録名簿は、州内のすべての市町村に設置されるわけではなく、州民請願の許可申請者の希望に応じて設置される（すなわち、州民請願は必ずしも州全域で実施されるわけではない）[7]ため、許可申請の際、登録名簿を設置して州民請願を実施したい市町村名が通知されなければならない（同条二項二文）[8]。当該申請の要件としては、そのほか、書面による申請であること（同項一文）、理由が付され完成された法律案が添付されていること（同条三項）、署名の時点で州議会の選挙権を有する少なくとも一万人の署名が存すること（同条四項）[9]および二人の申請代表者[10]が指定されていること（同条五項）が挙げられている。なお、添付されるべき法律案はもちろんであるが、申請のための署名簿[11]は、施行令の定める様式にしたがって、申請者により作成されなければならない（令二五条一・二文）（**図表1－1参照**）。

許可申請を受けた内務省は、その旨を州議会および州政府に通知（法二六条）した上で、当該申請が、㈠上記要件を満たして規定どおりに行われているかどうか、㈡その法律案が基本法および州憲法に違反していないかどうか、に関して審査を行い、申請の到着後三週間以内に許可・不許可の決定を行わなければならない（法二七条一項）。当該決定は、州議会、州政府および申請代表者に通知されなければならず（同条二項）、不許可の決定が下された場合には、申請代表者は、当該決定の到達後二週間以内に州憲法裁判所に対して異議申立てを行うことができる（同条三項）。

他方、内務省は、当該申請を許可した場合には、その旨を官報で公示するとともに、州民請願のための登録名簿が設置される市町村名ならびに州民請願をその登録名簿への登録により支持することができる期間（登録期間）をも

図表 1-1　州民請願の許可申請書様式

バーデン＝ヴュルテンベルク州憲法 43 条— 59 条—[1] に基づく州民請願の許可申請のための署名簿第......頁（全......頁）[2]

私は、以下の署名により、

— ....[3] に関する添付された法律案の提出

— バーデン＝ヴュルテンベルク州議会の解散　　—[1] を目的とする州民請願の許可申請に参加します。

通し番号[4]	省略のない姓名による自署	姓　名	生年月日	住　所	署名日
		できるだけタイプライターの活字あるいは印刷の活字により記載されること			
1					
2					
3					
4					
5					

選挙権証明[5]

上記第......頁に記載された......人の署名者は、指定された署名日に基本法 116 条 1 項の意味におけるドイツ人であり、州選挙法 7 条 1 項所定のそれ以外の諸前提をも満たしており、また州選挙法 7 条 2 項に基づき州議会の選挙権から除外されていなかった。それらは署名の際、バーデン＝ヴュルテンベルクの州議会の選挙権を有していた。

（登録権者名簿縦覧地）

（公印）　　　　市長（署名）

（注）この様式は、「州民投票法の施行に関する内務省令」（GBl.BW,1984,S.199）が規定する州民請願の許可申請様式（Anlage 8, zu § 25 Satz 1 und § 26）を、著者が日本語に翻訳したものである。

1 該当しないほうは削除されなければならない。

2 署名簿に関しては、裏面を含めた任意の枚数の用紙が使われてよく、二枚以上の用紙が使われる場合には、綴じられた上で通し頁数が付されていなければならない。

3 ここには法律案の正確な名称が書き込まれなければならない。

4 署名には通し番号が付されていなければならない。最初と最後の頁には各々１０名の署名欄、その他の頁には各々２０名の署名欄が設けられること。表題は冒頭の文章とともに最初の頁にのみ、選挙証明は最後の頁にのみ印刷されていることを要する。

5 個々の署名者が、この選挙証明が付与される市町村に住んでいないかぎりにおいては、それに相応する権限ある市町村の個別の証明書が作成され、この用紙に綴じられていなければならない。

公示する（法二八条一項一・二文）。この登録期間は、当該許可の公示後早くて四週間目、遅くとも六週間目に始まり、通常一四日間である（同条一項三文）。内務省は、登録名簿の設置されるべき市町村に対してその実施に関する教示を行い、市町村側は、州民請願の対象すなわち法律案の文言とその理由、登録期間、登録名簿の設置場所および登録時間を、その土地の慣習的方法により公示しなければならない（同条三項）。

許可申請の撤回は、登録期間の開始八日前までは、申請代表者が内務省に対して書面による共同声明を行うことにより可能であり、また申請署名者が書面によりその署名を撤回したことにより署名者の数が一万人以下になった場合も、許可申請の撤回とみなされる（法二九条一項）。

2　州民請願の実施

州民請願の支持は、当該法律案に賛成する有権者が登録名簿に署名（登録）することにより実施される（法三〇条一項）。この登録名簿は、許可申請の際の署名簿と同様、施行令所定の様式にしたがって申請者により作成され、州民請願が実施される市町村に送付されてその利用に供されなければならない（法三〇条二項一文、令二九条一項）。登録名簿の送付を受けた市町村は、その名簿を登録期間中、登録権者による登録のために設置し、その際署名した者の登録権を審査する義務を負う（法三〇条二項二文）。

登録権者は、登録当日に州議会の選挙権を有する者であり（法三一条）、登録名簿の設置される市町村内にその住所（複数の住所のある場合は、その主たる住所あるいは居所）を有する者である（法三二条二項）が、登録期間中、重要な理由により当該市町村を不在にする者は、申請により登録証明書を得た上で、他の市町村において登録を行うことができる（法三二条三項、三三条一項）[12]。

登録の際には、登録権者の姓名（女性の場合は旧姓も）、生年月日、住所の記載を要し（法三五条二項）、原則として自署主義をとるが、文字が読めないか、あるいは身体の障害により自ら登録できない者については、登録権者がその障害に関して行った説明を職権により登録名簿に指示することにより代替される（法一六条二項二文、三五条一項二文、令三一条一項三文）。登録者が識別できない登録、登録権者でない者による登録、正規の登録名簿ではない名簿への登録あるいは登録期間を過ぎた登録は無効登録とされるが、登録の有効性に関する決定は、州投票管理委員会が行う（法三六条一・二項）。

登録期間が終了すると、市町村長は登録名簿を閉鎖し、登録者数および登録証明書数等を確認し（令三一条一項）、それを郡投票管理委員長へ送付する（法三七条一項）。同委員長は登録手続が規定通り行われたかどうかを審査し、その審査結果を投票地区における全登録名簿とともに州投票管理委員長に送付する（法三七条一項二文、令三一条二項）。そして州投票管理委員会は、法的に有効な登録総数を算出し、州民請願の成否を確定する（法三七条二項一文）。

州民請願は、法的に有効な登録数が、直近の州議会選挙あるいは州民投票における有権者の少なくとも六分の一に達していれば成立する（法三七条二項二文、州憲法四三条一項）。州投票管理委員長は同委員会により確定された結果を州議会および州政府に通知し、それを官報において公示する（法三七条三項）。州投票管理委員会により確定された住民請願の成否に関する結果は、州憲法裁判所への異議申立てにより取り消されうる（法三八条）が、もし州民請願が全体としてあるいは部分的に無効とされた場合には、その決定における範囲において州民請願が再実施されなければならない（令三三条）。

許可申請の費用および登録名簿ならびにその市町村への送付の費用は、申請人の負担とされ、許可申請に関する決定の費用および登録結果の確定の費用は、州がこれを負担し、市町村に対しては、それらに生じた費用が州により償還される（法三九条一項）。[13] ただし、州議会の解散を求める州民請願の費用に限っては、州民請願成立後の住民投票の結果、州議会が解散される場合には、申請人が負担した許可申請の費用および登録名簿ならびにその送付の費用が、申請者に対して州により償還されなければならない（同条二項）。

3　州議会における審議

有権者の少なくとも六分の一の支持を得て成立した州民請願は、州政府によりその意見を付して、遅滞なく州議会にその法律案の審議のために送付される（州憲法五九条二項三文）。州議会における審議手続については、州民投票法ではなく、もっぱら州議会議事規則五〇d条が規定している。この第五〇d条は、一九七四年の州民立法制度の導入に伴い、州民請願の法律案の州議会での取扱いに関する規定の必要性から新たに追加された条項である。[14] 州憲法上は、当該法律案は、「州議会が、無修正で同意しない場合には、州民投票にかけられなければならない。」（六〇条一項一文）と規定されるにとどまるが、この議事規則によると、「州民請願により提出された法律案は、無修正での受け入れ、あるいは否決により処理される。」（五〇d条一文）と、州議会の議決は、無修正での採択あるいは否決の二種類しかなく、「州議会がその法律案の修正を議決した場合は、その州民請願は否決されたものとされる。」（同条二文）と、修正可決の場合も否決とみなされ、州民投票が実施されることになる。しかし、これらの議決の結果、州民投票が実施される場合には、「州議会は、自らの法律案を併せて州民に決定のために提出することができる。」（州憲法六〇条一項二文）と、州議会には、州民請願の法律案の対案を州民投票にかけることが認められている。ただし、この対案は当該法律案の審議とは別の手続において作成されるのではなく、当該法律案に対する修正議決（「修正案」）それ自体が、州憲法が規定する「自らの法律案」とみなされる（議事規則五〇d条三文）。

このように州民請願の法律案の取扱いに関しては特別の規定があるが、その審議および議決自体に関しては、他の法律案と同様、州議会議事規則第九章（「法律案」第四二条～第五一条）所定の手続に基づいて議決されることに変わりはない。[15] したがって、州民請願の法律案は、三読会（議事規則四二条一項）を経て最終表決（同四九条）において修正なく可決されれば、法律として成立する。反対に、それが第二読会において否決されれば、それから先の審議は行われず（同四五条六項）、また第二読会において修正されれば、その修正案に基づいて第三読会が行われ（同四七条一項）、第三読会および最終表決においてその修正された文言により議決されたとき、または第三読会で初めて修正が議決されたときは、それらは州議会の対案として、州民請願の法律案とともに州民投票にかけられることになる。なお、州民請願の法律案が、聴聞を必要とする規定[16]を含んでいる場合には、その聴聞が実施され、その結果が報告された後に第一読会が行われる（同五〇a条）。

州民請願の法律案は、「通常三ヵ月以内に処理される」（同五〇d条三項）ことになっており、したがって、州議会が三ヵ月以内に最終的な議決を行わない場合は、例えばヘッセン州のような明示的規定[17]はないが、その法律案は否決されたものと解される。またこの規定の審議に際しては、例外的にこの期間の徒過が許されうる場合のあることが説明されている。[18]

4　州民投票

こうして州議会が、州民請願により提出された法律案を否決あるいは修正した場合には、州民投票のための前提が満たされたことになり、州政府は遅滞なく投票日を決定しなければならない（法五条一項）。投票日は、州民投票にかけられる案件により異なり、法律案の場合（州憲法六〇条一項）は、州議会が当該法律案を否決あるいは修正可決した日から遅くとも三ヵ月以内に、他方、州政府により指定される州民投票の場合（州憲法六〇条二・三項）は、その指定の日から遅くとも三ヵ月以内（同条四項）に確定されなければならない（法五条二項一・二号）[19]。州政府は、投票日の確定後遅滞なく、投票日、州民投票の対象および投票用紙の内容を官報において公示する（法六条一項）。また、当該法律案は、その文言が公示されるとともに、有権者に送付されなければならない（同条二項）。

州民投票における投票権者は、投票当日州議会の選挙権を有する者であり（法二条一項）、州民投票の実施のために、投票権者名簿が縦覧に供されなければならない（法八条一項一文）。その名簿の縦覧は、市町村の義務とされ（同項二文）、投票前二〇～一六日の就業日に行われねばならない（同条三項）。投票権者名簿に登録されている投票区において投票できない投票権者、あるいは自己の責に帰すべからざる理由により投票権者名簿に登録されていない投票権者は、申請により投票証を交付してもらい（法九条一項）、任意の投票区で投票し、あるいは郵便投票により投票することができる（法一二条三項）。

州民投票は、州民請願の場合と異なり、州全体の特別市と郡において行われ（法三条一・二項）、投票区としては、すべての市町村が少なくとも一投票区を構成する（同条三項）。そのほか、その投票区に設置される投票所に行くことができない多数の有権者を抱える病院、老人ホーム、社会福祉施設、保養所および同種の施設は、特別投票区として構成される（令二条）。

投票管理機関は、州、郡および各投票区の三段階における、各々の投票管理委員会および同委員長から構成される（法四条一項）。州民投票の準備および実施に際して、郡および市町村は、法律の規定に応じて、協力を義務づけられ、内務省はそれらに対して指示を与えることができる（法七条）。投票の準備として、まず市長村長は、前述の投票者名簿を投票日の公示後遅滞なく縦覧に供しなければならない（法八条、令六条）。また、投票用紙あるいは郵便投票における封筒などを施行令の定める様式にしたがって作成するのは、郡投票管理委員長の責務とされる（令八条二項）が、投票用紙の内容（文言）は、州政府が決定する（法一五条二項）。[20] ただし、投票用紙は、投票者が、「賛成」か「反対」で投票できるように（州憲法二六条五項）作成されなければならず、州議会が対案を提出したことにより複数の法律案が州民投票にかけられた場合は、投票用紙はそれらの法律案の各々について、賛否の質問が設定されていなければならない（法一五条二項）。市長村長は、投票日の遅くとも六日前までに、投票日、法律案の文言、投票用紙の内容、投票時間、投票場所ならびに投票の方法を、各々の地域の慣習的方法により公示しなければならず、その公示に際しては、投票用紙は公的に作成されて投票場所に設置されていること、投票が無効となるケース、および投票の不正行為に対しては刑法上の罰則が科せられることを教示しなければならない（令一一条）。

投票行為は公開とされ（法一二条）、投票場所の建物内では投票者に影響を及ぼすあらゆる行為は禁止され、投票の秘密はもちろん保障され、投票後の投票者に対するアンケート調査の結果を投票時間終了前に公表することも禁じられる（法一三・一四条）。投票は自書主義によるが、文字が読めないか、あるいは身体の障害により自ら投票できない者は、障害者代表人の助けを借りることができる（法一六条二項二文）。投票権者は、投票用紙上に「賛成」および「反対」が記されている円のうち一方に×印を書き入れるか、あるいは投票用紙に別の種類の印をつけることにより、その問題に対する賛否いずれかの意思が一義的に認識できるような方法により投票する（同条三項）。公的に作成された所定の投票用紙や封筒により投票されていないもの、無記入の投票、投票者の意思が明白に認識できない投票などは、無効投票とされる（法一七条）。

投票行為の終了後、投票区管理委員会は、その投票区における投票結果を算出し、同時に郵便投票管理委員会もそれに割り当てられた投票郵便から郵便投票の結果を算出する（法一八条一項一・二文）。区投票管理委員会はその投票区における投票が規定通り行われたかどうかを審査し、投票区管理委員会および郵便投票管理委員会の投票結果をその投票区の投票結果にまとめ、これを確定する（同項三文）。州投票管理委員会は、区投票管理委員会により確定された投票区の投票結果を州の投票結果にまとめ、これを確定する（同項四文）。投票区管理委員会および郵便投票委員会は、投票結果の算出に際して、投票の有効性および投票結果の確定に際して生じるその他の諸問題について決定するが、区投票管理委員会はそれらの決定を再審査し、誤った決定を変更することができ、州投票管理委員会は計数の誤りおよび他の明白な間違いを訂正することができる（法一八条二項）。投票権者数、投票者数、有効・無効票数ならびに賛成・反対票数が確定されなければならず、州投票管理委員会はさらに州民投票に提出された法律案が州憲法およびこの法律により必要とされる多数を獲得したかどうかを確定する（同条三項）。

法律案が州民投票により法律として採択されるためには、有効投票の過半数で、有権者総数の少なくとも三分の一の投票権者が賛成することである（州憲法六〇条五項）が、州議会が対案を提出した場合のように、同一対象に関する複数の法律案が州民投票にかけられた場合の投票結果において、複数の法律案がこの成立要件を満たしたときは、それらのうち、もっとも多くの賛成票の投じられた法律が採択される（法二〇条一文）。その際、複数の法律案の賛成票が同数であった場合は、各々に投じられた反対票を差し引いて、もっとも多くの賛成票を獲得した法律案が採択される（同条二文）。州投票管理委員長は、同委員会により確定された州の投票結果を、州議会および州政府に伝えると共に、官報においてそれを公示する（法一九条）。

州民投票は、異議申立てにより、州憲法裁判所において取り消されうる（法二一条一項）。この異議申立ての権利は、すべての投票権者、および州投票管理委員長が有し、異議は、投票結果の公示後一ヵ月以内に、書面をもって州憲法裁判所に提起されなければならない（同条二項）。この手続において、その州民投票が全体においてあるいは部分的に無効とされた場合には、その決定に定められた範囲において州民投票が再実施されなければならない（法二三条一項）。

州民投票の費用については、その実施に要した費用は州が負担し、州は郡および市町村に対し、経常人件・物件費を除き、州民投票の結果の送致を含み州民投票の準備および実施により生じた必要経費を弁償する（法二四条一項）と、州の機関が要した費用について規定されるにとどまり、州民請願の発案者など州民投票を推進した州民側において、当該法律案に関する宣伝費用などの投票運動に要した費用が公的に賄われることは規定されていない。

【注】

（1） 一九八四年公示の文言（Bek. der Neufassung des Volksabstimmungsgesetzes vom 27. Februar 1984, GBl. S.178）による。同法は、一九六六年に制定された（GBl. S.14）のち、一九七四年の州憲法改正による州民投票制度の導入に伴い一九七六年に改正され（GBl. S.342 - 改正案について、Landtag BW, Drs.6/7260 参照）、一九八四年に現行の文言が公示されている。

（2） 一九八四年の文言（GBl.1984, S.199）による。同施行令も、一九七一年の制定（GBl. S.63）後、一九七七年の改正（GBl. S.375）を経ている。

（3） 一九八九年公示の文言（Bek. der Neufassung der Geschäftsordnung des Landtags von Baden-Württemberg vom 1. Juni 1989, GBl. S.250）による。

（4） Landtag BW, PlPr.6. WP, 54. Sitzung vom 9. Mai 1974, S.3487 (Anlage 1, Schriftlicher Bericht über die Beratung des Ständigen Ausschusses, Nr.136).

（5） Feuchte, Verfassung BW, Art.59, Rdnr.18.「州民請願は条件付義務的に州民投票を招来するので、州民投票に関する詳細を法律で規定する授権を、州民請願にも、したがって州民立法手続全体に関わらせることが正当と思われる。」（H. Schlenker, VBlBW 1988, S.122）

（6）　この手続区分は、H. Schlenker, VBlBW 1988, S.123 および Zinn/Stein, Verfassung Hessen, Art.124, Erl.Ⅳ2 による。

（7）　バイエルン州においても、州民請願はすべての市町村において実施される必要はなく、許可申請者は、その実施を自らの判断により一定の地域に限定することができる。本来、登録名簿の作成および市町村への送付は、申請者の経費により行われなければならず、登録名簿の送付された市町村に限って州民請願の実施を義務づけられることになる。参照、Schweinnoch/Simader, Landeswahlgesetz, Art.70, Rdnr.8, Art.74, Rdnr.2, 3.

（8）　登録名簿を設置したい市町村の範囲は、内務省による許可の決定までは拡大することができる（法二五条二項二文）。

（9）　許可申請に必要とされる「二万人」の署名者数は、有権者総数の約〇・一四％に相当し、二段階の州民立法制度を採用する五州のなかではもっとも低いハードルである。反対に、もっとも高いハードルを設定しているのは、ヘッセン州の「三％」である。実施許可について一定の署名者が必要とされるのは、比較的少数の有権者グループが州民請願を濫用して、軽率な宣伝活動により州政府の活動を妨害したり政治的活動を不断に動揺させる事態が容易に招来されるであろうことを防止することにあるとされる（Schweinnoch/Simader, Landeswahlgesetz, Art.70, Rdnr.2）。

（10）　この代表者は、当該申請に関して法的拘束力をもつ声明を行い、また投票管理機関からの声明を受理する権限を有するが、申請署名者の過半数の書面による声明により罷免され、別の代表者に交替されうる（法二五条五項三、四文）。

（11）　この署名簿に、各申請者は姓名を自署しなければならず、その署名とともに、判読できる書体による姓名、生年月日、住所ならびに署名日を記入しなければならない（令二五条三、四文）。また各申請者が署名時点で州議会の選挙権を有していることの証明は、その住所を有する市町村の長により無料で行われなければならない（令二六条）。

（12）　登録証明書の交付に関しては、選挙証明書の交付に関する州議会選挙法の規定が適用される（令二八条三項）。したがって、登録証明書は、自分の住所以外の市町村における投票に際して交付されるほか、選挙人名簿に登録されていない場合にも交付される（州選挙法二三条一項）。このことは、直近の州民投票以降初めて投票者の資格を有するに至った者、あるいはこの間に投票権の欠格・停止事由が消滅した者にとって意義をもつ（Schweinnoch/Simader, Landeswahlgesetz, Art.75, Rdnr.4, 10）。

（13）　バイエルン州においては、登録名簿の作成および送付の費用は、申請者が負担し、州民請願の結果の確定の費用は州が、その他の費用は市町村が負担すると規定されている（LWG Bayern, Art.82）。また、ＲＰ州においても、同様の規定がある（LWG RP, Art.70）。こうした費用の負担については、「たとえ、登録名簿の作成および送付に関する費用が、申請者の負担になるとしても、州民請願の実施に際しては、市町村および州にかなりの費用が生ずる。しかし、この金額は、直接民主主義の形成にとって、決して高すぎることはない。」（Schweinnoch/Simader, Landeswahlgesetz, Art.82, Rdnr.3）とされる。

(14) Bek. über die Änderung der Geschäftsordnung des Landtags von Baden-Württemberg vom 13. Dezember 1978, GBl.1979, S.59.

(15) 参照、Änderung der Geschäftsordnung, Behandlung von Volksbegehren im Landtag, Landtag BW, Drs.7/4710, Anlage 1, S.9-10.

(16) 聴聞が必要とされる例としては、市町村の自治権やその事務に関する法律制定の前に当該市町村に対して行われる聴聞（州憲法七一条四項）、市町村の領域変更に関する法律制定の前にそれに直接関わる領域の住民に対して行われる聴聞（同七四条二項）などが挙げられる。参照、Braun, Verfassung BW, Art.71, Rdnr.68.

(17) ヘッセン州の州民投票法は、州議会が審議期間として規定された一ヵ月以内に、「議決を行わない場合は、それは否決したものとみなされる。」（VAG Hessen, Art.15, Abs.2, Satz 2）と規定する。NW州においても同様の規定（VAG NW, Art. 17, Abs.2, Satz 2）がみられる。

(18) Bericht über die Beratung des Ständigen Ausschusses, Änderung der Geschäftsordnung des Landtags von Baden-Württemberg, Landtag BW, Drs. 7/4710, S.4.

(19) そのほか、憲法レフェレンダムの場合（州憲法六四条三項）は、州議会の憲法改正提案が州政府に提出された後遅くとも三ヵ月以内に（法五条二項三号）、州議会の解散の場合の投票日について規定される「六週間」（州憲法四三条二項）は、州民請願の登録結果の公示の翌日から起算される（法五条三項）。

(20) BW州においては、これまで法律の制定改廃に関する州民投票が実施されたことがないため、その場合の投票用紙の文面例は存しないが、一九七一年の州議会の解散に関する州民投票に際して、その賛否を問う投票用紙の内容に関して、Bek. der Landesregierung Baden-Württemberg über die Durchführung einer Volksabstimmung vom 4. August 1971, StAnz. BW Nr.63 vom 11. August 1971, S.4 参照。

四　投票方式および投票結果の判定方式

一　州民投票に際しては、当該法律案の受け入れに対して「賛成」か「反対」かという形式で投票が行なわれる（州憲法二六条五項）ため、投票用紙の中の質問事項も、投票者が「賛成」か「反対」かで投票できるように設定され（法一五条二項二文）、投票者は「賛成」か「反対」のどちらかに×印を付けることにより投票する（法一六条三項一文）。そして州民投票の結果、法律が採択されるのは、有効投票の過半数が賛成し、その賛成者の数が少なくとも有権者の三分の一に相当する場合である（州憲法六〇条五項）。

このような投票方式ならびにその結果の判定方式に関しては、州民投票に提出されている法律案が一つだけの場合と複数の場合とを区別して考える必要がある。

まず、一つの法律案だけが提出されている場合には、投票に際して、有効投票としての選択肢は、当該法律案に対して「賛成」か「反対」かの二つしかなく（印を付けていない投票、投票者の意思が明確に認識できない投票は無効とされる――法一七条一項）、また、その投票結果については、有効な賛成票および反対票の数が確定されたのち、賛成票が州憲法に規定された要件を満たしていれば、当該法律の成否が決まる。すなわち、ここでは法律案に対する州民の賛否が、憲法の規定に基づいて、そのまま当該法律の成否に結びつくことから、州民の意思を問う投票方式と結果の判定方式との間に疑義は生じない。

二　これに対して複数の法律案が提出される場合、すなわち州民請願が競合することにより、あるいは州議会が州民請願に対して自らの対案を提出することにより、規律対象は同一であるが、内容的には相容れない複数の法律案が州民投票にかけられる場合は、さまざまな投票方法（例えば、賛成票は一つの法律案だけに限定するか、各々の法律案に対する賛否の表明を可能にするかなど）が考えられ、さらにその投票の結果をどのような基準により判定して当該法律の成否を決定するのか、という問題がある。この問題への対応は、各々の州によって異なるが、ここではBW州とバイエルン州の例を考察する。

BW州においては、このように複数の法律案が州民投票にかけられた場合には、「投票用紙は、各々の提案につき、それ自体の質問設定を有していなければならない。」（法一五条二項三文）と規定されている。したがって、例えば、A、B二つの法律案が州民投票にかけられた場合、投票用紙は、次のような文面になると考えられる。

投票者は、各質問について一票を投じることができます。

一　あなたは法律案Aに賛成ですか。
　　はい □　　いいえ □

二　あなたは法律案Bに賛成ですか。
　　はい □　　いいえ □

すなわち、投票者は、複数の法律案各々に対して賛成か反対の票を投じることができ、また賛成票を複数の法律案のうち一つだけに限定する規定もないため、場合によっては複数の法律案すべてに賛成票を投じることも可能であると解される。このため、法律案各々について賛成票と反対票が集計された結果、複数の法律案が、憲法上の要件（有効投票の過半数で有権者の少なくとも三分の一の賛成票を得ること）を満たす可能性が生じる。この場合、それらのうちどの法律案が成立するかについては、「複数の提案が、州憲法六〇条五項に基づいて必要とされる多数を得た場合は、もっとも多くの賛成票が投じられた法律に決定される。」（法二〇条一文）と、比較多数による決定方式を採用しているが、この場合、その対象となる法律案はすべて憲法上の成立要件を満たしていることを前提とした最終決定であるため、投票方式とその結果の判定方式との関係について疑義はないと思われる。(1)

三　バイエルン州においても、複数の法律案が州民投票にかけられた場合、かつてはBW州と同様の投票方式および判定方式を採用していた。すなわち一九九三年改正前の同州選挙法(2)では、投票方式について、「州民投票に提出される質問は、『はい』か『いいえ』で答えられるように設定されなければならず」（七五条三項）、複数の法律案が投票にかけられた場合には、その質問設定方式は、「それらの法律案各々について適用される。」（同条四項四文）と、投票者は各々の法律案について賛成票か反対票を投じることができることを規定している。したがって、その投票結果は、各々の法律案について、それらの賛成票が州民投票の成立要件である「投票の過半数」（八〇条一項）を満たしたか否かが判定され、もし複数の法律案について、「各々、有効な反対票よりも賛成票のほうが多く投じられていた場合には、もっとも多くの賛成票を得た案が採択される。」（八〇条二項一文）と規定されている。ただしBW制度と異なり、賛成票は一つの法律案にしか投じることができない（七七条一項三号）(3)ため、一見するとこのようなケースが生じることは想定しにくいが、当該投票者が、賛成票を投じた法律案以外の法律案すべてに必ず反対票を投じるとは限らず、場合によっては無回答のままにしておくことも考えられ、その場合の無回答は無効投票とされる（七七条一項二号）が、投票の有効・無効は各々の法律案に対する質問について判定され、ある一つの質問の無効が他の質問をも無効とすることは規定されていないため、反対票よりも賛成票のほうが多い法律案が複数生じる可能性が考えられる。(4)

四　複数の法律案が州民投票にかけられた場合のこうした方式は、一九九三年の州選挙法改正により、次のように変更された。[5]まず、投票方式については、「投票者は、どの法律案に同意するか、あるいはすべての法律案を拒否するかを明白にする。同意は一つの法律案についてしか表明することはできない。」（七六条三項二文）とされ、賛成票が一つの法律案についてしか許されない点は従来と同じであるが、各々の法律案について賛成か反対かの質問が設定されていた従来の方式に変えて、一つの選択肢だけを選ぶ方式が採用された。したがって、この方式に基づく投票用紙は、例えば、A、B二つの法律案が提出された場合、次のような文面になると考えられる。

投票者は、三つの選択肢のうち一つだけに投票します。

□　私は、法律案Aに賛成する。

□　私は、法律案Bに賛成する。

□　私は、法律案A、Bともに反対する。

次に、投票結果の判定方式については、複数の法律案が投票にかけられた場合、「賛成票の数が反対票の数を上回った法律案のうち、もっとも多くの同意を得た法律案が採択される。」（八〇条二項）と比較多数による決定方式を採用し、従来のように投票総数の過半数の賛成を要件としていない。このため、例えば右記の例において、法律案Aの賛成票が一〇〇、法律案Bの賛成票が七〇、法律案A、Bともに反対する票が五〇であった場合、A、Bはともに反対票の数を上回っており、より多くの賛成票を得たAが法律として成立することになるが、Aは投票総数の過半数の賛成を得てはいないという問題が生じる。[6]

五　この改正に際して、州政府は、一九九一年の廃棄物処理法に関する州民投票に際して、「複数の法律案に関する州民投票における投票方式が、その投票およびその判定を不必要に困難にしていることが明らかとなった」ため、「投票者は、複数の法律案に関する州民投票に際しても、一票だけを有することとし、それにより提出された法律案のうち一つに賛成するか、あるいはすべての法律案に反対することができるようにする。」、と述べ、さらに具体的な改正理由として、従来の規定では、「各々の法律案に対して賛否の質問が設定されている」が、「複数の法律案の投票において二度以上賛成の印をつけると、この投票は無効とされた」のであり、このような方式は、「投票、投票用紙の有効性の判定、したがって州民投票の集計に際して、著しい困難をもたらした。」、という点を挙げている。そして右記の三つの選択肢を例として、「従来の規定と異なり、投票権者は、決定のために提出された法律案と同じ数の票を有するのではなく、一票だけを有するにすぎない。それにより、投票用紙の表示も、選挙管理機関によるその判定も、実質的に容易となる。投票用紙に特記することにより、投票権者に一票しか投じることができないことを明白にすることとする。」、と七六条三項の投票方式の変更について説明するが、八〇条二項の比較多数による判定方式については、「新たな七六条三項が従来の七五条三項に代替されたことが考慮された。」と述べているだけである。(7)

このように州政府による改正提案理由は、従来の方式が「投票や投票結果の判定が困難である」ことを抽象的に述べるだけで、必ずしも説得力があるとは思えないが、当該法律案の州議会での審議(8)に際して、反対会派ＳＰＤのレウ（Loew）議員は、州民投票において有権者が一票しかもたないとすることに対して、委員会ならびに本会議の第二読会において異議を唱え、それは「選挙権の削減であると考える。議会の投票行動において、すべての議員が提出されたすべての法律案に対して、一票をもって投じることができることが当然であるように、それを有権者にも可能とすべきである。」と一般論を述べ、またＦＤＰ会派のシュパッツ（Spatz）議員も、「市民の選挙の自由を不当に削減するものである。」と発言するにとどまり、改正内容の詳細な検討は行われず、改正が成立している。(9)

六　その後、一九九五年には市町村レベルへの住民投票制度の導入、一九九八年にはバイエルン上院に関する憲法改正において、州民請願に基づく法律案と州議会の対案とに関する州民投票が実施されたが、いずれの州民投票においても、この改正方式に基づいて州民請願による法律案が成立している。(10)

しかし前者の州民投票の違法性を争う訴訟において、州憲法裁判所は、州選挙法八〇条二項一文の規定（複数の法律案が州民投票にかけられた場合、「賛成票が反対票を上回る法律案のうち、もっとも多くの賛成票を獲得した法律案が採択される。」）が、「考えられうるあらゆる状況に対して適切な解決策を規定しているかどうか、再考するだけの価値があるように思われる」ことは、ここでは重要ではないとしながらも、「多数意思の確定に際して実証されたその原則が、複数の選択肢に関する投票においては、まず第一にもっとも支持される提案について投票が行われ、続いてこの投票結果に基づいて初めて次の選択肢が投票にかけられることを、十分に実現しているかどうか疑わしいように思われる。」と判示した。(11) すなわち裁判所は、複数の法律案に対する投票の結果、いずれかの法律案が採択されることになった場合、現行規定では、各々の法律案の賛成票だけを比較して決定するが、当初いずれの法律案にも反対した投票者の意思がこの段階では確認されていないことを指摘していると考えられる。

七　このような裁判所の指摘を受けて、また後者の州民投票の経験(12)をも踏まえて、州政府は、一九九八年四月、「州憲法の改正、およびこの間の実際の経験に基づいて、州法の諸規定の改正が必要となり、州選挙法の改正においては、州民投票における投票方法および結果の判定方法が、複数の法律案が投票にかけられた場合について改正されるものとする。」として、州選挙法の次のような改正案(13)を提出した。

第七六条　㈣　同一対象に関わるが、内容的に相容れない複数の法律案が投票にかけられる場合、投票者は、各々の法律案について、それを現行法に優先させる（賛成票）か、あるいは優先させない（反対票）かを明白にすることができる。さらに投票者は、複数の法律案が、各々有効な反対票よりも賛成票のほうが多かった場合に、それらの法律案のどれを優先させるかを明白にすることができる（決選投票）。

第七七条　（第三文）　同一対象に関わるが、内容的に相容れない複数の法律案が投票にかけられる場合、個々の質問に関する投票の無効は、それ以外の質問に関する投票を無効としない。

第八〇条　㈠　一つの法律案だけが投票にかけられる場合、それが州民投票により採択されるのは、有効投票の過半数が賛成した場合である。

㈡　第七六条四項に基づいて投票にかけられた複数の法律案のうち、一つの法律案だけが反対票より賛成票のほうが多かった場合は、この法律案が採択される。複数の法律案が、反対票よりも多い賛成票を獲得した場合は、これらの法律案のうち、決選投票（七六条四項文）において有効投票の過半数を獲得した法律案が採択される。(14)

これらの改正の理由として、次のような説明が付されている。(15)

従来の「投票方法および結果の判定方法は、投票者にとっては確かに一目瞭然であるが、極端な場合、二つの法律案において、ある解決（すなわち改正案が採択されるか、あるいは現行の法状況が存続するか）がとられたが、それに賛成したのは投票者のわずか三四％にすぎず、残りの六六％は各々半分ずつ他の解決をとることに賛成した、という事態を招来する可能性がある。なぜなら、投票者は三つ（あるいはそれ以上）の可能性のうち、一つだけにしかに賛成を決めることができないからである」。(16)

したがって、「投票者に対してできるだけ様々な意思表示を可能とし、納得のゆく結果が出るようにするために、七六条、七七条および八〇条は改正されるものとする」。すなわち、「各投票者は、今後は各々の法律案に対して、それを現行法に優先させるか否かを表明する可能性を有するものとする。それにより、複数の法律案が各々過半数により現行法に優先される可能性が生じる。このため、決選投票の採用を規定する」。この結果、「おそらくもっとも頻繁なケースである二つの法律案が投票にかけられた場合、投票用紙は次のようになるであろう。」とする。

あなたは、各々の質問について一票もっています。

一　法律案Aを現行法に優先させますか。
　はい □　　いいえ □

二　法律案Bを現行法に優先させますか。
　はい □　　いいえ □

三　二つの法律案が、反対票よりも多くの賛成票を獲得した場合には、二つの法律案のどちらを優先しますか。
　法律案A □　　法律案B □

このような決選投票の仕組みを取り入れた投票方式は、「連邦および州のレベルにおける住民投票の数一〇年間の経験および数年間の議論に基づいて、一九八七年、スイス連邦憲法に導入された規定に範をとった」[17]ことを明らかにし、この方式は、「住民が自分の優先度を明確に表明することを可能とする。」としている。また、七七条は、「投票の有効性は、各々の質問ごとに決定され、ある質問に対する投票の無効は、その投票用紙すべてを無効とはしないことを規定する。」と説明している。

この改正案に対して、州議会の第一読会では反対会派から特に異論は出されず、むしろハーンツォーク（Dr. Hahnzog）議員（ＳＰＤ）は、決選投票制度を採用したことを歓迎し、またリーガー（Rieger）議員（九〇年同盟／緑の党）も、二つの法律案が州民投票にかけられた場合の決選投票の質問設定[18]を今後の問題としながらも、大筋で政府案を容認した[19]。また第二読会では、これらの規定に関する議論は行われず[20]、この州選挙法の改正が可決、成立している[21]。また一九九九年三月には、市町村レベルにおける住民投票制度にも、この決戦投票による判定方式が導入された[22]。なお、同州の上院の廃止に伴い、憲法改正に関する州民投票の成立について「有権者の二五％の賛成」の要件を付加する州選挙法（八〇条）の改正が一九九九年一一月に行われている[23]。

【注】

（1）　Feuchte, Verfassung BW, Art.60, Rdnr.3 参照。

（2）　LWG Bayern in der Fassung der Bekanntmachung vom 25. November 1988 (GVBl. S.345).

（3）　「同一対象に関わる複数の法律案において、投票用紙に複数の賛成票が投じられている場合、投票は無効とする。」

（4）　実例として、一九九一年二月一七日に実施された「廃棄物処理法に関する州民投票」には、州民請願による法律案と州議会の法律案がかけられ、投票者三七七万三七六三人のうち、州民請願の法律案については、賛成票一六四万四三二一、反対票一八五万六一三九、他方、州議会の法律案に対しては、賛成票一九二万五九四〇、反対票一六二万六五二三という結果となった。成否の判定（投票者の過半数の賛成の有無）は、各々の法律案について行われるため、州民請願による法律案は、反対票（五三・一％）のほうが賛成票よりも多く成立要件を満たすことはできなかったが、州議会の法律案は、賛成票が五四・二％を占めて成立した（投票結果は、Bek. des Landeswahlleiters des Freistaates Bayern vom 27. Februar 1991, StAnz. Bayern vom 1. März 1991, S.2 による）。

（5）　Gesetz zur Änderung des Landeswahlgesetzes vom 24. Dezember 1993 (GVBl. S.1059).

（6） Reinhard Gremer, Das Mehrheitsprinzip im Volksentscheid zu Volksbegehren und Gegenentwurf, BayVBl.1999, S.364.

（7） Gesetzentwurf der Staatsregierung zur Änderung des Landeswahlgesetzes, Landtag Bayern, Drs.12/13077, S.1, 7-8.

（8） Landtag Bayern, PlPr.12/109 v.09.12.1993, S.7384-7385.

（9） A. a. O., S.7387.

（10） 一九九五年一〇月一日に実施された「バイエルンにおける市町村の住民投票制度の導入に関する州民投票」においては、州議会の法律案への有効賛成票一二四万四八八六（三八・七四％）、州民請願の法律案への有効賛成票一八五万七九一九（五七・八二％）、両法律案への有効反対票一一万四六二二（三・四四％）となり、州民請願の法律案が採択された（投票結果は、Bek. des Landeswahlleiters des Freistaates Bayern vom 19. Oktober 1995, StAnz. Bayern vom 27. Oktober 1995, S.3 による）。また一九九八年二月八日に実施された「バイエルン上院に関する州民投票」においても、州民請願の法律案への有効賛成票二四一万二九四四（六九・二三％）、州議会の法律案への有効賛成票八二万三四六二（二三・六三％）、両案への有効反対票二四万九一四一（七・一五％）となり、州民請願の法律案が採択された（投票結果は、Bek. des Landeswahlleiters des Freistaates Bayern vom 18. Februar 1998, StAnz. Bayern vom 20. Februar 1998, S.3 による）。

（11） BayVerfGH, Entscheidung vom 29. August 1997, BayVBl.1997, S.622 (625).

（12） この州民投票で成立した「バイエルン上院の廃止に関する法律」の違憲性を争う訴訟において、州選挙法の当該規定が憲法違反であるとの申立てを、州憲法裁判所は次のような理由により退けている。――一九九八年二月八日の投票結果に鑑みると、「投票の規則を、申立人の主張どおりに、例えば改正された規定どおりに提示していれば、州民投票は異なる結果になったであろうという可能性はありえない。なぜなら、バイエルン上院の制度を一般的に支持する票（すなわち州議会の法案に対する賛成票と両案とも反対する票）をすべて合計しても、この票の優位は生じない（八二万三四六二票＋二四万九一四一票＝一〇七万二六〇三票、したがって投票者の三〇・七％）。上院の廃止に賛成した票（二四一万二九四四票、したがって投票者の六九・二％）は、依然として明白に過半数である。投票への参加は、もしそれが最初から例えば改正規定に相応する投票規則に基づいていたとすれば、異なっていたであろうとすることは、単に理論的な考慮にすぎない。このような場合には投票に重大な変化が生じたであろうとすることには、明らかに何らの根拠もない。」（BayVerfGH, Entscheidung vom 17. September 1999, BayVBl.1999, S.726）

（13） Gesetzentwurf der Staatsregierung zur Anpassung von Landesrecht an die Änderung der Verfassung des Freistaates Bayern, Landtag

Bayern, Drs.13/10833.

(14) 同法八〇条二項は、この決選投票においても決まらない場合に備えて、「決選投票において、得票同数の事態が生じた場合は、最も多くの有効な賛成票（七六条四項一文）を獲得した法律案が採択される。その際、複数の法律案が同数の有効賛成票を獲得していた場合は、それに投じられた反対票を差し引いて、もっとも多くの賛成票を獲得している法律案が採択される。それでもさらに複数の法律案の間に得票同数が生じる場合は、これらの法律案について改めて投票が行われる。」と規定する。

(15) Landtag Bayern, Drs.13/10833, S.7-8.

(16) 州議会における第一読会においても、ベックシュタイン（Dr. Beckstein）内務大臣は、その提案理由の説明の中で、「上院に関する議論に際して、上院の改革に三三％、現状維持に三三％、そして上院の廃止に三四％の賛成が表明された場合の例が挙げられた。この場合、現在の法律によれば、三四％がもっとも強い賛成であるため、上院は廃止されたことになるが、それは六六％の州民の意思に反している。」と、「極端に不満足な状況」について述べている（Landtag Bayern, PlPr.13/105 v.23.04.1998, S.7478）。

(17) スイス連邦憲法一二一条の二（一九八七年四月五日の国民・州投票により採択）は次のように規定する。

㈠ 連邦議会が対案を議決した場合、有権者には同じ投票用紙において三つの質問が提出される。各々の有権者は、⑴国民請願を現行法に優先させるか否か、⑵対案を現行法に優先させるか否か、⑶もし国民と州が両案とも現行法に優先させるとした場合は両案のうちどちらを有効とするか、を制約なしに表明することができる。

㈡ 絶対多数は、各々の質問について別々に算定される。無回答の質問は除外される。

㈢ 州民投票と対案の両方が採択された場合は、第三の質問の結果により決定される。有効となるのは、この質問において、より多くの国民の票および州の票を獲得した案である。これに対して、第三の質問において、一方の案は国民の票、他方の案は州の票を、より多く獲得した場合は、両案とも無効となる。

従来の規定では、有権者は両案とも反対することはできるが、両案とも賛成すること（いわゆる重複賛成）は許されていなかったため、改正を望む有権者の票が、両案に分かれて、両案とも絶対多数に達しない可能性があった。この新たな規定では、両方の案に賛成することが許され、両案とも賛成票が過半数に達した場合に備えて、第三の質問すなわち決選投票の質問が設定されたのである（U.Häfelin/W.Haller, Schweizerisches Bundesstaatsrecht, Rdnr.960）。なお、この方式の導入経緯および詳細な仕組みについて、Aubert, Kommentar zur Bundesverfassung, Art.121 bis 参照。

(18) 政府案の提案理由においては、三つの法律案が州民投票にかけられた場合、決選投票の質問は、「二つの法律案あるいは三つすべての法律案が反対票よりも多い賛成票を獲得した場合、あなたはどの法律案を優先しますか。A □ B □ C □」と設定され、「この投票方式は、確かに問題がないわけではない。すなわち決選投票のレベルでは、現行法において批判されていることが繰り返される。つまり法律案は三四％の投票で通過しうる。ただし、投票の最初の段階では、有効投票の過半数が、三四％の支持により採択された法律案をも従来の法律に優先させたのである。投票者の優先度を表すことを可能にする選択肢としては、投票者が法律に一定の順位（最善の解決、次善の解決など）を指定することが考えられるであろう。しかしそれは、ほとんどの州民に対して過大な要求をすることを意味するであろう。」と説明されている。これに対してリーガー議員は、三つの法律案の決選投票において、理論的には四つ（前記政府案のほかに、二つの法律案が決選投票に残った場合の三通り）の質問設定が考えられることを指摘している。

(19) Landtag Bayern, PlPr.13/105 v.23.04.1998, S.7479-7480.

(20) Landtag Bayern, PlPr.13/108 v.23.06.1998, S.7768; Beschluß des Bayerischen Landtags, Drs. 13/11470.

(21) Gesetz zur Anpassung von Landesrecht an die Änderungen der Verfassung des Freistaates Bayern, GVBl.1998, S.385.

(22) Gesetz zur Änderung der Gemeindeordnung und der Landkreisordnung vom 26. März 1999, GVBl. S.86. この市町村規則の改正により、同規則一八a条（住民請願および住民投票）一二項の中に、「一日に複数の住民投票が実施される場合、市町村議会は、同時に投票にかけられる質問が互いに両立しないかたちで回答された場合について、決選投票による決定を行わなければならない。」（三文）、および「その場合、決選投票において有効投票の過半数が賛成した決定が有効とされる。」（四文）という文言で決選投票方式が採用された。参照、Widtmann/Grasser, Bayerische Gemeindeordnung, Stand: 1. Juni 1999, Art.18a, Rdnr.13; M. Deubert, BayVBl.1997, S.619-621.

(23) Gesetz zur Ausführung des Gesetzes zur Abschaffung des Bayerischen Senates vom 16. Dezember 1999, GVB1. S.521.

五　実　例

一　BW州において、これまで州民立法手続を利用して法律を制定しようとする試みは、バイエルン州やNW州などに比較するとかなり少なく、一九七八年に原子力発電所に反対する州民請願、一九八一年に議会の公務員任用に反対する州民請願、さらに一九八三年には学校での平和教育を求める州民請願を開始しようとする運動があったが、いずれもその許可申請にまで至らなかった。(1) 内務省に対して正式に州民請願の許可申請が行われたのは、一九八五年一月の「平和のための州民請願（Volksbegehren für den Frieden）」が最初であったが、この州民請願の許可申請は認められず、さらにその不許可処分の取消しの申立ても州憲法裁判所により棄却されたため、結局、州民請願は実施されず、この試みは州民立法手続の入口の段階で挫折している。

この州民請願をめぐる経緯は、以下のとおりである。(2)

二　一九八五年一月一一日、「平和のための州民請願」の許可（およびそのためにBW州内のすべての市町村に登録名簿が設置されること）を求める申請が内務省に対して行われた。このため内務省は、一月一四日、州民投票法（以下、「法」と略する）二六条に基づき、当該申請が行われたことを州議会に通知し、(3) 三週間以内にこの申請の許否について決定すること（法二七条一項）を表明した。(4) この許可申請に添付された法律案は、あらゆる新たな核・生物・化学兵器（特にパーシングⅡや巡航ミサイルなど）の製造、輸送、備蓄および配備を阻止し、またBW州の領域内にすでに備蓄あるいは配備されている、そのような大量殺戮兵器の撤去を目指すために、基本法および州憲法により州政府に割り当てられている任務および権限の範囲内であらゆることを試みることを、州政府に義務づける、という内容を有していた。[5]

一月二八日、内務省は申請代表者に対して、この州民請願の許可申請を拒否する決定を下した。[6] その理由は、当該許可申請は、少なくとも一万人の署名の提出、完成された法律案の添付などの形式的要件を満たして規定どおり行われたことは認められるが、その法律案の内容が基本法および州憲法に違反しているため許可することはできない（法二七条一項一文二号）ということであった。[7] この決定について内務省が州民投票法二七条二項に基づいて州議会に提出した通知書には、申請代表者に対する決定書が添付されており、そこでは当該決定に関する詳細な理由[8]が記されているが、その理由のなかで、当該法律案が基本法および州憲法に違反することを主張する主たる論点は次の通りである。

「この法律案に基づいて一定の方法で活動する州政府の義務は、連邦参議院におけるその閣僚の活動にも関わる。連邦参議院は、外交・防衛政策の問題についても意見を形成しそれを連邦政府に対して表明することができる。その閣僚に連邦参議院における行動に関する指示を与えることを州政府に義務づける法律の規定は、しかし基本法に違反する。連邦憲法裁判所の判決によれば、連邦参議院における州政府の閣僚に対して州民が法的拘束力のない指示を与えることさえ認められないのである。このような目的のために指定される州民アンケート調査は基本法に違反する（BverfGE 8, 104, 121）。このことは、正式な法律により根拠づけられるとする連邦参議院における行動に関わる法的義務については、なおさらのこと当てはまる。そのかぎりで、この法律案は州憲法にも違反する。州憲法四九条二項によれば、州政府は連邦参議院における表決に関して決定する。この決定権限は、行政府の中核領域に属し、立法者が介入することは許されない。その際、その法律が州民立法手続により成立するか、議会により発案されるかは、何ら異なるものではない。」

三　申請代表者は、すでに許可申請の際に、内務省が拒否した場合には出訴することを示唆していたが[9]、二月一三日、ＢＷ州憲法裁判所に対して、その決定の取消し、州民請願の許可および内務省にその許可を義務づけることを求める訴訟を提起した。しかし同裁判所は、翌年一九八六年三月一八日、その申立てを棄却する判決を下した[10]。

同裁判所は、まず、申立人による憲法裁判所への出訴は、憲法裁判所法との関連における州民投票法二七条三項により許されるものであり、また、州民投票法に基づいて行われた裁判所への異議申立ておよび州民請願の許可申請の手続が合法であることを認めた。

次に、当該州民請願の許可申請に対する不許可処分の取消しについて、当該法律案は基本法および州憲法に違反するがゆえに、内務省の決定は適法であるとしてその請求を退けたのであるが、その理由として、まず第一に、その法律案の内容が州憲法の基本原理の一つである権力分立原理に違反することを挙げる。すなわち、「この法律案は、一定の兵器システムおよび戦闘手段をＢＷ州から遠ざけ、あるいは元どおりになるよう除去するために、州政府に対して、それに割り当てられた任務と権限の範囲内であらゆることを試みることを義務づけようとするものであるが、「そのような義務づけは、まず形式的に、州憲法に違反する」とし、それは、「州憲法は、その管轄規定においては、権力分立の原理に基づいており」、「権力分立は、機能配分の部分的領域における修正はあるとしても、法治国家を形づくる」のであるから、「その原理自体は、憲法改正によっても侵害されてはならず、また個々の権力の中核領域についても同様のことが言える」。「州政府の行政権の中核領域には、州憲法四九条における首相および州政府全体のための留保が属」し、「州憲法四九条一項一文（「首相は、政治の基本方針を定め、これについて責任を負う。」―村上注―）は、首相に、政治の基本方針を決定する全権を与えている。この権限の一部について、その実質的内容を法律によって規範的に確定することは許されない。なぜなら立法者は、基本的な諸決定に際して、何もかも含めて優位に立っているわけではないからであ」り、「申立人の法律案に関してこのことは、首相の従来の政治的方針に反する特定の行態を州政府に押しつけるというその政治的目標設定は、それにより首相の方針決定権が制約され、空洞化されるであろうがゆえに許されない、ということを意味する」。また州憲法四九条二項（「州政府は、特に、法律案、連邦参議院における州の表決、法律が規定する諸案件……に関して決定する。」―村上注―）が規定するように、首相の政治的方針に基づいて州政府が決定する案件には、「連邦参議院における表決の決定が入る」が、「これは、特定の対象の場合に、申立人の法律案が意図しているように、その政治的方針において、立法者により法的に義務づけるように確定されえない。なぜなら、それは州政府の専属的権限に関わるものであり、州政府の責任性、独立性および決定の自由もそれにかかっているからである」。

さらに、「州議会の法的な拘束力を有する指示により、州政府に影響を及ぼすことが許されないことは、州憲法上の権力分立構造からのみならず、基本法に規定された連邦の案件の範囲内における連邦参議院の地位からも明らかとなる。それは連邦案件における連邦の権限への介入であろう」から、「州の立法者は、法律により、州政府の表決の一般的方針を法的に拘束力をもつように確定し、それにより特定の連邦案件に関する決定に影響を及ぼすことはでき」ず、「州の立法者の権限内にないことは、そのかわりに州民投票の方法によっても達成されえ」ない。

「この関連で、申立人は、州議会において具現される代表民主制は鈍重であり、それゆえ州民立法制度が強化されなければならない、という見解を最終的に述べた」が、「これは議論の余地のある憲法政治的な論拠であり、そこからはなんら法的な結論は引き出しえない。州憲法は、代表民主制を標榜しており、同時に限られた範囲で、直接民主主義の要素を有している」のであるから、「申立人は、州民請願および州民投票により州議会を事前に解散させる手段を利用して、その結果、早期の州議会改選により、その多数が、申立人により特に本質的かつ時宜にかなっていると認められた問題に対して、より興味をもち、またより行動的であるような、異なる州議会の構成を得るように試みることもできたのである」。

四　第二の理由として同裁判所は、この法律案が外交や防衛に関する事項を規律内容としていることを取り上げ、それらの構想は連邦（政府）の専属的権限領域の中にあって、州の権限ではないこと、さらに連邦と州の権限間においては、州の連邦に対する忠誠義務（「連邦忠誠」）の原則があることに言及し、「中立人により意図された州政府の法律上の義務づけは、連邦の外交関係および防衛の領域内にある。これらは連邦の専属的権限内にある（基本法七三条一号との関連で七〇条）。その際、連邦参議院において、州の共働が考えられるのは、結局勧告に終わりうるような政治的討論と並んで、連邦参議院がこの領域における法律について、その制定手続へ介入している限りにおいてのみである」。「防衛構想全体、その展開およびそれにより条件づけられる実際の措置は、連邦政府の責任領域および管轄領域の中にのみあり、立法者による影響を受けることはな」く、「連邦参議院も、連邦の立法の権限を有する諸機関の一部として活動することができるにすぎず、その限りで法案提出権を行使できるにすぎ」ず、当該州民請願は、「このような一義的かつ専属的な連邦の権限に鑑みると、すでにそれ自体、州の権限を踰越して許されないものであることがわかる」。「そのほかに、州およびそれとともに州政府の連邦忠誠に関する義務が考慮されなければなら」ず、「それは——連邦と州との利害の考量の下に——、特にその適用領域を競合的立法の範囲内に有する。それは専属的な連邦の権限の対象に関しては、明らかに考量の留保なく適用される。その意味は、所定の権限を、優位の専属的な連邦権限との衝突が生じないように行使するという、州憲法上も考慮されるべき州の義務にある。この範囲内においては、州の法律上の措置——それはここで中立人により目指されているように——は、権限を欠いているがゆえに無効であると言えよう」。

BW州憲法裁判所は、以上のように述べて、当該法律案が、第一に外交・防衛問題について州政府に一定の義務を負わせる点で、それは州憲法上首相や州政府に留保されている政治方針の決定権を制約するがゆえに権力分立を基本原理とする州憲法に違反すること、第二にその外交・防衛構想に関わる案件は連邦の専属的権限内にある点で、その法律案の内容は州の権限を踰越して許されないものであるとともに州の「連邦忠誠」の原則に基づく義務に違反するがゆえに基本法に違反すること、という二つの観点から、「この法律案は形式的にも実質的にも、上位の憲法に違反する」として、「その法律案を憲法適合的に解釈することは不可能である。」との内務省の主張を支持し、不許可決定取消の申立てを棄却したのである。[11]

五　この州憲法裁判所の判決の一四年後、同州において二件目の州民請願の許可申請が行われた。すなわち、二〇〇〇年三月三日、「もっと民主主義を」市民団体は、同州が一九五六年にドイツ各州のなかでは初めて採用した地方自治体レベルの住民投票制度について、都市および市町村における住民投票の要件の緩和、ならびに郡のレベルへの住民投票制度の導入を目的とする州民請願（„Mehr Demokratie in Baden-Württemberg – Bürgerentscheide in Gemeinden und Landkreisen"）の許可申請を、一万八千人以上の署名を添えて提出した。[12]同州の現行の市町村規則によると、住民投票の対象は、すべての住民の利用に供されることが定められている公の施設の設立、拡充および廃止、また市町村および郡の教会の変更など四項目の「市町村の重要案件」に限定されており（二一条一・二項）、また住民投票の成立要件は、有効投票の過半数で少なくとも三〇％の有権者の同意とされている（二一条六項）が、この州民請願は、住民投票の対象を市町村議会が決定することのできるすべての問題に拡大し、また住民投票の成立要件については、現行の三〇％の有権者という定足数を削除し、投票の過半数とすることを求めていた。その代表者によると、三〇％の有権者の同意というハードルは、とくに大都市においては、「実際に超えることはできない」とされ、その例として、フライブルクにおいて一九八八年から一九九九年の間に三件の住民投票が実施されたが、いずれもこの同意条項により失敗したことが挙げられた。しかし内務省は、地方自治体レベルでは代表民主制が採用されているところ、その代表議会の行為能力は、州民請願の法律案が住民請願が開始される場合に著しい制約を規定しているがゆえに危険に晒されるとして、当該法律案は、基本法および州憲法で保障されている地方自治体の地方自治権に抵触するとして、その許可申請を拒否した。(13)

【注】

（1）Rittger, Der Streit um die direkte Demokratie, S.139-140; H. Schlenker, VBlBW 1984, S.14.

（2）参照、Rittger, a. a. O., S.141-142; Jürgens, Direkte Demokratie, S.162; C. Degenhart, Der Staat 1992, S.82-83; U. K. Preuß, DVBl. 1985, S.710; H. Schlenker, VBlBW 1988, S.121; P. Feuchte, JöR 36, S.329-330.

（3）Mitteilung des Innenministeriums, Antrag auf Zulassung eines Volksbegehrens nach Artikel 59 der Landesverfassung, Landtag BW, Drs.9/964.

（4）„Antrag auf „Volksbegehren für den Frieden "– Innenministerium sichert sorgfältige und unvoreingenommene Prüfung zu", StAnz. BW vom 16. Januar 1985, S.3.

（5）この法律案の内容については、Landtag BW, Drs.9/964, S.3 参照。

（6）Mitteilung des Innenministeriums, Entscheidung über den Antrag vom 14. Januar 1985 auf Zulassung eines Volksbegehrens nach Artikel 59 der Landesverfassung, Landtag BW, Drs.9/1061; „Anti-Pershing-Volksbegehren kann nicht zugelassen werden – Schlee: Die Gesetzesvorlage der Bürgerinitiative widerspricht dem Grundgesetz und der Landesverfassung", StAnz. BW vom 2. Februar 1985, S.2; „Schlee lehnt Volksbegehren ab- Aus verfassungsrechtlichen Gründen nicht zugelassen", Südkurier vom 31. Januar 1985, S.1.

（7）この決定に対して、与党ＣＤＵは、州民投票制度は重要な財産であるが、州民投票は連邦に専属的な政策決定を州のレベルで変更することを目的とすることはできず、その責務はすべて連邦にあると述べ、またＦＤＰは、その州民請願の手続は政治的には正しい願望を「法的には不適切な手段」により追及したとして、その発案者に対して、連邦レベルで州民請願の制度の導入を推し進め、それにより外交・防衛政策上の問題を州民請願を通じて取り上げることができるよう要請した（StAnz. BW vom 2. Februar 1985, S.2)。

（8） Landtag BW, Drs.9/1061, S.2-6.

（9） StAnz. BW vom 16. Januar 1985, S.3.

（10） StGH für das Land Bad.-Württ., Urteil vom 18. März 1986. 判決文は、ESVGH 36 (1987), S.161-165 による。なお、VBlBW 1986, S.335-337; NVwZ 1987, S.574-576; DÖV 1986, S.794-795 参照。

（11） この判決に対して、アルントは、その結論には賛成しながら、その理由づけについては、州憲法四九条が規定する首相および政府のための留保（首相の政治の基本方針の決定、政府の連邦参議院における投票に関する決定）はそれらの専属的権限であり、行政権の中核領域に属するため、それを議会（あるいは州民が州民立法制度を通じて）が法的に拘束力をもつように制約することは、憲法上の権力分立原則に違反し許されないと述べた点について、州政府の政治方針決定権への州議会の介入を認める他の州憲法の例、すなわちベルリン憲法（旧）四三条二項（現行五八条二項）（「首相は、州政府との合意に基づいて政治方針を決定する。それは州議会の承認を必要とする。」）およびブレーメン憲法一一八条一項（「州政府は、法律および州議会により指定された方針に基づいて行政を執行する。」）を挙げて、疑念を表明している（H. -W. Arndt, VBlBW 1986, S.416-418)。

（12） この州民請願の内容は、その許可の申請を拒否したことに関する内務省の州議会に対する報告書（Mitteilung des Innenministeriums, Antrag auf Zulassung eines Volksbegehrens zum Gesetzentwurf „Mehr Demokratie in Baden-Württemberg – Bürgerentscheide in Gemeinden und Landkreisen“, Landtag BW, Drs. 12/5055, S.14ff.）による。またその州民請願をめぐる経緯については、参照、„Volksbegehren ist auf den Weg gebracht, Initiative will Bürgerentscheide erleichtern – 18000 Unterschriften übergeben“, Stuttgarter Zeitung vom 4. März 2000, S.7; „Bürgeraktion nimmt erste Hürde für ein Volksbegehren, 18000 Unterschriften an Innenministerium übergeben“, Südkurier vom 4. März 2000, S.4.

（13） Mitteilung des Innenministeriums, a. a. O., S.1-13. 参照、„Innenministerium lehnt Volksbegehren ab, Verfassungsrechtliche Bedenken – Grüne: Politisch motiviert – Klage vor Staatsgerichtshof wird erwogen“, Südkurier vom 22. März 2000, S.11.

六　最近の議論

一　一九八五年の州民請願の許可申請が拒否されて以降、ＢＷ州においては、州民立法制度に関する動きは特にみられなかったが、第一一被選期に入ると、州憲法の改正をめぐる一連の動きのなかで、[1]一九九四年九月にＦＤＰ／ＤＶＰ会派は州民投票制度の改正に関する法律案を提出している。[2]この法律案の目的は、州民請願と法律に関する州民投票の成立要件の引き下げであり、州民請願の成立要件を、現行の「有権者の六分の一」から「五〇万人の有権者」とすること、および州民投票にかけられる法律案の成立要件について、有効投票の過半数が必要であることはそのままであるが、現行の「有権者の三分の一」を「有権者の四分の一」とすること、すなわち、州憲法五九条二項を、「州民請願は、少なくとも五〇万人の有権者により提出された場合に成立する」、六〇条五項を、「州民投票に際しては、有効投票の過半数が決定する。法律は、少なくとも有権者の四分の一が同意した場合に決定される」との文言に改正することを提案した。

その提案理由のなかで、同会派は、「州民にとって州の政策におけるより適切で広範な共働の可能性を実現するために、州憲法の州民投票的要素をさらに拡大したいと考える。それにより直接民主制が強化されるものとする。市町村レベルにおける直接民主制の従来の経験は、ＢＷ州においては一貫して肯定的なものである。それゆえ、本会派の見解によれば、高い定足数のなかに現れている国家の不信感はもはや持ち出され」ず、「同様に、州のレベルにおいても、州民請願と州民投票に関して、より低い定足数が導入されるべきである。」と述べ、具体的には、州民請願の現行の成立要件（有権者の六分の一）は、「そのハードルが明らかに高すぎるがゆえに、実際的ではない。一九九二年の州議会選挙の有権者についていえば、この六分の一は約一一六万人の州民ということになろう。州民が成功裏に州民請願を提案することができるようにするには、定足数をはっきりと引き下げることが必要である。有権者は約六八〇万人であるから、五〇万人の有権者はその約七・五％に相当する。」とした。さらに「州民投票的要素の強化には、州民投票による法律の採択に関する定足数がはっきりと引き下げられることも必要である。」として、法律に関する州民投票の現行の成立要件（有権者の三分の一）は、約二三〇万人の有権者に相当するが、「この定足数も、高すぎるがゆえに実際的ではな」いと述べ、有権者の四分の一（約一七〇万人）の同意に委ねることを提案した。

この法律案の第一読会において、同会派のデーリング議員は、「われわれは、一方では『観客民主主義』を嘆き、他方では『参加民主主義』を望んでいるが、その参加を可能とする道具を用意しなければならない。われわれは、州民のために、州の政策において、より適切にかつより広範に参加できる可能性をつくりだすために、州民投票的要素の一部をさらに拡充したいのである。」と述べて、州民の直接参加を容易にするために定足数を引き下げることを提案した。[3] しかしCDU会派のシュテッヘレ議員は、「州民投票は、議会の責任の広範な部分を放棄させ、おそらくときには困難な決定を議会から押し出す傾向にもなるという危険をも有している。州民投票は、議会から決定を取り上げることを意味する。多くの利害を調和させ、慎重に検討し、そして全体を考慮する任務をもっている議員は、決定を外に押しやり、最終的には自ら責任を逃れることになる。」と述べて、その提案に反対する意向を示し、[4] また州政府のショイブル司法大臣は、「基本法二八条一項は代表民主制をわれわれの州憲法の本質的要素として規定していることから、限界が存在することにな」り、「州民投票的要素を強調することは、最終的には基本法二八条一項の形式における憲法上の限界を見出すことになるであろう」から、「州民投票的要素に関してボンにおいても行った長期間の議論において、わたしは、この形式をさらに声高に強調することには賛成せず、現在すでに可能性として存在するものがより強力に利用されることに賛成である。」と述べて、州民投票制度に関する改正を行う意思のないことを表明した。(5) このように当該法律案に対して、政府与党側は消極的な見解をとり、明確に賛意を表明したのは共和党だけであったが、(6) いずれにせよこの提案は常置委員会に付託されることが異議なく議決された。(7)

二　その後、CDU会派とSPD会派は、被選期間の延長、州議会のEU問題に関する情報収集権や自律解散権の創設などを内容とする憲法改正法案を提出し、(8) この法案には州民投票的要素に関する提案は含まれていなかったが、その第一読会において、緑の党は、「われわれが憲法論議において繰り返し提出してきた中心的な提案」、すなわち「州民投票制度を、われわれの州の政治的運命に州民が州民立法制度を通じて参加することを、単なる机上の空論にしないように規定しなければならないという提案」を議論する機会が訪れたとして、とりわけ現行の州民請願の成立要件は克服し難いハードルであり、「われわれの民主主義の議会の部分では、一定の政党に立法に参加する権利を与えるためには、五％の有権者がその政党を支持すれば十分であることから、反対に、州民立法の要求が開始されるためには、五％の有権者がそのために頑張れば、同様に十分ではなかろうか。」と発言した。(9) 実は、この第一読会の前々日、緑の党は当該憲法改正案に対する修正案として、現行の州民投票制度の改革について、他の州の制度にもみられない新たな視点を盛り込んだ、次のような憲法改正案を提出していたのである。(10)

第五九条　州民発案

㈠　法律案は、州政府、議員あるいは州民発案を通じて州民により提出される。

㈡　市民は、州議会を、その決定権限の範囲内において政治的意思形成の一定の案件に取り組ませる権利を有する（州民発案）。州民発案は、理由を付した法律案、ならびに連邦参議院あるいはEUの諸機関における州政府の行動に対する提案を対象とすることができる。
㈢　公租公課法、給与法および州予算法に関する州民発案は許されない。
㈣　州民発案は、一万人の有権者による署名を必要とする。その発案のなかで指定された九人がその代表者となり、かれらは州議会におけるその発案の審議に際して発言権および提案権を有する。
㈤　州民発案は、州議会議長に提出され、同議長はそれを遅滞なく州議会および州政府に送付する。州政府は、その発案の到着後一ヵ月以内に、州議会に対して意見を提出しなければならない。

第六〇条　州民請願

㈠　州議会が、州議会議長への到着後三ヵ月以内に州民発案に同意しない場合は、その代表者は州民請願の実施を申し立てることができる。州議会が、六人の代表者が同意した文言で州民発案を受け入れた場合には、これは認められない。
㈡　州民請願の許容性に関しては、州政府、一会派あるいは州議会の少なくとも四分の一の議員の申立てに基づいて、州憲法裁判所が決定する。
㈢　州民請願は、少なくとも五％の有権者が、六ヵ月の期間内にそれに同意した場合に成立する。
㈣　州民請願の提案者には、公法上のメディアにおいて、その要求に関する情報提供および宣伝の機会が与えられなければならない。
㈤　州民請願が成立した場合には、適切な情報提供および宣伝のための必要経費が弁償されなければならない。

第六〇ａ条　州民投票

㈠　州民請願が成立した場合は、最高六ヵ月の期間内に、州民請願の要求に関して州民投票が実施されなければならない。法律案に関する州民投票が実施される場合は、州議会は、自らの案を州民に決定のために併せて提出することができる。
㈡―㈣　（略―現行州憲法六〇条二項―四項と同様）(11)
㈤　憲法は、州議会の過半数の議員が申し立てた場合、州民投票により改正することができる。それは、さらに第六〇ａ条一項に基づく州民投票により改正することができる。憲法改正法律は、有権者の過半数が同意したときに決定される。

㈥　州民投票は、普通、自由、平等および秘密投票において実施される。投票権者は、満一八才以上の者である。第五項の場合をのぞき、有効投票の過半数が決定する。棄権は、投票結果の確定に際して考慮されない。

㈦　成立した州民請願は、一年に二回、同じ投票日に州民投票にかけられる。この日には、州政府および州議会から提出された提案も州民投票にかけられる。

第六〇b条　州民拒否

㈠　州議会により可決された法律に対して、その可決後一ヵ月以内に、州民拒否を提起することができる。州民拒否は、それが目的とする法律の規定を個別に指摘しなければならない。法律の一部分に対して州民拒否が提起された場合、その法律は全体として発効されえない。

㈡　州民拒否は、有権者の五％の支持により成立する。

㈢　州民拒否が成立した場合、州議会は、その法律を再審議しなければならない。州民拒否は九人の者により代表される。これらの代表者は、州議会におけるその法律案の審議に際して発言権および提案権を有する。

㈣　州議会が以前の議決を全体としてあるいは州民拒否の対象とされている部分について固持する場合、六人の代表者が州議会により議決された文言において同意しない場合は、その法律案は次の投票日に州民投票にかけられなければならない。

㈤　宣伝、情報提供および必要経費の弁償に関しては、州民拒否は州民請願と同等とされる。

三　この緑の党の提案は、「BW州においては、州民投票は、市民の政治的意思形成の可能性としては、単なる机上の空論にすぎなかった」が、「州憲法における州民投票の手段を徹底的に改正することは、憲法のあらゆる再編成にとって不可欠の要素であ」り、「州民投票は紙の上の権利から実用的な道具にされなければならないということを提案理由とし、州民発案手続を採り入れた三段階の州民立法制度への変更、および州民拒否権というまったく新しい制度の創設を、二つの大きな柱とするが、前者に関しても同じ制度を採用する他の州にはみられない規定を含んでおり、四つの手続各々の特徴は、提案理由のなかで次のように説明されている。

(一) 州民発案に関して――法律案のみならず、連邦参議院あるいはEUの諸機関における州政府の行動に対する提案をも対象とすることができることについては、「州の共同的な連邦主義およびヨーロッパ統合の領域においては、州の立法者のみならず、連邦参議院あるいはEUの諸機関がますます決定的な立法の役割を果たす状況を考慮し」、この提案に関する「州民投票の結果により、州政府に対する形式的拘束力は得られないが、立法権限の中央集中化が進むなかで、それは直接民主制の有意義な拡大である」。

(二) 州民請願に関して――州議会が州民発案を無修正で受け入れた場合だけでなく、部分的にしか応じなくとも、それを州民発案の代表者の多数が同意すれば、州民請願の実施が回避できる可能性を認めたことにより、「州民発案と州議会との間の意見の相違がほんのわずかであるにもかかわらず、組織的、財政的および政治的にコストのかかる州民請願と州民投票の手続がとられざるを得ないことが防げるものとされた」。州民請願の成立要件を有権者の五%としたことは、「州民請願の定足数が現実的な程度に引き下げられることにより、現在の憲法状況に対する決定的な改善が行われ」、「五%の有権者は、選挙において、ある政党に州議会の立法への参加を被選期の全期間について保障するのであるから、個別的場合において、州民による立法計画に関する決定を達成するためには、同様に五%の有権者で十分であるはずである」。また発案者に対して、情報提供や宣伝の機会が与えられ、州民請願が成立した場合にそのための必要経費が弁償される点については、「州民請願は、原則として、情報提供以上にその要求に関する宣伝に関して、選挙での政党と同等に置かれることが保障され」、「州民請願も州民の政治的意思形成に寄与するのであるから、それは、選挙に際しての政党と同様、こうした市民の政治参加に対する実質的な障害物により妨げられてはならない」。

㈢　州民投票に関して――年に二回の州民投票日を設定することについては、「例えば、スイスやカリフォルニアなどにおいてすでにそうであるように」、州民投票の数がますます増加すれば、「場合によっては、その消耗効果により、投票への参加を減少させる事態を招かないようにすることを保障するもの」とされ、「反対に、同一日程での州民投票は、場合によっては、より高い投票参加の方向に作用する点において意味をもつであろう」。州民投票の成立要件を、単に「有効投票の過半数」とし、投票参加者数などの特別の要件を付加しなかったことについては、「それにより、州民投票のテーマに関心を持つすべての社会的・政治的勢力が、それに応じた公的討論に参加する気を起こさせることにつながる」が、「有権者の三分の一の同意」を付加する現行規定の成立要件は、「議論の拒否カルテルに対する政治的プレミアムを意味」し、「積極的市民社会の考え方に反する」。

㈣　州民拒否権に関して――それは、「六〇条二項から四項に規定されている州民投票を、州民投票制度として首尾一貫させるものであ」り、「基本的には、新たな立法だけしかもたらすことができなかった三段階の州民立法制度を、新たな立法を阻止する目的をもつ手続を対に置くことによって補完」し、「そこには、法律の不足ではなく、法律の過剰が健全な政治の邪魔になっているという経験が現れている」。

四　州憲法の改正に関して、前述の各会派の提案などの審議を付託されていた委員会は、一九九五年二月七日、被選期の延長やＥＵ問題に対する州議会の情報収集権などを柱とするＣＤＵ会派およびＳＰＤ会派の共同提案を承認し、州民投票制度の改正については、ＦＤＰ／ＤＶＰ会派の提案および緑の党の修正案などをすべて否決したとの報告を行った(12)。

この報告書のなかの州民投票制度に関する審議経過[13]によると、FDP／DVP会派の提案に関して、緑の党の委員は、州民請願の成立要件を下げることは、州民立法制度を大きく一歩前進させることになるが、それだけの改善にとどまるべきではないとし、共和党の委員は、当該提案は州民投票的要素を州憲法の中で強化するという目的に一致するとして賛意を表明した。他方、SPDおよびCDUの委員は、もっぱら緑の党の提案を批判した。SPDの委員は、個人的には州民投票的要素に好意をもつとしながら、州民発案については、州議会の決定権限の問題が生じること、州政府の行動に対する提案は州政府に対する拘束力が生じるがゆえに憲法違反であること、その成立についてはBW州よりも小さな他の州（MV、ニーダーザクセン、SA）ではより多くの署名者数を必要としており州民の数との適切な関連づけができていないこと、州民請願の実施を回避する発案代表者の役割については、「すべての権力を革命評議会へ」とのスローガンを思い起したこと、州民請願および州民投票の成立要件についても、他の州との比較において疑念があること、州民拒否権については、他の州の憲法にはみられず、BW州により多くの州民投票的要素を導入することに賛成の政治家や法学者をすら驚愕させるものであること、などの点を挙げた。またCDUの委員は、州民拒否権について、代表民主主義は歴史的経験に基づくきちんとした根拠に基づいて成り立っているのであり、もし州議会の議員が、有権者の五％の要件による州民拒否を議決するとすれば、その議員は立法府としての自分たち自身の存在と行動に対する破壊工作をしていることになる、と批判した。

こうした批判に対して、緑の党の委員は、州政府の行動に関する州民発案からは州政府に対する法的拘束力は何ら生じないこと、州民発案の定足数（一万人の有権者）については、BW州の現在の州民立法手続の最初の段階（すなわち州民請願の許可）の定足数をそのままを採り入れたこと、またこの定足数を満たしたとしても単に州議会が当該案件を審議するという状況が生じるにすぎないこと、次に発案代表者の役割については、もし州民立法が、例えば三つの部分から成る目標を達成しようとし、州議会の同意がこれらのうち二番目の目標について得られた場合、この規定がなければその立法は失敗するか、州民発案は終了するに違いないが、そのような状況において発案代表者はその二つの結果の妥協を可能とすること、州民請願の成立要件（有権者の五％）については、地方自治体レベルの住民投票が人口の増加に伴って成立が困難になっているという経験からその要件を低くすることに対しては意見の相違は少なく、一〇％への引き下げは一歩前進であろうが、六ヵ月間にこの要求を満たすのは容易ではなく、五％に相当する三五万人の州民の意思はすでにそれ自体十分な重みをもっていること、州民投票の成立要件（有効投票の過半数）については、市民を政治生活に参加させるきっかけをつくるためであり、その実施のために少なくとも三五万人の有権者が賛成した州民投票において一〇〇人の有権者しか参加しないというようなことはばかげた仮定であること、州民拒否権については、それは現在の憲法上の可能性をさらに発展させるものであり、州議会の三分の一の議員が議決された法律に関する州民投票の実施を要求する権利を有するのであるから、州民の少数派にもその権利が与えられうること、などを挙げて反論した。

しかし、とりわけ州民拒否権の提案に対しては、他からも厳しい異議が唱えられ、共和党の委員は、議会で議決された法律に対する州民拒否権は、州民によるある種の反対立法制度を確立することになり、憲法上の州民投票制度の範囲を逸脱し歴史的経験にも反しておりまったく論外であると述べ、また内務大臣は、州憲法六〇条二・三項の規定は州政府が州議会の多数により支持されていないという、ほとんど生じ得ない状況を前提としていることを説明し、州民拒否制度はすべての市民参加を打ち砕くことになろうと批判し、さらにCDUの委員は、州民請願に基づき州議会で採択された法律が、州民拒否により再び廃棄されうることを述べた。

委員会の表決において、まず緑の党の提案は、九対一（棄権一）により否決され、FDP／DVPの提案は、七対二（棄権二）（ＳＰＤの一人の委員は当該提案を正しいと考えるが、会派への忠誠から棄権すると表明）により否決された。

この委員会の議決勧告および報告に基づいて行われた本会議において、緑の党のビューティコファー議員は、「われわれは、議会制民主主義を州民投票的民主主義に取り替えることを望んでいるのではなく、州民投票的・直接民主主義による議会制民主主義の補完を望んでいるのである。」と述べて、同党が提案する三段階の州民立法制度の採用に対する異議に反論し、とりわけ州民拒否権については、「もしこの州議会において可決された一定の法律が、議会外の州民の中で受け入れられなかった場合は」、「当然、州民発案が可能である」が、それは、「以前の状態に戻す法律を作成することにより、すなわちわれわれが州民拒否権の根拠としたこのような消極的な立法を、より不必要に長たらしい方法で成立させることなのである。」と、その必要性を説いたが[14]、結局、この緑の党の提案、さらにＦＤＰ／ＤＶＰ会派の提案も、ＣＤＵ会派およびＳＰＤ会派の多数により否決された[15]。

【注】

（1）最終的には、後述するＣＤＵ会派とＳＰＤ会派の提案（Landtag BW, Drs.11/5326）が採択され、一九九五年二月一五日、被選期間の四年から五年への延長（三〇条一項）、州議会のＥＵ案件への関与（三四条a条）、州議会の自律解散権（四三条一項）等を規定する憲法改正法律が議決された（Gesetz zur Änderung der Verfassung des Landes Baden-Württemberg vom 15.Februar 1995, GBl. S.269）。

（2）Gesetzentwurf der Fraktion der FDP/DVP, Gesetz zur Änderung der Verfassung des Landes Baden-Württemberg, Landtag BW, Drs.11/4584.

（3）Abg. Dr. Döring (FDP/DVP): Landtag BW, PlPr.50. Sitzung vom 21. September 1994, S.4024.

（4）Abg.Stächele (CDU): Landtag BW, PlPr. a. a. O., S.4026.

（5）Justizminister Dr. Schäuble: Landtag BW, PlPr. a. a. O., S.4034-4035.

（6）　共和党のドイッシュレ議員は、当該法律案が提案する州民請願と州民投票の成立要件の緩和を支持し、「それにより州民請願の賛成者と反対者との間の事実上の武器の対等性の均衡がとれるであろう。」と述べている（Abg. Deuschle (REP): Landtag BW, PlPr. a. a. O., S.4030)。

（7）　Landtag BW, PlPr. a. a. O., S.4036.

（8）　Gesetzentwurf der Fraktion der CDU und der Fraktion der SPD, Gesetz zur Änderung der Verfassung des Landes Baden-Württemberg, Landtag BW, Drs.11/5326.

（9）　Abg.Bütikofer (GRÜNE): Landtag BW, PlPr.56.Sitzung vom 1. Februar 1995, S.4561.

（10）　Änderungsantrag Nr.2 der Fraktion GRÜNE, Landtag BW, Drs.11/5402, Anlage 2. j) の提案は、委員会で否決された後、同委員会の議決勧告に対する修正案として再度本会議に提出された（Änderungsanträge zur Beschlußempfehlung des Ständigen Ausschusses – Drucksache 11/5402, 5. Änderungsantrag der Fraktion GRÜNE, Landtag BW, Drs.11/5477, S.5-9)。

（11）　「州民投票」の用語を、„Volksabstimmung“から„Volksentscheid“へ変えているだけである。

（12）　Beschlußempfehlung und Bericht des Ständigen Ausschusses zu a) dem Gesetzentwurf der Fraktion der CDU und der Fraktion der SPD-Drucksache 11/5326, b) den Gesetzentwürfen der Fraktion der FDP/DVP-Drucksachen 11/3839, 11/4582, 11/4583 und 11/4584, c) den Gesetzentwür fen der Fraktion Die Republikaner, usw., Landtag BW, Drs.11/5402.

（13）　Beschlußempfehlung und Bericht des Ständigen Ausschusses, a. a. O., S.17-21.

（14）　Abg.Bütikofer (GRÜNE): Landtag BW, PlPr.61.Sitzung vom 15. Februar 1995, S.4986-4988.

（15）　Landtag BW, PlPr. a. a. O., S.4994, 4996.

第二節　その他の州の制度

一　バイエルン州

1　制度の概要

一　バイエルン州憲法は、「法律案は、州政府の名において首相、州議会の中から、あるいは州民（州民請願）により提出され」（七一条）[1]、さらに「法律は、州議会あるいは州民（州民投票）により決定される。」（七二条一項）と、立法に関する州民請願および州民投票の制度を認めた上で、各々の具体的な手続に関して次のように規定している。

第七三条　州の予算に関しては、州民投票は実施されない。

第七四条　㈠　州民投票は、投票権を有する州民の一〇分の一が、法律の制定を求める請願を提出した場合に実施される。

㈡　州民請願は、完成され理由を備えた法律案に基づいていなければならない。

㈢　州民請願は、州政府の名において首相により、その意見を添えて州議会に送付されなければならない。

㈣　州議会は、州民請願を拒否した場合には、自らの法律案を決定のために併せて州民に提出することができる。

㈤　法的に有効な州民請願は、その送付後三ヵ月以内に州議会により取り扱われ、さらにその後三ヵ月以内に、州民に決定のために提出されなければならない。この期間の進行は、州議会の解散により停止される。

㈥　州民請願に関する州民投票は、通例、春あるいは秋に実施される。

(七) 決定のために州民に提出された法律案は、各々その対象に関する提案者の理由づけならびに州政府の見解を明確かつ客観的に示す州政府の教示を伴っていなければならない。

二　州憲法上、法律の制定を求める州民請願を提出するには、まず有権者の一〇分の一による支持、および完成され理由を備えた法律案に基づいていることが必要とされている。これらの要件を満たした州民請願は、州政府の名において首相により、州議会に提出され、州議会には、その法律案の審議のために三ヵ月の期間が与えられ、もし州議会がその法律案を拒否する議決を行った場合は、それからさらに三ヵ月後に州民投票が実施されなければならず、その際、州議会は自らの法律案をも対案として州民投票に提出することができるとされている。他方、州議会がその法律案を受け入れた場合の帰結について、州憲法は何ら規定していないが(2)、同州選挙法によれば、「州議会が、請願された法律案を無修正で受け入れた場合は、州憲法七五条二項の規定を条件として(3)、州民投票は行われない。」(七三条三項)と規定されている。州民投票に提出される法律案(予算に関しての州民投票は行われないが)は、提案者の提案理由のみならずその問題に関する州政府の見解が添えられていなければならないとされ、この点はSH州憲法が当該提案を州政府の見解をつけずに公示しなければならないと規定することにより、州民投票に際して州政府の影響を排除しようとする趣旨を明示していることと対照的である(4)。当該法律案が州民投票により採択される要件は、投票者の過半数の賛成(州憲法二条は、「州民はその意思を選挙および投票を通じて表明する。過半数が決定する。」と規定する。)とされ、投票者あるいは賛成有権者に関する特別の定足数は求められていない(5)。

三　法律の制定に関する州民請願および州民投票の詳細な手続は、同州選挙法(6)(以下、「法」と略する)が、州議会の解散および州憲法の改正に関する州民請願および州民投票の手続とともに、次のように規定している。

州民請願の手続は、その実施の許可を内務省に申請することに始まる（法六四条一項一文）。この申請の要件としては、州民請願の対象となる完成され理由を備えた法律案の添付、二万五千人の有権者（一九九九年六月時点での有権者総数の約〇・二八％）の署名、およびその申請に関して拘束力をもつ声明の発表と受領の権限を委任される代表者とその代理人の指定が求められ（法六四条一項二・三文、同条二項）、内務省は、当該申請が州民請願の許可のための法律上の要件を満たしていないと考える場合は、州憲法裁判所の決定を求めなければならない（法六五条一項一文）。なるほど申請の審査は第一次的には内務省の権限とされているが、それが法的要件を満たしていないと考える場合は内務省自らの決定により不許可とすることはできず、その最終的な判断は州憲法裁判所に委ねられることになり、このように裁判所を州民立法手続に介入させることは、民主的法治国家における権利保護の基本的な考えに添うものであると考えられている。(7)

申請が許可されると、内務省はその州民請願を法定の様式により公示し、州民請願を支持するための登録を行うことのできる期間（登録期間）の開始・終了日を確定する（法六六条一項）。この公示は、当該許可の申請が内務省に到達してから遅くとも六週目（前述の州憲法裁判所の決定が求められた場合は、その決定の公示後四週間目）に行われなければならず（法六六条二項）、またその登録期間は、当該公示後早くて四週目、遅くとも八週目に始まり、その長さは一四日間とされている（同条三項一・二文）が、この登録期間中に、登録名簿が規定通りに登録者のために用意されておらず、それが許可申請の署名者の責任によるものではなかった場合は、内務省はその期間を州全体あるいは当該市町村について延長しなければならない（同項三文）。

四　州民請願の申請に対する許可が公示された後は、もはや当該法律案の内容を修正することはできないが、当該許可の申請は、登録期間の終了までは、許可申請の署名者の過半数の同意があれば、いつでも撤回することができる（法六七条一項一文）。また州議会がその申請と内容的に相応する法律を可決したと考えられる場合は、申請代表者およびその代理人の共同申立てに基づいて、内務省はその申請を処理済と表明することができるが、この声明に対して、申請の署名者は州憲法裁判所に異議を申し立てることができる（法六七条二項一・二文）。このように申請の代表者の申立てを前提にするとはいえ、州議会は州民請願と内容的に同じ法律を議決することにより、事実上、州民請願を実施させないことができる。この州議会の議決は、内容的に同じであれば、必ずしも文言上同一である必要はなく、したがって、州民請願が成立した後は、それを無修正で受け入れない限りは州民投票が実施される場合と異なる。(8)

許可された申請の署名者は、郡に属さない独立市に、郡に属する市町村については郡長に、必要な数の規則通りの登録名簿を登録期間の開始の遅くとも三週間前までに送付しなければならず（法六八条一項一文）、登録名簿の作成および送付は、州民請願の提案者自身の負担で行われることとされている（法七四条）。他方、登録名簿の送付を承けた市町村は、その登録名簿を登録期間中、登録のために用意しておくことを義務づけられ、またその登録の場所および時間は、すべての有権者に対して州民請願に参加する機会が十分与えられるように定められなければならない（法六八条二項）。この登録期間において、当該州民請願に賛成する有権者は、登録名簿に登録することによりその意思を表明するが、その署名は自ら行わなければならず、またその登録を撤回することはできない（法六九条二項二文、同条三項）。

一四日間の登録期間が終了すると、州選挙管理委員会が州民請願の結果を確定し（法七一条一項）、有権者の少なくとも一〇分の一（有権者総数は直近の選挙あるいは投票の際の数とされる）の登録により、その州民請願は法的に有効に成立する（州憲法七四条一項、法七一条二項）。その結果が州選挙管理委員長により公示された（法七一条三項）後四週間以内に、首相は、当該州民請願を州政府の名においてその意見を添えて州議会に提出しなければならない（法七二条一項）[9]。

五　州議会は、その州民請願を到達後三ヵ月以内に取り扱わなければならず、その州民請願の基礎となっている法律案を無修正で受け入れない限りは、その後さらに三ヵ月以内にそれを州民投票に提出しなければならない（州憲法七四条五項一文、法七三条一・三項）。また州議会がその法律案を拒否した場合は、州議会自らの法律案を州民請願の法律案とともに州民投票にかけることができる（州憲法七四条四項、法七三条四項）。なお、州議会にはその州民請願の法的効力に関する審査権限が認められており、州議会がその法的効力について異議を唱えた場合は、その議決は内務省により公示されなければならないが、これに関しては、州民請願の署名者の申立てに基づいて、州憲法裁判所が決定する（法七三条五項）[10]。

六　こうして州民投票が実施されることになると、州政府は投票日を定め、それを州民投票の対象とともに公示する（法七五条一項）。この公示には、投票日、法律案の条文、提案者の提案理由、ならびに州政府および州議会の見解を的確かつ客観的に述べた州政府の教示（州憲法七四条七項）が含まれていなければならない（法七五条二項）。投票用紙の内容と形式は、内務省により定められるが、投票のために提出された法律案の条文は含んでいなければならず、また大量の条文の法律案については投票用紙に印刷しないこともできるが、その場合は当該法律案が投票前に有権者に通知されていなければならない（法七六条一項）。さらに同一対象に関わるが内容的に相容れない複数の法律案が投票にかけられた場合は、それらの法律案は一枚の投票用紙に、州選挙管理委員会により確定された有効登録者数の多い順に記載され、州議会により提出された法律案は州民請願により提出された法律案の前に置かれる（同条二項）。

投票者は、法律案に賛成するか、あるいはこれを拒否するかの決定を、その投票用紙に×印をつけるか、あるいは他の方法により、明確に判別できるようにしなければならない（法七六条三項）。同一対象に関わるが内容的に相容れない複数の法律案が投票にかけられた場合は、各々の法律案に対して、それを現行法に優先させる（賛成投票）か、あるいはそうしないか（反対投票）を明白にし（法七六条四項一文）、さらに、複数の法律案がそれぞれ有効な賛成票のほうが反対票よりも多かった場合には、どの法律案を優先させるか（決選投票）を明白にすることができる（同項二文）。

投票結果は、州選挙管理委員会により確定され、同委員長により公示される（法七九条一・二項）。州民投票にかけられた法律が一つだけの場合は、法律案が州民投票により採択されるのは、有効投票の過半数が同意を表明した場合である（法八〇条一項一号・二項）。他方、同一対象に関わるが内容的に相容れない複数の法律案が州民投票にかけられ、有効な賛成票が反対票よりも多い法律案が一つだけであった場合は、この法律案が採択され（法八〇条三項一文）、有効な賛成票が反対票よりも多い法律案が複数生じた場合は、決選投票（法七六条四項二文）において有効投票の過半数を獲得した法律案が採択される（法八〇条三項二文）。決選投票の票数が同じであった場合は、有効な賛成票（法七六条四項一文）がもっとも多かった法律案が採択され（法八〇条三項三文）、さらに、この場合、有効な賛成票数が同じ法律案が複数あった場合は、それに投じられた反対票を差し引き、賛成票がもっとも多かった法律案が採択され、それでも票数の同じ法律案が複数あった場合は、これらの法律案について州民投票が再実施される（同項四・五文）。なお州議会は、その州民投票が法定要件を満たして実施されたか否かを審査することができるとされている（法八一条一項）が、この審査の議決に対して、州議会の法定議員数の三分の一の議員、さらに州民請願の代表者は州憲法裁判所に異議を申し立てることができる（同条二項）。[11]

2　実　例

バイエルン州においては、一九九九年末までに九件の法律（憲法改正法律を除く）の制定を求める州民請願の許可申請が行われている。これらのうち三件の申請が許可されて州民請願が実施され、一件が成立して引き続き州民投票が実施されている。もっともこの州民投票においては、州議会の提出した対案のほうが採択されたため、これまでのところ州民請願に基づく法律案が成立したケースは存しない。

一　バイエルン州において最初の州民請願の許可申請は、一九六五年六月九日に行われている。[12] バイエルン党の代表者により内務省に提出されたこの申請には、二万六八八五人の署名とともに、「州憲法一四一条二項および三項の執行に関する法律（森林保護法）案」が添付されていた。この法律案によると、州政府は、同州内のある特定の森林について、「その森林を現在の状態で維持し自然保護の下におくことを委ねられ」（一条）、「それ以外の広域にわたって繋がる森林地域についても、バイエルンにおけるドイツの森林の維持のために、あらゆる適切な措置を直ちに指示し」（二条）、「バイエルンの森林地を利害関係者あるいは利益団体に対して、産業用および研究用の入植地の設立のために提供せず、あるいはそのような入植を許可しないことを委ねられる」（三条）ことを規定していた。この申請に対して、内務省はその許容性に関する決定を同州憲法裁判所に申し立てた。同裁判所は、州民請願の許可申請に形式的な疑念はなく、また当該法律案の第一条および第二条についても憲法上の疑念はないが、第三条は州憲法と相容れない土地収用の措置が規定されていることから憲法上許されず、また不許可とされるのは法律案中の一部だけであるが、十分な数の提案者がそのことを知れば他の疑念のない部分だけを提出したであろうことが確認されない以上、その不許可は法律案全体に及ぶと判示した。

二　続いて一九八五年二月一一日には、州立公園に関する法律の制定を求める州民請願の許可申請が、二万五千人以上の署名を添えて行われた[13]。この法律案は、同州内に合計約六万人の住民が住む二九の市町村の領域にかかる約一〇万ヘクタールの土地に州立公園を設置し、その公園の保護のために、例えば風景の破壊、毀損、変更の禁止など一連の禁止行為を規定していた。しかし内務省は、この法律案は、州憲法が規定する財産と行動の自由に関する基本権、関係市町村の自治権、さらに基本法および連邦自然保護法のそれぞれに違反する規定を有しており、州民請願の許可のための前提を欠くとして、州憲法裁判所の決定を申し立てた。同裁判所は、内務省の主張を容れ、当該法律案は全体として連邦自然保護法に違反し、また州憲法上の一般的行動の自由、財産権、土地収用、地方自治体の自治権に関する規定に違反すると判示した。

三　一九八七年四月三日に提出された州民請願の許可申請には、四万一〇二九人の署名とともに核技術施設の設置場所に関する法律案が添付されていた[14]。この法律案の目的は、州内の一定地域において核燃料の製造、処理、その他の利用のための施設、あるいは核燃料の再処理のための施設の設置および操業を認めないことであったが、内務省は、同州は当該法律案の規定を制定する立法権限を有しないとして、州憲法裁判所の決定を申し立てた。これに対して州憲法裁判所は、原子力法に基づく施設の設置場所に関する連邦の決定は原子力法上の承認手続においてのみ行われることを規定していることから、この問題について州は基本法上立法権限を有しないことなどを理由として、州民請願の許可のための法的前提を欠くと判示した。

四　一九八九年一一月一三日、「よりよいゴミ構想（Das bessere Müllkonzept）」市民団体が、三万三四六三人の署名を添えて、バイエルンにおけるゴミの防止、再利用、活用および廃棄に関する法律（バイエルン廃棄物処理法）の制定を目的とする州民請願の許可申請を行った[15]。しかし内務省は、その法律案[16]には州の立法者が基本法七二条一項に基づいて行うことのできない条項が含まれており、そのかぎりで排他的な廃棄物の防止および処理に関する連邦法の規定により当該州民請願の法律案の規定は許容できないとして州憲法裁判所の決定を申し立てた。同裁判所は、内務省により異議が出されている当該法律案中の個々の条項について審査を行い、それらのうち八つの条項が連邦法に違反しているが、当該法律案は可分であり、それらの条項を除いて州民請願は許可されなければならないと判示した。[17] すなわちそれは、「その提案者が、州民請願の許可を、かりにこの決定に挙げられた条項が不許可であることを知ったとしても」、それにもかかわらず州選挙法上の「署名定足数に必要な数（二万五千人の有権者）により、残された部分から成るその法律案に署名したであろうことを前提とすることができる」のであって、「その提案者が州民請願全体を不許可とすることを、残された部分を許可することに優先させたであろうということには、十分な根拠は存しない」からである。また、その署名者は、この憲法裁判所の判決後、州選挙法に基づいて州民請願の許可の申請を撤回し、その法律案をもはや州民請願の対象としないという多数の意思を表明することができるのであるから、当該法律案を分割して許可を与えるという「この方法は、その法律案が全体として許されないものとされ、再度少なくとも二万五千人の有権者が新たな法律案により州民請願を求める意思を表明しなければならないことよりも、容易で、かつ市民に対して親切である。」と述べた。

このため当該法律案は、州民請願の代表者の了解のもとに、州憲法裁判所により許されると判定された範囲において修正され、新たな文言の法律案に基づく州民請願が実施されることとなった。[18] 州民請願は、一九九〇年六月一五日から六月二八日まで実施され、この登録期間に一〇六万一五六一人の有権者が当該法律案を支持し、これは有権者総数の一二・八％に相当することから、この州民請願は成立要件（有権者の一〇分の一）を満たして成立した。[19] 成立した州民請願は、本来であれば、州議会に送られた後三ヵ月以内に審議されることになっているが、同年一〇月に州議会選挙が実施されることになっていたため、その州民請願の州議会での審議は州議会選挙後に延期された。[20]

他方、州議会は、すでに州憲法裁判所の判決後まもなく、州民請願の法律案に対抗して、ごみの防止等に関する自らの法律を可決成立させていたが[21]、改選された州議会は一一月一九日、当該州民請願の法律案を否決し[22]、さらに前の州議会が議決した法律を補完および改善するかたちで可決したため[23]、この州議会が議決した法律は州民請願の法律案とともに州民投票にかけられることになった[24]。

この二つの法律案に対する州民投票は、一九九一年二月一七日に実施された。当時の州選挙法においては、複数の法律案が州民投票にかけられた場合は、各々の法律案について賛否が問われ、投票の過半数の賛成を得た法律案が法律として採択されることになっていた（投票の過半数を得た法律案が複数になった場合は、それらのうちもっとも多くの賛成票を獲得した法律案が採択されるとする点で現行規定と異なる）が、投票結果は[25]、有権者総数八六一万三八四〇人、投票者総数三七七万三七六三人のうち、州議会の法律案については、有効賛成票が一九二万五九四〇票（五四・二一％——有効投票数に占める割合、以下同様）、有効反対票が一六二万六五二三票（四五・七九％）、他方、州民請願の法律案については、有効賛成票が一六四万四三二票（四六・九二％）、有効反対票が一八五万六一三九票（五三・〇八％）となり、州民請願の法律案に対する賛成票は、それに投じられた有効投票の過半数に達しなかったが、これに対して州議会の法律案は、有効投票の過半数の賛成を得たことにより州憲法上の成立要件を満たして採択され[26]、法律として成立した[27]。

五　一九九四年七月二一日、ともに同州の教育制度法の改正を求める二つの州民請願の許可申請が州政府に提出された[28]。一方の州民請願の目的は、クラスの生徒数を最高三〇人とすること、生徒新聞の作成を生徒自身の責任の下に置くこと、学校の自治を拡大することなどであり、また他方の州民請願は、クラスの生徒数を最高三〇人に制限することだけを目的としていた。州政府は、これら二つの州民請願には許可のための法的前提が存しないとして州憲法裁判所の決定を申し立てた。これに対して同裁判所は、学校の自治権の拡大は州憲法に規定された州の学校制度に対する監督権と、生徒新聞の作成については同様に州の教育任務と、各々相容れないとし、またクラスの生徒数を減らすことはそれにより必要となる教員の増加に伴ってかなりの経費が予測され、このことは予算に関する州民請願を禁じた州憲法に違反するなどとして、両方の州民請願ともに不許可である旨判示した。

六　一九九四年七月二二日、従来の州民立法手続のなかに「州民発案」という新たな手続を導入することを目的として、州選挙法の改正を求める州民請願の許可申請が行われた。[29] しかし州政府の申立てに基づいて州憲法裁判所は、「州憲法は、法律案の提出による州民の発案権を州憲法七一条および七四条において確定的に規定している」ことから、「州民請願と並んで、州民に帰属するそれ以外の発案権の形式を創設することは、州憲法の改正なしには許されない。」と判示して、州選挙法の改正という形式で提出した州民請願を不許可とした。

七　一九九八年一月八日、遺伝子組み換え操作をしていない生産物の標識に関する法律の制定を求める州民請願(„Gentechnikfrei aus Bayern“)の許可申請が内務省に提出された。内務省は、二三万五一五五人の有効な署名を確認してこの申請を許可し、同年四月二四日から五月七日にかけて州民請願が実施されたが、有効登録者数は四三万六三四五人(当時の有権者総数の四・九%)にとどまり、この州民請願は成立しなかった。[30]

八　一九九八年一二月三日には、教師、父母、州議会の反対会派の諸団体、およびドイツ労働総同盟から構成される広範囲の団体が、八万六五三五人の署名を添えて、州政府により計画されている学校改革の阻止を目的とする州民請願「よりよい学校改革(Die bessere Schulreform)」の許可申請を内務省に提出した。[31] この州民請願は、具体的には、基礎学校(Grundschule)の上に上級学級として第五学級および第六学級を設置し、この学級においては、ギムナジウムおよび実業学校(Realschule)への移行、あるいは新たな主要学校(Hauptschule)の上級学級への進学の準備を行うものとすること、第六学年の終了後もギムナジウムへの移行の可能性を与えること、現行の四年間の実業学校制度は生徒に職業教育のための最善のチャンスを与えていることから、これを維持し、州政府により計画されている六年間の実業学校制度の導入は不必要であることなどを内容として、同州の教育制度法および学校財政法の改正を求めていた。内務省はこの州民請願を許可するとともに、この州民請願の法律案の文言、および二〇〇〇年二月一五日から二月二八日までに同州のすべての市町村に登録名簿が設置されて州民請願の登録が実施されることを公示した。[32] しかし、この州民請願への有効登録者は、五〇万七九〇〇人にとどまり、成立要件の「有権者の一〇分の一」（登録当時八九万二七〇一人）には届かなかった。[33]

【注】

（1）従来は、上院（Senat）も法案提出権を有していたが、一九九八年二月八日の州民投票により、上院の廃止に関する憲法改正法律が採択されたことにより、上院に関する州憲法上の規定はすべて削除された（第三章第三節参照）。

（2）Jürgens, Direkte Demokratie, S.55-56.

（3）州憲法七五条二項は、「州憲法の改正に関する州議会の議決は、法定議員数の三分の二の多数を必要とする。それは州民に決定のために提出されなければならない。」と規定している。すなわち、バイエルン州憲法の改正は、必ず州民投票により決定されるため、憲法改正法律の制定を求める州民請願についても、それを州議会が法定議員数の三分の二の多数をもって、無修正で受け入れたとしても、州民投票は必ず実施されなければならない。

（4）SH州憲法四二条三項一文は、「州民請願に関する投票の前、あるいは州民投票の実施の前に、州政府はその理由の付された法律案あるいはその他の提案を見解を付することなく相当な方法で公示しなければならない。」と規定する。

（5）Nawiasky/Schweiger/Knöpfle, Verfassung Bayern, Art.74, Rdnr.7.

（6）Gesetz über Landtagswahl, Volksbegehren und Volksentscheid vom 9. März 1994 (GVBl. S.135). なお、一九九八年七月一〇日の同法改正（Geändert durch §3 Gesetz zur Anpassung von Landesrecht an die Änderungen der Verfassung des Freistaates Bayern vom 10.

Juli 1998, GVBl. S.385）により、州民投票に複数の法律案がかけられた場合の投票方式および結果の判定方式に関する規定が変更され、さらに上院の廃止に伴う改正（Geändert durch das Gesetz zur Ausführung des Gesetzes zur Abschaffung des Bayerischen Senates vom 16. Dezember 1999, GVB1. S.521）により、憲法改正における州民投票の成立要件（法八〇条一項）が変更されている。

（7） Boettcher/Högner, Landeswahlgesetz, Art.65, Rdnr.3.

（8） Boettcher/Högner, a. a. O., Art.65, Rdnr.4.

（9） 従来、同項二文は、州民請願が州議会に提出される際、「州政府は、その州民請願に関する上院の専門的意見を求めなければならない。」と規定していた（参照、州憲法旧四〇条二項）。

（10） Boettcher/Högner, Landeswahlgesetz, Art.73, Rdnr.12-19.

（11） Boettcher/Högner, a. a. O., Art.81, Rdnr.1-2.

（12） 経緯は、BayVerfGH, Entscheidung vom 26.7.1965, BayVBl.1965, S.379-382 による。参照、Bocklet, VB und VE in Bayern, S.344-345; Jürgens, Direkte Demokratie, S.163-164.

（13） 経緯は、BayVerfGH, Entscheidung vom 14.6.1985, BayVBl.1985, S.523-530 による。参照、Jürgens, Direkte Demokratie, S.164-165; Degenhart, Der Staat 1992, S.82.

（14） 経緯は、BayVerfGH, Entscheidung vom 14.8.1987, NVwZ 1988, S.242-244 による。参照、Jürgens, Direkte Demokratie, S.165-166.

（15） 経緯は、BayVerfGH, Entscheidung vom 27.3.1990, BayVBl.1990, S.367-370, S.398-402; DVBl.1990, S.692-699 による。参照、Jürgens, Direkte Demokratie, S.166-173; Schneider, Gesetzgebung, §7, Rdnr.182.

（16） 法律案の文言については、参照、Gesetzentwurf nach Art.74 BV - (Volksbegehren „Das bessere Müllkonzept“), Landtag Bayern, Drs.11/17881.

（17） Bek. der Entscheidung des Bayerischen Verfassungsgerichtshofs vom 27. März 1990, GVBl.1990, S.116; StAnz. Bayern Nr.14 vom 6. April 1990, S.5.

（18） Bek. des Bayerishen Staatsministeriums des Innern vom 12. April 1990, Zulassung eines Volksbegehrens über den Entwurf eines Bayerischen Abfallwirtschaftsgesetzes, StAnz. Bayern Nr.16 vom 20. April 1990, S.1.

（19）　Bek. des Landeswahlleiters des Freistaates Bayern vom 13. Juli 1990, Volksbegehren vom 15. bis 28. Juni 1990 über den Entwurf eines Bayerischen Abfallwirtschaftsgesetzes „Das bessere Müllkonzept", StAnz.Bayern Nr.29 vom 20. Juli 1990, S.1.

（20）　Jürgens, Direkte Demokratie, S.169.

（21）　Gesetz zur Vermeidung, Verwertung und sonstigen Entsorgung von Abfällen in Bayern (Bayerisches Abfallwirtschaftsgesetz-BayAbfG) vom 28. Juni 1990 (GVBl.1990, S.213).

（22）　Beschluß des Bayerischen Landtags, Landtag Bayern, Drs.12/90; Landtag Bayern, PlPr.12/4 vom 19.11.1990, S.102.

（23）　CSU会派提案の法律案（Landtag Bayern, Drs.12/19）が可決され、州民請願の法律案とともに州民投票に提出されることが議決された（Beschluß des Bayerischen Landtags, Landtag Bayern, Drs.12/81; Landtag Bayern, PlPr.12/4 vom 19.11.1990, S.103-106）。

（24）　Bek. der Bayerischen Staatsregierung vom 11. Dezember 1990, Volksentscheid über das Abfallrecht in Bayern, StAnz.Bayern Nr.51/52 vom 21. Dezember 1990, S.1.

（25）　Bek. des Landeswahlleiters des Freistaates Bayern vom 27. Februar 1991, Volksentscheid über das Abfallrecht in Bayern am 17. Februar 1991, StAnz. Bayern Nr.9 vom 1. März 1991, S.2.

（26）　その後、州議会においてはこの州民投票の実施に関する審査（州選挙法八一条一項）が行われ、州民請願の代表者は、州民投票の前に州および自治体の職員が州議会の法律案に賛成し州民請願の法律案には反対するよう様々な方法で発言して有権者の投票行動に影響を与え、憲法により彼らに課せられている中立性の義務に違反したと主張した。しかし州議会は当該州民投票は有効であるとの議決を行った（Landtag Bayern, Drs.12/6630）ため、州議会の少数派および州民請願の代表者は、州選挙法八一条二項に基づいて、州憲法裁判所に異議を申し立て、当該州民投票の無効を求めた。これに対して同裁判所は、「選挙に際して州および市町村に適用される中立性の要請は、選挙と州民立法手続における投票者の決定とが根本的に異なるために、州民立法手続においては適用され」ず、さらに「州民立法手続においては、中立性の要請の代わりに客観性の要請が生じ、州民立法手続における州の諸機関の意見の表明は、それが州憲法四〇条二項および七四条に規定される投票者の見解および意思形成過程への協力および影響力の行使をこえることも、客観性の要請を満たしているかぎりは、許されないわけではない。」と判示して、この中立てを退けている。以上、BayVerfGH, Entscheidung vom 19.1.1994, BayVBl.1994, S.203-204.による。参照、Hozheid, Verfauungsgrundsätze, S.26-27.

(27) Gesetz zur Vermeidung, Verwertung und sonstigen Entsorgung von Abfällen und zur Erfassung und Überwachung von Altlasten in Bayern (Bayerisches Abfallwirtschafts- und Altlastengesetz–BayAbfAlG) vom 27. Februar 1991, GVBl.1991, S.64. なお、この法律により、州議会が前年六月に議決した法律（(注) 21）は廃止された。

(28) 経緯は、BayVerfGH, Entscheidung vom 17.11.1994, BayVBl.1995, S.173-178, S.205-210 による。参照、Holzheid, Verfassungsgrundsätze, S.29-30.

(29) 経緯は、BayVerfGH, Entscheidung vom 14.11.1994, BayVBl.1995, S.46-5 による。参照、Holzheid, Verfassungsgrundsätze, S.28-29.

(30) Der Landeswahlleiter des Freistaates Bayern, Volksbegehren „Gentechnikfrei aus Bayern" vom 24. April bis 07. Mai 1998, Endgültiges Ergebnis（バイエルン州統計情報処理局のホームページ（http://www.bayern.de/LFSTAD/volksentscheide/gentechnik.html）による）.

(31) „Der erste Schritt zum Volksbegehren ist getan, 86535 Unterschriften für „die bessere Schulreform", Lehrerverband erhofft sich Weiterentwicklung des bestehenden Systems / CSU sieht „egoistische Kampagne" ", Süddeutsche Zeitung vom 4/5. Dezember 1999, S.63.

(32) Bek. des Bayerischen Staatsministeriums des Innern vom 14. Dezember 1999, Zulassung eines Volksbegehrens über den Entwurf eines Gesetzes zur Änderung des Bayerischen Gesetzes über das Erziehungs- und Unterrichtswesen (BayEUG) und des Bayerischen Schulfinanzierungsgesetzes (BaySchFG), StAnz. Bayern Nr.50/51 vom 17. Dezember 1999, S.2.

(33) Bek. des Landeswahlleiters des Freistaates Bayern vom 13. März 2000, Feststellung des Ergebnisses des Volksbegehrens vom 15. Februar bis 28. Februar 2000 „Die bessere Schulreform", StAnz. Bayern Nr.11 vom 17. März 2000. S.1.

二 ヘッセン州

1 制度の概要

一 ヘッセン州憲法は、「立法は、(a)州民投票の方法により州民により、(b)州議会により行使され」（一一六条一項）、「法律案は、州政府により、州議会の中から、あるいは州民請願を通じて提出される。」（一一七条）と、州民請願および州民投票から成る二段階の州民立法制度を認めた上で、それらの手続について次のように規定している。

第一二四条　(一)　有権者の五分の一が、法律案の提出を求める州民請願を申し立てた場合には、州民投票が実施されなければならない。州民請願は、完成された法律案に基づいていなければならない。予算案、公租公課法あるいは給与法は、州民請願の対象となりえない。

(二)　州民請願の基礎となる法律は、州政府によりその意見を添えて州議会に提出されなければならない。州民投票は、州議会がその請願された法律案を無修正で受け入れた場合には実施されない。

(三)　州民投票は、賛否を問うことによってのみ行うことができる。投票の過半数が決定する。

このように法律案の提出を求める州民請願は有権者の五分の一、またそれに関する州民投票は投票者の過半数で成立するとされ、州民投票の成立要件としては投票参加者や賛成有権者に関する特別多数は求められていない。各々の詳細な手続に関しては、州民投票法(1)（以下、「法」と略する）が次のように規定している。

二　州民請願は、許可手続および登録手続を経ることを必要とするとされ（法一条一項）、まず許可手続として、許可の申請は、書面により州選挙管理委員長に提出されなければならない（法二条一項）。この申請には、(a)完成された法律案が含まれていること、(b)直近の州議会選挙時における有権者の少なくとも三％の署名があること、(c)三人までの代表者（当局の通知および決定の受領ならびに州政府に対する声明発表の権限を有する）およびその代理人が指名されていること、の三つの要件が課せられている（法二条二項）。

この許可申請において「有権者の三%」の署名というハードルは、他の州におけるそれが概ね一%以下であることに比べると、かなり高く設定されている。憲法制定に際しての政府案では、まったく小さな集団がその可能性を濫用し、それにより州および州民に不必要なコストを生じさせることを妨げるために、五%の有権者の署名が求められており、それはワイマール憲法期の経験に基づいて扇動的な州民請願に対する危惧がかなり強かったことによるものであるが、州議会の審議においては、そのような重大な疑念を排して州民請願と州民投票の制度をともかく州憲法に採用することに踏み切ること、およびその州民請願の許可のために高いハードルを設定することにより濫用を妨げたいこと、という二つの要求の政治的妥協として、三%が採用されたといわれ、他方、州民請願の成立はきわめて困難であるから、見込みのない州民請願を最初から排除するために、その許可は容易に与えられるべきではないとして、州民請願の成立要件である有権者の五分の一との関係において、許可申請の要件として三%の署名を要求することに賛成する意見もある。(2)

この申請に対して、州政府は一ヵ月以内にその許可に関する決定を行い(法三条一項)、申請が第二条の前提を満たし、憲法の規定に一致していれば許可が与えられなければならないが、申請が州政府に到達した日から起算して過去一年以内に、それと実質的に同一の申請に基づく州民請願が成立し、しかし州民投票は成功しなかったというケースがある場合は、当該申請は許可されず(同条二項一文)、また実質的に同一内容の州民請願が、必要とされる数の有権者の同意が集まらなかったために成立しなかった場合(法二四条二項によれば、州民投票において有効投票の七五%以上により否決された場合も同様とされている。)があるときは、その除斥期間は二年間とされている(法三条二項二文)。州民請願が許されないとするこれらの規定は、成功の見込みのない扇動的な目的による州民請願が、絶えず繰り返されうるのを阻止する趣旨である。(3) この申請に対して、州政府が許可を拒否する決定をした場合には、代表者は州憲法裁判所へ異議を申し立てることができる（法四条二文）が、他方、当該申請が許可されると、引き続き州民請願のための登録手続が開始されることになる。

三　登録手続は、州民請願を支持したい有権者が、州選挙管理委員長により確定された登録期間（一四日間）に、市町村当局に置かれた名簿に登録することにより行われる（法五条二・三文、六条）。登録名簿の作成およびその市町村当局への送付は、州民請願の申請者自身が行い（法七条一項）、他方、市町村当局は、送付された名簿を登録期間中一定の時間に登録のために用意しておく義務を負い（同条二項）、また登録期間、登録名簿設置の場所、登録時間ならびに州民請願の基礎となっている法律案の文言を公示するとともに、州民請願に同意したいすべての有権者は名簿への登録によりそれを行わなければならない旨を教示しなければならない（同条三項）。登録期間内に有権者の五分の一がそれに同意の登録をすれば州民請願は成立するが、州政府は、直近の州議会選挙に際して公示された有権者数に基づいてその成否を審査し（法一二条一・二項）、その結果を州民請願の終了後六週間以内に官報に公示する（法一三条一文）。州政府が、州民請願は法的に有効に成立しなかったとの声明を出した場合は、代表者は当該審査結果の到着後四週間以内に州憲法裁判所の決定を求めることができる（法一四条一文）が、他方、州民請願が成立した場合は、州政府は、当該審査結果の公示後二週間以内に州民請願の基礎となっている法律案をその意見を添えて州議会に送付しなければならない（法一五条一項）。

四　当該法律案を受け取った州議会は、それから一ヵ月以内に、それを無修正で法律として受け入れるか否かについて議決を行わなければならず（法一五条二項二文）、この期間内に議決を行わなかった場合は、否決したものと見做される（同項三文）。州議会が当該法律案を無修正で受け入れた場合は、州民投票は実施されない（州憲法一二四条二項二文）ことから、当該法律案を州議会が否決した場合（一ヵ月以内に議決を行わなかった場合を含む）、およびそれを修正可決した場合も、州民投票が実施されることになる。ただし修正可決の場合は、請願された法律案を州議会により修正可決された法律に代えて採択するか否かという点に関して投票が行われなければならないとされている（法一七条二項）。また州議会に同一の対象に関する複数の州民請願が提出され、州議会がそのうちの一つを受け入れた場合においても、それ以外の州民請願の法律案も州民投票にかけられ、その法律案を州議会により可決された法律に代えて採択するか否かという点に関して投票が行われなければならないとされている（法一七条三項）。州民投票に際しては、当該法律案に対する「賛成」あるいは「反対」を問うことができるにすぎず（州憲法一二四条三項一文）、同一対象に関する複数の法律案が州民投票にかけられた場合は、一つの法律案のみについて賛成票を投じることができるにすぎず、複数の賛成は無効となる（法二一条一項(f)）。

五　州民投票は、州民請願に基づく法律案が州議会に提出された後二ヵ月以内に実施されなければならず（法一八条一項）、州政府は投票日を決定したうえで、それを州民請願の文言および投票用紙の印刷紙面とともに公示するものとされている（同条二項）。当該法律案が州民投票により法律として採択されるのは、有効投票の過半数が賛成票を投じた場合であり、賛否同数の場合は否決されたものと見做される（法二二条一項）。投票結果は、州選挙管理委員会により確定され、同委員長はそれを遅滞なく官報において公示する（法二三条一項）が、当該結果に対しては、その公示後一ヵ月以内に州憲法裁判所へ異議を申し立てることができる（同条二項）。この異議申立期間の満了後、あるいは異議が申し立てられた場合には州憲法裁判所の決定の公示後、いずれも二週間以内に、州政府は当該法律が州民投票により決定された旨を公示しなければならない（法二四条一項）。

なお州民投票は、このような州民請願に基づく場合のほかに、州議会により議決された法律に対して州政府が州憲法一一九条に基づいて異議を申し立てたときに、州議会がその法律を異議の理由の到達後一ヵ月以内に法定議員[(4)]

の過半数により再可決しなかった場合にも実施されることが規定されている（法一六条一項二文）。この州政府の異議は、州民投票により議決された法律に対して行うことはできないが、州民請願の成立により州議会に提出され、州議会が無修正で可決した法律に対しては可能である。[6]州議会は、この異議を受け入れる場合は単純多数でよいが、もしその法律を成立させたい場合には、法定議員の過半数の再議決が必要であり、この再議決が不成立のときは州民投票が実施されることになる。[7]もっとも、州議会が再議決を行うか否かは、州議会の裁量に属する問題であり、もし州民投票による決着を望むならば、州民投票法一六条一項二文所定の一ヵ月の期間を徒過させるだけでよく、その場合の州民投票において、州民には、州議会と州政府との間の裁定者の役割が与えられることになろう。[8]

2　実　例

一　ヘッセン州においては、これまで二回の州民立法の試みがなされている。

まず、一九六六年八月、戦後ドイツの州の中では、最初に、法律の改正を求める州民請願の許可申請が行われた。[9]この州民請願は、郵便投票制度の導入を目的とし、州議会選挙法の改正を求めるものであったが、[10]その許可申請には、一三万人以上の署名が提出され、これは許可の要件である「有権者の三％」（当時、約一〇万三五〇〇人に相当）を十分に満たしていたため、州政府は許可の決定を行い、[11]同年一〇月に州民請願が実施された。しかし、当該法律案に賛成して州民請願に登録した有権者は、二三万人余りにとどまり、[12]これは当時の有権者総数の約六・九％にすぎず、州民請願の成立要件である「有権者の五分の一」には達せず、州政府は州民請願が成立しなかったことを決定した。[13]この州政府の決定に対して、州民請願の提案者は、州民請願の準備および実施に際して違法があったとして、その決定を無効とし、州民請願の再実施を求める訴訟を同州憲法裁判所に提起した。申立人は、フランクフルト市

（有権者数約五二万人）および三四の市町村（有権者数約二二万人）において違法があったと主張した。すなわち、フランクフルト市においては、通常の選挙では一八六ヵ所の投票所があるにもかかわらず、当該州民請願においてはわずか一九ヵ所だけであったことを指摘した。これに対して同裁判所は、通常の選挙は、一日だけで、しかも公共交通手段の少ない日曜日に実施されるのに対して、州民請願は一四日間続き、登録したい有権者は登録所へ行く用事を、買物や仕事など他の用事と結びつける可能性をもっているとした。また三四の市町村については、かりに違反がなくすべての有権者が州民請願を支持したとしても、その合計は州民請願の成立要件には届かず、いずれにせよ、州民請願の当該結果に影響を及ぼすことはないとして、申立人の請求を退けている。[14]

二　続いて、一九八一年一一月には、フランクフルト空港の新たな滑走路の建設に反対する団体が州民請願の許可を申請した。[15] この州民請願は、同空港の領域における土地開発計画に関する法律案（その成立により、空港領域の土地開発が制限され当該滑走路の建設が不可能となる）[16]に基づいており、その許可申請には二二万人余りの署名が添えられていたため、許可の形式的要件（有権者の三%の署名者数は、当時約一一万八千人に相当）は満たしていたが、州政府はこの申請を不許可とした。その理由は、当該法律により、州の立法者は、航空輸送に関する連邦の排他的立法権限に基本法に反して介入することになること、州法による滑走路建設の阻止は、航空輸送法の執行に際して連邦の行政権限を制約し、基本法および航空輸送法の規定に違反することなどであった。[17] この州政府の決定に対して、州民請願の代表者は、州民請願の許可申請の審査に際しては、当該法律案を同州憲法の規定で判断することに限定され、当該法律は基本法や州憲法には違反しないとして、同州憲法裁判所に異議を申し立てたが、同裁判所は、「州民投票法により州政府に与えられた実質的審査権には、憲法上の疑念はない」こと、「ヘッセン憲法に影響を与える連邦と州の権限配分に関する基本法の規定は、州民請願の許可に関する決定に際しての審査規準となる」ことなどから、その申立てには明らかに理由がないとする決定を口頭弁論なしに下した。[18] この裁判所の決定に対して、その代表者はさらに、「立法のための発案権を行使するヘッセン州民」の代表者として、連邦憲法裁判所に機関訴訟を、また許可申請の他の署名者とともに憲法訴願を提起したが、同裁判所は、「州民請願の許可申請を提出したヘッセン州の個人は、基本法に基づく憲法争訟の考えられうる訴訟当事者ではない」こと、「ヘッセン州憲法裁判所は、当該決定を対象とする基本法に基づく手続において、申立ての考えられうる相手方ではない」ことなどを理由として、それらの申立てを退ける決定を下した。[19]

三　州民立法制度をめぐるその後の動きとしては、一九九六年一〇月一日、州議会のＦＤＰ会派が、「二一世紀への転換期における州議会の将来の課題」調査委員会の設置を提案している。[20] その提案によると、この委員会に対して委託されたさまざまな課題のなかで、「州議会は、国家と市民の間の仲介者であるという任務を、いかにしてより効果的に果たしうるか。」という問題に対する勧告を提出することが求められており、おそらくここで州民投票制度など直接民主主義的諸制度に関する問題が検討されるものと思われる。この調査委員会は、同年一二月一〇日の本会議において、その設置が一致して議決され、[21] 検討テーマに関わる専門家の意見を聴取したり、ＲＰ州の「議会改革」調査委員会の委員と会合し、各々の検討資料および成果を交換するなどして、[22] そのちょうど二年後の一九九八年一二月一〇日に中間報告書を州議会に提出したが、[23] とりわけ被選期の終了時期が近いことを理由に、審議内容およびその結果に関する詳細な報告書の提出は見合わせるとともに、次の被選期において、この作業を継続し最終的な報告書を提出する調査委員会を改めて設置することを提案し、本会議はこの提案を一致して議決した。[24] こうして、州議会選挙後の一九九九年五月六日、本会議は超党派により提出された当該委員会の設置提案を[25]一致して議決し、[26] 前被選期からの課題の検討が再開されたところである。

【注】

（1） Gesetz über Volksbegehren und Volksentscheid vom 16. Mai 1950. (GVBl. S.103)

（2） Zinn/Stein, Verfassung Hessen, Art.124, Erl.V2 b).

（3） Zinn/Stein, a. a. O., Art.124, Erl.V3 a).

（4） 州憲法一一九条は次のように規定する。「㈠州議会により議決された法律に対して、州政府は異議を申し立てる権利を有する。㈡その異議は、最終表決後五日以内に、その理由は二週間以内に、州議会に提出されなければならない。それは州議会における再審議の開始までに撤回することができる。㈢州議会と州政府との間に合意が成立しない場合は、その法律は、州議会が法定議員数の過半数をもって、その異議に反対する議決を行った場合にのみ採択されたものとする。」

（5） この制度は、ハンブルク憲法旧五〇条、ブレーメン憲法一〇四条にほぼ同様のかたちで採用されていた。また、バイエルン州憲法も、バイエルン上院が州議会の議決に対して異議を申し立てることができる規定を置いていた（四一条二項）が、上院制度の廃止により削除された。したがって、現在、同様の制度を有しているのはＮＷ憲法六七条（「州議会により議決された法律に対して、州政府は二週間以内に異議を提出することができる。州議会は、その異議を考慮するか否かについて決定する。」）だけであるが、異議に対する州議会の議決の要件が単純多数である点で、法定議員の過半数を要求するヘッセン州と異なる。

（6） Zinn/Stein, Verfassung Hessen, Art.119, Erl.3.

（7） Zinn/Stein, a. a. O., Art.119, Erl.8.

（8） Jürgens, Direkte Demokratie, S.68.

（9） Hernekamp, Direkte Demokratie, S.2, Rdnr.7; Jürgens, Direkte Demokratie, S.186; Berger, Unmittelbare Teinahme, S.112.

（10） 経緯については、参照、Zinn/Stein, Verfassung Hessen, Art.24, Erl.X1; Schonebohm, Volksgesetzgebung, S.318; Jürgens, Direkte Demokratie, S.186-187; Berger, Unmittelbare Teilnahme, S.112.

（11） Zulassung eines Volksbegehrens im Lande Hessen, StAnz. Hessen 1966, S.1160 によれば、選挙管理委員長は、一三万三一八三人の有権者の署名を確定している。

（12） Volksbegehren vom 3. bis 16. Oktober 1966; Anlage: Rechnerisches Ergebnis des Volksbegehrens auf Einführung der Briefwahl in Hessen vom 3. bis 16. Oktober 1966, StAnz. Hessen 1966, S.1483 によれば、有権者総数三四五万一三一四人のうち、当該州民請願

に登録した有権者は二三万七〇八九九人（有権者総数の六・八七％）であった。

（13）　Beschluß der Landesregierung gemäß §12 Abs.1 Satz 2 des Gesetzes über Volksbegehren und Volksentscheid, StAnz. Hessen 1966, S.1473.

（14）　StGH Hessen, Urt. v.3. Juli 1968, ESVGH 19 (1969), S.1-7. なお、この郵便投票の制度は、連邦議会選挙法や他の州議会選挙法にはすでに導入されていたこともあり、一九七〇年の選挙法改正（Gesetz zur Änderung wahlrechtlicher Vorschriften vom 8. Mai 1970, GVBl. S.295）により同州においても採用された。参照、Gross, JöR 21 (1972), S.318.

（15）　経緯について、Zinn/Stein, Verfassung Hessen, Art.124, Erl.X2; Schonebohm, Volksgesetzgebung, S.318-319; Jürgens, Direkte Demokratie, S.187-188; Deiseroth, DuR 1982, S.124-126; BVerfGE 60, S.179-187 参照。

（16）　この法律案（Entwurf eines Gesetzes über die Raumordnung im Bereich des Verkehrsflughafens Frankfurt a. M.）の文言については、参照、DuR 1981, S.469-470; BVerfGE 60, S.180-181.

（17）　Deiseroth, DuR 1982, S.125-126.

（18）　StGH Hessen, Beschl. v.14./15.1.1982, NJW 1982, S.1141-1143; DÖV 1982, S.320-322.

（19）　BVerfG, Beschl. v.24.3.1982, BVerfGE 60, S.175ff.; DÖV 1982, S.591-595; NJW 1982, S.1579-1583.

（20）　Antrag der Abg. ... (F. D. P.) betreffend Enquete-Kommission "Künftige Aufgaben des Hessischen Landtags an der Wende zum 21. Jahrhundert", Landtag Hessen, Drs.14/2196. ＦＤＰ会派のこの提案は、二ヵ月後、ＣＤＵ会派やＳＰＤ会派などとの超党派提案としてほぼ同一文言で提出された（Landtag Hessen, Drs.14/2483）。

（21）　Landtag Hessen, PlPr.53. Sitzung vom 10. Dezember 1996, S.3115.

（22）　Landtag RP, Drs.13/3500, S.8.

（23）　Zwischenbericht der Enquetekommission "Künftige Aufgaben des Hessischen Landtags an der Wende zum 21. Jahrhundert", Landtag Hessen, Drs.14/4365.

（24）　Landtag Hessen, PlPr.116. Sitzung vom 16. Dezember 1998, S.6889.

（25）　Landtag Hessen, Drs.15/54.

（26）　Landtag Hessen, PlPr.5. Sitzung vom 6. Mai 1999.

三　ノルトライン＝ヴェストファーレン州

1　制度の概要

一　ＮＷ州憲法は、「立法は、州民および州議会に帰属する。」（三条一項）と規定し、さらに六八条において次のような州民請願と州民投票の制度を採用している。

第六八条　㈠　州民請願は、法律の制定、改正あるいは廃止を目的として行うことができる。州民請願は、完成され理由を備えた法律案に基づいていなければならない。州民請願は、州の立法権限に属する領域に関して許されるにすぎない。財政問題、公租公課法および給与法に関しては、州民請願は許されない。その許容性に関しては、州政府が決定する。その決定に対しては、州憲法裁判所への出訴が許される。州民請願が法的に有効であるのは、それが有権者の少なくとも五分の一により提出された場合だけである。

㈡　州民請願は、州政府によりその意見を添えて遅滞なく州議会に提出されなければならない。州議会がその州民請願に応じない場合は、一〇週間以内に州民投票が実施されなければならない。州議会がその州民請願に応じた場合には、州民投票は行われない。

㈢　州政府もまた、自らにより提出されたが州議会により否決された法律を州民投票に提出する権利を有する。その法律が州民投票により採択された場合には、州政府は州議会を解散することができるが、それが州民投票により否決された場合には、州政府は退陣しなければならない。

㈣　投票は、賛否によってのみ行われうる。投票の過半数が決定する。

まず、州民請願は、法律の「制定改廃」を目的とすること、またその法律案の内容は、「州の立法権限に属する領域」に限定されることが明記されている。州民請願の許容性については州政府が決定し、またその成立のためには、有権者の五分の一による署名が求められている。成立した州民請願は、州議会に審議のため送付され、州議会がそれに応じない場合は、一〇週間以内に州民投票が実施され、「投票の過半数」によりその採否が決まるとされ、投票参加者あるいは賛成者に関する特別の定足数は要求されていない。(1) 他方、州民の発案に基づく州民投票とは別に、州政府が州議会により否決された州政府提出法律案を州民投票にかける手続も規定されているが、その州民投票による結果は、当該法律案の採否（この点ではBW州憲法六〇条三項が規定する州民投票制度と同様であるが）だけにとどまらず、州民投票において当該法律が採択された場合には、州政府は州議会を解散することができ、逆にそれが採択されなかった場合には、州政府は退陣しなければならないとされている（第三章第一節三参照）。この規定の目的とするところは、州政府と州議会との間の紛争を州民に訴えかけることにより、その解決を可能とすることにある。(2) 当該法律案に対する州民の賛否は、同時に州政府あるいは州議会に対する信任の有無を意味し、州民投票によりその法律が採択された場合、すなわち州議会に反対の決定がなされた場合には、州政府は州議会の解散権を有する。この場合、自動的な解散が行われるのではなく、州議会の解散は州政府の自由裁量に属する。州政府提出法案を州議会が否決したにもかかわらず、なお有効なものとし、同時に州議会の改選および新たな州議会において多数を得る可能性を州政府に与えている点には、確かに州政府の州議会に対する地位の強化をみることができる。(3) しかし他方、州民投票によりその法律案が否決された場合には、州政府は退陣しなければならず、この手段は州政府にとってはきわめて危険な諸刃の剣といえよう。(4) 州政府が州民投票の実施を指定する権利は、州議会が州政府提出法案を否決した場合であるが、州議会がそれを州政府にとって受け入れ難い文言で修正可決したり、あるいはその取扱いを不当に遅れさせた場合も、その拒否とみなされなければならないであろう。[5] 州議会が可決した法律に対しては、州政府は異議を提出することができる（州憲法六七条）にすぎず、州民投票に訴えることはできない。なお、この州民投票については、州憲法六八条一項四文の制約はあてはまらず、いわゆる財政問題に関する法律案の場合でも州民投票は許され、さらに州議会が条約に対する同意（州憲法六六条二文）を拒否した場合にも、この六八条三項が適用されると解されている。[6]

二　州民請願と州民投票に関する手続の詳細は、州民投票法[7]（以下、「法」と略する）により規定されている。それによると州民請願を提出したい有権者は、市町村当局により設置される名簿に、その設置が許可された後に登録しなければならない（法一条）と、州民請願の提出方法が規定され、州民請願は、まずその「登録名簿設置の許可」の申請手続から始まる。この申請は、書面により内務大臣に提出されなければならず、少なくとも三千人の有権者（有権者総数の約〇・〇二％）による署名、ならびに官庁の通知および決定の受領の権限を委任される代表者一名およびその代理人の指名が必要とされている（法二条一・二項）。またこの申請には、完成され理由を備えた法律案（州憲法六八条一項二文）が含まれていなければならず、その法律案は所定の財政関連法律に関するものであってはならない（同項四文）が、さらにその内容が過去一年間に行われた別の州民請願の許可の申請と実質的に同じである場合、あるいは基本法の規定により州の立法権限に属さない法領域に関わる場合は、その申請は拒否されなければならない（法三条二文）。内務大臣はこれらの形式的・実質的要件の有無を審査し、六週間以内に州政府がその許可について決定しなければならないが、当該申請の到達後一ヵ月以内に、その請願された法律案が州議会に提出されたときは、その許可の決定は六ヵ月間まで延期することができる（法四条）。そして州政府が六週間以内に許可について決定しなかった場合、あるいは前述の延期期間内に決定しなかった場合は、許可が与えられたものとされ（法五条一項三文）、許可が与えられなかった場合は、代表者はその決定の送達後一ヵ月以内に州憲法裁判所に異議を申し立てることができる（同条二項）。他方、その申請が許可されると、内務大臣は遅滞なく当該許可を州民請願の対象の内容および代表者の氏名と住所とともに官報において公示する（法六条一項）。

三　続いて州民請願の登録手続に入るが、登録名簿の作成およびその市町村当局への送付は、州民請願の提案者の責務とされる（法七条一項一文）。この登録名簿の送付は、当該許可の公示後四週間以内に行わなければならず、その規定通りの登録名簿を受領した市町村当局は、当該公示後五週間目および六週間目の二週間、登録名簿を設置して有権者がそれに登録することを認める義務を負う（法七条二項）。登録期間が終了すると、市町村当局は登録名簿を閉鎖し、それを遅滞なく州選挙管理委員長に送付する（法一三条一項）。同委員会が有効な登録総数を確定した後、州政府は、州民請願が法的に有効に成立したか否かを審査し（法一四条一・二項）、その審査結果を州民請願の終了後三週間以内に官報において公示する（法一五条一項）。州政府が州民請願は法的に有効に成立しなかったと表明したときには、州民請願の代表者は当該結果の通知後一ヵ月以内に州憲法裁判所の決定を申し立てることができる（法一五条二項一文）が、その申立てが認容されうるのは、所定の署名数に足りていること、あるいは州民請願の準備もしくは実施に際して、その結果に決定的な影響を及ぼすであろう規則違反が行われたことに関してだけである（同項二文）。こうして州民請願が成立すると、州政府はそれを自らの意見を添えて遅滞なく州議会に提出しなければならない（州憲法六八条二項一文）。州議会は、その到達後二ヵ月以内に、州民請願の法律案を無修正で法律として採択するか否かについて議決しなければならず（法一七条二項一文）、それを採択しなかった場合、ならびに当該期間内に議決しなかった場合もそれを否決したものとみなされ（同項二文）、州民投票が実施されることになる。

四　州民投票は、州民請願の基礎となっている法律案の採否について行われるが、もし州議会がその請願を契機として内容の異なる法律を議決した場合は、当該請願の法律案を州議会により議決された法律の代わりに採択するか否かという質問がその対象となる（法一九条一項）。また同一対象に関する複数の州民請願が州議会に提出され、州議会がそのうちの一つを受け入れたときは、それ以外の法律案については、それを州議会により議決された法律の代わりに採択するか否かという質問が州民投票に提出されなければならない（法一九条二項）。州民投票は、州議会が当該法律案を受け入れなかった後一〇週間以内に実施されなければならず（州憲法六八条二項二文）、州政府は投票日を確定した上で、それを州民投票の対象および投票用紙の印刷紙面とともに官報において公示する（法二〇条一項一文）。内務大臣は、この州民投票の公示をさらに十分周知するよう配慮するものとされ、この州民投票の対象の公表と投票日との間には、少なくとも一ヵ月の期間が置かれなければならない（法二〇条一項二・三文）。州民投票の終了後、州選挙管理委員会は投票の全体結果を確定し、内務大臣がそれを遅滞なく官報において公示するが、この結果に対しては当該公示後一ヵ月以内に州憲法裁判所に異議を申し立てることができる（法二三条一・二項）。

なお、登録名簿の作成および市町村当局へのその送付の費用は、州民請願の提案者の負担である（法二六条一項一文）が、法的に有効な州民請願が州議会により、あるいは州民投票により採択された場合には、この費用が州から提案者に弁償されなければならないとされている（同項二文）。もっともこの費用の弁償は、当該登録名簿の作成および送付に関する費用に限定されており、例えば州民投票運動に要した宣伝などの費用については適用されない(8)。

2　実　例

一　これまでに州民立法手続が利用された例としては、一九七〇年代においては、一九七四年の地域改革に反対する州民請願、一九七八年にはいわゆる共同型学校に反対する州民請願が実施されている。[9] 前者は、ルール地方の市町村の合併を内容とする地域の再編成計画に反対し、市町村の独立性および広域的計画を保障するための地方自治体連合の設立を規定する法律の制定を求める州民請願であったが、この法律案に賛成して登録した有権者は七一万九九二〇人で、有権者総数の六・〇二％にとどまり、州民請願の憲法上の成立要件である「有権者の五分の一」の支持には達せず、失敗に終わった。これに対して後者は、その前年にSPD会派およびFDP会派の賛成により州議会で議決された学校制度の改正、すなわち従来の基幹学校、実科学校、ギムナジウムの三種類の学校を、いわゆる共同型（総合制）学校へ統合することにより、包括的な教育の提供を確保するという改革に反対する請願であり、この州民請願を支持する有権者は三六三万七二〇七人（有権者総数の二九・九％に相当する）に達した。この前例のない高い登録率に対して、州政府は、州議会に対して、「共同型学校に反対する州民請願は、州民を著しく感情的にする状況をもたらした。州民投票は、この状況をさらに強めるであろうことが予測される。これにより、学校での勉強が損なわれる危険性が生じるであろうし、とりわけ州民請願の成り行きによっては、その論争は、具体的な学校政策の問題に限られないことが予測される。州政府は、学校の平和のためには、学校から政治化の危険をそらすことが適切と考える。」と勧告し、結局、州議会はこの学校制度の導入を取り止めた。

二　一九八〇年代には、まず一九八〇年九月、「外国人ストップ市民運動（Bürgerinitiative Ausländerstopp）」が、外国人労働者およびその家族の帰国の推進を州に義務づけることを内容とする法律（例えば、その第二条は、「NW州は、外国人労働者およびその家族の帰国促進計画の補助のために、資金的および技術的援助を投入する。」と規定する。）の制定を求める州民請願の許可申請が行われた。[10] しかし州政府はこの申請を不許可としたため、その代表者は州憲法裁判所に異議を申し立てたが、同裁判所は、この法律案は、州が資金援助をすることにより外国人労働者の本国への帰国を促進することを内容としている点で、州の予算に実質的な影響を及ぼす歳出の指定に重点がおかれており、州憲法上禁止される「財政問題」にあたり、したがってその州民請願は許されないと判示した。[11] この市民運動は、さらに一九八二年には、ＮＷ州の外国人の義務教育の子供たちは母国語のクラスで授業を受け、ドイツ語の通常のクラスに入ることは例外的な場合のみ可能とすることを内容とする法律の制定を求める州民請願の許可申請を行っている。しかし州政府は、その内容は、教育制度における差別に反対する一九六〇年一二月一五日のユネスコ協定に一致しないとしてその許可を拒否し、また同州憲法裁判所もこの決定に対する異議申立てを認めなかった。[12]

三　一九八六年九月には、「原子力施設に反対するＮＷ州民請願行動（Aktion Volksbegehren NRW gegen Atomanlagen）」が、「原子力エネルギーの利用を即座に中止するために必要な行動の裁量の余地を州に開き、それにより、放射能汚染の危険から人間を守り、その代わりにエネルギーの節約、新たなエネルギー源の利用、化石エネルギー源の合理的で環境を大切にする利用の可能性をさらに展開すること」、具体的には、同州内にある原子力発電所を州の共有財産に移し、その操業を停止させることを目的とする法律の制定を求める州民請願の許可申請を行ったが、州政府はその申請を不許可とした。[13] その代表者は、この不許可決定に対して異議を申し立てたが、同州憲法裁判所は、この法律案が競合的立法の領域に属し、連邦が原子力法のよりその立法権を行使していることから、州はこの問題について立法権を有しないとして、その異議申立てを退ける判決を下している。[14]

四　一九九九年六月二五日、州憲法上の州民請願および州民投票の成立要件の引き下げを求める州民請願（„Mehr Demokratie in NRW Faire Volksentscheide in die Verfassung“）の許可申請が行われたことをうけて、州議会のすべての政党が、憲法改正に関する州民投票制度を州憲法に明記し、また州民請願のハードルを引き下げる旨の声明を行ったことからその代表者は当該申請を撤回した。[15] その後、二〇〇〇年三月三〇日にＣＤＵ会派が州民請願の要件の引き下げなどに関する提案を行ったが、[16] 被選期が終了間近であったことから、州議会はこの提案は否決するものの、次の被選期の議会においては、この問題をすべての会派により議論するために専門家委員会を設置することを議決した。[17] そして第一三被選期に入ると、二〇〇〇年九月一八日にはＣＤＵ、同年一一月二七日にはＳＰＤおよび九〇年連合／緑の党の各会派が、州憲法上の州民立法制度の改正案を提出し、両案ともに、州民発案制度（成立要件は「有権者の〇・五％」）の採用、州民請願の成立要件（現行の「有権者の二〇％」を「有権者の一〇％」へ）の引き下げについては一致した内容となっている。[18] 州議会においては、二〇〇一年三月八日に主委員会において専門家の意見の聴取を行い、州憲法により多くの直接民主主義的要素を導入することで基本的な一致をみたことから、[19] 早晩この点に関する州憲法の改正が行われるものと思われる。

【注】

（1） Geller/Kleinrahm, Verfassung NW, Art.68, Anm.3 b).
（2） Geller/Kleinrahm, a. a. O., Art.68, Anm.3 a) bb); Gensior/Krieg, VB und VE NW, S.62-63.
（3） Höfling, DÖV 1982, S.893; Ley, ZParl 1981, S.377.
（4） Degenhart, Staatsrecht I, Rdnr.38.
（5） Geller/Kleinrahm, Verfassung NW, Art.68, Anm.3a) bb).
（6） Ebenda.
（7） Gesetz über das Verfahren bei Volksbegehren und Volksentscheid vom 3. August 1951 (GVBl.1951, S.103).
（8） Gensior/Krieg, VB und VE NW, S.79.
（9） 一九七〇年代の州民請願については、Troitzsch, VB und VE, S.97-100;Geller/Kleinrahm, Verfassung NW, Art.68, Anm.7;Berger, Unmittelbare Teilnahme, S.112; Grawert, NWVBl. 1987, S.2 参照。

(10) Jürgens, Direkte Demokratie, S.195;Degenhart, Der Staat 1992, S.84;Bertrams, NWVBl. 1994, S.403.

(11) NRWVerfGH, Beschl. v.26.6.1981, NVwZ 1982, S.188-189.

(12) Jürgens, Direkte Demokratie, S.195-196; Bertrams, NWVBl. 1994, S.403.

(13) Jürgens, a. a. O., S.196-197; Degenhart, Der Staat 1992, S.84; Bertrams, NWVBl. 1994, S.403. なお当該法律案の内容については、NVwZ 1988, S.244 参照。

(14) NRWVerfGH, Urt. v.13.2.1987, NVwZ 1988, S.244-245 NWVBl. 1987, S.13-15.

(15) Mehr Demokratie e. V., Volksbegehrens-Bericht 2000, S.9.

(16) Antrag der Fraktion der CDU, Vorfahrt für den Bürger - Mehr Möglichkeiten zu unmittelbarer Mitwirkung an politischen Entscheidungen, Landtag NW, Drs.12/4842.

(17) この議決は、同年四月一一日のＳＰＤ、九〇年連合／緑の党の提案（Landtag NW, Drs.12/4887）に基づく。

(18) Gesetzentwurf der Fraktion der CDU, Landtag NW, Drs.13/187; Gesetzentwurf der Fraktion der SPD und der Fraktion BÜNDNIS 90/DIE GRÜNEN, Landtag NW, Drs.13/462. なおこれら二つの提案以外に、ＣＤＵ案は、州民投票法上の州民請願の登録期間を現行の二週間から「三ヵ月」に延長すること（ＳＰＤ会派などが別に提出している州民投票法改正案(Landtag NW, Drs.13/457）も「八週間」への延長を提案する）を、またＳＰＤ案は、州民投票の成立について「有権者の二〇％の賛成」の要件を付加すること、州民請願および州民投票による州憲法の改正（成立要件は「有権者の半数の投票参加」および「投票の三分の二の賛成」）を明示することを提案している。

(19) „Einigkeit bei Sachverständigen zum Volksbegehren und Volksentscheid“, Landtag intern online (http://www.landtag.nrw.de/cgi-bin/search/).

四　ザールラント州

1　制度の概要

一　一九四七年一二月一五日制定のザールラント州憲法では、立法権は州議会に専属し（六七条一項）、なるほど法律案に対する州民投票の制度は存在したが、それは州政府あるいは州議会により提出された法律案に対して、州議会の三分の一以上の議員が申し立て、さらにその申立てを有権者の三分の一が支持した場合に、当該法律案は州民投票にかけられなければならない（一〇一条）とするもので、州民の立法参加というよりは、むしろ州議会の少数派権に重点の置かれた制度であり、立法への州民の参加を広く認める州民立法制度とは異なるものであった。(1)

しかし一九七〇年代に入り、ＢＷ州が従来の直接民主主義的要素に加えて本来の州民立法制度を憲法に採用したことを始めとして、この制度の導入をめぐる議論やその実践への趨勢が高まるなかで、(2)ザールラント州の憲法問題調査委員会は、一九七八年九月、同州の統治機構に関する憲法改正の一つとして、(3)州民請願および州民投票を要素とする州民立法制度の導入を提言した。(4)この委員会案の提案理由は次のように述べられている。(5)

州民投票の現行規定は疑念にぶつかる。それは高い定足数のために実際には利用することができない。それは州民投票の開始を議会の少数派に留保させ、しかも単に議会の法律案に限定されていることから、真の州民投票制度を含むものではない。それゆえ、現行規定は議会制度と州民投票制度の体系に反する複雑さを形づくっている。

委員会は、その発案権を議会の少数派に独占させず、またその対象を議会の法律案に限定しない、真の州民投票的な考えを憲法に導入することを勧告する。州民立法制度の提案は、議会による立法と同価値の二者択一ではなく、例外的な矯正策である。この提案は、以下のことを通じて、議会による決定の優位が維持され、州民投票の手続の濫用が排除されるための予防措置を講じている。

・種々の手続を開始する措置のために一定の定足数の導入
・規制対象素材の制限（財政に影響を及ぼす法律の州民請願および州民投票からの排除、憲法改正法律の州民投票からの排除）
・完成され理由を備えた法律案を州民請願の基礎とする必要性
・投票に際して絶対多数の要求
・その手続への州議会の介入および州議会の対案を州民投票にかける可能性

二　この憲法問題調査委員会の提案は、翌年六月には、州議会のCDU、SPDおよびFDPの三会派が共同提案した憲法改正法律案[6]により、州民立法制度に関してはまったく同一の文言および理由づけのままで引き継がれ、州議会での審議[7]では修正されることなく、以下の条文に基づく州民立法制度が憲法に採用された。

第九九条　州民請願

㈠　州民請願は、法律の制定、改正あるいは廃止を目的として行うことができる。州民請願は、州の立法の下にある領域についてのみ許される。財政に影響を及ぼす法律、とくに公租公課、給与、国家の給付に関する法律および国家予算に関しては、州民請願は行われない。

㈡　州民請願は、完成され理由を備えた法律案に基づいていなければならない。それは五千人の有権者が申し立てた場合に開始されるものとする。州民請願が成立するのは、それが少なくとも有権者の五分の一により支持された場合である。

㈢ 州民請願の許容性および成立に関して決定するのは、州政府である。その決定に対しては、州憲法裁判所に出訴することができる。

㈣ 州民請願は、州政府によりその意見を添えて遅滞なく州議会に提出されなければならない。

第一〇〇条　州民投票

㈠ 州議会が三ヵ月以内にその州民請願に応じない場合には、その後三ヵ月以内に州民投票が実施されるものとする。これらの期間の経過中に新たな州議会が招集された場合には、各々の期間は改めてそれらの進行を開始する。

㈡ 州民に決定のために提出された法律案は、提案者の理由ならびにその対象に関する州政府の見解を的確かつ客観的に明示する州政府の態度表明を伴っていなければならない。州議会は、自らの法律案を州民に決定のために併せて提出することができる。

㈢ 法律が州民投票により決定されるのは、有権者の過半数がそれに同意した場合である。

㈣ 憲法の改正を目的とする州民請願に関しては、州民投票は実施されない。

三　ザールラント州の州民立法手続において、州民請願の目的である「法律の制定改廃」の対象は、まず「州の立法権限に属する領域」に限定され、さらに公租公課法や給与法など財政に影響を及ぼす法律は除外されている。州民請願の許否およびその成立の有無の審査権限は、州政府にあり、州民請願の許可の申請のためには、五千人の有権者（一九九九年六月時点では有権者総数の約〇・六％）による申立て、その成立のためには有権者の五分の一の支持が要求されている。成立した州民請願は、州政府の意見を添えて州議会に提出されてその審議に付されるが、その州政府の意見については、当該法律案に対する意見を的確かつ客観的に明示することが義務づけられている。州議会には、州民請願の基礎となっている法律案の審議のために三ヵ月の期間が与えられ、それを受け入れない場合には、それから三ヵ月後に州民投票が実施されることになるが、その際、州議会は、自らの対案をも州民投票にかけることができる。州民投票において法律案が採択されるためには、実際の投票者ではなく、有権者の過半数の同意が必要とされ、他の州に比べて厳しい要件が設定されている(8)。

四 州民投票法(9)(以下、単に「法」と略する)によれば、まず州民請願の許可の申請は、文書で内務大臣に対して行わなければならず(法二条一項)、その際、その申請の形式的要件として、完成され理由を備えた法律案、少なくとも五千人の有権者による当該法律案を支持する署名、管轄市町村により発行された証明書による投票権の証明、提案者の名において声明を発表し、また受領する権限を有する代表者およびその代理人の指名(この指名を欠く場合は、筆頭署名者を代表者、第二署名者をその代理人とする)が求められ、これらに瑕疵がある場合は、内務大臣は遅滞なく代表者に対して一ヵ月以内にそれを除去することを求めるものとされ、この期間経過後は当該瑕疵はもはや除去されえない(同条二・三項)。州民請願は、その法律案が、州の立法の下にない法分野に関わる場合、およびそれが財政に影響を及ぼす法律に関わる場合、さらに申請前二年以内に内容的に同じ法律案に関する州民請願が不成立になっていた場合、ならびに前述二条二項の形式的要件を満たしていない場合は許されず(法三条一項)、州政府は申請の到達後三ヵ月以内に州民請願の許容性について決定するものとされている(同条二項)。申請が以上の形式的かつ実質的要件を満たしている場合は、州政府は遅滞なく州民請願の許可を当該法律案ならびにその支持期間の始・終期を挙げて官報に公示し(法四条一文)、この支持期間は、当該許可の公示後早くて六週間目に始まらなければならず、その期間は二週間とされている(同条二文)。

州民請願の提案者は、自らの経費により理由を備えた当該法律案を市町村に文書により通知しなければならず、また州民請願を支持するための署名簿を支持期間の開始前遅くとも一週間前までに送付しなければならない（法六条一項）。他方、市町村は、州民請願の提案者から送付された署名簿を、支持期間中、当該法律案を支持する者が自署により登録することができるよう保管しなければならず、この登録の場所および時間は、すべての登録権者（署名日に州議会の選挙権を有する者―法七条一項）が州民請願に参加することについて十分な機会をもつように定められなければならない（法六条二項）。

登録期間が終了すると、市町村は登録権者数、有効および無効の支持署名数を確定し（法一〇条一項）、その確定結果は遅滞なく州選挙管理委員長に通知され（同条二項）、同委員会により確定された州民請願の結果は、さらに州政府に送付され、州政府は遅滞なく州民請願の成否を決定する（法一一条）。州民請願の許容性およびその成否に関する州政府の決定に対しては、州憲法裁判所に出訴することができる（州憲法九九条三項二文）が、この訴えが認容されるのは、その州民請願の結果が、法律の規定に違反したことにより決定的な影響を与えられうる場合に限られる（法一二条）。州政府は、州民請願が成立したことを表明すると、それを遅滞なく自らの意見を添えて州議会に提出する（州憲法九九条四項、法一三条）。

州議会には、当該法律案に対して三通りの対応が可能である。まず三ヵ月以内にそれに応じなかった場合（したがって否決した場合のほか、議決を行わなかった場合も含むと考えられる）は、その後三ヵ月以内に州政府により州民投票が実施されなければならない（州憲法一〇〇条一項一文）。第二に、州議会が当該法律案を無修正で受け入れた場合には、州民投票は行われない（法一四条一項二文）。第三に、州議会が当該法律案を修正して受け入れた場合において、その修正が州民請願の基本的要請に反しておらず、しかも州政府が州民投票の実施を拒否したときには、州憲法裁判所に出訴することができると規定されている（同項三文）ことから、修正可決の場合の州民投票の実施の有無は、州政府の判断に委ねられていると考えられる。なお州議会には、州民請願の対象に関する自らの法律案を対案として州民投票にかけることが認められている（州憲法一〇〇条二項二文）ため、州議会の修正可決により州民投票が行われる場合は、州議会は当該修正案をその対案として州民投票に提出することが考えられる。

州民投票の投票用紙は、州政府当局により作成される（法一七条一項）が、州民投票に提示される質問は、「はい」か「いいえ」により回答することができるように設定されなければならず（同条二項）、同一対象に関する法律案が複数ある場合は、それらは州選挙管理委員会により確定された各々の支持署名数に従って順次投票用紙に記載され、州議会の対案は州民請願による法律案の前に置かれる（同条三項）が、同一対象に関わる複数の法律案において提示される質問について、複数の賛成の回答がなされている場合、その投票用紙は無効である（同条四項二文）と規定されていることから、賛成はこれらのうちの一つの法律案についてのみ許されると解される。

州民投票の終了後、その投票結果は、市町村選挙管理委員会、郡選挙管理委員会を経て州選挙管理委員会が確定し、同委員長が官報に公示する（法一八条一—五項）。州民投票に対しては、その無効を求める訴えを提起することができるが、この訴えが認容されうるのは、州民投票の成立が、法律の規定に違反したことにより決定的な影響を与えられうる場合だけである（同条六項）。当該投票結果の公示後、州議会は遅滞なくその投票の有効性について審査・決定し、その法律案が州民投票により採択されたか否か、すなわち有権者の過半数の同意をもって成立したか否かについて確定する（法一九条一項、州憲法一〇〇条三項）。

最後に、州民投票法に基づいて収集された個人に関わる情報については、それが不要になった段階で消去されるべきことが要求され、さらにそれを州民投票の実施以外の目的で利用することは刑罰をもって禁止されている（法二一条）[10]。

2　実例

州民立法手続が利用された例として、一九八六年三月二〇日、「学校を救え（"Rettet die Schulen."）」行動グループが、学校法の改正を目的とする州民請願の許可申請を行っている。(11) この州民請願の目的は、差し迫った学校の閉鎖を阻止するために、学校法の学校経営に関する規定、すなわちクラスの生徒数に関する規定を改正し、クラスの生徒数あるいは学校のクラス数を減らすことであったが、この申請に対する決定の前に、州議会は同年六月四日、当該規定について、学校の維持のための条件をより厳しくすることを内容とする新たな文言を議決した。(12) このため州政府は、同月一〇日、この州民請願は、州憲法九九条一項三文が禁止する財政に影響を及ぼす法律の制定を目的としており、さらに法治国家原理に対して許されない影響を及ぼすがゆえに憲法違反であるとして、その許可申請を拒否した。すなわち、州議会が改正した当該規定によれば、合計七三の学校の閉鎖が可能となり、それは今後の州の予算の節約となるところ、この規定を廃止すれば州の予算には少なからず負担がかかることになるため、この州民請願は財政に影響を及ぼす法律案に基づいており、これは憲法上許されないということであった。このため、州民請願の代表者は州憲法裁判所に対して異議を申し立てたが、同裁判所は、州政府による不許可決定の理由とされた、州民請願の法律案が「財政に影響を及ぼすものであるか否か」、あるいは「法治国家原理と相容れないか否か」の問題は未決定のままにしておくとして、その州民請願に関連する法状況は、その申請の到着後、州議会が学校法を改正したことにより実質的に変更されている、すなわち州民請願の法律案は、州議会がその改正を議決する前の規定を改正することを「明示的に目的としている」が、その規定は、当該改正法の「発効以来もはや存在しないのである。」と述べて、この異議申立てを退けた。(13)

【注】

（1）一九七九年改正前の同州憲法は、州民投票制度について、第一〇〇条（「法律案は、州政府の名により首相により、あるいは州議会の中から提出される。」）に基づいて「提出された法律が州民投票にかけられなければならないのは、議員の三分の一以上がそれを申し立て、また有権者の三分の一がこの申立てを支持した場合である。州民投票は、州議会がその法律を事後に議決した場合は行われない。」（一〇一条）、「州民投票に際しての手続は、法律により規定される。予算案、公租公課法および給与法に関しては、州民投票は行われない。」（一〇二条）と規定するにとどまった。この制度については、参照、Thieme, JöR 9 (1960), S.432; Krause, JöR 29 (1980), S.459; Abelein, ZParl 1971, S.196.

（2）Pestalozza, Der Popularvorbehalt, S.15-16.

（3）Gesetz Nr.1102 zur Änderung der Verfassung des Saarlandes vom 4. Juli 1979, ABl. S.650. この憲法改正により採用された州民立法制度については、参照、Krause, JöR 29 (1980), S.459-460.

（4）Erster Teilbericht der Enquetekommission für Verfassungsfragen gemäß Beschluß des Landtages vom 18. Februar 1976, Landtag Saarland, Drs.7/1260.

（5）A. a. O., S.38.

（6）Gesetzentwurf der CDU-Landtagsfration, der SPD-Landtagsfraktion, der FDP-Landtagsfraktion, betr.: Gesetz zur Änderung der Verfassung des Saarlandes, Landtag Saarland, Drs.7/1773.

（7）その第一読会において、ＣＤＵ会派のベッカー（Dr. Becker）議員は、「一〇一条および一〇二条の新たな文言により、政治的過激集団が州民請願と州民投票を濫用使用とする可能性のある限りにおいて、州議会は危険を冒すことをＣＤＵ会派は知っている。しかしわれわれは、ザールラント州の圧倒的多数の住民が、州民としての自分たちの責任を自覚しており、州民請願と州民投票の手段を用いるのは州議会が必要とされる決定を自ら行わない場合だけであり、またその限りにおいてであること、またそれにより扇動的な発案がすでに芽のうちに摘み取られることを信じるものである。」と述べて、州民立法制度の導入に賛意を表している（Landtag Saarland, PlPr.7/62 vom 13.06.1979, S.3373）。

（8）Krause, JöR 29 (1980), S.459 は、この定足数は高いが、参加者の定足数を規定することは、棄権者が決定的な意味をもつことになるであろうから、必要賛成者数の定足数を規定するほうがより適切であると思われると述べている。

（9）　Gesetz Nr.1142 über Volksbegehren und Volksentscheid (Volksabstimmungsgesetz) vom 16. Juni 1982, ABl. S.649.

（10）　個人情報の保護について、法二一条は次のように規定する。「㈠この法律に基づいて収集された個人に関わる情報は、州民投票の実施のためにだけ利用することができるにすぎない。それは、それが収集された手続段階に関してもはや不要となった場合は消去されなければならない。㈡この法律に基づいて収集された個人に関わる情報を、州民投票の実施とは別の目的のために加工し、提供し、引き出しあるいはその他に利用をする者は、一年以下の自由刑あるいは罰金刑に処せられる。その行為者が、有償で、あるいは自らあるいは他人の利益を図りもしくは他人に損害を与えることを意図して行った場合は、その刑罰は二年以下の自由刑あるいは罰金刑である。」

（11）　以下の経緯については、Jürgens, Direkte Demokratie, S.197-198; NVwZ 1988, S.245 参照。

（12）　Gesetz Nr.1200 zur Änderung von Vorschriften auf dem Gebiet des Schulrechtes vom 4. Juni 1986, ABl. S.477.

（13）　SaarlVerfGH, Urt. v.14.7.1987, NVwZ 1988, S.245-249; DÖV 1988, S.29-32; DVBl. 1988, S.56-59.

第三節　各州の制度の比較

州民請願および州民投票の二段階の手続から構成される伝統的な州民立法制度を採用する五つの州について、各々の手続上の特徴を比較する（図表１－２「二段階の州民制度の概要」参照）。

まず、州民請願により要求できる事項は、いずれの州においても「法律」の制定に限定されており、したがって完成された（さらに理由を付した）法律案が添付されていることを必要とする。ＮＷおよびザールラントの各州憲法は、それが法律の「制定改廃」であることを明示的に規定している。他方、州民請願の対象となる法律案から除外されるものとしては、予算、公租公課、公務員の給与など、財政に関わる法律が挙げられている点は共通している。

図表 1-2　二段階の州民立法制度の概要

	州民請願			州議会の審議期間	州民投票の成立要件	経費の弁償請求権
	許可の要件(%)*	登録期間	成立要件			
バーデン＝ヴェルテンベルク	有権者 1 万人 (0.14%)	14 日	有権者1/6	3 カ月	投票の過半数 有権者の 1／3	×
バイエルン	有権者 2.5 万人 (0.28%)	14 日	有権者 10%	3 カ月	投票の過半数	×
ヘッセン	有権者 3% (約 13 万人)	14 日	有権者 20%	1 カ月	投票の過半数	×
ノルトライン＝ヴェストファーレン	有権者 3 千人 (0.02%)	14 日	有権者 20%	2 カ月	投票の過半数	△**
ザールラント	有権者 5 千人 (0.61%)	14 日	有権者 20%	3 カ月	有権者の過半数	×

*　有権者総数に占める割合。1999 年 6 月に実施されたヨーロッパ議会選挙時点の統計（Statistisches Bundesamt, Statistisches Jahrbuch 1999 für die Bundesrepublik Deutschland, S.86）に基づいて算出。
**　州民請願の費用が弁償される場合あり。

もっとも、州憲法の規定上、それらを州民請願の対象から除外する州（ヘッセン州、NW州およびザールラント州）と、州民投票が許されないとされ、したがって解釈上は州民請願の対象となりうる余地がある州（BW州およびバイエルン州）とに区分される。

州民請願は、まずその実施の許可を得なければならないが、この許可の申請のために必要とされる形式的要件としての署名者数については、ヘッセン州だけが有権者の三％とかなり高いものの、他の州はいずれも一％以下であり、NW州は三千人を要求しているだけで、これは有権者のわずか〇・〇二％にすぎない。

州民請願が許可されると、その要求の対象である法律案を支持する有権者が登録名簿に署名する手続が開始されるが、この署名のための期間（登録期間）は、五つの州すべて一四日間である。後述のように、三段階の制度においては一般的に数ヵ月の登録期間が設定されていることに比べると、二段階の制度における州民請願の登録期間はかなり短期間である。

この登録手続の結果、州民請願の成立に必要な登録者数は、バイエルン州が有権者の一〇％ともっとも少なく、次にBW州が有権者の六分の一、そして他の三州はいずれも有権者の二〇％である。この三州が州民請願の成立要件を有権者の二〇％としているのは、戦後の州憲法制定時に際して、ワイマール憲法期の伝統をそのまま継受したからであるが、一九九〇年代以降に三段階の制度を採用した州は、おおむねその半分の一〇％前後に設定しており、従来二段階の制度を採用していたブレーメンおよびRP州も、住民発案手続を導入して三段階の制度に移行する際に、州民請願の成立要件を従来の二〇％から（約）一〇％に緩和している。

州民請願が成立すると、当該法律案は州議会の審議に付される。そして州議会がこの法律案を（無修正で）採択しなければ、州民投票が実施されることになるが、その審議のために州議会に与えられた期限は、ヘッセン州においては一ヵ月と短いが、NW州においては二ヵ月、BW州、バイエルン州およびザールラント州においては三ヵ月とされており、三段階の制度における審議期間よりもやや短期間である。

州民投票の成立要件については、ザールラント州が「有権者の過半数」を規定してもっとも高いハードルを設定しており、またBW州も「投票の過半数」の賛成に「有権者の三分の一」の賛成を付加しているが、その他の三州においてはいずれも「投票の過半数」の賛成だけにより法律が採択される。この点、三段階の制度を採用する州においては、一定割合の有権者の賛成を付加するのが一般的であることと比べて対照的である。

最後に、州民請願の手続あるいは州民投票運動に要した費用は、原則として発案者の負担とされるが、NW州においては、州民請願が州議会により、あるいは州民投票により採択された場合は、州民請願の手続（登録名簿の作成、市町村への送付）に要した費用にかぎって、州から発案者に弁償されることになっている。

第二章　法律の制定改廃（二）——三段階の州民立法手続——

第一節　概　説

一九九四年七月二二日、バイエルン州内務省に対して、従来の州民立法手続のなかに、「州民発案（Volksinitiative）」という新たな手続の導入を目的として、同州選挙法を次のように改正することを求める州民請願の許可申請が行われた。(1)

第六三条　（州民立法）

州民は、その直接立法権を、州議会における州民発案の提出、州民請願における法律案の提出を通じて、そして州民投票における法律に関する投票を通じて行使する。

第六三ａ条　（州民発案）

二万五千人の有権者は、発案の形式において、あるいは完成され理由の付された法律案の形式において、州議会に対して、一定の政治的意思形成の案件に取り組むこと、あるいは法律の制定改廃を要求することができる。

第六四条（州民請願の許可申請）

州議会が、その州民発案を提出後三ヵ月以内に受け入れなかった場合には、その発案の代表者は、州民請願の許可を申請することができる。

この法律案によると、「州民発案」（六三a条）とは、州民が州議会に対して、一定の政治的意思形成に関する案件（法律の制定改廃を含む）を審議するよう要求することのできる州民の権利を認めるものであり、また、その州民発案が州議会により受け入れられなければ、引き続き州民請願の許可を申請することができることから、手続的には、従来の州民請願に前置される手続として構想されている。(2)

バイエルン州の現行の州民立法制度は、法律の制定改廃を求める「州民請願」と、州議会がその要求を受け入れなかった場合、当該法律案の採否に関して実施される「州民投票」との、二段階の手続から構成され（州憲法七一条、七四条）、具体的には、㈠州民請願を実施するための許可の申請、㈡（二万五千人の有権者の署名などの要件を満たして許可されると）州民請願の実施、㈢（当該法律案の支持者が有権者の一〇分の一に達すれば州民請願が成立して）州議会における当該法律案の審議、㈣（州議会が無修正で受け入れなければ）州民投票の実施、という手続がとられる。

この制度においては、州民の提案が州議会の審議にかけられるまでに、支持者の署名の収集が二度（州民請願の許可申請手続および州民請願の登録手続において）行われなければならず、さらにその提案の対象は、法律案に限定されている。これに対して、この法律に基づく「州民発案」は、二万五千人の署名が集まれば、州議会はその審議が義務づけられ、しかもその審議の対象案件は、法律案に限定されておらず、したがって、州民にとっては、従来よりも容易かつ広範に州の政治的意思形成過程に参加することができる点を特徴としている。もちろん、この州民発案に基づく要求の採否は、州議会の任意であるが、州議会がそれを否決したのち、州民がなおもその意思を貫徹したいのであれば、引き続き、州民請願を経て州民投票の実施という現行の手段が残されている（ただし、州民請願の段階からは、その対象は、「完成され理由を備えた法律案」に限定されている）。

このような「州民発案」制度の導入を目的とするバイエルン州での試みは、残念ながら実現には至らなかった。すなわち当該州民請願に対して、内務省はその許可のための法律上の前提が存しないとして州憲法裁判所の決定を申し立てたが、同裁判所は、「州憲法は、法律案の提出による州民の法律発案権を、州憲法七一条および七四条において確定的に規定している」ことから、「州憲法の改正なしには、州民請願と並んで、州民に帰属するそれ以外の法律発案権の形式を創設することは許されない。」と判示して、州選挙法の改正という形式で提出されたこの州民請願の許可申請を認めなかった。[3]

しかし、従来の州民請願と州民投票に、「州民発案」という手続を加えた三段階の州民立法制度は、一九九〇年代に入り、旧東ドイツ地域の五州の憲法制定に際してのみならず、その他の州の議会改革や憲法改正に際しても、それらの議論の最重要課題の一つとされた「州民の政治参加の拡大」を実現する手段として、もっとも脚光を浴びて取り上げられたテーマであり、[4]そのきっかけをつくったのは、一九九〇年五月の憲法改正により、この制度をドイツ諸州のなかで初めて採用したSH州であった。そしてSH州の三段階の州民立法制度をモデルとして、旧東ドイツ地域の五州すべて、また州民立法制度を有しなかったニーダーザクセン州、ベルリンおよびハンブルクにおいて、さらに従来二段階の制度を有していたブレーメンおよびRP州も、その名称、対象案件、州民請願との関係などにおいて相違点はあるものの、[5]州民請願の前段階として、「州民発案」の手続を導入している。

したがって、現在、SH州を始めとする一一の州憲法が、州民発案、州民請願および州民投票という三つの段階において、州民が州の立法に直接参加できる権利を認めている。この三段階の手続は、さらに州民発案と州民請願との関係により二つに大別される。すなわち、この両者を直結させ、州議会が州民発案を受け入れなければ州民請願が実施され、州民請願が成立すれば引き続き州民投票の実施という、州民発案から州民投票までを連続した一つの手続を構成するシステム（ＳＨ州、ブランデンブルク州、ハンブルクおよびザクセン州の四州が採用）と、両者を直結させず、州民発案の段階からでも、あるいは州民請願の段階からでも州民立法の手続が開始できるシステム（ベルリンブレーメン、ＭＶ州、ニーダーザクセン州、ＲＰ州、ＳＡ州およびテューリンゲン州の七州が採用）である。(6)

【注】

（1）この州民請願をめぐる経緯および当該法律案の内容については、BayVerfGH, Entscheidung vom 14.11.1994, BayVBl. 1995, S.46-50 による。

（2）参照、Paterna, Volksgesetzgebung, S.23-24.

（3）参照、Holzheid, Verfassungsgrundsätze, S.28-29.

（4）例えば、ハンブルクの「議会改革」調査委員会は、一九九二年一〇月の報告書（Bürgerschaft Hamburg, Drs.14/2600, S.218-227）、ニーダーザクセン州の「ニーダーザクセン憲法」特別委員会は、一九九三年二月の憲法草案（Landtag Niedersachsen, Drs.12/4650, S.18-19）、またベルリンの「憲法・議会改革」調査委員会も、一九九四年三月の最終報告（AH Berlin, Drs.12/4376, S.20-21）において、いずれも「州民発案」手続を含めた州民立法制度の導入を提案している。さらに連邦議会においては、一九九三年一一月の合同憲法委員会の報告の中で、こうした直接民主主義的要素の基本法への導入をめぐる議論が行われたこと（Bundestag, Drs.12/6000, S.83-86）、また連邦参議院においても、一九九二年三月の憲法改革委員会の報告の中で、州民発案など州民投票的要素の基本法への導入を支持する州が多かったこと（Bundesrat, Drs.360/92, S.29-32）が述べられている（ただし、いずれの委員会においても、導入の具体的な提案は行われなかった）。

（5）その名称は、Volksantrag（ザクセン州）、Einwohnerinitiative（ベルリン）、Bürgerantrag（ブレーメン、テューリンゲン州）、

Volksinitiative（他の七州）と異なる。またその対象案件については、ザクセン州とハンブルクは法律案に限定し、他の九州は、「州（議会）の権限内の政治的意思形成事項」（ブレーメンは財政問題などの一定の案件が除外されているだけでとくに範囲は規定されていない）など広範囲に認めている。

（6）テューリンゲン州の市民発案（Bürgerantrag）（州憲法六八条）については、それを他の州憲法が規定する州民発案と区別し、その性格上、真の直接民主主義的制度というよりはむしろ集団請願に類似するとして（Linck/Justzi/Hopfe, Verfassung Thüringen, Art.68, Rdnr.1）、従って同州の州民立法制度は州民請願と州民投票との二段階の制度であるとの見解（Paterna, Volksgesetzgebung, S.96）がみられる。なるほど他州の州民発案と比べると、その名称、憲法上の規定位置（他州が立法の章やそれ自体独立した章に置かれているのに対して、ここでは州議会の章に置かれている）、またその成立要件（必要とされる有権者数が他州の約六倍と高く、さらにある程度の地域的普遍性が求められていることから、純粋に地域的な問題はその対象となりにくい）の点で相違するが、州民発案は、その採否がまったく州議会の裁量に委ねられる請願と異なり、発案代表者の聴聞の権利を盛り込むことにより州議会にその審議を義務づける制度である点にその意義を見出すならば、このような相違にもかかわらず、同州の市民発案制度は他州と同様の州民発案制度であると解することができる。また州民発案においてはその否決が直接州民請願のための提案権を開くのに対して、この市民発案は通常、委員会での聴聞により終了するという点、すなわち州民発案が州民請願とが手続上直結している点を三段階の州民立法制度のメルクマールとする見解（Rommelfanger, ThürVBl. 1993, S.181; P. M. Huber, LKV 1994, S.128）もあるが、両者が直結しているということは、州民が州民請願の段階から立法手続を開始することができないことを意味するにすぎず、両者が直結していない制度においては、州民は州民発案が否決されても、引き続き州民請願の実施を申請することが可能であり、三つの各々の段階で州民が政治的意思形成に直接参加することができるのであるから、両者の手続上の直結の有無はこの制度を類型化するうえでの一つの特徴とはなりえても、州民の参加権としてのその意義を判断する際の本質的な要素とはならないと考える。憲法上の規定位置こそ違っているが、同州の州民投票法は、「州民は、州の立法権限に属する事項において、市民発案、州民請願および州民投票を通じて、その立法に参加する権利を有する。市民発案としては、州議会にその権限の範囲内において政治的意思形成の一定の問題をも提出することができる。」（一条一項）と規定し、市民発案に対して、他の二つの手続と同様の州民の一連の政治参加手続の一要素としての地位を与えている。以上のような観点から、本書ではこのように州民発案と州民請願が直結しないシステムも、三段階の州民立法制度として扱うこととする。

第二節　シュレスヴィヒ＝ホルシュタイン州の制度

一　沿革

一九九〇年五月三〇日、ＳＨ州議会は満場一致で憲法改正法律を可決した。この憲法改正は、一九四九年制定の州憲法の名称の変更を始めとして、直接民主主義制度の導入、さらに州政府に対する州議会の地位の強化や州憲法裁判所の設置など、数多くの重要な改正点をもつ包括的な改正であり[1]、まさにこの日が「わが州における歴史的な日」[2]と称される所以でもあるが、なかでも直接民主主義制度については、新たに一章（第五章「州民からの発案、州民請願および州民投票」）を設けて、次のような規定を置いた。

第四一条（州民からの発案）

㈠　市民は、州議会をその決定権限の範囲内で、一定の政治的意思形成案件に取り組ませる権利を有する。発案は、理由を備えた法律案に基づくこともできるが、それは民主的かつ社会的法治国家の諸原則に反してはならない。発案は、少なくとも二万人の有権者により署名されていなければならない。その代表者は、聴聞の権利を有する。

㈡　州の予算、給与および手当ならびに公課に関する発案は許されない。

㈢　詳細は、法律がこれを定める。

第四二条　（州民請願と州民投票）

㈠　州議会が、第四一条に基づく法律案あるいは提案に対して四ヵ月以内に同意しない場合、その発案の代表者は、州民請願の実施を申請する資格を有する。州民請願の許否の決定は、州政府あるいは州議会の四分の一の議員の申立てに基づいて、連邦憲法裁判所が行う。州民請願は、有権者の少なくとも五％が半年間にその州民請願に同意した場合に成立する。

㈡　州民請願が成立した場合には、九ヵ月以内に、その法律案あるいはその他の提案に関して、州民投票が実施されなければならない。第一項第二文が準用される。州議会は、自らの法律案あるいはその他の提案を同時に投票にかけることができる。法律案あるいはその他の提案は、州民投票により、投票者の過半数で、少なくとも有権者の四分の一が同意した場合に採択される。州民請願に基づく憲法改正の場合は、投票者の三分の二で、少なくとも有権者の半数が憲法改正に同意していなければならない。投票に際しては、有効な賛成票および反対票のみが数えられる。

㈢　州民請願に関する投票の前、あるいは州民投票の実施の前に、州政府は、理由を供えたその法律案あるいはその他の提案を、意見を付さずに、相当の方法で公示しなければならない。州民からの発案の代表者は、州民請願が成立した場合には、州民投票のために相応の宣伝に要する費用の支給を請求する権利を有する。

㈣　詳細は、法律がこれを定める。

ここに規定された州民立法制度は、従来の州民請願手続の前段階として、「州民発案（Volksinitiative）」という新たな手続を組み込むことにより、「州民発案→州民請願→州民投票」という三段階の手続から構成される制度となっている。同州の制度を他州における従来の二段階の制度と比較した場合、州民発案の手続以外にも、州民請願の成立要件の緩和、州民投票運動に要する費用が公費で賄われる制度の新設など、州民の政治参加をより容易にすることを目的とした工夫がみられるが、まずはこのような制度改革に至った経緯、改革に関する諸提言ならびにそれらをめぐる州議会での議論を紹介することとする。

1　憲法改正以前の議論

ＳＨ州における直接民主主義制度の導入については、すでにこの憲法改正の一〇年余り前の一九七八年、ＦＤＰおよびＣＤＵの二つの会派から各々提出された二つの憲法改正法案をめぐって議会の審議が行われている。これらの法案が提出された一九七〇年代は、折しもバイエルン州やＮＷ州において行われた州民請願の成功も契機となって、ドイツ諸州において直接民主主義制度の採用に一層の上昇気流が加わった時期であり、ＢＷ州やザールラント州では州民に法案提出権を付与する憲法改正が行われている。(3) これらの二法案はいずれも、文言上は「州民請願」の制度化をめざしたものであるが、後述するように、内容的には当時の他の州憲法に一般的な州民請願とは全く異なっており、しかもそれは今回の新たな州民発案制度と共通の視点を有していると考えられる。

一九七八年四月二五日、ＦＤＰ会派は、「シュレスヴィヒ＝ホルシュタイン州の市民は、これまで州民請願により直接議会に要請し、またそれにより議会の権限に属する案件の審議と議決を強いる権利を有しなかった」が、「市民は一般的な選挙を超えて、議会の決定に直接影響力を及ぼすことができるべきである。」として、次のような州民請願の制度化に関する憲法改正法律案を提出した。(4)

㈠　州議会は、州民請願が有権者の五％により支持された場合は、それについて議決を行わなければならない。州民請願は、州議会がその権限に属する事項に関して議決を行うことだけを目的とすることができる。州民請願は、州議会がそれについて議決できることが明確に述べられている申請に基づいていなければならない。

㈡　州政府は、州民請願に際して、第一項の前提条件が満たされているか否かを審査しなければならない。この条件が満たされている場合は、州政府はその州民請願を遅滞なく州議会に送付しなければならない。申請者は、州政府が州民請願を州議会に送付することを拒否した場合、あるいは法定期間内にその送付に関して決定しない場合は、連邦憲法裁判所に異議を申し立てることができる。

この第一読会において、FDP会派のリューゲ議員は、この提案は同州の首相がNW州における州民請願の成功をわが国の歴史上もっとも偉大かつ成果の豊富な市民運動であると称えたことに鼓舞されたことが契機になったと述べたうえで、州民投票は民主主義の代表制原理に逆らうとの疑念に対しては、「責任と決定権限が最終的に選出された議会に留保されていれば、若干の州民投票的要素を受け入れることができるであろう」との見解を示し、同会派は、「州民請願の導入により、市民と議会を互いにより近いものとすることを望んでお」り、「市民は二つの選挙の間においても、その心配と困窮がこの議会において適切に取り上げられない場合は、議会に直接アクセスする権利をもたなければならない」という考え方を基本としていると述べた。(5) SPD会派(6)およびSSW(7)の議員は、この提案を支持する態度をとったのに対して、CDU会派は、州民請願制度の導入には基本的に賛成しながら、(8) 独自の法律案を提出したいと述べ(9)、その約二ヵ月後の六月二一日に、次の憲法改正法律案を提出した。(10)

㈠　有権者の五分の一は、法律案を提出することができる（州民請願）。
㈡　州民請願は、完成され理由を備えた法律案に基づいていなければならない。州民請願が法律の廃止を目的とする場合には、その法律案は、その廃止の結果を規定していなければならない。

(三) 財政問題、公租公課、専任・非常勤・名誉職の活動に対して国庫から支払われる給与あるいは手当に関する法律は、州民請願の対象となりえない。

これらFDP会派およびCDU会派の両法律案は、文言上は、ともに州民請願の制度化だけにとどまり、当時の他州の州民立法制度のように、それが州議会により受け入れられなかった場合にさらに州民投票の実施を義務づけることまで規定していない点で共通している。しかしここで提案されている州民請願は、従来の州民請願が州議会の審議にかけられるまでに、二度の署名収集（州民請願実施の許可申請および州民請願の実施）の手続を要求するものではない。この両案が提案する州民請願は、一定の有権者の署名が集まれば、直ちに（FDP案では州政府による許容性に関する審査はあるが、州民にはそれ以上の負担を課すことなく）、州議会による議決を義務づける点で、従来の州民請願と大きく異なっており、この考え方は、今回導入された州民発案制度の特徴でもある。

次に、両案は州民請願の対象事項および州民請願の成立要件に関して著しい相違をみせている。FDP案の提案理由によれば、州民請願は「議会の権限に属するすべての案件に関わりうる」、として法律案に限定することなく、また州民請願の定足数については、「州民請願に際してはそれに続く州民投票が規定されていないので、議会および議員の責任は制約されず」、「それゆえ州民請願を支持しなければならない市民の数は、有権者の五%をもって低く設定されるべきである」[11]とした。この第一読会において同会派のリューゲ議員が、州民請願の定足数は「上ではなく、下へ向けて設定されなければならず、なぜならもしそれを反対方向にすれば、議会への市民のための道に障害物を置くことになるからであり」、「それゆえ例えば有権者の五%という定足数がまったく相当であると考えるし、さらに低くする準備もある」と述べたように[12]、同案は州民が州議会の議決に対して直接影響を及ぼすことのできる可能性をできるだけ広く認めようとする立場をとった。

これに対してCDU案の提案理由は、「州民請願は市民に単なる異議申立権のみならず完全なる発案権を与えるものである」から、「この法律発案の可能性は、市民の意思表明の建設的手段として、一方では有権者の二〇%の支持を、他方では審議および議決ができるように仕上げられかつ理由をも備えた法律案を必要とする」[13]と、この制度化に対してかなり慎重な姿勢をとった。この第一読会において、同会派のバーシェル議員は、FDP案が州民請願の対象を動議[14]だけでよいとすることに重点を置いていることを批判し、「議会の本質的任務は、法律を議決することである」から、州民請願は、「立法者の実際に質的に重要な任務が問題となる領域、すなわち立法領域それ自体」において導入されることを求め、また州民請願の定足数については、州民請願の対象を法律案に限定していることから有権者の二〇%を提案したのであり、それは当時の諸州の憲法が規定する定足数の範囲の中で賢明な中道にあるとし、さらに同案が財政問題など州民請願の対象となりえない領域を列挙していることにも言及し、同会派はこの州民請願を「建設的州民請願（konstruktives Volksbegehren）」として作り上げたと述べた[15]。

一方、FDP会派のリューゲ議員は、「州民請願は、特に重要な問題において市民の権利の強化のための一つの手段でなければなら」ず、「市民および有権者には重要な政治的問題を、政党や会派から独立して、議会の議事日程に載せる可能性が与えられる」が、二〇%の有権者の署名を集めることは、政党などの固定的組織を除いては不可能であるとして、二〇%のハードルの設定に反対した。同議員は、州民投票のない州民請願を基本としていることについては基本的に意見の一致をみていることを確認する一方、州民請願の定足数に関して、二〇%の定足数は決定的に高すぎるとし、といって妥協策として二〇%と五%の中間をとるのではなく、五%に近づけることを要請し、さらに州民請願の対象に関して、FDP案がCDU案のように法律案に限定せず、議会の議決権限に属するあらゆる事項に広く認めていることを強調した（予算案件などを除外することについては妥協の可能性があるとした）。[16]

これら両案をめぐる議論が、一九九〇年の州民立法制度の導入にいかなる影響を及ぼしたかは定かではないが、現行制度が州民請願の成立要件を有権者の五％の支持に低く設定したこと、ならびに州民請願の対象を法律案に限定していないことの二点は、どちらもＦＤＰ案の内容に符合しており、しかもそれらは当時州民立法制度を有していた他の州憲法にはまったくみられない考え方であった。これら両案は第一読会の後、法務委員会などに付託されたが、被選期の満了によりともに審議未了となり、[17] 州民請願の制度化は実現には至らなかった。

【注】

（1）Gesetz zur Änderung der Landessatzung für Schleswig-Holstein vom 13. Juni 1990, GVBl. 1990, S.391.なお憲法改正の内容については、以下で引用する委員会の報告書（とくに、Landtag SH, Drs.12/180, 12/620 (neu)）のほかに、参照、Rohm, NJW 1990, S.2782ff.; Lippold, DÖV 1989, S.663ff.; Börnsen, RuP 1991, S.69ff.; Günther/Hüsemann, DuR 1990, S.404ff.

（2）Hamer, Parlaments-Verfassung, S.9.

（3）Pestalozza, Popularvorbehalt, S.15-16.

（4）Gesetzentwurf der Fraktion der F. D. P., Entwurf eines Gesetzes zur Änderung der Landessatzung, Landtag SH, Drs.8/1187. 同会派は、さらに「州民請願における手続に関する法律案」（Gesetzentwurf der Fraktion der F. D. P., Entwurf eines Gesetzes über das Verfahren bei Volksbegehren nach Artikel 10a der Landessatzung, Landtag SH, Drs.8/1188）をも併せて提出している。この法律案は、「州民請願に関する州議会の議決を求める申請は、内務大臣に提出しなければなら」ず（一条一項）、内務大臣は、「その申請が、必要とされる数の有権者により支持されているか否かを審査」し（同二項）、州政府は州民請願を州議会に送付する決定を、「内務大臣による審査の終了後遅滞なく、その申請の提出後遅くとも四週間目には行」う（二条）ことなどを規定する。

（5）Abg. Ruge (F. D. P.): Landtag SH, PlPr.8/61 vom 11.5.1978, S.4110-4111.

（6）ＳＰＤ会派のロゲンボック議員は、「ＳＰＤ会派は、一方ではそのような州民請願と結び付いている困難を認める……が、それにもかかわらずわれわれは、市民に対してこの影響力を及ぼす可能性のチャンスを、われわれの強力な議会のために、市民およびその共働の可能性のために提供すべきであるという見解であ」り、「委員会審議においてはまったく偏見なくその法律案を支持するであろう。」と述べた（Abg. Roggenbock (SPD): Landtag SH, PlPr.8/61, a. a. O., S.4118)。

（7）南シュレスヴィヒ選挙人連盟のマイヤー議員も、「ＳＳＷは、この提案に対して偏見なく臨み、委員会において協力し、またこの提案からさらに多くを引き出してそれにより市民がさらに多くの影響力を得ることができるよう試みる準備がある。」と述べて、ＦＤＰ案を支持した（Abg. Meyer (SSW): Landtag SH, PlPr.8/61, a. a. O., S.4118)。

（8）同会派のシュテッケル議員は、ＳＨ州は基本法に倣って州民請願制度の採用を拒否したが、すでにそれから三〇年を経過し、「われわれは州民請願制度をも基本的に与えることのできる成熟した市民を有している」ことから、同会派は、「州民請願には賛成するが、煽動家がそれに飛びつきうることを不可能にする操作が必要であるとの結論に達している」と述べ（Abg.Stäker (CDU), Landtag SH, PlPr.8/61, a. a. O., S.4115-4116)、またバーシェル議員も、「われわれは憲法史上の疑念にもかかわらず、州民請願をわが州憲法の中に、州民投票的要素に対するわれわれの疑念を同時に堅持しつつ制度化することに賛成するに至ったことを明言する」と述べている（Abg. Dr. Dr. Barschel (CDU): Landtag SH, PlPr.8/61, a. a. O., S.4119)。

（9）Abg. Stäker (CDU), Landtag SH, PlPr.8/61, a. a. O., S.4121.

（10）Gesetzentwurf der Fraktion der CDU, Entwurf eines Gesetzes zur Änderung der Landes satzung, Landtag SH, Drs.8/1254. なお、ＦＤＰ会派の提案と異なり、州民請願の手続に関する法律案は添付されていない。

（11）Landtag SH, Drs.8/1187, S.1.

（12）Abg. Ruge (F. D. P.): Landtag SH, PlPr.8/61, a. a. O, S.4111.

（13）Landtag SH, Drs.8/1254, S.1.

（14）「動議（Antrag)」は、手続問題および議事規則問題を含む最広義における事項別問題に関する議会の決定の前提とされ、したがって法律案をも含む広い意味での提案として考えられている。参照、Schneider/ Zeh, Parlamentsrecht, S.594ff.

（15）Abg. Dr. Dr. Barschel (CDU): Landtag SH, PlPr.8/62 vom 11.7.1978, S.4214.

（16）Abg. Ruge (F. D. P.): Landtag SH, PlPr.8/62, a. a. O., S.4217-4218.なお、ＳＰＤ会派は、州民請願の形式においては、具体的な法律案のみが提出されうることが有意義であるが、州民請願は結果的に州民投票をもたらさないから、州民請願の定足数はあまり高く設定されてはならないとし、また財政問題などが州民請願から排除されるべきことについては賛意を表した（Abg. Roggenbock (SPD): Landtag SH, PlPr. 8/62, a. a. O., S.4215-4216）。

（17） Pestalozza, Popularvorbehalt, S.16; Wuttke, JöR 28 (1979), S.458-459.

2 憲法改正をめぐる議論

SH州が、州民立法制度の導入はもとより、戦後のドイツ諸州の中では初めて州憲法の全面的な改正に踏み切ったきっかけは、一九八七年に起きた選挙妨害をめぐる政治的スキャンダル（いわゆる「バーシェル事件」）であった。すなわち、この事件の解明のために設置された調査委員会は、たんにその解明と政治的責任の追及だけにとどまることなく、さらに、その事件の背後に存した同州の憲法上の課題、とりわけ政治権力の限界と統制に関する検討を行い、州議会に対して州憲法上のこれらの問題に関わる改正を勧告したのであった。この委員会は、その勧告案の重要な柱の一つとして、「市民の権利の拡大」を挙げていたが、これはその後の州議会における約二年間の審議の後、州民投票的要素を、当時の他の州憲法に一般的な州民請願および州民投票から成る二段階の州民立法制度に限定せず、州民がそれ以上に広範に州の政治に参加できる、「州民発案」というドイツの州憲法レベルでは初めての手続を加えて三段階の制度として採用するというかたちで結実した。

この憲法改正をめぐる州議会の審議過程においては、その検討のために順次三つの委員会が設置されたが、それらの改革提言は、直接民主主義的要素の導入にとって大きな推進的役割を果たした[1]。それらの委員会とは、バーシェル事件の解明のために設置された調査委員会（Untersuchungsausschuß）、この調査委員会の勧告に基づき議会および憲法の徹底的な改革に関する詳細な諸提案の処理のために設置された「憲法・議会改革」調査委員会（Enquete-

Kommission „Verfassungs- und Parlamentsreform"」、およびこの調査委員会の最終報告書の審議のために設置された「憲法・議会改革」特別委員会（Sonderausschuß „Verfassungs- und Parlamentsreform"）である。[2] 以下、これら三委員会の報告書、ならびにそれらに関する州議会での議論を中心に、この制度の導入に至るまでの経緯を追うこととする。

（1） 調査委員会

ＳＨ州議会は、一九八七年九月の州議会選挙の前後数ヵ月にわたり当時の同州首相バーシェル（Uwe Barschel）氏が関わったとされるいわゆる「バーシェル事件」――それは同氏が、州政府のマスコミ担当官に対して選挙戦における対立政党への不正な陰謀を指示したとの記事をシュピーゲル誌が掲載し、この調査のために州議会に設置された調査委員会が同氏の供述における矛盾を明らかにするなかで、同氏がジュネーブのホテルで不可解な死を遂げるという結末に至った政治的スキャンダルである[3]――の解明のために、州議会選挙後、「第一一州議会に立候補した政党およびその代表者に対して行ったバーシェル首相、州政府の閣僚および職員の違法の疑いのある行為および不作為の解明」を任務とする「調査委員会（Untersuchungsausschuß）」を設置した。

この委員会がその首相や数人の共犯者の陰謀を解明するに際して重要視したのは、単に個人的な罪や政治的責任の所在の認定だけでなく、政党や州議会のあらゆる政治的責任者が、実効的な統制措置により、そのような国家破壊的事件が繰り返されることのないようにするという課題であった[4]。このため翌年の二月に州議会に提出された報告書の中で[5]、委員会は、自らの任務が当該事件の解明を超えて委員会の認識に基づいて州議会に勧告することであると理解したと述べた上で、「政治権力の限定づけと統制のための制度改革」を勧告したが、その中心的課題として、「政府と議会の関係とりわけ政府と反対党との関係の改革が必要であること」、「市民の権利が強化され、国家の侵害から保護されるべきこと」、「調査委員会の調査手続それ自体も改善されるべきこと」の三点を挙げている。もっとも、これらの課題に基づく具体的な勧告の項目としては、「政府と議会」、「行政活動と政党活動」、「広報活動の統制」、「データ保護の改革」および「調査委員会法および手続規則の整備」が挙げられるにとどまり、[6]「市民の権利の強化」に関して、例えば州民発案制度など直接民主主義的要素の導入はいまだ盛り込まれていない。しかし、これはこの委員会の任務の主眼が、当該事件の解明を踏まえて、議会に対して優位な地位にある政府（首相）をいかにして実効的に統制するかという点にあったからであり、そのためにまずは国家機関内部あるいはその相互の制度的改革が目標とされたことは当然であり、むしろこの委員会が当該事件の調査だけにとどまらず、議会による行政統制のための制度改革に関する提言にまで踏み込み、このことが結局、州民立法制度をも採用する憲法改正へと続く一連の制度改革手続の発端になったことこそ評価すべきであろう。

このように議会による行政統制を中心とする制度改革が俎上に載せられたことは、バーシェル事件のような政治的危機の再発防止という考えに基づいていることはいうまでもないが、他方、一九八七年の選挙による州議会における各会派の議席状況がその一因であったことも見逃すことはできない。すなわちそこでは連立政府を形成したいとするＣＤＵ会派とＦＤＰ会派の三七議席に対して、ＳＰＤ会派は三六議席を占め、またＳＳＷのマイヤー議員は当初はバーシェル首相政府を容認していたが、同氏の辞任後はＣＤＵ会派の中から新たに選ばれる首相候補に投票してその就任を助ける気はないとしたため、ＣＤＵ会派・ＦＤＰ会派とＳＰＤ会派・ＳＳＷが同数議席により対峙することとなった。ところがバーシェル首相の辞任により新たな首相を選出しなければならないところ、首相の選出には議会の議員の過半数の賛成が必要であり（州憲法旧二一条二項、二二条一項）、両陣営が同数議席であるため新たな首相の選出は不可能となり、それまでのＣＤＵ政府が暫定的に事務管理政府（前政府は新政府による引き継ぎまで事務を継続する。——州憲法旧二一条三項二文、同条四項）を担当するほかはなかった。そしてこのような議席状況が変わらない限り、正式に議会により選出される首相が不在のままで、当該暫定政府が被選期の満了まで存続することとなり、他方、議席状況を変えるための議会の解散についても、「州議会は、首相の提案に基づき、その議員の過半数をもって州議会の解散を議決することができる。」（州憲法旧三一条二項）と、自律解散を行って改選への道を開く手段も憲法上閉ざされており、まさに政治的に行き詰まりの状況であった。しかしCDU会派とFDP会派が、調査委員会の当該事件の解明に基づいて、調査委員会の作業終了後直ちに改選を行うことを求めるSPD会派の要請に応じたことにより、一九八八年三月九日、州議会は満場一致で自律解散と同年五月八日の改選の公示を決議し、また暫定首相もこの提案を受け入れることにより、ようやくこの状況を打破することが可能となったのである。(7)

【注】

（1）ユングは、SH州がより多くの直接民主主義に向けて大きな一歩を踏み出した過程では、三つの箇所で注目すべき推進力がみられ、それは第一にバーシェル事件解明のための調査委員会、第二に一九八八年五月八日の選挙による政権交替の後に設置された「憲法・議会改革」調査委員会、そして第三のかつ決定的な推進力は、この「憲法・議会改革」調査委員会の最終報告を審議するために設置された特別委員会において、SPD会派の委員（多数派）が、調査委員会の多数により否決されたものの特別意見として挙げられた州民請願および州民投票制度の導入に賛成したことであると指摘している（Jung, JöR 41 (1993), S.32-33）。

（2）この間の経緯を簡明に略述したものとして、Rohm, NJW 1990, S.2783; Harbeck, Verfassung SH, S.7-8 参照。

（3）この事件の詳細については、Bürklin, ZParl 1988, S.43ff.; Schmid, ZParl 1988, S.495ff. 参照。

（4）Hamer, Parlaments-Verfassung, S.10.

（5）Bericht des parlamentarischen Untersuchungsausschusses zur Aufklärung von eventuell rechtswidrigen Handlungen und Unterlassungen des Ministerpräsidenten Dr. Barschel, der Mitglieder, Mitarbeiter und Helfer der Landesregierung gegen zum 11. Landtag kandidierende Parteien und ihre Repräsentanten, Landtag SH, Drs.11/66.

（6）　これらの勧告項目のうち、「政府と議会」については、「政府とりわけ首相の優位……の縮小のために」、「首相の在職期間を州議会の被選期に結びつけること」および「州議会のために自律解散権を採用すること」を勧告し、さらに調査委員会を設置して、州議会による大臣の任罷の承認や大臣訴追制の導入、議会反対派の憲法上の根拠づけなどの検討を指示している（Landtag SH, Drs.11/66, S.284）。

（7）　Bürklin, ZParl 1988, S.483. 参照、Hamer, Parlaments-Verfassung, S.11-12.

（2）「憲法・議会改革」調査委員会

一九八八年五月八日の選挙により改選されたＳＨ州議会は、六月二九日の会議において、前の被選期の調査委員会の勧告をうけるかたちでＳＰＤ会派、ＣＤＵ会派およびＳＳＷにより共同提案された「憲法・議会改革」調査委員会（Enquete-Kommission „Verfassungs- und Parlamentsreform“）の設置を満場一致で議決した。この共同提案によると、この調査委員会には、「最近の憲法上および憲法政治上の認識に基づいて、より実効的な政府統制、市民参加の拡大、州議会の強化並びにその活動条件およびその活動方法の改善を調査し、そして憲法、憲法下位の法秩序および議会実践のそれに応じた改革の提案を行うこと」、という任務が与えられ、それは個別的には、「㈠議会の箍を締めることおよび議会による政府統制、㈡議会活動の活性化による議会の能力の強化、㈢議会および政府に対する市民の権利の改善、㈣議員の法的地位および活動条件」の四つとされ、さらに㈢の市民の権利の改善については、「代表民主主義制度を、例えば州民請願制度や州民投票制度の導入により補完することは適当か」、「請願制度は困惑した市民および団体に対する効果の可能性という点でどのように強化されうるか、またそれは請願委員会における活動の透明性の改善によりどのように確立されうるか」、「政府の受任官の設置により請願委員会の地位、任務領域および活動方法に対してどのような法的かつ実際の結果が生じるか」、「市民や団体に対する議会活動の透明性および受容性

を改善することについていかなる一般的な可能性があるか」の四点が具体的な検討課題として挙げられている。(1)

州議会議長パウリナ－ミュール（Lianne Paulina-Mürl）女史を委員長とし、ほかに各会派の指名に基づいて議会外から任命された八名の委員から構成される同委員会は、一九八八年八月一九日の第一回会議以来一六回の会議を開催し、翌年一月二一日まで約五ヶ月の比較的短期間の作業を行い、二月八日に最終報告書(2)を州議会に提出した。以下、直接民主主義的制度の導入をめぐる議論を、この最終報告書にそって考察していくこととする。

最終報告書は、まず「委員会の設置、任務および作業方法」について前述の共同提案に基づいて触れた後、「出発点の状況と目標設定(3)」について次のように述べている。

調査委員会への州議会の委託は、憲法および議会改革を通じて議院内閣制の機能を改善するという基本的案件を追求する。その際問題となるのは、第一に政府および行政に対する議会の強化、並びに第二に市民の政治的意思形成への共働可能性の拡大である。（中略）政治的意思形成への州民の共働の改善に関して、調査委員会は、多くの市民は政治決定機関およびその代表者によりもはや十分には代表されていないと感じているとしばしば言われる苦情から出発する。委員会の勧告は、以下の二つの視点の下に議院内閣制の改善をめざしている。第一に、議会、政府、行政および裁判所が多くの市民の心配をより実効的に受け入れるための限定条件を改善するために、その改革は国家機関それ自体において行われなければならない。それにはまた、会派や政党に対する個々の議員の地位の強化も役立つ。かれは第一に議会の様々な役割を実行しなければならない。同時に選挙民と政治的指導との間の仲介者としてのその意義はますます増大している。すなわちかれは、苦情処理・統制・情報提供機関として、現代国家の潜在的な「代表欠陥」に絶えず対抗することが以前にも増して要請されているのである。市民受任官の設置およびそれを議会に属させることもまた、この目標に向かうものである。

それ以上に、市民がその関心事を政党国家における代表民主制の外で自らも提出することができるように、直接民主主義的要素（州民からの発案（Initiativen aus dem Volk）、州民調査（Volksenqueten））が配慮されるべきである。そのような直接民主制がより多くなることは、もちろん議会の政治的責任の空洞化をもたらしてはならない。それゆえこれらの要素は拘束力をもつ決定の入口におかれ、現在の議院内閣制のなかに、それが弱体化することなく、それが強固なものとされかつ改善されるように採り入れられなければならない。

最終報告書は、続いて具体的な提案および勧告にはいるが、ここでは、第三章「議会および政府に対する市民の権利の改善」(4)を紹介する。

第三章　議会および政府に対する市民の権利の改善

第一節　例えば州民請願および州民投票の導入による代表民主制の補完は得策か？

序

委員会のすべての委員の意見によれば、代表民主制はその真価を実証してきたが、補完が必要である。そのような補完の範囲に関しては、意見は一致しなかった。

一　市民がSH州における政治的意思形成の一定の案件（理由を備えた法律案を含む）に議会を取り組ませる権利を有するという発案権（Initiativrecht）は、まず調査委員会の全委員により支持された。それにもかかわらず一人の委員が特別意見を表明した（第一特別意見）。

二　SH州における政治的意思形成の一定の案件について州民の意見を聞くことに関して議会の三分の一の議員に与えられた権限という形式における州民調査（Volksenquete）は、委員会の多数により支持される。

一人の委員は、そのような州民調査を、州の存立および発展にとって「本質的な」憲法問題および法律に限定することを主張する。これについては特別意見がある（第二特別意見）。

三人の委員は、ここに勧告された「Volksenquete」の形式での州民調査制度を拒否し、それについて特別意見を提出した（第三特別意見）。

三　調査委員会は、州民投票の導入を、多数をもって否決した。その見解によれば、また他の州の経験に基づいても、根本的な異議が、ありうべき長所をかなり上回るということである。（その導入により―村上）議会の決定能力が弱体化するであろう。特に、しっかりとした調整の図られた政策を形成してそれを主張する議会多数派の能力が損なわれるであろう。その限りでは、政治的意思形成が分散し、ますます政治的対決が生じ、またそれが感情的となる危険性が存在するであろう。最後に、ある法律案に関する州民投票が憲法裁判所の規範統制に服しうるか否か、またその程度が疑問である。

州民投票を州憲法に採用することは、二人の委員が特別意見において提案している（第四特別意見）。

一　州民からの発案（Initiativen aus dem Volk）

一・一　勧　告

調査委員会は、代表民主制を市民の発案のために従来よりも十分に開くことを勧告する。州議会は、将来は市民により提案される問題を、単に取り上げることができるのみならず、そのような発案が一万人以上の市民により署名されている場合には、それに取り組み、かつその代表者の意見が聴取されなければならないとされるべきである。そのような発案権は、SH州に関わるあらゆる政治的意思形成の案件、および理由づけられた法律案をも含むとされるべきである。（中略）

委員会は、それにより以下の点を勧告する。

(a)　次の条文を州憲法に採用すること。

第一二条　（州民からの発案）

㈠　市民は、SH州に関わる政治的意思形成の一定の案件を議会に取り組ませる権利を有する。これは理由の付された法律案でも可能である。その発案は、少なくとも一万人の有権者により署名されていなければならない。その代表者は聴聞の権利を有する。

㈡　詳細は、法律がこれを定める。

(b)　州憲法三八条二項を次の文言とすること。

㈢　法律案は、州政府により、州議会の中から、あるいは第一二条一項に基づく発案を通じて提出される。

一・二　理由

代表民主制における政治は、ますます（市民から離れて—村上）一人立ちする危険にある。政党は、市民の関心事から遠ざかりうる。市民運動や議会外の運動は、しばしば人間の直接の生活関係に対するそのような政治の崩壊過程の現れである。それらは、不足しているもの、あるいは重要な問題をテーマとすることができる。政党がそのような問題を取り上げ、それを議会での討論に持ち込むことは稀ではない。もしこれが行われなければ、議会外の議論と議会内の議論が別々に行われることになる。このような場合に、発案権が市民に対して、州における政治意思形成過程の一定の案件に州議会を取り組ませる可能性を与えるべきであろう。その際重要なことは、拘束力をもつことすなわち取り扱いの義務である。この取り扱いの義務は、単なる形式的な取り扱いを排除するために、聴聞の義務により補完されなければならない。なぜならそのような発案の代表者が、州議会の委員会の前で政治的意思形成の一定の案件を適切に説明する機会をも有して初めて、ある問題が実際に具現され、そして議会において取り上げられるチャンスが存するからである。

そのような発案権は、正式に行われる署名の収集を通じても、また公聴会を通じても、市民運動に対して、より多く世論に訴える可能性を与える。州議会に代表されている政党は、そのような手続を通じて、市民運動を議会手続にのせるチャンスを得るのみならず、同時に自分たちをより迅速に社会の変化や具体的諸問題に対応する立場に置く手段を作り出すことになる。

市民が自分たちの問題を直接州議会の中へ持ち込むことができるということ、またその問題が取り上げられてそこで処理されなければならないということを市民が認識すれば、それは社会と国家との間の距離を狭めることに寄与することができる。市民はしばしば、社会的変化や現実の諸問題に対して、巨大な政治組織や公行政の担い手よりも迅速に反応するものである。

そのような手続を作り出す拘束力には、理由の付された法律案が提出され、州議会において審議されなければならないということも含まれる。この場合においても州民からの発案の代表者は聴聞を要求する権利を有する。（以下略）

二　州民調査（Volksenquete）

二・一　勧　告

調査委員会は、州民調査の制度を州憲法に採用することを勧告する。州における政治的意思形成の一定の案件について州民に質問し、州議会はその質問の結果に法的には拘束されることはない、ということが将来可能とされるべきである。そのような諮問的質問に関する内容的範囲は広く解される。州民質問の実施を申し立てる権利は、州議会の議員のみに限定される。それは少数者権として形づくられる。

委員会は、次の規定を州憲法に採用することを勧告する。

第一三条　（州民調査）

㈠　州議会の三分の一の議員は、ＳＨ州に関わる政治的意思形成の一定の案件について、州民に質問する権利を有する。同一の案件について複数の提案が行われる場合は、それらの提案は提案者が共同の質問設定に合意しない限り、同等に取り扱われなければならない。算定されるのは賛成票および反対票各々である。

㈡　詳細は、法律がこれを定める。（以下略）

二・二　理　由

主権者としての州民を従来よりもさらに政治的意思形成に直接参加させるという懸命な努力において、並びに重要な政治的問題に関して議会がそれを取り扱わなければならないというかたちで州民から議会に対して提出されうる州民発案の制度の補完のために、州民調査が導入されるべきであり、それに際しては、その発案は議会の側から行われ、州民は政治的意思形成の一定の重要な案件について助言を求められる。

「州民調査（Volksenquete）」という名称は、議会の調査権を拠りどころとし、議員グループ（ここでは議会の三分の一の議員）がいつでも州民に助言を求める権利を有し、もちろんそれは投票の結果に拘束されない（諮問的州民調査である）ことを表現させるつもりである。この方法により、実質的には「対人的州民投票」に萎縮している選挙による決定だけでは、政治の複雑な専門的問題について州民の意思を明確かつ十分多種多様に表現することはもはや不十分であるであるという事実が考慮に入れられることになる。

そのような州民調査の長所は、投票が行われるということよりはむしろ、その動員（Mobilisierung）、情報提供（Information）および凝集（Aggregation）機能にある。将来は、一定の重要な政治的個別問題について、「実体的選挙戦（Sachwahlkämpfe）」の行われることが可能となるであろうし、それに際して重要なのは、実質的には政党と政治家の説得力のある議論である。そのような実体的選挙戦の公開された準備、組織化および実施を通じて、州民調査は、匿名的で単なる事項別に特定の立場を代表する世論調査からも区別される。州民調査は、決して単なる「投票民主主義」への傾向を強めるものではなく、自由な民主主義の「生活上の空気」としての知的な論戦をもっぱら促進し、それにより一般的には政治の理性に著しく寄与するものである。

その非拘束的な性格にもかかわらず、州民調査は従って州民による本来の国家権力の行使の一部であり、なぜならその実際上の効果は単なる諮問的効果を遥かに超えるからである。というのはそれを提案するという声明を行うだけですでに、政府に対してその政治的意図の変更を行う気にならせるにしばしば十分であり、少なくとも政府にその再審査および新たな公開の議論を強いることになるであろうからである。かりに政府がそれに対して否定的な結果に終わった州民調査に反してその政策に固執しようとしてもやはり、その根拠づけのハードルが高められるだけでなく、同時に国家機関と州民との間のコミュニケーションの不足が払拭されることになる。以上みてきたように州民調査は、危機を先取りする手段として、わけても政治的諸機関に対する重要な警告・信号・訂正機能をもつのである。

そのほか、州民調査は拘束的な州民投票の多くの難点と欠点を回避する。その質問設定は、議会側の責任であり、したがってそれが煽動的に濫用されることはほとんどない。提案者は、煽動的な質問設定の場合には、同一の調査において提出される反対質問が設定されうるということを考慮にいれなければならないという事実がすでに客観化に役立つ。州民投票による意思形成と議会による意思形成との優位に関する衝突も州民調査により避けられる。権限は議会に留保されている。提案されている広義に解釈される条文は、そのような州民の質問が、州が権限を有しないあるいは一部しか有しないという理由で成立しないことを不可能とする。それゆえ憲法裁判所への提訴が増加する危険性は、実際には存しない。総じて、代表民主制は州民調査により弱められるのではなく強化されるのである。個々の手続は、別の法律で定められるべきである。単なる議事規則の改正だけでは不十分である。(以下略)

以上のように、調査委員会は、「州民発案」制度と「州民調査」制度を州憲法に導入することを勧告し、他方「州民請願および州民投票」制度の導入を否決したが、これらについては次のような四つの特別意見が付されている。

◉第一特別意見(州民発案)——前州議会副議長シューベラー(Dr.Egon Schübeler)氏

調査委員会により提案されているような州民発案は、代表議会制的民主主義に対してマイナスの影響をもちうる。そのような州民発案に関して提案されている規定によれば、その意図のために一万人の署名を提出した市民は、法律発案をもって直接州議会に依頼することができる。州議会はこの発案を取り扱う義務を有し、また州民発案の代表者は意見を聴取されなければならない。それゆえこの州民発案は、市民が州議会に提出する他の請願と比べて著しく際立っている。それは会派、政府あるいは他の議員が州議会へ提出する法律発案と実際には同格である。

そのような規定の採用に際しては、代表議会制的民主主義に対してマイナスの影響を及ぼす危険性が存する。もし一万人の市民がその署名によりある立法意図を表明して、この法律案が審議と発案代表者との聴聞の後に否決されることになれば、その発案者および一万人の支持者にあっては失望することになるに違いない。この失望はそれに参加しなかった人にも影響を及ぼしうるのであり、かれらは意見を同じくする一万人の市民の意見が拒否されたという事実から、議会制民主主義の不動性を推論する。

他方、一定の立法意図の下に行われたそのような多数の署名は各々の議員に圧力を加えるという可能性が存する。この圧力は、議員が議会において誠心誠意に、またすべての市民に対する全責任において決定することはもはやできないという結果をもたらしうる。

これに対してそのような州民発案の代表者が、法律案を州議会に提出する権利において、自由な選挙において選出された議員と同格とされることに対する疑念も存するに違いない。

最終報告書の編集に際して、そのような発案が調査委員会の勧告に基づいてさらに州議会においてどのように取り扱われるかが明らかとなったからには、私は第一九条一項a（「州議会は、(a)第一二条一項に基づく聴聞の実施のために、委員会を設置する。」（Landtag SH, Drs, 12/180, S.139―村上注）の改正に基づき州憲法一二条に提案された規定をもはや共に支持することはできない。

◉第二特別意見（州民調査）――前市長クリステンセン（Dr. Helmuth Christensen）氏

一　勧　告

私は、州憲法一三条の中に州民調査に関して次の規定を勧告する。

㈠　州議会の三分の一の議員は、SH州の憲法上の諸原則に関わる問題について、また州の存立と発展にとって重要であり、かつ州の立法の下にある法律について、州民に質問する権利を有する。同一の案件について複数の提案が行われた場合には、これらの提案は提案者が共同の質問設定に合意しない限り、同等に取り扱われなければならない。その質問は、勧告的性格を有する。それは少なくとも四〇%の有権者が同意した場合に拘束力をもつ。賛成票および反対票が各々算定される。

㈡　詳細は、法律がこれを定める。

二　理　由

上述の提案により、SHの州憲法に関して、直接民主主義的要素をスカンジナビアの、特にデンマークの憲法から採用するという解決策を見出すことが追求されるべきである。この場合、とりわけ一九五三年六月五日のデンマークの基本法（四二条）の任意的法律レファレンダム（「法律案が国会により可決された場合、国会議員の三分の一を以て、その法律案の可決から週日三〇日以内に、議長に対し、その法律案を国民投票に付するよう要求することができる。」（大石憲法研究所編『世界各国の憲法集』―村上注）が参考となるであろう。この関連で、私の提案の第一項一文の文言「憲法上の諸原則に関わる問題」が見られるべきである。とりわけここで考えられているのは、議会制度や選挙法の改正、および州議会になお間接的な影響を及ぼす可能性だけを認め、連邦制度の弱体化の危険性をはらむ州を越える諸制度への本来の州高権の（全部あるいは一部の）移行である。

私の提案の第一項一文中の他の文言「州の存立と発展にとって重要な……法律」においては、次のことが考えられている。すなわち調査委員会により議決された「政治的意思形成の一定の案件」という文言は、解釈上の困難をもたらしうる。それゆえこの「案件」を具体化した文言を選ぶほうが合目的的であるように思われる。ここでは州にとって存立上必要であり、州が立法権限を有している立法が目指されうる。例を挙げると、次のようなものである。

州計画と国土整備、学校と文化、経済的かつ下部構造的現状の強化、地方自治改革。

私の提案の第一条三文に挙げた「拘束」の意味は、その質問において四〇％以上の有権者の同意が判明した場合には、州議会が改めてその法律の審議に入らなければならないということである。その州議会の再度の審議が、その質問により要請された法律を承認した場合には、それ以上の州民調査はもはや不可能である。

その質問が四〇％の有権者の同意をもたらさなかった場合には、州議会による再度の法律審議は行われない。

州民調査およびそれと関連する議会による取扱いに関する方式については、なお特に審議する施行法が参考となろう。

◉第三特別意見（州民調査）――キール大学教授フォン・ムティウス（Prof. Dr. Albert von Mutius）氏、前州議会副議長シュベラー（Dr. Egon Schübeler）氏、リューネブルク大学教授タイゼン（Prof. Dr. Uwe Thaysen）氏
調査委員会における多数意見では、機能を発揮できる議院内閣制においては、一方では指導的機能および管理機能は第三者の指示や決定の委託から独立して、すなわち（州民を――村上）代表して行使されなければならないが、他方、内容的には州民すなわち選挙民に対して責任を負ったままでなければならない、ということが前提とされている。
そのような政治的秩序の憲法原理と見做されるのは、州民代表機関のための平等で定期的な選挙であり、すべての政治的指導権力がこの州民代表機関に返送されることであり、並びに実質的権限がそれに集中することである。それ以上に、そのような秩序のための基本的前提として、基本権および自由権の存在を通じて、自由委任を通じて、そして選挙人と被選出者との間の開かれたフィードバック過程を通じて、州民代表機関と世論の間に開かれた相互関係が保障されることが含まれる。この開かれたフィードバック過程をよりよく形づくることが、憲法・議会改革の中心的課題である。
委員会により勧告されるような州民発案の採用にあたっては、代表制の強化が個別的場合には達成されうるかもしれない。なぜなら（州民発案が――村上）議会の決定を事実上あるいは法的に先取りすることはないし、また州民の中の意見が議会を通じ

て道具として利用されることもないし、議会の議員が議会における討論において州民の中の多少の差はあれ大きなグループを動かす一定の問題を取り上げなければならないということに絶えず気を配らせられうることはないからである。

しかし州民調査の採用にあたっては、調査委員会における多数意見に反して、代表制の原理から導かれるフィードバック過程に関する限界が超えられている。このことは実質的には以下の点から明らかとなる。

一 議会で議論されている案件に関する州民調査は、代表議会制民主主義の信望と機能に対してマイナスに作用しうる。州議会は州民の代表者として、なるほど州民全体の福利のためにはなるが、それにもかかわらず人気がありえないような議決をも行わなければならない。まさにそのような議決こそ、（調査委員会の多数により勧告された文言における）「州民調査」の対象とされうるであろうし、その場合は激しく、しばしば論戦的な対決をも呼び起こすであろう。そのような調査が拒絶の結果を出すと、それは議会を抑圧する危険をはらんでいる。

二 州民調査の制度に反対する点は、とりわけ議会多数派が州民全体に対するその責任から、（州民調査の結果にかかわらず—村上）その見解を変えてはならないという結論に達した場合には、州民にかなりの失望が生じるに違いないということである。「州民調査」は、議会による代表制度に関して根本的な誤解を助長することになる。州民調査による代表制度の誤解に基づいて、多くの市民はそのような場合、不適切にも自分が「欺かれた」と感じる可能性がある。このことは議会の決定並びに民主主義的諸制度全体の受け入れに対して、（この誤解に由来する）マイナスの影響が生じることと結びつくであろう。このことは、議会において多数の賛成を得ていないような政治的見解のために利用されているという致命的な印象が生じうる点においても言える。その限りでわれわれは、諮問的レフェレンダムの総体に関してごく最近入手できる Ulrich Rommelfanger の著作（Das konsultativer Referendum, Schriften zum öffentlichen Recht Bd.526, 1988—村上注）の参照を指摘する。

三 州民調査にかけられる議会の議決に関して世間で議論が行われる場合、（選挙戦の場合と同様）複雑な問題に関しては感情的な対決となる。その場合、論争している諸政党には、（その問題に対して—村上）認容できない一般化の傾向がある。これは選挙戦においてはなお許容できるかもしれないが、複雑な専門的問題に関する議論においては許されないことである。

四　他の諸州における直接民主主義的要素に伴う経験は、（州民調査の採用を―村上）鼓舞するほどのものではない。発案された州民調査は、そこでは圧倒的な数で立法計画の意図の否定という結果になっている。

五　四年ごとに行われる選挙以上に州民を政治的意思形成により一層参加させようとする意図は、別の方法でよりよく達成されうる。

議会の構成に対する有権者のより強い影響は、例えば得票の累積を認める選挙制度により達成されうるであろう。それ以上に、候補者は会員数の多さのために組織的困難にぶつからない限りは、選挙の前に強制的に選挙区における会員集会を通じて立てられるべきであろう。この関連で忘れてならないのは、議員とそれにより代表される市民との間の接触を（例えば市民会館あるいは他の施設を通じて）改善する可能性である。このとりわけ重要な直接の接触をより密接で強いものとすることの邪魔になりうるのが、州民調査の採用であるといえよう。これらの理由が、われわれの見解によれば憲法改正によりSH州に州民調査を採用するという調査委員会の多数の勧告に反対する論拠である。

◉第四特別意見（州民請願および州民投票）――編集者シューベルト－リーゼ（Dr. Brigitte Schubert-Riese）氏、ハノーファー大学教授ザイフェルト（Prof. Dr. Jürgen Seifert）氏

一　勧　告

われわれは州民投票と（そのために必要な前段階としての）州民請願が州憲法に採用される規定を州議会に勧告する。

われわれは州民からの発案（州憲法一二条）である理由の付された法律案が、相当の期間の経過後成功しなかった場合について、発案者が州民請願を申し立てることができるということを提案する。州民請願において二％以上の投票権者がその法律案に同意した場合には、州民投票が行われなければならない。

州民投票においては、投じられた賛成票および反対票が数えられる。法律案は、過半数の有効な賛成票をもって受け入れられる。

州民投票による州憲法の改正は除外されるべきである。許されないものとして、予算に関する法律案も同様である。政党の機会平等に関する原則は、州民請願と州民投票にも適用されなければならない。そこから州民からの発案（州憲法一二条）は、州民投票に際して相応の資金助成が行われることが要請される。

われわれは以下の規定を州憲法に採用することを勧告する。

第三条（選挙）

㈠　州、市町村および市町村連合における投票および議会のための選挙は、普通、直接、自由、および秘密である。

㈡　投票および選挙は、日曜日あるいは公の休日に実施される。

第三八条一項

法律は、州議会あるいは州民投票により決定される。

そのほかに第一三条の後に以下の第一三ａ条を付け加えることが勧告される。

第一三ａ条（州民請願と州民投票）

㈠　州議会が第一二条に基づく法律案に四ヵ月の期間内に同意しない場合は、発案者は州民請願の実施を申し立てる権利を有する。州民請願は、投票権者の少なくとも二％が半年の間にその州民請願に同意した場合に成立する。

㈡　州民請願が成立した場合には、遅くとも九ヵ月後に、その法律案に関して州民投票が実施されなければならない。投票においては、有効な賛成票および反対票が数えられる。法律案は、有効投票の過半数が「賛成」であった場合に、州民投票により採択される。

㈢　州民請願および州民投票のために、理由の付された法律案は、州政府により補足なしに相当の形式で公示されなければならない。州民からの発案者（一二条）は、州民請願が成立した場合には、州民投票に関する宣伝のために相当の財政的助成を要求する権利を有する。

㈣　憲法改正、公租公課法律および予算法律は、州民請願および州民投票の対象となりえない。

㈤　詳細は、法律がこれを定める。

二　理　由

州民投票の問題は、連邦共和国の成立期以来論争されている。その際、世界観的視点（とりわけ東西対決の冷戦構造―村上注）および歴史から一方的に選ばれた例（ワイマール期の経験―村上注）が、しばしば重要な役割を果たした。

州民投票制度は（あらゆる政治的制度と同様）、州民の政治的自己決定に役立ちうるし、また支配目的のために操作されることもありうる。州民投票制度の危険の可能性は、民主的立憲国家のこの古典的な手段が連邦共和国に欠けていることがもたらしたこととは関係がない。すなわち「われわれは本当に何もできない！上にいる者はとにかく自分たちが望む通りのことをしている！」といった市民の感情は、民主的立憲国家の前提に関わることである。政治に対してしばしば感じられるこの無力感の結果は、あきらめでありあるいは暴力的な反動である。

州民投票制度は、議会制民主主義を補完する。それは市民が政治に共働する可能性を増加させ、義務的な事項別投票（実施を義務づける個別案件に関する投票―村上注）への可能性を州民に与える。少数者の見解を我慢して受け入れなければならないことは、もしそれが州民投票において多数が決定したことであるならば、別の前提の下で選出された議会の多数派に服従しなければならないことよりも容易である。

連邦共和国における他の州憲法をみると、これらの州における州民投票の可能性はその民主的かつ法治国家的性格を侵害しなかったことがわかる。反対に、バイエルン州やＮＷ州においては、すでに州民請願の結果がその政府を譲歩させている。ＳＨ州は、ハンブルクおよびニーダーザクセン州とならんで、憲法の中にそのような州民の共働権をもたず、それゆえ「州民に対する不安」とか「代表絶対主義」と噂される三州に入る。ＳＨ州における憲法・議会改革は、もし州民投票制度が憲法改革の中核として欠けているならば、多くの人々からいいかげんな気持ちのものと見なされるであろう。（中略）

この提案は他の州においても通常みられる規定に従っている。州民請願の前提条件は、理由の付された法律案を伴った州民からの発案（第一二条）である。発案者は、そのような発案が州議会において失敗した場合には、州民請願を申し立てることができる。州民請願の定足数は、他の州の一部においては一％という低い定足数を超えた二％である。しかしそれは必要な支持を得ることに伴う困難を考慮すれば、決して高いとは評価されない。州民投票に際しては、投じられた賛成票および反対票が数えられるべきである。すなわち保留は否定としては扱われない。投じられた賛成票が過半数あれば決定される。

憲法上の領域は、（州の予算と同様に）州民請願および州民投票により侵害され得ないとすべきである。それにより州民投票が濫用される危険性は限定されている。

第三条と第三八条の改正は憲法のこの改正の結果であり、憲法をその新たな規定に適合させるものである。

【注】

（1） Antrag der Fraktion der SPD, CDU und des Abgeordneten Karl Otto Meyer (SSW), Einset zung einer Enquete-Kommission für die Verfassungs- und Parlamentsreform, Landtag SH, Drs.12/14.

（2） Schlußbericht der Enquete-Kommission Verfassungs- und Parlamentsreform, (in) Landtag SH, Drs.12/180. なお、委員長以外の八名の委員の内訳は、大学教授四名、前州議会副議長二名、前市長および編集者各一名となっており、副委員長には、キール大学のフォン・ムティウス教授（Prof. Dr. Albert von Mutius）が互選された。

（3） Landtag SH, a. a. O., S.9-11.

（4） Landtag SH, a. a. O., S.126-135.

（3）「憲法・議会改革」特別委員会

一九八九年二月一四日、ＳＨ州議会は、「憲法・議会改革」調査委員会の最終報告書の審議のための特別委員会を設置することを議決した。[1] これはその前日、ＳＰＤ会派とＳＳＷのマイヤー議員から提出された動議[2]に基づくものであったが、それによるとこの「憲法・議会改革」特別委員会は、一三名の委員（ＳＰＤ会派7名、ＣＤＵ会派五名、ＳＳＷ一名）から構成され、その会議は委員会の原則非公開を規定する議事規則[3]に反して原則公開とされ、「調査委員会の成果を社会的に重要なあらゆる団体および市民と徹底的に議論し」、「州議会に対して、州憲法および議事規則の改正並びに単純法律の制定あるいは改正のために必要な提案を行う」ことが任務とされていた。

特別委員会は、二月二七日から同年一一月二七日までの九ヵ月間に合計二五回の会議を開き、当該動議に従ってその審議を調査委員会の最終報告書（Drs.12/180）に述べられている勧告に基づいて行い、その作業を「議会の自己理解」、「議会と政府との関係」および「市民参加」の三つのテーマに分けた。同委員会は、その活動の開始時にはすでに、市民、市民運動および市民団体に対して、憲法・議会改革に関する提案、とりわけ議会および政府に対する市民の権利の改善に関する提案を行ってもらうよう依頼していたが、数回の公聴会においては、それ以上に、特に市民参加、州民の少数派および州民団体の保護と助成、委員会の会議の公開、男女平等化の促進、生命の自然的諸原則の保護といったテーマ領域について、市民運動家と市民、労働組合、政党、諸団体、議会事務局の職員や州議会議員に対して意見表明の機会を与えた。その結果、特別委員会は、「州憲法」の改正、「デモ禁止区域法」の廃止、「州議会議員の法的関係に関する法律」の補充、「憲法擁護に関する法律」の補充、「州予算法」の改正および「州議会議事規則」の改正に関する勧告を行ったが、以下、州民立法制度に限定して、憲法改正案（六二条）の中から、「第一四条（州民からの発案）」および「第一五条（州民請願と州民投票）」[4]を紹介する。

勧告

第一四条　州民からの発案（Initiativen aus dem Volk）

㈠　市民は、州議会に、ＳＨ州に関わる一定の政治的意思形成の案件を取り扱わせる権利を有する。これは、理由を付した法律案でも可能であるが、それはこの法律案が州の立法の下にあり、また民主的かつ社会的法治国家の諸原則に違反しない限りにおいてである。その発案は、少なくとも直近の選挙において最後の議席が与えられた数に相当する数の有権者により署名されなければならない。その代表者は、聴聞の権利を有する。

㈡　詳細は、法律がこれを定める。

（多数により議決）

理由

州民発案、州民請願および州民投票のような直接民主主義的要素の導入による代表制の補完の問題は、すでに憲法・議会改革調査委員会により論争が行われている（この問題に関する四つの特別意見により表明されている― Drs.12/180, S.131ff.）。

特別委員会の多数は、基本的には、シューベルト－リーゼ氏およびザイフェルト教授の第四特別意見（州民請願と州民投票）（Drs.12/180, S.135ff.）に従い、詳細においてはさらにそれを超えている。

特別委員会の委員の多数意見によれば、直接民主主義的要素は代表民主制を有意義に補完する。

民主主義国家において、州民は主権者であり、国家権力の担い手であり、すべての権力は州民に由来する。政党も議会も、だれかの上に立つ支配者ではなく、州民の「伝声管（Sprachrohr）」および代表者である。両レベルの相互の関係は、理想的な場合には、州民代表者の州民との不断のフィードバックを必要とする分業にあたる。選挙だけでは、特別委員会の委員の多数意見によれば、このために十分とはいえない。議会の多数派により支持された政策が、個々の本質的な事項に関わる問題において、州民の確信と著しく異なる場合のために、直接民主主義的要素が州憲法に導入されなければならない。国家権力の担い手としての州民の決定権限は、被選期の間においても認められなければならない。州民の多数の人々が、自分たちにとって極めて重要な問題において無視される場合には、州民の意思が適切に代表されているということに対する疑念が必然的に増大する。国家に対する厭倦感、少なくとも議会に対する厭倦感という結果になりうる。純粋な代表制における政策の一人歩きの危険性は、直接民主主義的要素により妨げられる。議会外の運動は、それゆえ議会における決定過程の中に取り入れられうる。

その点で、最初の可能性を開くのは、州憲法一四条に採用される州民からの発案である。その州民発案により、重要な政治的問題が州民から議会へ持ち出されうる。それは議会による取扱いを義務づける。その対象は、州に関わるものであり、また具体的に特定されていなければならない。議会に法律案を取り扱わせる場合、その案件は州の立法権限の下になければならない。その法律案は、理由を備えていなければならない。基本法二〇条一項に基づく民主的かつ社会的法治国家の諸原則に反する内容を有する州民発案は許されない。

州民発案は、議会により取り扱われなければならないだけでなく、その代表者の意見も聴取されなければならない。その聴聞において、疑念が取り除かれうるし、また理由づけが明確なものとされうる。

州民発案のための定足数の規定において、特別委員会の勧告は憲法・議会改革調査委員会のそれと異なる。絶対数の投票権者あるいは一定割合の選挙権者を州民発案の署名のために要求することは考慮されない。特別委員会の委員の多数意見によれば、その発案はむしろ、少なくとも直近の州議会選挙に際して一議席に与えられた最小の商に相当する数の有権者により署名されなければならない。州民発案の背後には、個々の議員の発案の背後と同様、平等の政治的重要性が存しなければならない

（参照、州憲法三九条二項）。（以下略）

勧　告

第一五条　州民請願と州民投票（Volksbegehren und Volksentscheid）

㈠　州議会が、第一四条に基づく法律案あるいは提案に対して四ヵ月以内に同意しない場合、その発案の代表者は州民請願

の実施を申し立てる資格を有する。州民請願は、投票権者の少なくとも五%が半年の間にその州民請願に同意した場合に成立する。

(二) 州民請願が成立した場合には、遅くとも六ヵ月後にはその法律案あるいはその提案に関して州民投票が実施されなければならない。州民投票の許否の決定は、州政府あるいは州議会の四分の一の議員の申立てに基づいて、州憲法裁判所がこれを行う。法律案あるいは提案が州民投票により採択されるのは、投票の過半数が賛成し、しかも投票権者の少なくとも四分の一が同意した場合である。州民請願に基づく憲法改正においては、投票の三分の二で、投票権者の少なくとも半数が州民請願に賛成の投票をしなければならない。投票においては、有効な賛成票および反対票のみが算入される。

(三) 州民請願および州民投票のために、理由の付されたその法律案あるいはその提案は、州政府により補足なしに適切な形式で公示されなければならない。第一四条に基づく州民からの発案の代表者は、州民請願が成立した場合には、州民投票の運動のために相当の財政的助成を請求する権利を有する。

(四) 予算案、公務員の俸給、公租公課、手数料に関する州民請願および州民投票は許されない。

(五) 詳細は、法律がこれを定める。

(多数により議決)

理由

特別委員会の委員の多数は、州憲法への州民投票制度の導入を拒否するとした憲法・議会改革調査委員会の多数による勧告には従わない。それは他のほとんどすべての州憲法に規定されている州民投票の制度に賛成する。議会の構成を決定する州民は、個々の場合に、ある関心事を拘束力をもつ決定にまで推し進めることができなければならない。とりわけ複雑な問題に関して感情的になる対決の危険性、および州民投票制度をめぐってしばしば激しい論争にもなる対決による代表議会的民主制の威信の喪失の恐れをもって根拠づけられる疑念を、他の州や諸外国の経験に基づいて、特別委員会の委員の多数は抱かなかった。それは、それゆえ州民発案と並んで、直接民主主義的要素の段階的な手続の中に州民請願と州民投票をも認めることを勧告する。憲法・議会改革調査委員会の報告の中の第四特別意見の基本的な理由が参考となる（Drs.12/180, S.136, 137）。州憲法一四条に基づく州民発案が成功した場合、すなわち十分な数の有権者による支持があった場合、州議会には二つの可能性が残されている。すなわちそれはその州民発案に同意し、四ヵ月以内にそのテーマを取り扱う—その際、その決定にあたって何らの制約あるいは有利な条件も課されていない—か、それを拒否するかのいずれかである。もし州議会が州民発案に同意しない場合には、発案者は、州憲法一五条一項に基づいて州民請願の実施を申し立てる資格を有する。その申請は、半年以内に行われなければならず、少なくとも有権者の五％の同意を必要とする。

州民発案がこのハードルを超えたときに州民請願が成立する。それから遅くとも六ヵ月後——それは憲法・議会改革調査委員会の報告の中の第四特別意見の提案と一致する期間であるが（Drs.12/180, S.136）——、州議会がその法律あるいはその提案を無修正で議決しない限りにおいて、州民投票が実施されなければならない。

州民投票の許容性に関しては、政府あるいは州議会の四分の一の議員の申立てに基づいて、州憲法裁判所が決定する。これは他の州における規定と一致する。

州民投票の採択のためには、投票の単純多数だけでなく、少なくとも投票権者の四分の一の同意が必要である。それにより特別委員会の委員の多数は、州民投票の成立について、高いが高すぎることはないハードルを設定しようとした。それゆえ、投票権者の二五％が州民投票に関して（賛成の—村上）投票を行うことで十分とする。

他の若干の州憲法におけると同様、州民投票による憲法改正が成立するのは、投票の三分の二がその憲法改正に賛成し、しかもそれが投票権者の半数である場合とする。(5)

それにより議会による憲法改正と対等のものとする。

州憲法一五条三項は、州民請願あるいは州民投票の発案者に対して援助の請求権を認める。それにはその提案の公示が含まれるが、それはバイエルン州憲法七四条七項の規定——「決定のために州民に提出されるすべての法律案は、提案者の理由並びにその案件に対する政府の見解が簡潔かつ適切に述べられている政府の公示を伴っていなければならない。」――と異なり、何らの補足なく相当の形式で行われるべきである。それにより、公開の形式に関して、その法律案あるいはその提案の内容に対して操作的に影響を及ぼす可能性が排除されるべきである。その他に、州民投票の運動のための十分な財政的助成が保証されるべきであるが、それは州民投票の推進者と、その立場を世論に表明することについてはるかによりよい可能性を用いることのできる州政府あるいは州議会との間の機会の平等を確立するためである。

他の州憲法におけると同様、州憲法一五条四項において、一定の素材が州民請願および州民投票から除外される。議会の予算高権のゆえに、また国家およびその行政の給付能力を保障する必要性のゆえに、予算、ならびに公務員の俸給、公租公課および使用料に関する決定は、州民投票の対象とすることはできないものとする。

州民請願および州民投票に関する詳細は、法律により定めるものとする。

【注】

（1） Bericht und Beschlußempfehlung des Sonderausschusses zur Beratung des Schlußberichts der Enquete-Kommission „Verfassungs- und Parlamentsreform„ (Sonderausschuß „Verfassungs- und Parlamentsreform“), Landtag SH, Drs.12/620 (neu), S.3ff.

（2） Antrag der Fraktion der SPD und des Abgeordneten Karl Otto Meyer (SSW), Sonderausschuß zur Beratung des Schlußberichts der Enquete-Kommission „Verfassungs- und Parlamentsreform“, Landtag SH, Drs.12/218.

（3） 旧議事規則一六条では、委員会は通例非公開とすると規定されていたが、一九九〇年の憲法改正に基づいて改正された一九九二年五月五日の議事規則は、「委員会の会議は通例公開とする。」（一七条）と、委員会の原則公開制が採用された。

（4） Landtag SH, Drs.12/620 (neu), S.45ff.

（5） Landtag SH, a. a. O., S.48 では、「投票権者の半数が投票に参加し、少なくと三分の二がその憲法改正に賛成を表明した場合」と述べられているが、これは勧告（第一五条二項四文）と明らかに異なっているため、勧告の内容に改めた。

（4）　州議会における審議

一　特別委員会の勧告を調査委員会のそれと比較すると、州民発案についてはその要件がより厳格となり[1]、また州民調査についてはそれが勧告の中に盛り込まれていないなどの相違はあるが、その最大の特徴は、調査委員会が議会の決定能力の弱体化などを理由として否決した「州民請願と州民投票」の採用を認めた点である。これは従来より直接民主主義的要素の導入に積極的立場をとってきたSPD会派の委員が同委員会の多数を占め、この問題については調査委員会の勧告の中で表明された「シューベルトーリーゼ女史およびザイフェルト教授による第四特別意見」[2]に基本的に従うことを議決したことによるものであり、現行制度の誕生に決定的な推進力を与えたと考えられる。[3]もっとも特別委員会の勧告は、この特別意見とは異なり、州民請願および州民投票の対象を憲法改正にまで拡大した（特別意見は予算案などと共に対象から除外）反面、州民請願から州民投票までの期間（この期間は発案者にとっては州民投票へ向けての支持を訴えるための運動期間として重要であるが）を六ヵ月（特別意見は九ヵ月）に短縮し、さらに州民請願の成立に有権者の五％（特別意見は有権者の二％）、州民投票の成立に投票の過半数かつ有権者の四分の一（特別意見は投票の過半数）の賛成を要件とすることにより、特別意見よりも高いハードルを設定している。

このように特別委員会においてSPD会派が多数を占め、その勧告の中に州民請願と州民投票の採用が盛り込まれそうな状況は、政党間の対立を引き起こし、CDU会派はすでに当該勧告の提出前に、その最高意思決定機関である州委員会において、SPD会派の議決の立場に明確に反対して、すべての直接民主主義的要素を拒否することを議決した。[4]両会派間の合意の試みは成功せず、結局、当該勧告の提出から約一ヵ月後、各会派から憲法改正法律案が議会に提出された。すなわちSPD会派およびSSWのマイヤー議員から提出された、特別委員会の勧告と同一の、従って州民発案、州民請願および州民投票の条項を盛り込んだ案[5]と、CDU会派から提出された、特別委員会の勧告の中から直接民主主義的要素に関する部分だけを削除した案である。[6]

二　一九九〇年一月一六日、「憲法・議会改革」特別委員会の報告（Drs.12/620 (neu)）および二つの憲法改正案〔SPD会派・マイヤー議員提出案（Drs.12/637）、CDU会派案（Drs.12/638 (neu)〕に対する第一読会が行われた。[1]

まず特別委員会の委員長であるヴェルンゼン議員（SPD）より、同委員会が提出した報告書に基づいて、憲法の改正を必要とする勧告の内容についての説明が行われた後に討論に入ったが、この時点では会派間の意見の調整は図られていなかったために、議員の発言は所属各会派の従来の見解を確認するものに過ぎなかった。会議においては、まず各会派の代表者が、特別委員会の報告ならびに憲法改正案の全体にわたって、各会派の立場を一般的に述べたが、以下、議員の発言の中から直接民主主義的制度の導入に関する箇所だけについて抜粋して紹介する。

CDU会派のホフマン議員は、改革に際して問題となるのは、議院内閣制における憲法上の役割分担を維持しつつ、州議会とりわけ反対派、個々の議員や委員会の議会的統制力の強化、州議会の活動条件の改善、議会の決定や議論が選挙民に対して一層透明となり受け入れることができるようになることであり、そしてその限りでは時には極めて性急に煩わされることもある選挙民の意思へのフィードバックの必要性も重要であると、改革はまずは原則として選挙民の委任を受けた議会および議員自身について必要であることを強調した上で、「ほとんどすべての政治的テーマは複雑であることから、この選出された代表者を通じての委任は、専門的に、積極的に、責任をもって、そして場合によっては攻撃的に果たされることが必要である。このような理由から、わが会派は従来と同様、まさに州の政治のとりわけ重要な問題において、例えば州民投票の方法で、あるいは単に州民請願の方法であっても、その委任を選挙民に返還することは矛盾しており、また不適切であると考える。」と述べた。[2]

他方、SPD会派のアーレンス議員は、「州民発案、州民請願および州民投票を経て自ら政治的決定に参加する州民の可能性を、われわれは是非とも必要であると考える。」と述べ、その理由として第一に、政治決定過程への市民の直接の共同決定可能性は、基本法二〇条二項（「すべての国家権力は、国民に由来する。それは、国民により、選挙および投票によって……行使される。」）が明示的に市民に認めている「基本権」であり、その権利の実現を手助けすることはわれわれ議員の義務でもあると考えられること、また第二に、われわれは四〇年間にわたり民主主義を経験しており、（直接民主主義的制度の導入については）「憲法制定者が四〇年前、歴史的経験に基づいて、より慎重に条文を作成し、この基本権だけを規定した根拠はすべて明らかになくなっている。」として、議会と同様、個々の市民にはその全体として、「政治的に成年に達していること（politische Mündigkeit）」が認められることを挙げた。(3)

またSSWのマイヤー議員は、SSWは以前から州民発案、州民請願および州民投票を、州民の共働権を拡大するものとして支持してきたが、それは「多くのことが、即座に、また思いがけずに変わる世の中に我々は生きており、「そこでは選挙人が四年ごとに選挙できるというだけではもはや十分でないことは当然」だからであり、「州民からの発案を直接、州議会に提出することが可能とされなければならず、それにより市民は議会で行われることに対して、より強い影響を及ぼすことができるのである。」と述べた。また同議員は、州民投票に関する独自の希望として、第一に、州憲法の改正は、将来は原則として事前の州民投票に基づいてのみ行うことができるように、第二に、州民は議会により可決された法律を、三分の一の議員の要求に基づいて実施される州民投票により修正することができるようになることをも提案した。(4)

政府側から発言に立ったブル内務大臣は、直接民主主義的制度の導入にCDU会派が反対していることに対して、「われわれが州民投票の制度に賛成しているのは、それにより自分たちの政治をより良く実行できると考えているからではない」し、また「われわれは州民投票が危険をもたらすことを良く知っており」、「直接民主主義的要素により、確実に『前進』が保障されるわけではない」が、「州民投票は、市民がより多くの直接的影響力を行使するための、すなわち『観客民主主義（Zuschauerdemokratie）』にとどまってはならず、できるだけ多くの人を参加させなければならず、またできるだけ多くの人に内容的な共同形成へのチャンスをも与えなければならないわれわれの国家の改革のための一つの方法として、およそ必要なものである。」と述べた。[5]

三　憲法改正に関する各会派および州政府の見解がその全般にわたって述べられた後、個々の問題に関する議論に入り、ＣＤＵ会派のガイスラー議員は、直接民主主義的要素の導入に反対する論拠を以下のように詳細に述べた。同議員はまず、「信頼できる代表民主制の強化とさらなる発展」が改革の核心でなければならないとして、調査委員会が、州民請願と州民投票による代表民主制の補完を明確に拒否した理由づけ（Drs.12/180, S.126-127）を引用して、州憲法に直接民主主義的要素を採用することを拒否した同委員会の立場をＣＤＵ会派は支持すると述べた。

それにもかかわらず、特別委員会の多数は、調査委員会の警告に反対し、特にその理由としてＳＰＤ会派が、他の州の経験に基づけば調査委員会と同じ疑念は持てないことを挙げたことに対して、「実際には、憲法が州民請願と州民投票の可能性を規定している州の州民は、この制度をそれほど利用していないのである」から、「従ってそこに述べられているような否定的な結果はまったく生じえないのである」が、「この指摘は、直接民主主義的要素の創設による代表民主制の崩壊に反対する重大な根本的な疑念を払拭するにはもちろん適していない。ましてや、一方で州民請願と州民投票の創設が議会と州民との不断のフィードバックを生み出すと主張し、他方でこの制度がなるほど存在はするが利用されていない州の経験をその根拠として持ち出すことはできないのである。もしわれわれがこの問題について真剣に議論するつもりであるなら、われわれは直接民主主義的要素の採用の基本的な賛成および反対を綿密に比較検討しなければならない。」と述べて、州民立法制度を採用している他の州の経験は、その制度の採用の是非を判断する材料にはなりえないとの考え方を示した。

次に、議会と州民との関係について、「機能を発揮し活力にあふれた民主主義は、政治的意思形成への州民の参加が必要であり、また州民と議会との不断のフィードバックが必要である」という点では、われわれの意見は一致しているが、「もしこのフィードバックを、現在は四年ごとに行われる州議会選挙に限定するならば、それは現実を歪曲する以外の何ものでもない」として、「代表民主制は、決して参加に敵対するものではない。政治的決定に影響を与える可能性は、選挙への参加および政党への所属あるいはそれへの協力に限られるものではない。伝統的な利益団体、労働組合および経済団体と並んで、（一般の—村上）集会、団体および市民運動は、ますます自分たちにとって重要な問題に対する意見を作り上げ、これをこの議会において、メディアを通じて、またわれわれの選挙区における集会を通じて、政治的意見の形成過程の中へ差し込んでいる」し、一方、「政党、会派および個々の議員は、もっぱら予想される反応のルールに従い、それらの決定を、それがおそらく有権者に対してもつであろう効果に合わせている。決定の基礎となるのは、実質的な議論のみならず、世論調査の結果でもある。連邦共和国においては、絶えず州民世論調査が行われていると言っても過言ではないであろう。」と述べて、議会と州民との間には現在でも政治的意思形成において十分なフィードバックが行われているとした。かりに議会の多数により決定された政策が州民の納得を得られず、しかも州民がそれに影響を及ぼす可能性を持っていないのであれば、そのフィードバック原理は疑わしいとの批判に対しては、そのような自己理解は、基本法およびわが州憲法が議員を自由かつその良心にのみ従うと規定していることとは相容れないとし、「もちろん、われわれは議員として、絶えず市民の意見、心配および願望を調べ、その批判や質問に立ち向かわなければならない」が、市民に「気に入るような決定によるだけでは、我々の州のための将来の保障の問題を解決することはできない。われわれは、ある決定の正しさが、なるほど今日ではないが、将来証明されるという確信をもつならば、都合のよい道をとり、支配的と思われる意見のあとを追うのではなく、不人気な議決を行い、それにより生じる個人的なリスクを負うだけの覚悟がなければならない。」と、州民の代表者としての議員のあり方を力説した。

その上で同議員は、議会による政治的決定の合理性について次のように述べる。「民主主義は、多数決である。それは決して、正しくあるいは的確な決定を保障するものではない。われわれの社会を作り上げるためには、絶えず錯綜した複雑な調整作業が必要であり、その判断には高度の専門的知識を要する。それと並行して、社会および科学技術の急速な変化により、決定のために使える時間は短くなっている。確かに、政府も議会も誤りを犯さないわけではない。……しかしわれわれの州の将来の問題に常時取り組むことにより、おそらくわれわれは、われわれの決定の全体に関する適格性およびとりわけその見通しの判断に行きつくであろう。長期にわたり設定された、持続力のある、そして意見の調整された政治というものは、州民投票によって、すなわち散発的な個別的ケースの決定によっては得られないものである。」

そして政治的決定が州民投票に適さないという上述の理由は、おそらくSPD会派が予算あるいは租税立法に関する州民請願や州民投票を認めようとしない理由でもあろうと述べて、「重要な経済政策的あるいは社会政策的決定で、予算や国家財政に影響を及ぼさないものがあるであろうか。」と問いかけた。また「われわれの社会は、論争のための能力を必要としているだけではなく、合意のための能力をも必要とし、利害の調整を必要としている。すべての州政府、議会は、われわれの社会の中で利害の調整を行うよう義務づけられている。少数派の利害も考慮されなければならない。われわれの代表民主制は、注目すべき統合力をもっており、国民政党の形成はそのために少なからざる貢献をした。場合によっては利害調整という統合の目標を達成するために、不断の妥協が必要である。州民投票に際して、その問題設定は、はい・か・い・い・え・（傍点村上）に縮められ、必要とされる妥協は、まさに閉ざされることになる。」と、政治的決定にとって必要な利害調整や妥協は、州民投票によっては得られないことを強調した。州民投票制度の短所については、さらにＳＰＤ連邦議会会派の副委員長エームケ氏の発言――『州民投票は、まさに困難なテーマにおいては、市民の参加の可能性にとって基本的な論証、議論、相反する観点の比較検討の要素を欠いている。……物議を醸す問題をめぐる拘束力を持つ州民投票は、すでにテーマに関する緊迫化のために、今日の議会選挙の宣伝活動の性格をさらに越えるであろう。』――を引用した上で、次のように述べる。「直接民主制においては、少数派の利害が多数派により投票で否決されるであろう危険を否定することはできない。おそらくかなりのロビイストが、その財政力を政治的意思形成過程に対する影響力の行使に成功が見込まれるように投入するという、予想外のチャンスに気づくであろうことも容易に予想することができる。州民投票は、それが実施されるところでは、エームケ教授もそれについて正当に指摘しているように、社会の改革を促進するというよりは、しばしば妨げあるいは遅らせている。わが州においては、何かに賛成するよりも何かに反対する多数を動員することが、ともかくより容易である。おそらく直接民主主義的要素の採用に際しては、政治的意思決定過程が感情的になることの危険が、しばしば前面に押し出されるであろうし、この論拠は否定することはできない。連邦共和国における世論の振り子は、他のヨーロッパ諸国にはほとんどないほど非常にしばしば強く一方から他方へと振れる。何と急速に世論は変わるのであろうか。ここではわれわれは、自己批判的に物を見る目を守らなければならず、誤った結論を出してはならない。」と。

以上のような理由で、ＣＤＵ会派は、直接民主主義的要素の州憲法への導入に関するＳＰＤ会派の提案には同意することはできないとした。また州民発案制度についても、「州民発案は、高い期待を呼び起こすものの、僅かな成果しかもたらさないであろうと考える。」として、なぜなら「将来、この議会の議員は一人でも、提案や法律案をもち出する権利を有することになる。州民発案のために必要な署名数を集めることのできる住民グループ、あるいは市民運動、団体、会にとっては、それゆえこの議会の同僚の一人を、彼らの提案を議会での議論に持ち込むように動かすことは、おそらく容易に成功するであろう。それが成功しない場合は、州議会によるその拒否は、本来すでに前もって計画されているのであり、この制度は従ってよくても不必要である」から、「われわれの法律案では、それを提案することは放棄した。」と述べた。[6]

一方、SPD会派のヴヌック議員は、議会（代表）民主制は、国家秩序のなかで考えられる一つの組織形態であって、もちろんこれまでの中ではもっともよい形態であるが、歴史的には別の形態も多く存在したのであり、またCDU会派も、民主主義は変化するのが通常であると主張しているのであるから、代表民主制も時代に応じて解釈され、場合によっては修正される必要があるのではないかと説いた。

またガイスラー議員が、州民立法制度は実際に利用されていないのであるから、その経験に基づいて当該制度の導入の是非を論じることに疑問を呈したことに対して、それはバイエルン州において活発に実践されており、またBW州においては州レベルのみならず市町村レベルでも実践されていること、また二つの州においてはそれにより無秩序の状態になってはいないこと、さらにバイエルン州のキリスト教の宗派学校あるいは放送法を例にとると、州民立法の可能性が存在することはバイエルン州の州民に積極的に受け入れられていることを挙げて反論した。

最後に、現在は直接民主主義的要素の導入に反対しているCDU会派が、かつて一九七八年にはそれに賛成して提出した憲法改正法律案（Drs.8/1254）の中で述べられている次の文言―『シュレスヴィヒ＝ホルシュタインの市民は、州議会に対して、法律の発案をもって州議会に対して直接依頼し、具体的な個別的問題に関する審議と議決を義務づける権利をこれまで有していない。市民は一般選挙の権利を超えて、州民請願を通じて、州の立法者の決定に対して直接の影響を及ぼすことができるようになされるべきである。』—を引用し、CDU会派の翻意を促してその発言を締めくくった(7)。

またSSWのマイヤー議員は、州民投票が実施されたところでは発展が促進されるよりむしろ妨げられたとのガイスラー議員の発言に対して、例えばスイスやデンマークでは州民投票を実施する可能性が発展を阻害したとは認めることはできないとし、とりわけデンマークで行われたヨーロッパ共同体への加入に関する国民投票を取り上げ、それに反対する自分自身の立場からの認識に基づいて、「国民投票は、行われた政策に対する確認がそれにより得られることから、選挙された代表者の利益のためでもあり、また多数の利益のためでもありうることが明白に証明された。」と述べて、州民投票が社会の合理的な発展を妨げるという主張にはまったく根拠がないと反論した(8)。

四　以上で、二つの憲法改正法律案の第一読会は終了したが、未だ第一読会であるだけに、発言者は各々所属会派の見解を交換するだけで、とりわけ直接民主主義的要素の導入問題にしても、CDU会派は反対、SPD会派とSSWは賛成の主張に終始し、相互に歩み寄ろうとする姿勢はみられなかった。マイヤー議員によれば、両者の意見が一致しない重要問題は、州民投票制度、委員会の公開、裁判官の選出および州憲法裁判所の四つであるとされたが(9)、当時の各会派の勢力状況（SPD会派四六人、CDU会派二七人、SSW一人）では、各会派が単独で、州憲法の改正のために必要な三分の二の議員の同意（旧憲法三五条二項）を得ることはできず、このため州議会が一九八七年以来約三年にわたり精力的に作業を進めてきた「憲法・議会改革」の計画を実現させるためには、それらの相違点に関して何らかの妥協を図る必要があった。この合意のための方法として、SPD会派は、すでに「是非とも必要」と考えるいくつかの点を巧みに強調しつつ、他の点については譲歩の可能性のあることを予告していたが、CDU

会派側には、それにより描かれた合意の方針に従う以外にはほとんど術がなく、結局四ヵ月後、決して実質的な妥協ではなく、ある取引——すなわちSPD会派が裁判官選出手続の争点において譲歩するかわりに、CDU会派は州民立法制度を受け入れること——が行われることにより、この憲法改正問題に関する両者の対立は一応収束する運びとなった。[10] なおこの州民立法制度にはさらに若干の修正が行われた。それは第一に、州民発案に必要な署名数が明示的に、二万人（調査委員会案は「一万人」、SPD案は「直近の選挙において最後の議席が割り当てられた数」）と規定されたこと、第二に、州民発案の対象は、法律案のみならずその他すべての提案（SPD案は「SH州に関わる一定の政治的意思形成の案件」）が含まれるが、それが州の権限領域内にあるべきことが強調され、「（州議会の）決定権限の範囲内」との文言が追加されたこと、第三に、予算や公租公課法など財政に関する案件は、州民発案の段階から許されないとされたこと（SPD案はそれらの案件に関する「州民請願および州民投票は許されない」と規定し、州民発案における提案は可能とも解された）、第四に、州民立法手続の許容性に関して憲法裁判所の決定を求めることのできる時期が州民請願の段階とされたこと（SPD案は州民投票の段階と規定した）、第五に、州民投票に際しては、州民からの提案とともに州議会も自らの提案を投票にかけることができる旨の規定が新たに設けられたことの五点である。[11]

五　第一読会から約四ヵ月後、五月三〇日に行われた第二読会においては、以上のような政治的妥協に基づいて、もはや各会派の間には対決すべき姿勢はみられず、直接民主主義的制度の導入についても、CDU会派はそれまでの徹底的反対の態度を保留して争うことなく、同会派のホフマン議員は、次のように発言せざるをえなかった。

「代表制の原理に基づいて組織された議院内閣制は、的確で州民に受け入れられる意思形成のために、選挙人と被選挙人との間の一定の相互作用を必要とする。われわれは、長期間それについて熟考し、そして重大な疑念のあることは一時見合わせた上で、今日多くの層の住民が期待するなかで、個別的問題における直接参加は増加しており、またその濫用の危険性は、この直接民主主義的要素の存在する州における四〇年間の歴史的展開に基づけば、これまでのところ現れていないということを考慮に入れた。われわれは、いまやこの憲法法律案の中に、二つの選挙期の間における政治的意思形成への州民の参加という憲法上の手段を採り入れることを決定した。それによりわれわれの代表制の特徴である議会と政府の第一次的責任を疑問視することは適切ではない。われわれは、州民からの発案に始まり、州民請願を経て、最終的には州民投票へと至る段階的な市民参加の手続について合意に達した。州の利害に関わる議会と政府の第一次的責任は、現行の諸規定に基づき様々な方法で確保されている。このためその定足数は、州民からの発案に関しては、少なくとも議会における一議席の獲得に通常要する数の投票を必要とするように定められている。そして最後にわれわれは、市民参加のすべての段階について、州議会の決定権限を明確に限定することを決定した。」[12]

他方、ＳＰＤ会派のヴヌック議員は、州民立法制度の採用について、特別委員会における最後の公聴会で提出された次の四つの論拠——「(1)直接民主主義的要素を憲法に規定していないことは、制度の欠陥である。しかしながら、代表制の制限ということは、原則的に主張することができず、それは本来、ドイツの歴史を背景として説明されうるに過ぎないものである。(2)議会制民主主義は、市民を保護監督下に置く傾向がある。それゆえ、この法律案は、この点において選挙に際しては常に自明の前提とされる、市民が一人前であることを承認するものである。(3)われわれのますますテンポの早くなる時代においては、被選期の間に、場合によっては議会が選出された前提が変わることがある。しかしながらその故にこそ、個別的問題における修正も可能でなければならない。(4)とりわけ最近のバイエルン州の例、すなわち廃棄物処理法は、そこで直接民主主義制度が地震計としても役立ちうることを示している。新たな廃棄物処理法に関する州民請願の許されることを裁判所が確定したことがやっと、数年来そのような無理な要求を拒んできた、そこで政権を担うCSUを動かしたのである。」を引用し、「総括して言うと、シュレスヴィヒ＝ホルシュタインは、この問題において、しんがりの地位を去り、先頭に立ったのである。」と述べた。(13)

こうしてSH州議会は、この第二読会が行われた一九九〇年五月三〇日、憲法改正法律案を満場一致で採択し、(14)バーシェル事件を契機として開始された約二年半にわたる憲法・議会改革に決着をつけたのである。

【注】

（1） 州民発案に必要な有権者の署名数は、調査委員会の勧告では「一万人」とされていたのに対して、特別委員会の勧告では「直近の選挙において最後の議席が与えられた数」とされている。後者にいう「最後の議席」とは、同州の選挙制度においては、まず州議会の全議席七五が、各政党の獲得した票数をドント式に一、二、三、……の整数で割って出た商の大きい順に、各政党に配分される方式がとられている（州選挙法三条二項）ことから、七五番目に大きい商を意味すると考えられる。また州民発案の対象については、両勧告とも、「SH州に関わる一定の政治的意思形成の案件」として、さらに「理由の付された法律案でも可能」としているが、特別委員会の勧告では、それが法律案の場合は、「州の立法の下にあり、また民主的かつ社会的法治国家の諸原則に違反しない」ことという条項を追加している。

（2） Landtag SH, Drs.12/180, S.135-137.

（3） Jung, JöR 41 (1993), S.33.

（4） Jung, a. a. O., S.34.

（5） Gesetzentwurf der Fraktion der SPD und des Abgeordneten Karl Otto Meyer (SSW), Entwurf eines Gesetzes zur Änderung der Landessatzung, Landtag SH, Drs.12/637.

（6） Gesetzentwurf der Fraktion der CDU, Entwurf eines Gesetzes zur Änderung der Landessatzung für Schleswig-Holstein, Landtag SH, Drs.12/638 (neu). したがって同案は、「州民は、その意思を選挙を通じて表明」（二条二項）し、「法律案は、州政府により、個々のあるいは複数の議員により提出される」（三七条二項）と規定し、州民投票手続に関する規定は存在せず、この点に関する限り従前の制度のままとなっている。

（7）Landtag SH, PlPr.12/43 vom 16. Januar 1990.

（8）Abg. Hoffmann (CDU): Landtag SH, PlPr.12/43, a. a. O., S.2526-2527.

（9）Abg. Arens (SPD): a. a. O., S.2531.

（10）Abg. Meyer (SSW): a. a. O., S.2534.

（11）Innenminister Dr. Bull: a. a. O., S.2537-2538.

（12）Abg. Geißler (CDU): a. a. O., S.2549-2551.

（13）Abg. Wnuck (SPD): a. a. O., S.2552-2554.

（14）Abg. Meyer (SSW): a. a. O., S.2554-2555.

（15）Abg. Meyer (SSW): a. a. O., S.2555. 同議員は、この発言のなかで、SSW側からは裁判官選出委員会および州憲法裁判所の二点について妥協の用意があると述べ、これに対するＣＤＵ会派の提案を促している。

（16）裁判官の任用を決定する「裁判官選出委員会（Richterwahlausschuß）」について、ＳＰＤ会派案は、その委員の「過半数が州議会議員により構成される」ことを提案するにとどまり、ＣＤＵ会派は、裁判官の任命、昇進および配置転換などの人事に対して政党政治的な影響が及ぶことを排除するために、その委員会が「委員長としての州司法大臣、州議会によりその中から選出された五人の議員、裁判官の代表者により選出された五人の職業裁判官および弁護士の代表一人から構成される」こと、および「秘密投票において投票の三分の二の多数により選出する」ことを提案していたが、両会派の妥協により、ＣＤＵ会派の考えが取り入れられた。参照、州憲法四三条二項。

（17）Jung, JöR 41 (1993), S.35.

（18）Abg. Hoffmann (CDU): Landtag SH, PlPr.12/55 vom 30. Mai 1990, S.3284.

（19）Abg. Wnuck (SPD): a. a. O., S.3297.

（20）Landtag SH, PlPr.12/55, a. a. O., S.3303.

二　制度の概要と意義

従来のいわゆる「古典的」州民立法制度は、州民請願により州議会に法律案を提出し、それが受け入れられなかった場合は、州民投票が実施されるという二段階の手続を認めるに過ぎなかった。これに対してSH州憲法は、州民発案という手続を州民請願に先行させ、この発案に対しては、従来より早い段階で州議会を関与させ（従来の制度では、州民請願を実施するためには、まずその許可を申請し、州政府がその手続および内容関する審査を行い、それが許可された後に州民請願が実施され、さらにその州民請願が一定数の支持者を集めて成立した時点で初めて、その法律案は州議会に審議のために送付された）、州議会がそれを受け入れなければ州民請願、さらに州民投票へとつながる三段階から成る新たな州民立法手続を採用した。以下、州憲法および施行法としての「州民からの発案、州民請願および州民投票に関する法律」[1]（以下、州民投票法あるいは単に「法」と略する）が規定する州民発案、州民請願さらに州民投票へと至る三段階の州民立法制度について、各々の手続を考察し、その意義を伝統的な制度と比較して検討する。

1　制度の概要

（1）州民発案（Volksinitiative）

州民は、州議会に対して、その決定権限に属する一定の政治的意思形成案件の審議を義務づける権利、すなわち州民発案権を有する（州憲法四一条一項一文）が、州議会に対して州民発案の取扱いを求める申立ては、書面により、州議会議長に対して行われなければならない（法六条一項）。州民発案の対象は、州議会の決定権限に属する事項であること以外には制限はないが、それが法律案の場合には、民主的かつ社会的法治国家の諸原則に反してはならない（州憲法四一条一項二文）。

州民発案の形式的要件として、州憲法は二万人の有権者の署名を規定するだけである（州憲法四一条一項三文）が、州民投票法六条二項は、さらに「(一)(a)州議会が取り扱うべき政治的意思形成の案件の完全な文言、あるいは(b)完成され、かつ理由が付された法律案、(二)少なくとも二万人の有権者の自筆の署名で、その申請の到達時に一年を経過していないもの、および(三)署名者の名において拘束力をもつ意見の表明を行い、またそれを受け取る資格を共同で有する代表者三人の氏名（その代表者については、代理人三名が指名されていなければならない）」の三点を列挙している。また同条三項によれば、判読困難あるいは不備のある発案、さらに条件付きの発案は無効とされる。

提出された州民発案について、州議会は、その許容性に関する審査および決定を行う（法八条）。その審査により許されない州民発案（同条一項）とされるのは、第一に、州憲法四一条一項（州民発案の対象が、「州議会の権限内の政治的意思形成案件」（一文）であること、それが法律案の場合は「民主的かつ社会的法治国家の諸原則に反しない」（二文）こと、また「少なくとも二万人の有権者により署名されている」（三文）こと）および同二項（「州の予算、給与および手当ならびに公課に関する発案は許されない」こと）の要件を満たしていない場合（同項一号）、州民投票法六条に基づく申請の前提条件（前述の形式的要件）を満たしていない場合（同項二号）、またその申請前二年以内に、内容的に同一の提案に関する州民請願が失敗している場合（同項三号）である。したがってこの審査においては、当該発案の形式的要件のみならず実質的要件、すなわちそれが州議会の決定権限に属し、それが法律案の場合は民主的かつ社会的法治国家の諸原則に反していないか、また予算や公租公課に関する提案ではないか、あるいは過去二年以内に失敗した州民発案と同じ内容ではないか、という発案の内容の適否が問われることになるが、この審査は、あくまで「州議会の責任」

であることが明示されており（同条二項一文前段）、したがって行政側には、従来の州民請願の許可申請に対する審査と異なり、州民発案に対する審査権は与えられていない。もっとも州議会の要請に応じて、「内務大臣の補佐」（同後段）が行われうるが、それはせいぜい発案に署名した有権者数の確認を主とする形式的審査の補佐にすぎない（同条二項は、「住民登録課は投票権を有することの証明を無料で行う」と規定する）。

州議会による審査の決定は、州民発案の申請の到達後一二週間以内に行われなければならず、その決定の内容（拒否決定の場合はその理由の付記を要する）は、代表者に送付されるとともに公示されなければならない（法八条三項）。州議会の拒否決定に対して、州民発案の代表者には法的救済手段が保障されており、その拒否事由が、前述の州民投票法八条一項一号あるいは三号に該当する場合は、発案代表者はその州議会の決定の送付後一ヵ月以内に連邦憲法裁判所に訴えを提起することができ、また同法八条一項二号に該当する場合は、代表者のために行政法的救済の途が与えられる（法九条）。ここでは拒否事由を二つに分け、州民投票法八条一項一号（州憲法四一条一項および二項の要求を満たさない場合）および同三号（申請前二年以内に内容的に同一の提案に関する州民請願が失敗に終わっている場合）に該当する、主として州民発案の実質的要件、すなわちその発案の内容の解釈をめぐる争いについては連邦憲法裁判所への出訴を認めるものであり、他方、同二号（州民投票法六条が規定する申請書面、様式、署名者数あるいは代表者の指定などの要件を満たさない場合）に該当する、すなわち州民発案の形式的・手続的要件に違反する場合には、行政法上の救済措置を認めている。

この州民発案の申請を認める決定が行われると、州議会において、当該法律案あるいはその他の政治的意思形成に関する提案の採否が審議されることになるが、後述するように州議会がそれらの提案を四ヵ月以内に受け入れない限りは、州民請願を経て直ちに（従来の制度では、州民請願の成立後に州議会の審議が行われた）州民投票に訴える手続をスタートさせることが可能となるため、州議会はそれらの提案を漫然と放置することは許されず、その審議は州議会に真摯な対応を迫る、ある意味で義務的なものとされているといえよう。しかもその審議に際して、発案代表者は聴聞の権利を有し（州憲法四一条一項四文）、この聴聞は州議会の請願委員会において行われる（法一〇条二項）。州議会は、発案代表者が修正に合意する旨を表明しないかぎりは、それらの提案を無修正のままでしか受け入れることはできず（同条三項）、そして州議会がそれらに同意しない場合は、これについて行われる議決は、同意しない理由が述べられなければならず、またそれは遅滞なく公示されなければならない（同条四項）。

（2）州民請願（Volksbegehren）

州議会が、州憲法四一条に基づく法律案あるいはその他の提案に四ヵ月以内に同意しなかった場合には、発案代表者は、それらの提案について州民請願を実施することを申し立てる権利を有する（州憲法四二条一項一文）。この四ヵ月の期間は、州民発案の許容性に関する決定の日から起算される（法一〇条一項）。この州民請願の実施を求める申立ては、書面により、州民投票法六条二項三号所定の当該州民発案の代表者から、州議会議長に対して、州民発案に対する不同意議決の公示後四ヵ月以内に行われなければならない（法一一条一項）。このように州民請願の申立先は、州議会（議長）とされており、また後述のようにその処理も州議会に委ねられていることは、従来の制度においてはそれが州政府の権限であったことと大きく異なり、この制度が州民と議会との相互関係を主軸として構成されていることを示すものである。したがって州政府には、州民請願（およびその後の州民投票においても同様）については、その許可の決定など実質的な権限は与えられておらず、投票の管理などもっぱらその実施に際しての事務が委ねられているにすぎないが、後述の若干の手続の必要上、申立てを受けた州議会議長は、州民請願の実施を求める申立てが提出されたこと、ならびにその請願の内容すなわち理由を備えた法律案あるいはその他の提案について、遅滞なく州政府に通知する（法一一条二項）。

この州民請願の許容性については、第一次的には州議会が、当該申立ての到達後一ヵ月以内に行うとされているが、それは州民投票法一一条一項に基づいて申請者や申請期日について行う形式的審査にすぎない（法一二条一項一文）。これに対して、州民請願の内容に関する許容性、すなわち州憲法四一条一項一文・二文および同条二項に規定される実質的要件（これは直接的には州民発案の対象である法律案あるいはその他の提案の内容的な要件であるが、州民発案と州民請願は手続上直結しており、それらは州民請願にそのままのかたちで持ち込まれるため、州民請願の要件でもあると考えられる）に関して疑念のある場合には、州政府あるいは州議会の四分の一の議員には、州議会議長による当該申請に対する許可決定（法一二条二項）の後一ヵ月以内に連邦憲法裁判所の決定を求める権利が与えられている（法一三条一項、州憲法四二条二項）。なお当該申請の許可が拒否される場合には、その決定には理由が付されていなければならず、またその決定は発案代表者に送付されるとともに公示されなければならず（法一二条一項二・三文）、さらにその代表者のために行政法的救済手段が与えられる（法一三条二項）。

州議会が州民請願の実施を求める申請を許可した場合、州議会議長は、遅滞なく州民請願が許可されたこと、その代表者と代理人の氏名、ならびにその州民請願が登録により支持されうる期間の開始・終了日を公示する（法一二条二項・三項一文）。この登録期間は、その公示後早くて四週目、遅くとも八週目に始まり、六ヵ月間にわたる（法一二条三項二・三文、州憲法四二条三項）。この登録期間の前に、州政府は、当該法律案の文言およびその理由、あるいはその他の提案を、意見を付さずにそのままのかたちで公示する（法一二条四項、州憲法四二条三項一文）とされ、ここでも従来の制度（例えばBW州憲法五九条二項三文は、（成立した）「州民請願は、政府により、その意見を付して遅滞なく州議会に提出されなければならない」と規定する）と異なり、州民立法手続に対する州政府の影響力をできるだけ排除しようとする考えがうかがえる。

州民請願の対象である法律案あるいはその他の提案に対する支持の表明は、各市町村に設置される登録簿への登録により行われるが、この登録簿は申請人が自費で作成した上で州議会議長に送付し、議長はそれを登録期間が始まる遅くとも二週間前までに各市町村に送付しなければならない（法一二条五項）。他方、州議会議長より送付された登録簿を設置する市町村は、登録場所および登録時間を、登録権者がこの州民請願に参加する機会を十分有するように定めなければならず、登録期間開始の遅くとも一週間前には、当該州民請願の対象、登録場所、登録時間および登録期間を各々の地域に公示する（法一四条）。なお登録は、自書により行われなければならないが、文盲あるいは身体に障害のある登録権者は口頭によることも認められている（法一六条一項）。

六ヵ月の登録期間が満了すると、各市町村は遅滞なく登録名簿を締め切り、有効・無効の登録数を確定してそれを公示し（法一八条）、さらに州投票管理委員会は投票権者の総数および州民請願の数的結果を確定し（法一九条一項）、最後に州議会が、州民請願の成立に必要な有権者の五％（州憲法四二条一項三文）に相当する定足数を確定し、それを州民請願の成立の有無の確定とともに公示する（法一九条二項）。

（3）州民投票（Volksentscheid）

州民請願が、有権者の少なくとも五％の支持を得て成立した場合には、州議会によるその成立の確定の公示後九ヵ月以内に、その法律案あるいはその他の提案に関する州民投票が実施されなければならない（州憲法四二条二項一文、法二〇条一項）。その投票日については州議会議長が定めるが、それについては事前に、発案代表者および州政府の意見を聴かなければならない（法二一条）。

従来の二段階の制度では、成立した州民請願は州議会に送られ、州議会の議決を経て、（無修正で可決しない限りは）

州民投票が実施された（例えばBW州憲法六〇条一項）が、ここでは州議会によるそのような関与の手続は予定されておらず、州民請願の成立と州民投票の実施とは直結しているが、従来の制度と同様、州議会が自らの提案を同時に州民投票にかけることは認められている（州憲法四二条二項三文）。この州民投票の許容性に対しても、州民請願の場合と同様、州憲法四一条一項一文・二文および同条二項に基づく疑念がある場合は、州政府あるいは州議会の四分の一の議員は、連邦憲法裁判所に訴えを提起することができる（州憲法四二条二項二文、法二〇条二項）。

州民投票に際して、州民に提出される質問は、「はい」あるいは「いいえ」で答えられるように設定されなければならず、また複数の法律案あるいはその他の提案が投票にかけられている場合は、一つの案だけに同意するか、それともすべての案を拒否している場合にのみ、その投票は有効である（法二三条一項）。同一の対象に関する複数の法律案あるいはその他の提案の場合には、投票用紙に掲載される順序は、各々の州民請願における有効登録者の数によって決定され、また州議会が自らの案を同時に投票にかけるために提出している場合は、その案は州民請願により支持された案の後に置かれる（法二三条二・三項）。なお州民請願の場合と同様、州政府は、州民投票の前に当該法律案あるいはその他の提案を、その意見を付さずに相当の方法で公示しなければならない（州憲法四二条三項一文）。

州民投票の結果については、各投票区の選挙管理委員会の確定に基づいて、最終的には州投票管理委員会が確定し、同委員長が公示する（法二四条）が、すべての投票権者は、その公示後二週間以内に投票の有効性について、州議会議長に対して異議を申し立てることができる（法二五条一項）。州議会は、この異議申立て並びに投票の有効性に関して、この審査のために設置される委員会による予備調査に基づいて、職権で決定し、それを公示しなければならない（同条二項）。

州議会は、州投票管理委員会により確定された投票結果に基づいて、当該法律案あるいはその他の提案が州民投票により採択されたか否かを確定する（法二六条一項）。それらが採択されるのは、投票者の過半数で、しかも少なくとも有権者の四分の一が同意した場合であり（州憲法四二条二項四文）、またそれが憲法改正法律案の場合は、投票者の三分の二で、しかも少なくとも有権者の半数が同意した場合である（同項五文）。同一の対象に関する複数の法律案あるいはその他の提案が、各々別の州民投票にかけられ、それらのうちの複数の提案がいずれも州憲法四二条二項四・五文所定の成立に必要な多数を得た場合は、そのなかでもっとも多くの賛成票が投じられた提案が採択される（法二六条二項一文）。

（4）費用の弁償およびデータ保護

州民請願が成立した場合、州民発案の代表者は、州民投票のために相当とされる運動に要する費用の弁償を求める権利を有する（州憲法四二条三項二文）。その弁償額は、州民請願を支持する登録者一人につき〇・五マルクの一括的総額とされるが、それは代表者により証明された運動費用の総額を超えてはならず、代表者は弁償額の確定および その支給を、州民投票の有効性に関する決定の公示後六ヵ月以内に、州議会議長に対して書面で申請しなければならない（法二七条）。

この法律に基づいて収集される個人データは、州民発案、州民請願および州民投票の実施のためにのみ用いることができ、それが収集された手続区分に関してもはや不要となったときは、消去されなければならない（法二八条）。

【注】

（1） Gesetz über Initiativen aus dem Volk, Volksbegehren und Volksentscheid (Volksabstimmungsgesetz – VAbstG) vom 11. Mai 1995, GVBl 1995, S.158. なお、州憲法の改正後この州民投票法が制定されるまでには五年かかったことに対して、Przygode, Rechtsprechung, S.51, Fn.72 は、「憲法違反の立法不作為の問題が生じる」と述べている。

2 制度の意義

一　SH州の憲法改革は、戦後の各州憲法の制定以来約四〇年間における各州の州民立法制度の制定状況のなかで、一九七四年のBW州および一九七九年のザールラント州における当該制度の改正を別にすれば、それまで当該制度を有しなかった州がそれを全面的に採り入れ、しかも従来の州民請願および州民投票という二段階の手続に加えて、州民発案というまったく新たな手続を導入することにより、州民の政治への直接参加の可能性をさらに拡大した点において評価されるであろう。SH州憲法は基本法の制定よりも後に制定された憲法の一つであり、前述したように、これらの州憲法においては、基本法が立法に関する国民投票制度を採用しなかったことの影響を受けて、州民立法制度の採用に対しては一般的に消極的な態度がとられたことに鑑みると、この改革は、それらの憲法に特徴的である憲法政治的な乏しさからの明確な方向転換への合図であるとの評価もあり、その後旧東ドイツ地域の新しい五州における憲法制定、ニーダーザクセン州、ベルリン、ハンブルク、ブレーメンおよびRP州の憲法改正、さらにはBW州などにおけるこの問題をめぐる議論に際して大きな影響を及ぼしたといえよう。(1)

このSH州の憲法改正以前に各州憲法に採用された州民立法制度は、一般的にワイマール憲法期の制度に倣ったものであった。その手続は、ワイマール憲法を例にとると、まず五千人の有権者が提案する法律案について国民請願の実施の許可を内務大臣に申請し、許可されると国民請願のための署名手続が開始され、有権者の一〇分の一が支持すれば国民請願が成立して当該法律案が議会に送付され、議会がそれを無修正で受け入れなかった場合は国民投票が実施され、有効投票の過半数の賛成により当該法律案は成立するが、それが憲法改正案の場合はさらに有権者の過半数の同意が必要とされていた。(2)このように国民（州民）請願の許可申請、当該請願の実施、そして国民（州民）投票の実施へと続く手続は、基本法制定以前に制定されたヘッセン州、バイエルン州、RP州、ブレーメンおよびザールラント州の各州憲法、ならびに基本法制定後に制定されたＮＷ州、ベルリン、ＢＷ州の各州憲法に共通であり、異なるのは各々の手続の成立要件、とりわけ有権者数であった（ただし、ブレーメン、ベルリンおよびＲＰ州の各州憲法は、現在は三段階の手続を採用している）。

こうした従来の制度との比較において、ユングは、ＳＨ州の採用した制度が、㈠州民立法手続の第一歩が、「許可」としてではなく、議会による取扱いおよび発案者の聴聞の義務を伴う特別の請願として構想されていること、㈡州民請願においては、その定足数が有権者の五％、またその登録期間が半年とされ、そのハードルが著しく低く設定されたこと、㈢憲法改正案に関する州民投票の成立要件を、投票者の三分の二が賛成し、それが有権者の半数にあたることとしたことは、その困難さと価値において、議会による憲法改正の手続と十分相応すること、㈣州民投票のための運動に対して、州による財政的援助が憲法上保障されたこと、という四点において革新的であると評価しているので、以下、このユングの指摘[3]の検証を踏まえて、この制度の特徴を考察することとする。

二　まず、ＳＨ州の制度の最大の特徴は、従来のドイツ各州の制度にはみられなかった「州民発案」という、新しい州民参加手続の採用である。ユングは、「数千人の有権者が、ある政治的要請を支持するとなれば、政府における官僚的審査ではなく、議会において政治的考慮が行われるべきである」と指摘する。[4]

従来の制度では、一定数の州民が法律の制定改廃を求める要求を、州民請願というかたちで州議会に審議させ、最終的には州民投票にかけるという法定の手続にのせるためには、まずその要求が他の多くの州民にも支持されることが必要であり、その支持を集めるための署名手続を州内の市町村で公的に実施してもらうために、その許可を州政府に申請しなければならなかった。しかもこの州政府による許可に際しては、当該法律案を支持する有権者の数など形式的要件の審査のみならず、その法律案の憲法適合性について内容的な審査も行われる。もっともこうした審査は、泡沫的な請願や違法な請願を阻止するために不可欠な手続とされ、とりわけ内容的審査に関しても、当該法律案の対象は憲法の範囲内で認められるにすぎないこと、不許可決定に対しては訴訟の提起が認められていることなどを理由に憲法上問題はないとされている。しかし発案者サイドからみると、自分たちの要求が州議会に届くまでには、許可手続および州民請願手続という二つのハードルを越えなければならず、その際、一定の様式に則った法律案の作成や署名の収集により、労力・時間的にかなりの負担を強いられることになる。

これに対してSH州の州民発案制度は、従来の制度と比較して、次の三点において、より高く評価することができると言えよう。まず第一に、州民からの発案の対象は、州議会の決定権限に属する政治的意思形成事項であればよく（もっとも予算や公租公課法など財政関連の発案は許されないが）、従来のように法律案に限定されることなく、要求の受け入れ窓口が広く開かれている点である（州憲法四一条一項一文、同条二項）。法律案の場合は、民主的・社会的法治国家の諸原則に反してはならないという内容上の制約はある（同条一項二文）ものの、その他の提案については二万人の署名以外には格別の様式性は求められておらず、発案者にとっては、より簡便に利用できる制度となっている。

第二に、州民発案の許容性については州議会が判断し、州政府は関与できないことである（法八条二項）。従来の制度では、前述のように、一定数の有権者からの発案があっても、それだけでは直ちに州議会の審議にのせられることはなく、当該法律案は、まず州政府の審査にかかり、従来の例では、すでにこの段階で内容の違法性等を理由に不許可となり、州議会にまで届かなかったものが比較的多くみられたが、この発案制度では、州民からの発案に対する政府の審査は存在せず、それは直ちに州議会に送られ、その形式・内容上の許容性に関しては、署名者数の確認などの行政事務的な補助が必要とされるものを除いて、すべて州議会の主体的な判断に委ねられている。これは州民立法手続においては、州民とその代表者である州議会との間の相互関係をこそ重視し、州政府の介入は極力排除しようとする従来の制度にはなかった考え方の現れであって注目すべきであろう。

第三に、この発案に対する州議会の審議期間は四ヵ月に限定されており、その間に州議会が同意しない限り、発案者には引き続き州民請願の手続を開始することが認められていることである（州憲法四二条一項）。ある意味で州議会はその審議を義務づけられており、なるほど審議をせずに放置することも実際には可能であるが、法定の審議期間が経過すれば、それは同意しなかった場合と同様に取り扱われる。他方、州民請願が成立した後は、州議会の関与なく州民投票が実施されるため、州議会が当該発案を審議できるのはこの最初の段階だけに限定されている点には問題があるといえよう。

第四に、発案者には、州議会において意見を述べる権利が憲法上保障された点である（州憲法四一条一項四文）。従来の制度では、州議会における州民請願の審議に際してこのような聴聞を認める規定はみられなかったが、これは政治的意思決定手続への州民参加すなわち州民の意思の反映という点で極めて重要である。なおこの聴聞は、州議会の請願委員会において実施される（同一九条一項）。

三　次に、SH州の州民請願および州民投票制度について特徴的であるのは、まずその成立要件が有権者の五％とされ（州憲法四二条一項三文）、従来の制度よりもかなりそのハードルが低く設定されていることである。別表が示すように、州民請願が成立するための定足数は、従来の二段階の制度を有する州憲法においては有権者の一〇～二〇％（バイエルン州が一〇％、BW州が六分の一であるほかは、いずれも二〇％）であるが、州民発案制度を有する州憲法においては、おおむねそれらより低く一〇％前後であり、SH州の五％とブランデンブルク州の四％はとりわけ低く設定されている。

第二には、有権者が州民請願を支持するための署名（登録）期間が、半年間とされ（州憲法四二条一項三文）、当該法律案やその他の提案について考慮する時間が十分に与えられていることが挙げられる。登録事務を行う市町村に対して、登録場所や登録時間は有権者が州民請願に参加する機会が十分に与えられるように設定されるべきことを要求する規定（法一四条一項二文）も、この制度が州民の政治的参加を促進するためのものであって、決して行政の都合だけでその在り方が左右されてはならないという考えにそうものであるといえよう。この州民請願の登録期間は、二段階の制度では、例えばBW州やバイエルン州が一四日間（BW州民投票法二八条一項、バイエルン州選挙法六六条三項）など短期間であったことに対して、ブランデンブルク州は四ヵ月（州民投票法一四条二項）、MV州は二ヵ月（州民投票法一二条三項）など旧東ドイツ地区の州憲法は、おおむね比較的長い期間を設定している。

第三の特徴は、州民から発案された法律案あるいはその他の提案が州民請願あるいは州民投票の対象とされる場合には、それが州民に公示されることが必要であり、またその仕事は行政の手により行われざるを得ないが、その際、州政府は「その意見を付さずに公示しなければならない」（州憲法四二条三項一文）と規定されている点である。これは州民がそれらの提案について考慮する際に、州政府が意見操作的な影響力を及ぼすことを排除しようとする趣旨であることは明らかである。例えば、バイエルン州においては、「州民に決定のために提出される法律案はすべて、簡潔かつ適切に提案者の理由づけならびにその案件に関する政府の見解が述べられている政府の告示を伴っていなければならない。」（州憲法七四条七項）と州民への公示に際して州政府の意見を付する旨が明示的に規定されており、また公示の際の規定はなくても、成立した州民請願が州議会の審議にかけられる際には、州政府の意見を付して提出することが通例であり（例えばBW州憲法五九条二項三文）、確かに州民請願の許可において当該法律案を第一次的に審査した州政府の意見を付することは、それが州議会の審議にとって有益な参考になるという意味では合理的とも考えられるが、他方、それが州議会の審議および議決に少なからぬ影響を与えないとは断定できない。今日のマスメディアの状況の下では、このような州政府の意見操作の影響に対する心配はそれほどの意義はないとの意見もみられるが、[5] ＳＨ州の制度は、基本的に州民と州議会との相互関係を主軸に構成され、前述の州民発案と並んでこの段階においても州政府の介入が意識的に排除されていることは制度的に首尾一貫しているといえよう。

第四に、州民投票の成立要件が、法律案あるいはその他の提案の場合は、「投票者の過半数で、有権者の四分の一」の賛成（州憲法四二条二項四文）と規定され、すなわち「投票者の過半数」だけで決定されることなく（これだけを要件にしている例として、ヘッセン州憲法一二四条三項、ＮＷ州憲法六八条四項など）、さらにその過半数の賛成者が少なくとも「有権者の四分の一」にあたらなければならないと、その要件を加重しているのである。もちろんこれは、投票参加者数が極端に少ない場合を想定しての規定であるが、その加重要件は、例えばＢＷ州憲法の「有権者の三分の一」（六〇条五項）よりも低く設定されている。他方、憲法改正法律案の場合は、「投票者の三分の二で、有権者の半数」の賛成（州憲法四二条二項五文）とされる（ＢＷ州憲法も「有権者の過半数」（六四条三項））が、この「投票者の三分の二」という要件の加重は、その手続の困難さとその価値において、州議会による憲法改正が、「三分の二の議員の同意」（州憲法四〇条二項）を要件としていることに十分相応していると評価される。[6]

第五に、州民発案の代表者は、州民請願が成立すれば、その後九ヵ月以内に実施される州民投票のために必要な宣伝費用の弁償を州に請求する権利が認められた（州憲法四二条三項二文）ことである。従来の二段階の制度においては、州民立法手続にかかる費用のうち、例えば許可申請費、登録名簿の作成費やその市町村への送付費などは、原則としてこの手続を開始した申請者の負担とされ（例えば、ＢＷ州民投票法三九条一項、バイエルン州選挙法七四条など）、州民投票に向けて自分たちの要求を宣伝するための運動費用も当然自費とされ、それが公的に支給されることは予定されていなかった（ただし、BW州においては、州議会の解散を求める州民請願が成立した場合に限って、当該許可申請費、登録名簿の作成・送付費が州から弁償されることを認めていた（州民投票法三九条二項）が、州民投票運動費の弁償は認めていなかった）。ところが州議会の選挙運動に対しては、州民投票運動と異なり、政党に対して必要経費が公的に支給される制度（政党法一八条以下、かつての州選挙戦費用法）が存することから、かつてBW州においては、州議会の解散に関する州民投票のための運動費用の公的な支給を求める訴訟が提起されたことがある（第四章第五節参照）。なるほど選挙戦費用の弁償は政党間の機会平等を主眼とするものであるが、州民投票運動も選挙運動も、自分たちの政治的主張を州民に広く訴えることに変わりなく、この公的財政援助の規定が設けられたことは、まさに「州民投票の推進者と、その立場を世論に表明するにあたり、はるかによりよい可能性を利用することのできる州政府あるいは議会との間の機会の平等を確立」[7]したということができる。

最後に、従来の州憲法は、州民請願や州民投票の制度を、憲法の中の位置としては「立法」の章において議会による立法と並べて規定していたが、SH州憲法は、これら「州民発案、州民請願および州民投票」のために、「立法」と「司法」の間に固有の章（第五章）を与え、州民立法制度の重要性を強調している。[8]

四　SH州の制度に対しては、以上のような積極的な評価と並んで、もちろん批判される点がないわけではない。まず、州民発案の要件である二万人の有権者の署名数は、別表の示すとおり、有権者総数に占める割合が約〇・九五％であり、従来の制度を採用する州において州民請願の許可申請に必要とされる有権者の割合よりもやや高く設定されている。ユングは、バイエルン州の三倍以上（BW州の約六倍）の定足数は、最初の政治的ハードルとしては高すぎるし、またその結果、第二の州民請願の成立のためのハードルとの関係は、バイエルン州においては約一対三四であるが、SH州のそれは約一対五となり、両者の釣り合いがとれていないと評価している。[9] しかしバイエルン州やＢＷ州の定足数は、あくまで州民請願を実施してもらうための許可申請のための要件であり、議会の審議にかかるためにはいずれにせよ州民請願が成立しなければならないのであるから、それはさほど重要な意味は持たないと考えられる一方、ＳＨ州の場合は、その州民発案により直ちに議会の審議が義務づけられ、その結果次第ではさらに州民請願および州民投票へと続く手続をとることができるのであるから、従来の州民請願の許可申請とこの州民発案とを純粋に比較することはできないと考えられる。州民発案の政治的意義を考えれば、約一％の定足数は決して高すぎるとは考えられないし、またむしろバイエルン州やＢＷ州など従来の制度における州民請願の成立要件が高すぎることを指摘すべきであろう。

第二の問題点は、州民投票に際して、州議会が自らの提案を同時に投票にかけることができるとする規定（州憲法四二条二項三文）についてである。従来の制度をとる州憲法において、この趣旨の規定は通例である（例えばＢＷ州憲法六〇条一項二文、バイエルン州憲法七四条四項など）が、議会が自らの案をも提出すると、当該州民発案に基本的には賛成している有権者の投票が、州民発案と議会案の二つに分かれる可能性があり、そのことは結局州民発案が州民投票の成立に必要な定足数（特に有権者の四分の一）に達する可能性が低くなることを意味する。すなわち議会は、自らの案を提出することにより州民投票を失敗させることができるのであるから、それ以外の規定はそれほどの効果をもちえないであろうとの評価がある[10]。この規定は当初の特別委員会の勧告には含まれておらず、それが追加されたのはＳＰＤ会派とＣＤＵ会派との政治的妥協の産物であることを考えると、このような政治的考慮が働いたことは十分想像される。このためユングは、（当時は未だ制定されていなかった）施行法がこのような場合は有権者に二票を認めることにより、そのような策略を排除することを期待しているが[11]、一九九五年に制定された州民投票法は、州民投票に複数の提案がかけられている場合、有権者は一つの案にしか同意できない旨の規定（二三条一項二文）を置いた。

第三に、ユングは憲法改正案に対する州民投票の成立要件として設定されている「投票者の三分の二」については、前述のようにそれが議会による憲法改正に相応するとして評価しているが、もう一つの要件である「有権者の半数」については、それが当該提案の反対者にとってはボイコットや社会的圧力により有権者を投票に参加させないことで、その目標を達成できるという誤った心理的操作を引き起こすが故に高すぎるとして反対し、このように考えれば、法律案が「有権者の四分の一」であるから、憲法改正における定足数は「有権者の三分の一」にすることもできたであろうと述べている(12)。

最後に、州議会が州民の発案を審議することができるのは、最初の州民発案の段階だけに限定され、州議会が州民発案を受け入れなかった後は、発案者の意向だけで州民請願および州民投票が行われ、州議会がその手続に関与することは認められていない点である(13)。州民発案という早い段階で州議会が当該提案を審議すること自体は、前述のように評価されるべきであるが、州民請願が州民発案よりも約五倍の支持を集めて成立した場合には、当該提案をめぐる政治的状況は、それが州民発案の段階で否決された約半年前とはかなり異なってきていることも予想され、この段階でいま一度州議会の審議を経ることも有益ではないかと考える。この点に関しては、SH州と同じ三段階の州民立法手続を採用したブランデンブルク州憲法が、州議会に対して、州民発案の段階およびその発案に基づく州民請願が成立した段階の二回についてその発案に関する審議を認めている（州憲法七七条一項、七八条一項）ことが参考となるであろう。

【注】

（1） Jung, JöR 41 (1993), S.35-36.
（2） 参照、Kaisenberg, VB und VE, S.206ff; Frotscher, DVBl. 1989, S.546.
（3） Jung, JöR 41 (1993), S. 37ff.
（4） Jung, a. a. O., S.37.
（5） Jung, a. a. O., S.38.
（6） Jung, a. a. O., S.37.
（7） Landtag SH, Drs.12/620 (neu), S.48.（「憲法・議会改革」特別委員会の提言）
（8） Jung, JöR 41 (1993), S.38.
（9） Ebenda.
（10） Rohm, NJW 1990, S.2785-2786.
（11） Jung, JöR 41 (1993), S.38.
（12） Jung, a. a. O., S.39.
（13） Ebenda.

三　実　例

ＳＨ州においては、一九九九年末までに七件の州民発案が州議会に提出されている。[1] それらの結果の内訳は、州民発案自体が不許可とされたものが一件、州議会が関連法律を改正することにより実質的に州民発案の要求に応じたものが二件、州議会により否決されたものが四件であるが、この州議会のより否決された四件のうち、三件はさらに州民発案の代表者の申立てに基づいて州民請願が実施され、このうち二件の州民請願が成立してさらに州民投票が実施され、一件が成立している。

一　まず、一九九八年五月に提出された州民発案「自由な学校（Volksinitiative „Schule in Freiheit"）」[2]は、その目的とする法律案が、州憲法四一条により禁止された州民発案にあたるとして不許可とされた。[3]この法律案は、生徒のもつ教育を受ける権利が、州、市町村その他のすべての学校において行使できることを認めた上で、様々な種類の学校が公的教育任務を同等に果たすことができるように、それらの学校はその設立団体の種類に関係なく同じ規準で財政が賄われること、公的補助金は無料の入学が可能となる額で見積もられること、またすべての学校の自治権が保障されること、学校の代表者は州の学校監督権の行使に参加すること、親権者は自由に学校を選択することができること、などを規定していた。これに対して、州議会は、第一に、親権者に様々な種類の学校を自由に選択できることを保障することは、州憲法が保障する州の学校監督権、とりわけ入学の諸条件を規律する州の権利に抵触すること、第二に、設立団体に関係なくすべての学校の財政を同じ規準で賄い、また無料の入学を可能とするように補助金が支出されることなどに関する規定は、結果的にかなりの補助金の増額につながり、予算および州議会の予算議定権に大きな影響を及ぼすことから、予算に関する州民発案を禁じる州憲法に違反することを理由に、この州民発案の不許可を議決した。[4]

二　次に、その要求が州議会により採択された州民発案の一つは、「市長村長および郡長の直接選挙の導入を要求する州民発案（Volksinitiative „Direktwahl der Landrätinnen und Landräte, der Bürgermeisterinnen und Bürgermeister")」であり、この要求は州議会のＳＰＤ、ＣＤＵ、ＦＤＰ三会派の共同提案[5]として取り上げられ、州議会は、この提案に基づいて、市長村長等の直接選挙を導入する法律の議決を求めるその州民発案に同意すること、同州の地方自治における直接民主主義的要素をさらに拡大して、住民に対して地方自治の政治への直接参加の可能性をさらに広げることを歓迎すること、またその要求に相応する法律案を直ちに提出するよう内務大臣に依頼することなどの議決を行った。[6] この州議会の議決に応じるかたちで、州政府は当該要求を含む包括的な地方自治法の改正法案[7]を提出し、この法律案は一九九五年一二月に州議会により可決され[8]、成立した。[9]

三　キール市のホテル・旅館団体の代表者により提出された「酒類小売免許税および酒類提供税の徴収に反対する州民発案（Volksinitiative gegen die Erhebung einer Schankerlaubnissteuer und einer Getränkesteuer in Schleswig-Holstein）」[10]は、当該税金の徴収を許さないように地方税法を改正するよう州政府に要請する議決を州議会に求めた。これに対して、州議会はこの州民発案を多数の賛成で採択する議決を行い[11]、その結果、政府与党であるＳＰＤ会派は、地方自治体に対して当該税金の徴収の可能性をもはや許さない内容の地方税法改正案[12]を作成して州議会に提出し、州議会は、一九九六年二月、一人の棄権を除いて一致してこの法案を可決し[13]、この州民発案の要請を受け入れる内容の法律改正が成立している。[14]

四　以上のように、州議会は、二および三の二件の州民発案を受け入れ、それらの要請に応じた法律の制定あるいは改正を行ったが、以下の四件の州民発案は採択しなかった。

まず、一九九四年一一月に提出された「ＳＨ州議会の議員数を五〇人に制限する州民発案（Volksinitiative „Beschränkung der Anzahl der Abgeordneten im Schleswig-Holsteinischen Landtag auf 50 Abgeordnete“）」[15]は、「州議会は七五人の議員から構成される。」と規定している州憲法一〇条二項一文を、「五〇人」に改正するよう州議会に要請する州民発案であった。その提案理由によると、州憲法が規定する七五人という議員数は、「個人選挙と比例代表選挙とを結合させる手続に基づいて選ばれた数」であり、「過剰代表や補正代表が生じた場合には議員数は増加し」、現在は八九人であるが、一九九六年の州議会選挙ではさらに一〇〇人以上になる可能性もあるところ、「議員数の増加は、議員活動の官僚化の拡大と結びつき、さらに納税者にとってはかなりの負担を招くことになる。」「住民の関心を取り上げて、それに応じた行動をとる可能性の指標は、議員一人あたりの住民の数との関係で考えることができる。平均すると、この州議会の議員は約三万人の住民を代表している。かつての連邦領域の州の平均では、一人の議員が約五万五千人の住民を代表している。議会活動を経済的にかつ効率的にするためには、州議会における議員数を五〇人に確定することが必要である。」と述べられている。[16] これに対して、州議会は、その州民発案の目的であり、また州議会も望ましいと考える議会活動の効率性の向上は、議員数を五〇人に削減することによっては達成できず、財政資金の節約だけを目的とする州民発案の考え方は適当ではないと判断するとして、この州民発案を一人の棄権を除き多数により否決した。[17] すなわち、「州議会は、確かに現在の八九人の議員数は多すぎるという点では、州民発案の代表者と意見が同じであ」り、第一二被選期での集中審議のなかでは、「議会の効率的かつ適切な活動には、七五人の議員数で十分であるとの結論に達し」たが、州民発案の考えを実現すると、「民主主義が強化されるよりも、議会活動とくに議員が選挙区において州民の面倒をみることが妨げられると考える。それ以上に、五〇人だけの議員では、二、三人の議員だけから成る小会派が生まれる可能性があり、それはすべての委員会において適切な共同作業をこれらの会派のために著しく困難なものとするであろう。」とした。さらに、州議会は、州民発案が提案する議員一人あたりの州民数という指標の設定は適切でないと考えること、次の選挙で議員数が一〇〇人以上に増加するのではないかとの危惧に関してはその数字は多すぎると考えていること、また現在の八九人という数は現行選挙法により生じたものであり、州議会のすべての会派は次の被選期では州憲法上の七五人の議員数を超えることが不可能となるように州選挙法を改正することを公言していることなどを述べている。[18]

五　四の州民発案の代表者は、その後州民請願の実施を申し立てなかったが、以下の三件の州民発案については、いずれも州議会で否決された後、州民請願が実施されている。

まず、福音派ルーテル教会の代表者により提出された「贖罪祈祷日の存続を求める州民発案（Volksinitiative „Erhaltung des Buß- und Bettages“）」[19]は、この日が一九九四年一二月の議決により法律上の祝日からはずされたことに対して、この日が再び法律上の祝日として復活するように同州の祝日法が改正されることを州政府に要請する議決を州議会に求めたものであったが、州議会は、一九九五年一二月六日、次のような理由によりこの州民発案を否決した[20]。すなわち、「連邦の社会福祉保険法（Pflege-Versicherungsgesetz）は、雇用者の福祉保険への分担金に対する補償のために、常に就業日にあたる法律上の祝日は廃止されるべきことを規定している。この法律はさらに、雇用者の福祉保険の出資の負担の軽減を連邦全体で確保するために、祝日が廃止されない州においては、福祉保険への分担金は、被雇用者が自分たちだけで支払うべきことを規定している。この連邦法上の規準に基づいて、州議会は、一九九四年一二月八日、法律上の祝日としての贖罪祈祷日を廃止したのである。州議会は、教会の祝日である聖金曜日、復活祭後の月曜日、昇天祭、聖霊降誕祭後の月曜日、および贖罪祈祷日だけは、常に就業日にあたるという前提を満たすために、教会に起源をもつ法律上の祝日を廃止せざるを得なかったのである。唯一同州だけが州法上、祝日の廃止を止めることは、そのことにより生じる被雇用者だけの分担金支払い義務が、とりわけ低い所得層の労働者に対して財政的に是認できないほどの負担をさらにかけることになるであろうことから、州議会にとっては考えられなかった。常に就労日にあたる他の祝日は、その教会的な意義を越えて、休養、気晴らしおよびリクレーション活動の日として州民の間でとりわけ賛同を得ているために、これらの祝日の廃止は、贖罪祈祷日に比べると得策ではないであろう。州議会は、すべての教会の祝日は、高度の保護に値する文化財であるとする州民発案と見解を同じくする。しかし、贖罪祈祷日を取り戻す条件を容易にするために、被雇用者および雇用者の側で半分ずつの分担金の支払いを規定する福祉保険法の改正を達成することを求める州民発案の要請は、州の立法者の権限には属さないのである。」と、贖罪祈祷日を法律上の祝日からはずしたのは、連邦法に基づいてやむを得ず行ったものであり、州はこの連邦法の規定を改正する権限は有しないと説明した。[21]

州議会の否決を受けて、この州民発案の代表者は、引き続き州民請願の実施を州議会に申し立て、[22]州議会は、一九九六年五月二三日、委員会の議決勧告[23]に基づいてこの州民請願の実施を許可する議決を行い、[24]州民請願の実施が公示された。[25]この公示において、州民請願の登録日は、一九九六年八月一五日から一九九七年二月一五日までの六ヵ月間と定められ、さらにこの州民請願の文言（「われわれ署名者は、贖罪祈祷日が再び法律上の祝日となる目的をもって祝日法が改正されることを、SH州議会に要請する。」）も公示された。[26]この六ヵ月の登録期間に、有権者総数二一一万六七七人のうち、一三万六七九二人の有権者が有効な登録（無効登録は二万一一五一人）を行い、この有効登録は有権者総数の六・四八％にあたり、同州憲法が規定する州民請願の成立要件である「有権者の五％」（州憲法四二条一項三文）を満たしており、州議会はこの州民請願が成立したことを確認するとともに、[27]この結果を公示した。[28]州民請願が成立した場合は、九ヵ月以内に州民投票が実施されなければならず（州憲法四二条二項一文）、州議会議長は州民投票法二一条に基づいて、州民投票日を一九九七年一一月三〇日に決定して公示した。[29]

州憲法上、州民投票の成立要件は、「投票者の過半数および有権者の四分の一」の賛成（四二条二項四文）であるが、この州民投票は次のような結果となった。[30]

有権者総数	二一二万　一二四人
投票者総数	六二万二三二四人
有効投票	六一万九七〇三票
賛成票	四二万二八五一票
反対票	一九万六八五二票

したがって賛成票は、有効投票の過半数の賛成は獲得した（六八・二三％）が、有権者総数の一九・九四％にとどまり、成立要件である二五％を超えることはできず、州民投票は不成立に終わった。

六　次に、州民発案「警察騎馬隊を救え（Volksinitiative „Rettet die Polizei-Reiter-Staffel"）」は、州議会に対して、「警察騎馬隊を存続させ、あるいは再興することを州政府に要請する」議決を求めたが、州議会は、一九九七年一月二六日、この州民発案を否決した。[31]州議会はその理由を次のように説明している。「州警察の伝統的制度の存続を求める州民発案の要請は、州議会の共感および感謝に値する」が、「州の会計検査院は、すでに一九六七年から騎馬隊の経費とその有用性との関係を消極的に批判してきており、州議会も、経済的な財政運営に必要なことをますます認めざるを得ず、騎馬隊も実効性の観点から考慮せざるをえない。」として、騎馬隊の人数を削減してきたが、「地域的に限定される騎馬隊は、広域にわたり効率的な警察力の動員を妨げるため、警察にとっては、他の出動の可能性を優先する必要性、また効率的な警察活動のために利用されうるかなりの額の予算を節約する必要性からすれば、騎馬隊を従来のかたちのままで維持することは認めることができない。そしてリューベックの警察騎馬隊は、州議会の予算議決に基づいて、一九九五年九月三〇日に公式に解体されている。」と。[33]

このため、州民発案の代表者は州議会に対して州民請願の実施を申し立て、州議会はこの州民請願の実施を許可するとともに、[34]一九九六年一〇月一五日から一九九七年四月一五日までの六ヵ月間をそのための登録期間として設定した。[35]しかし、この登録期間内に、当該州民請願を支持して登録した有権者は、一万七七四八人（有権者総数二一一万六六一〇四人の〇・八四％）にとどまり、州民請願の成立要件である「有権者の五％」を超えることはできず、この州民請願は不成立となった。[36]

七　最後に、一九九七年一月に提出された州民発案「われわれは、正書法改革に反対する」（Volksinitiative „WIR gegen die Rechtschreibreform"）は、これまでの州民発案のなかで、最終的に州民投票が成立して、州民発案に基づく州民の要求（法律の改正）が実現した唯一のケースである。

一九九七年四月、内務・法務委員会は、この州民発案に関する事前審議の結果、それは州憲法に規定された必要な定足数に達していること（六万人以上の市民が署名したとされる）、[37]州憲法上許される対象に関わるものであること、したがって当該州民発案は許可されることを議決するよう、州議会に勧告した。[38]

この州民発案の法律案は、[39]同州の学校法の改正を目的とし、同法に次の条文を、以下の理由により採用することを提案していた。

（学校法改正案）

「学校においては、一般的に慣例となっている正書法により授業が行われる。一般的に慣例となっている正書法とは、それが住民の中ですでに長い間認められ、入手できる書物の大部分において用いられているものとする。」

（理　由）

「学校は、生活にとって重要な知識および能力を、とくに住民、文学、報道および学問において慣例となっており、またすでに長い間一般に認められている正書法において伝えるべきである。計画されている正書法改革は、書き言葉の中に容赦なく入り込み、学校に対して新しい書き方を意図しているが、それは専門家ならびに住民の大多数および連邦大統領までが十分な根拠をもって否定するものである。それによれば、大人の世界や書物のなかで伝えられている文化的伝統から疎外するものを生徒に学ばせるつもりである。それを阻止するために、われわれは正書法改革に反対するこの州民請願を申し立てる。」

この州民発案は、州議会の四月二四日の本会議にかけられ、法律案の内容については会派間で意見の対立はあったものの、当該委員会の勧告にしたがって、この州民発案を許可することを満場一致で可決し、その審議をさらに所管の教育委員会に付託し、ならびに州民発案の代表者の聴聞が予定される請願委員会と州民発案の許可について事前審査を行った内務・法務委員会の共同審議とすることが同時に議決された。(40) 請願委員会は四月二九日に州民発案の代表者の聴聞を行った後にその聴聞結果について審議を行い、内務・法務委員会ならびに教育委員会も各々審議を行った結果、六月五日、所管の教育委員会は、ＳＰＤ会派、九〇年連合／緑の党およびＦＤＰ会派の賛成、ＣＤＵ会派の反対により、㈠州民発案により提出された法律案を否決すること、㈡その法律案の否決は次のように理由づけられることを議決するよう本会議に勧告した。(41)

ドイツ語の正書法改革は、八〇年代始め以降、各州文部大臣会議においてのみならず、ドイツ語圏全体の調整委員会により準備が行われてきた。その委員会に含まれていたのは、国民全体あるいは大多数の国民がドイツ語を話すドイツ連邦共和国、ドイツ民主共和国（一九九〇年まで）、オーストリア、スイスおよびリヒテンシュタイン、ならびにドイツ語を話す少数国民を有するベルギー、イタリア、ハンガリー、ルーマニアおよびその他の国であった。その改革は、書き言葉の使い方の実際上の変更を採用することと同様、ドイツ語の綴りかたおよび句読法の複雑な規則の簡略化に役立つものとされている。改革のために不可欠の前提が、ドイツ語の書き方がその言語使用領域全体において統一されることであることは、かつても今も変わらない。合意されたその改革は、従来の首尾一貫しなかった点および特別の諸問題を著しく減少させた。州議会はその簡素化により達成された前進を歓迎する。

その州民発案により要求されているのは、「一般的に慣行となっている正書法」を学校法のなかで保障すること、およびそれによりその合意の実現を放棄することである。

州議会は、州民発案の法律案を、以下の五つの理由により否決する。

(1) それはドイツ内外におけるドイツ語の正書法の統一を任意なものとする。

(2) 合意された改革は、適度な結果をもたらし、正しい書き方が複数の選択肢を容認することにより容易となる。

(3) その転換は、すべての人にとってかなり長い順応期間を必要とする。

(4) 不断に発展する言語が決して免れ得ず、今後もさらに存在する一貫性の欠如が、その言葉および書き方の利用により解決されうる。

(5) 今になって初めて唱えられている異議の多くは、その長期間の決定過程において述べることができたであろう。

州議会は、そのほかに、学校はすでに積極的に対応し、その新しい告示に基づいて授業を行っていること、また出版物はすでに新しい規則に基づいて手続がとられていることを指摘しておく。

六月一一日、州議会の本会議は、この教育委員会の議決勧告をそのまま受け入れ、この州民発案を否決した。[42] このため、この州民発案の代表者は、同月二三日、州民投票法六条二項三号に基づいて、「いわゆる正書法改革の停止」を目的とする州民請願の実施を州議会に申請した[43]。これに対して、内務・法務委員会はこの州民請願の許容性を認め、州議会に対してこの州民請願の実施に関する申請が許可されることを確定するよう勧告し[44]、州議会はこの委員会の議決勧告を受け入れ、州民請願の実施が確定された[45]。さらに、この州民請願を支持する有権者の登録期間は、一九九七年一一月一日から一九九八年四月三〇日までの六ヵ月間とされ[46]、州民請願の法律案の文言およびその提案理由（州民発案に際して提示された文言および提案理由と同一）も公示された[47]。

この州民請願の結果は[48]、有権者総数二一二万六三六三人のうち、当該州民請願の法律案を支持した有効登録数が二二万三三八八人（無効登録七万三二六三人）に達し、この有効登録者数は有権者総数の一〇・五一％に相当することから、州議会は、七月二日の本会議において、この州民請願が成立したことを確定した[49]。

こうして州民請願の成立が確定されたことから、州民投票法によれば、州民投票はこの州議会による確定に関する公示の日（七月二日）から九ヵ月以内に実施されることになる（二〇条一項）が、この点について、CDU会派は、州民請願の登録期間が終了した約一ヵ月後の六月五日には、すでに州議会が州民請願の成立を確認するためにできるだけ早くそのための会議を開催し、九月二七日の連邦議会議員選挙と同じ日に州民投票を実施したいとする州民請願の提案者の要望に添うことを求める緊急提案を提出しており[50]、その後、連邦議会議員選挙と同じ日に州民投票を実施することにより、経費が節約され、幅広い投票参加が達成されるであろうことを理由として、この九月二七日の投票日を改めて提案した[51]。これに対して、当該州民発案に反対の立場をとるSPD会派は、高い投票率によってできるだけ早期の決定を望む発案者の要望は理解できるし、われわれの州の生徒たちのためにも迅速な決定を実施する用意があり、九月二七日の日程で州民投票を実施することで九〇年連合および緑の党と一致したこと、さらにその州民投票に、州憲法四二条二項三文で認められている州議会の対案を提出することを表明した[52]。

この対案は、「学校においては、一般的に慣行となっているドイツ語の正書法により授業が行われる。一般的に慣行となっているとは、ドイツ連邦共和国の大多数の州において、学校に対して拘束力をもっているものをいう。」と、新しい正書法を受け入れるかたちでの文言であった[53]。

この対案提出については、CDU会派が反対したものの、賛成多数で可決され、また州民投票が九月二七日に実施されることも議決された[54]。このようにして正書法改革の是非を問う州民投票は、連邦議会選挙と同じ一九九八年九月二七日に実施されることが公示され[55]、州投票管理機関は直ちにその準備に着手した[56]。

州民投票の結果は、以下のようになった[57]。なお、同州の州民投票法によれば、同一の対象に関わる複数の法律案が州民投票にかけられた場合は、いずれか一つの法律案だけに賛成するか、あるいはすべての法律案に反対した投票のみ有効とされる（二三条一項二文）。

有権者総数	二一二万七〇七七人
投票者総数	一六二万四二八八人
有効投票	一五七万　七二〇票
州民発案の法律案への賛成票	八八万五五一一票
州議会の法律案への賛成票	四五万六四〇九票
両法律案への反対票	二二万八八〇〇票

州民投票において法律案が採択される要件は、投票の過半数が賛成し、それが有権者の少なくとも四分の一にあ

たること（州憲法四二条二項四文）であり、したがって、州民発案の法律案に対する賛成票数は、有効投票の五六・三八％、また有権者総数の四一・六三％にあたることから（州議会の法律案は有効投票の二九・〇六％）、州民発案の法律案が採択され、同州の学校法は、この州民発案により提案された文言が第四条一〇項として追加されるかたちで改正された[58]。

その後、州民投票法二五条に基づいて、この州民投票の有効性に対する異議[59]が州議会議長に提出された。異議申立人は、州民投票に用いられた投票用紙は、法的素養のない通常の市民にとっては自分だけでは理解できず様々に解釈可能なものであったこと、あるいは多くの投票場所では長時間にわたり投票用紙が不足し多くの有権者が投票できなかったこと、あるいは郵便投票資料の送付に際して瑕疵があったことなどを主張したが、州議会は、この異議を一致して退け[60]、前述の州投票管理委員長により公示された当該州民投票の結果を確定して公示した[61]。

しかし、一九九九年九月一七日、州議会は、この州民投票により採択された学校法を再び改正する議決[62]を全会派一致して行い、従来の正書法による授業を認めた同法四条一〇項は削除され、わずか一年足らずのうちに州民投票の結果とは正反対に新しい正書法が実施されることになった[63]。

【注】

（1）Jung, ZG 1998, S.298-301. 参照、Röper, ZParl 1997, S.474, Rdnr.80.

（2）Gesetzentwurf der Volksinitiative „Schule in Freiheit" der Aktion mündige Schule e. V., Landtag SH, Drs.14/1627.

（3）Bek. des Präsidenten des Schleswig-Holsteinischen Landtages vom 9. September 1988, ABl. 1988, S.736.

（4）Landtag SH, PlPr.14/66 vom 4. September 1998, S.4848. なお、この州民発案が付託された内務・法務委員会においては、ＦＤＰ以外の会派が、それまでの議論の状況では未だ明確に表決できないとして議決を棄権したことから、委員会としてはその州民発案の許可を求める議決勧告を行った（Landtag SH, Drs.14/1633）が、その後ＣＤＵ会派とＳＰＤ会派は、当該州民発案を不許可とすることを州議会に求める共同提案（Landtag SH, Drs.14/1657）を行い、結局この共同提案が受け入れられた。

（5） Antrag der Fraktion der SPD, der CDU und der F. D. P., Volksinitiative für mehr Bürgerbeteiligung durch die Direktwahl der Bürgermeisterinnen und Bürgermeister, der Landrätinnen und Landräte, Landtag SH, Drs.13/2435.

（6） Landtag SH, PlPr.13/80 vom 26. Januar 1995, S.5531.

（7） Gesetzentwurf der Landesregierung, Entwurf eines Gesetzes zur Änderung des kommunalen Verfassungsrechts 1995, Landtag SH, Drs.13/2806.

（8） Landtag SH, PlPr.13/106 vom 6. Dezember 1995, S.7408. なお、この州民発案に対する州議会の対応（当該要請の採択および地方自治法改正法の議決）に関する州議会議長の公示（Bek. der Präsidentin des Schleswig-Holsteinischen Landtages vom 10. Januar 1996, GVBl. 1996, S.89）も参照。

（9） Gesetz zur Änderung des kommunalen Verfassungsrechts vom 22. Dezember 1995, GVBl. 1995, S.33.

（10） Antrag der Volksinitiative gegen die Erhebung einer Schankerlaubnissteuer und einer Getränkesteuer in Schleswig-Holstein, Landtag SH, Drs.13/3102.

（11） Landtag SH, PlPr.13/111 vom 25. Januar 1996, S.7876. なお、この州民発案が付託された内務・法務委員会は、当該発案を否決するよう本会議に勧告した（Landtag SH, Drs.13/3263）が、本会議では四五対四四の僅差でこの州民発案が採択された。

（12） Gesetzentwurf der Fraktion der SPD, Entwurf eines Gesetzes zur Änderung des Kommunalabgabengesetzes des Landes Schleswig-Holstein vom 29. Januar 1990, Landtag SH, Drs.13/3335.

（13） Landtag SH, PlPr.13/114 vom 21. Februar 1996, S.8124.

（14） Gesetz zur Änderung des Kommunalabgabengesetzes des Landes Schleswig-Holstein vom 6. März 1996, GVBl. 1996, S.268.

（15） Gesetzentwurf der Volksinitiative „Beschränkung der Anzahl der Abgeordneten im Schleswig-Holsteinischen Landtag auf 50 Abgeordnete", Landtag SH, Drs.13/2738.

（16） 一九九六年の州議会選挙時の同州の人口は、約二七二万二千人であることから、第一三被選期（議員数八九人）においては、議員一人あたり約三万人の州民を代表していることになる。なお、一九九六年の州議会選挙では七五人の議員が選出され、州憲法の規定する議員数と合致している。

（17）　Landtag SH, PlPr.13/99 vom 8. September 1995, S.6887.

（18）　この州民発案が付託された内務・法務委員会の議決勧告（Landtag SH, Drs.13/2926, S.1-4）中の「否決理由」による。州議会がこの州民発案を否決したこと、およびその理由に関する州議会議長の公示（Bek. der Präsidentin des Schleswig-Holsteinischen Landtages vom 10. Januar 1996, GVBl. 1996, S.88）も参照。なお、第一四被選期には、ＦＤＰ会派が、選挙結果に基づく議席配分数が州憲法に規定されている七五人に確定されることを目的とする州選挙法の改正案（Gesetzentwurf der Fraktion der F. D. P., Entwurf eines Gesetzes zur Änderung des Wahlgesetzes für den Landtag von Schleswig-Holstein, Landtag SH, Drs.14/39）を提出し（第一読会は、Landtag SH, PlPr.14/3 vom 23. Mai 1996, S.81）、委員会により修正された（Landtag SH, Drs.14/880）のち、一人二票制や議席配分の算出方式の変更などが議決された（Landtag SH, PlPr.14/37 vom 27. August 1997, S.2443; Gesetz zur Änderung des Landeswahlgesetzes vom 27. Oktober 1997, GVBl. 1997, S.462）。

（19）　Antrag der Volksinitiative zur Erhaltung des Buß- und Bettages, Landtag SH, Drs.13/2935.

（20）　Landtag SH, PlPr.13/106 vom 6. Dezember 1995, S.7425.

（21）　この州民発案が付託された内務・法務委員会の議決勧告（Landtag SH, Drs.13/3158, S.1-2）中の「否決理由」による。州議会がこの州民発案を否決したこと、およびその理由に関する州議会議長の公示（Bek. der Präsidentin des Schleswig-Holsteinischen Landtages vom 10. Januar 1996, GVBl. 1996, S.90）も参照。

（22）　Antrag der Volksinitiative zur Durchführung eines Volksbegehrens zur Erhaltung des Buß- und Bettages, Landtag SH, Drs.14/24.

（23）　Bericht und Beschlußempfehlung des Innen- und Rechtsausschusses, Landtag SH, Drs.14/25.

（24）　Landtag SH, PlPr.14/3 vom 23. Mai 1996, S.81.

（25）　Bek. des Präsidenten des Schleswig-Holsteinischen Landtages, ABl. 1996, S.442.

（26）　Bek. der Landesregierung vom 2. Juli 1996, ABl. 1996, S.463.

（27）　Landtag SH, PlPr.14/33 vom 16. Mai 1997, S.2206.

（28）　Bek. des Präsidenten des Schleswig-Holsteinischen Landtages vom 16. Mai 1997, ABl. 1997, S.204.

（29）　Bek. des Präsidenten des Schleswig-Holsteinischen Landtages vom 13. Juni 1997, GVBl. 1997, S.331.

(30) Bek. des Landesabstimmungsleiters vom 18. Dezember 1997, ABl. 1998, S.5.

(31) Antrag der Volksinitiative „Rettet die Polizei-Reiter-Staffel“, Landtag SH, Drs.13/2994.

(32) Landtag SH, PlPr.13/112 vom 26. Januar 1996, S.7913.

(33) この州民発案を付託された内務・法務委員会の議決勧告（Landtag SH, Drs.13/3300）中の「否決理由」による。なお、州議会がこの州民発案を否決したこと、およびその理由に関する州議会議長の公示（Bek. der Präsidentin des Schleswig-Holsteinischen Landtages vom 30. Januar 1996, GVBl. 1996, S.188）も参照。

(34) Landtag SH, PlPr.14/8 vom 15. August 1996, S.482.

(35) Bek. des Präsidenten des Schleswig-Holsteinischen Landtages vom 15. August 1996, ABl. 1996, S.600.

(36) 州民請願の登録結果は、Schreiben des Landesabstimmungsleiters des Landes Schleswig-Holstein vom 06. Juni 1997, Landtag SH, Drs.14/879 による。また、本会議が州民請願の不成立を確認したことについては、参照、Landtag SH, PlPr.14/37 vom 27. August 1997, S.2516.

(37) この州民発案に関する審議におけるプルス議員の発言による。Abg. Klaus-Peter Puls (SPD): Landtag SH, PlPr.14/30 vom 24. April 1997, S.2019.

(38) Bericht und Beschlußempfehlung des Innen- und Rechtsausschusses, Landtag SH, Drs.14/638.

(39) Gesetzentwurf der Volksinitiative „ WIR gegen die Rechtschreibreform“, Landtag SH, Drs.14/640.

(40) Landtag SH, PlPr.14/30 vom 24. April 1997, S.2025.

(41) Bericht und Beschlußempfehlung des Bildungsausschusses, Landtag SH, Drs.14/764.

(42) Landtag SH, PlPr.14/34 vom 11. Juni 1997, S.2260. なお、この州民発案を州議会が否決したこと、およびその理由に関する州議会議長の公示（Bek. des Präsidenten des Schleswig-Holsteinischen Landtages vom 11. Juni 1997, GVBl. 1997, S.330）も参照。

(43) Antrag der Volksinitiative „Wir gegen die Rechtschreibreform“ zur Durchführung eines Volksbegehrens, Landtag SH, Drs.14/870.

(44) Bericht und Beschlußempfehlung des Innen- und Rechtsausschusses, Landtag SH, Drs.14/878.

(45) Landtag SH, PlPr.14/37 vom 27. August 1997, S.2473.

(46) Bek. des Präsidenten des Schleswig-Holsteinischen Landtages vom 27. August 1997, ABl. 1997, S.348.

（47）Bek. der Landesregierung vom 9. September 1997, ABl. 1997, S.395.

（48）州民請願の結果は、州投票管理委員長の通知に基づく所管委員会の報告による（Schreiben des Landesabstimmungsleiters des Landes Schleswig-Holstein vom 11. Juni 1998, Landtag SH, Drs.14/1527.）。

（49）Landtag SH, PlPr.14/62 vom 2. Juli 1998, S.4503. なお、この州民請願が成立したことに関する州議会議長の公示（Bek. des Präsidenten des Schleswig-Holsteinischen Landtages vom 2. Juli 1998, ABl. 1998, S.386）も参照。

（50）Dringlichkeitsantrag der Fraktion der CDU, Feststellung des Volksbegehrens „WIR gegen die Rechtschreibreform", Landtag SH, Drs.14/1490.

（51）Antrag der Fraktion der CDU, Volksbegehren „WIR gegen die Rechtschreibreform", Landtag SH, Drs.14/1570.

（52）Landtag SH, PlPr.14/62 vom 2. Juli 1998, S.4489-4490.

（53）Antrag der Fraktion von SPD und BÜNDNIS 90/DIE GRÜNEN, Drucksachen 14/1527 und 14/1490, Volksbegehren „WIR gegen die Rchtschreibreform", Landtag SH, Drs.14/1576 (neu).

（54）Landtag SH, PlPr.14/62, a. a. O., S.4503.

（55）Bek. des Präsicenten des Schleswig-Holsteinischen Landtages, GVBl. 1998, S.230.

（56）Runderlaß des Landesabstimmungsleiters vom 6. August 1998, ABl. 1998, S.658.

（57）Bek. des Landesabstimmungsleiters vom 29. Oktober 1998, ABl. 1998, S.904.

（58）Gesetz zur Änderung des Schulgesetzes vom 10. Dezember 1998, GVBl. 1998, S.366.

（59）この異議の内容は、その審議を付託された内務・法務委員会の報告書（Bericht und Beschlußenpfehlung des Innen- und Rechtsausschusses, Entscheidung über die Gültigkeit des Volksentscheids „WIR gegen die Rechtschreibreform" nach §25 Abs.2 VabstG, Landtag SH, Drs.14/1804.）による。

（60）Landtag SH, PlPr.14/72 vom 9. Dezember 1998, S.5286.

（61）Bek. des Präsidenten des Schleswig-Holsteinischen Landtages vom 9. Dezember 1998, ABl. 1999, S.4.

（62）Gesetz zur Änderung des Schulgesetzes vom 21. September 1999, GVBl. 1999, S.263. なお、Mehr Demokratie e. V. が提供する情報（http://www.mehr-demokratie.de/sh/; zfdd/heft_45/）参照。

(63) 州民投票により採択された法律と州議会により議決された法律との関係について、Martin Borowski, Parlamentsgesetzliche Änderungen volksbeschlossener Gesetze, DÖV 2000, S.481ff. 参照。

第三節　その他の州の制度

一　ブランデンブルク州

1 沿革

一　ブランデンブルク州における憲法制定への取り組み[1]は、「ブランデンブルク州形成のための調整委員会」の委託を受けて、またポツダム、コットブスおよびフランクフルト（オーデル）地区の円卓会議の了解の下に作成された、法律家グループの憲法草案に始まる。[2]この草案は二度の修正を経るが、まずNW州の法学者および法実務家との検討の後、一九九〇年四月二二日に「第一改訂案」[3]が発表されている。

この案は、「バランスのとれた若干の直接民主主義的要素により代表民主制を補完すること」を前提とし、[4]州民請願および州民投票の二段階の州民立法制度を採用している。州民請願の対象（法律の制定改廃を目的とし、州の立法権限の範囲内の法律案）、その成立要件（有権者の一〇分の一）、あるいは州民請願と州民投票との関係（「州議会が、州民請願を拒否するか、あるいはその申請者との合意なしに修正して可決した場合に、州民投票が実施される」）などの点において、当時の旧西ドイツ地域の他の州憲法（SHの憲法改正は、この第一改定案公表の二ヵ月後のことである）、あるいはかつてのマーク＝ブランデンブルク憲法が規定する同制度とほぼ同一であるが、州民請願が成立するまでの手続的要件が不必要に複雑となっていること（まずその許可申請のために三千人、さらにその実施のために一万人の有権者の署名を必要とする）、州民による憲法改正が必ずしも明確に規定されなかった点などが異なっている。(5) この第一改訂案に対しては、州民から五〇〇以上の提案、指摘および修正希望などが寄せられ、一九九〇年九月七日、「第二改訂案」(6) が提示されたが、州民立法制度に関しては、州民請願および州民投票の手続が憲法上明示されたことなどを除いて、第一改定案とほとんど同一であった。(7)

二　同年一〇月一四日、ブランデンブルク州における最初の州議会選挙が行われ、以後同州の政治は州議会を中心に行われることになるが、憲法制定作業は、「ブランデンブルク州憲法制定法」(8) に基づいて一九九一年一月三〇日に設置された「憲法制定委員会」(9) の手に移された。この委員会は、議員一五人および議員以外の法律専門家一五人の計三〇人の委員で構成され、円卓会議の憲法作業部会に所属していた二人の委員も含まれ、(10) 約三ヵ月の間に憲法草案の作成にあたったが、その審議に際しては、あらゆる基本権を盛り込んだ独自の草案を作成し、最近の憲法発展、円卓会議の憲法草案および当初の「第二改訂案」を考慮にいれることについての合意があったといわれる。(11) こうして条文構成上は、基本的に第二改訂案の方式がとられ、内容的には、基本権の領域においては特に円卓会議の憲法草案をモデルとして作成された(12) 憲法草案は、一九九一年五月三一日、官報により公布された。(13)

この憲法草案が規定する州民立法制度は、かつての第二改訂案における「古典的」州民立法制度ではなく、SH州が前年六月の憲法改正により導入した制度、すなわち州民発案に始まる三段階の制度であるが、SH州の制度と比較すると、同州の制度を基本的に継受しつつ、次のような相違がみられる。

まず州民発案に関する最大の特徴は、その対象が、州議会の解散請求にも拡大されていることである。州民請願による州議会の解散請求は、当時すでにBW、バイエルン、ベルリンおよびRPの各州憲法において規定されていたが、ここでは州民発案の段階からこの請求が認められ、これは同じ州民発案制度を採用している旧東ドイツ地域の四州を始め他の州にもみられない。州民発案に関するそれ以外の点では、州民発案の対象が州議会の権限の範囲内における政治的意思決定事項であること、法律案に限定されないこと、有権者の署名数（両州とも二万人とされ、いずれも有権者総数に占める割合は約一％にあたる）、発案の代表者に聴聞を受ける権利が保障されていることなど、SH州とほぼ同様の文言であるが、発案が許されないものとして、新たに公務員の人事決定が追加されている。

次に州民請願は、州議会が当該発案に同意しなかった場合に、発案者の要求によりその登録が開始されるが、州議会が州民の発案を審議できるのはこの州民発案の段階だけに限定され、それ以後は州議会の関与が認められていない点はSH州と同様である（この点はその後改正され、現行憲法では州議会は州民発案および州民請願の二段階において審議できることとなった）。また州民請願の成立に必要な署名者数は八万人とされ、これは一九九〇年の州議会選挙時の有権者総数の約四％に相当し、SH州憲法の五％よりも低く設定されている。州民請願のための登録期間はSH州と同様に六ヵ月間とされて州民の便宜が図られており、またその際に州政府が当該提案を相当な方法で公示しなければならないことも同様であるが、SH州が州政府の「意見を付さない」（州憲法四二条三項一文）ことを条件として、州政府の影響力を排除しようとした趣旨の規定は盛り込まれなかった。[14]

州民投票に関しては、その成立要件が投票者の過半数および有権者の四分の一の賛成であることはSH州と同様であるが、州民請願の成立から州民投票実施までの期間の設定、州民投票に際して州議会が対案を提出できること、さらに発案代表者が州民投票のための宣伝運動に要する費用の支給を請求できる権利を有することに関する規定を欠いている。

このように三段階の州民立法制度に関する憲法制定委員会の案は、ほぼSH州のモデルを原則的に踏襲しているといえよう。しかしこの委員会案の最大の特徴とされる点は、SH州を含む他のすべての州憲法における直接民主主義的要素の具体化が、せいぜいこの州民立法制度の採用にとどまっていることに対して、ブランデンブルク州のこの案は、州民立法制度を含む広範な直接民主主義的制度を採用したことである。すなわち同案は、「政治的形成権」なるタイトルの下に一節（第二部第三節第二一～二五条）をさいて、州民（個人および団体）が政治決定過程に直接参加することを可能とする諸権利、例えば官公庁へのアクセス権としての情報提供要求権、書類・資料閲覧要求権などを明示的に保障し、また環境保護の分野でも情報提供要求権を認めている（四二条）。

この憲法草案は、連邦全体で政治的・法律的議論の対象となり、「憲法制定法」四条四項により市民が憲法委員会に対して提案および指摘を行うことができる期間として設定された約三ヵ月の間に、市民や諸団体から約四〇〇件の意見が寄せられ、また州政府もこの段階では憲法議論に介入して多くの意見表明を行った。このため憲法委員会は、これらの意見を考慮し、また世間の議論に応じて憲法草案を基本的に改訂し、一九九一年一二月一三日に改訂案を州議会議長に提出し、その起草作業を正式に終了した[15]。

この改訂案[16]を当初の草案と比較すると、州民立法制度に関しては、州民請願の登録期間が六ヵ月から四ヵ月へ短縮され、議会の解散請求のために必要な署名数が州民発案については一〇万人から一五万人へ、州民請願については一五万人から二〇万人へと、いずれもハードルがより高くなっている。また州民請願が成立した時点で、州議会は、それに応じることにより州民投票を回避するか、あるいはそれを拒否して独自の対案を州民投票にかけるかを決定することができることになり、州民立法過程への議会の関与は、州民発案の段階だけでなく州民投票に際しても認められている。他方、州民発案の権利をすべての「住民」に認めることにより、有権者に限定していた当初の草案よりも、政治的意思形成過程に直接参加できる人の範囲を大幅に拡大しており注目される。[17]

「憲法制定法」によれば、同州の憲法が成立するためには、州議会がその法定議員の三分の二の多数により憲法草案を議決し（五条）、さらにそれを州民投票にかける必要があった（六条）が、この改訂案は、一二月一九日の第一読会において審議が開始された後、約四ヵ月後の一九九二年四月一四日の第三読会において、八八人の議員のうち七二人が賛成したため、法定議員数の三分の二の多数を満たして州議会を通過し、[18]引き続き六月一四日の州民投票にかけられた。「憲法州民投票法」[19]によれば、州民投票の成立要件は、有効投票の過半数の賛成であった（二七条一項）が、この州民投票においては、有権者総数一九二万九九五七人のうち九二万五一二三人が投票に参加し、有効投票九一万九一五〇票のうち、八六万四三二九票の賛成票（有効投票の九四・〇％）が投じられ、[20]ここにブランデンブルク州の憲法が成立した。[21]

【注】

（1） 同州の憲法制定の経緯については、とくに、Jung, JöR 41 (1993), S.45-50; Sampels, Bürgerpartizipation, S.66-96; Klages/Paulus, Direkte Demokratie, S.161-164, 207-208, 240-245、そのほか、Sachs, Wiedervereinigung II/2, S.3ff.; Franke, Wiedervereinigung III, S.1ff. 参照。

（2） Jung, JöR 41 (1993), S.45; Paterna, Volksgesetzgebung, S.86.

（3） 「第一改定案」の条文は、JöR 39 (1990), S.387-399 による。

（4） Jung, JöR 41 (1993), S.45.

（5） Jung, a. a. O., S.46 参照。なお、一九四七年制定のマーク・ブランデンブルク憲法（Verfassung für die Mark Brandenburg vom 6. Februar 1947）三六条が規定する州民請願は、「有権者の一〇分の一、あるいは少なくとも有権者の五分の一の代表であることを疎明する政党の申立て」により成立し（一項）、州民投票は、「その請願された法律案が、州議会において申立人が合意した文言で受け入れられた場合には、実施されない」（二項）ことを特徴とする。

（6）「第二改定案」の条文は、JöR 40 (1991/1992), S.366-378 による。

（7）Jung, JöR 41 (1993), S.46.

（8）Gesetz zur Erarbeitung einer Verfassung für das Land Brandenburg vom 13. Dezember 1990, GVBl.1991, S.26. この法律は、憲法の制定と議論は憲法制定委員会だけに委ねられるのではなく、その手続には州民が広範に含められなければならない（四条一項）と規定する（なお、憲法草案の州議会への送付期限の変更について、GVBl.1991, S.500 参照）。

（9）超党派によるこの委員会の設置提案（Landtag BB, Drs.1/57）、および本会議での議決（Landtag BB, PlPr.1/9 vom 30. Januar 1991, S.410）参照。

（10）各会派の所属議員数に比例して提案された一五人の非議員（「憲法制定法」二条二・三項、Landtag BB, Drs.1/57 参照）のなかには、円卓会議の憲法作業部会の委員を務めた東ドイツの憲法学者シェーンベルク（Prof. Dr. Karl-Heinz Schönburg）氏および前連邦憲法裁判所判事ジーモン（Prof. Dr. Helmut Simon）氏が含まれていた（Franke/Kneifelt-Haverkamp, JöR 42 (1994), S.125, Fn.53 参照）。

（11）Franke/Kneifel-Haverkamp, a. a. O., S.126.

（12）Franke/Kneifel-Haverkamp, a. a. O., S.126-127 に、円卓会議の憲法草案に由来する規定が列挙されている。

（13）Verfassung des Landes Brandenburg -Entwurf- vom 31. Mai 1991, GVBl.1991, S.96.なお、JöR 40 (1991/1992), S.378-396 参照。

（14）Landtag Brandenburg, 1. WP., Volkshandbuch, 1991, S.137.

（15）Franke/Kneifel-Haverkamp, JöR 42 (1994), S.128.

（16）この改定案は、州議会の五会派による憲法草案（Gesetzentwurf der Fraktionen der SPD, der F. D. P., der CDU, der PDS-LL und des Bündnisses 90, Verfassung des Landes Brandenburg, Landtag BB, Drs.1/625）として州議会に提出されている。

（17）Jung, JöR 41 (1993), S.49.

（18）Landtag BB, PlPr.1/45 vom 14. April 1992, S.3234.

（19）Gesetz zur Regelung des Verfahrens beim Volksentscheid über die Verfassung des Landes Brandenburg (Verfassungsvolksentscheidsgesetz- VVG) vom 31. März 1992, GVBl.1992, S.110.

(20) Bek. des Gesamtergebnisse der Volksabstimmung über die Verfassung am 14. Juni 1992, GVBl.1992, S.206.
(21) Verfassung des Landes Brandenburg vom 20. August 1992, GVBl.1992, S.298.

2 制度の概要

一　旧東ドイツ地域五州のすべての憲法草案は、円卓会議により作成された憲法草案（一九九〇年四月）およびSH州の改正憲法（一九九〇年六月）に倣って、州民が政治的決定過程に参加する権利を保障する直接民主主義的要素を、基本法や旧西ドイツ地域諸州の憲法が規定する範囲を超えて導入したが、なかでもブランデンブルク憲法は、それらの権利をもっとも詳細かつ広範に規定している。なかんずくその特徴は、第一に、「政治的形成権」として、州民の政治的共働形成権や州民投票など州民参加に関する包括的な諸権利を規定したこと、第二に、これらの諸権利の行使をドイツ人や選挙権者に限定することなく、州の「住民」である外国人や無国籍者にまで拡大したこと、そして第三に、州議会の解散の申立てを含む三段階の州民立法制度を採用したことである。(1)

本章の目的は州民立法制度の考察であるが、州民の政治的決定過程への包括的な参加権は、州民立法制度の基礎となる重要な問題に関わると考えられる。すなわち州憲法は、第三章「政治的形成権」として、二一条から二四条にわたり、「政治的共働形成権」（二一条）、「選挙および州民投票」（二二条）、「集会の自由」（二三条）ならびに「請願権」（二四条）を規定しており、これらのうち「集会の自由」と「請願権」は、従来の諸憲法でも規定されているものの、それらの政治的意思形成過程における重要性に着目してあえて「政治的形成権」の一つとして規定されている。(2) そこで、ここではこれら四ヵ条の原則的規定となる二一条の概要を紹介したうえで、とりわけ二二条が規定する州民投票の諸原則を、その具体的な手続を規定した七六—七八条とともに考察することとする。

二　州民個人あるいは団体が、政治的決定過程に直接参加することを可能とする権利すなわち政治的共働形成権については、次のように規定されている。

第二一条　政治的共働形成権（Recht auf politische Mitgestaltung）

(一)　政治的共働形成権が保障される。

(二)　何人も、主権的権利の行使に関して別に法律で規定されていない限りにおいて、その適性、能力および専門的実績に応じて、等しく公務に就く権利を有する。市民運動、諸団体、宗教団体あるいは政党における活動を理由とする免職あるいは懲戒は許されない。

(三)　何人も、公的案件に影響を及ぼすために市民運動あるいは諸団体において団結する権利を有する。これらは、州および地方自治体のすべての機関を通じて情報の提供を要求する権利、および所管機関および代表機関にそれらの関心事項を申し立てる権利を有する。詳細は、法律がこれを定める。

(四)　何人も、法律に基づいて、州および地方自治体の官庁および行政機関の文書およびその他の職務上の資料の閲覧を要求する権利を、それに優越する公的あるいは私的な利益が対立しないかぎりにおいて有する。

(五)　公的あるいは私的な計画により法的に保護された利益に関わりを有する者は、手続への参加を要求する権利を有する。この権利は、当事者の団体にも帰属する。詳細は、法律がこれを定める。

州民の政治的形成権に関する基本的規定としての二一条一項は、円卓会議の憲法草案二一条一項（「すべての市民は、政治的共働形成への平等な権利を有する。」）に倣ったものであるが、州民には、通常五年ごとに行われる州議会選挙（州憲法六二条一項）以外の期間においても、政治的過程に共働する事実上の可能性のみならず、そのために憲法上保障された権利が存することを明らかにする。[3]

その具体的な権利に関しては、二項以下に規定されており、まず二項一文は、公職に就く権利を何人にも平等に認め、それをドイツ人に限定している基本法三三条二項（「すべてのドイツ人は、その適性、能力および専門的実績に応じて、等しく公職に就くことができる。」）と異なり、外国人にもその享有主体を拡大している。

次に三項は、市民運動に対する憲法上の特別の保護を規定する円卓会議の憲法草案三五条[4]に由来し、一九八九年から一九九〇年にかけての旧東ドイツの平和的変革の過程における市民運動や諸団体の実践的意義を考慮するとともに、憲法現実におけるそれらの政治的役割を憲法上認めている。同項一文は、公的問題に影響を及ぼすために市民運動あるいは諸団体に結集する権利を保障するが、すでに一般的な結社の自由を規定した二〇条三項において、それらの内部的秩序は民主的諸原則に一致しなければならないとされている。この権利も、ドイツ人のみならず何人にも保障され、同じく結社の自由に関する基本法九条一項の規定する享有主体の範囲を超えている。また同項二文は、市民運動あるいは諸団体の活動（すなわち公的問題の共同形成）に必要な情報を諸官庁を通じて収集する権利、およびそれらの関心事項を所管機関および代表機関に申し立てる権利を規定する。この一般的な情報収集権は、さらに環境保護の分野においても強調されている（三九条七項[5]）。

四項は、州および市町村の行政機関が有する公文書の閲覧請求権を何人に対しても保障する。この権利は、基本法にはこれに相応する規定はないが、情報公開の趣旨を憲法上規定したものといえよう。なお、自分自身の個人データの閲覧に関しては、一一条においてその自己決定権的性質が認められている。[6]

最後に、五項が規定する手続参加の権利は、円卓会議憲法草案の二一条四項（公的計画に関する利害関係者の手続参加権）[7]に由来し、四項が規定する公文書閲覧請求権と異なり、一定の公的あるいは私的な計画により、自分自身の法的に保護された利益に関わる人（および団体）にのみ帰属する。この規定は、何らかの計画により自分の法的に保護された利益が侵害される虞がある場合、それを事前に、かつ適切に主張できることを可能にすることを目的とし、それにより自分自身の法的に承認された利益領域における政治的共働形成を容易にするものである。

三　以上のような州民が政治的決定過程に直接参加するための政治的共働権のうちで、もっとも重要かつ決定的なものが州民投票制度であるといえよう。この制度について州憲法はまず、「立法は、州民投票により、および州議会により行使される。」（二条四項）とした上で、その諸原則について次のように規定する。

第二二条　選挙と州民投票

㈠　満一八歳に達したすべての市民は、州議会および地方自治体の議会の選挙権および被選挙権を有する。その他のブランデンブルクの住民は、基本法がそれを認めれば直ちにまたその限りにおいて、これらの権利が与えられなければならない。

㈡　すべての市民は、満一八歳をもって、州民発案、州民請願および州民投票、ならびに住民発案、住民請願および住民投票に参加する権利を有する。その他の住民は、州民発案および住民発案に参加する権利を有し、州民請願および州民投票並びに住民請願および住民投票に参加する権利は、基本法がそれを認めれば直ちにまたその限りにおいて、与えられなければならない。法律は、州民発案および住民発案への参加のための年齢制限を、それらが専ら青少年に関わるものである限りにおいて、一六歳に引き下げられることを規定することができる。

㈢　選挙および州民投票は、普通、直接、平等、自由および秘密である。政党、政治団体、候補者名簿作成団体および個々の市民は、選挙に参加する資格を有する。議員は、個人選挙が比例代表選挙の諸原則と結合する手続に基づいて選出される。選挙審査および投票審査は、各選挙区の代表議会に帰属する。その決定は、裁判所の事後審査に服する。（以下略）

㈣　議会に議席を得ようとする者は、選挙の準備に必要な休暇を請求する権利を有する。何人も、議員の職務を獲得し、引き受け、あるいは行使することを妨げられてはならない。解雇通知あるいは解雇が許されるのは、使用者に即時解雇の権利がある場合のみである。（以下略）

これらの選挙と州民投票の諸原則のうち、主として州民投票に関わる二項についてみると、州民投票に関する様々な形式の手続に州民が参加できる権利が保障されている。すなわち州レベルでは、州民発案（Volksinitiative）、州民請願（Volksbegehren）および州民投票（Volksentscheid）、地方自治体レベルでは、住民発案（Bürgerantrag）、住民請願（Bürgerbegehren）および住民投票（Bürgerentscheid）という、いずれのレベルにおいても三段階の参加手続が規定されている（同項一文）。州民投票制度を有する他の州憲法と比較して、ブランデンブルク州の制度の基本的な特徴は、この三段階の手続を採用したことはもちろんであるが、さらにその手続への参加権者の範囲が大幅に拡大されていることである。すなわち、まず州民（住民）発案、州民（住民）請願および州民（住民）投票の三つの手続への参加は、同州のすべての市民に認められているが、ここにいう市民とは、「基本法一一六条一項の意味におけるブランデンブルク州に定住するすべてのドイツ人」（州憲法三条一項）を指す。他方、州民（住民）発案については、市民以外の住民、すなわち同州に定住する外国人や無国籍者にも参加が認められており、これらの住民が、さらにその次の手続である州民（住民）請願や州民（住民）投票に参加できるか否かは、基本法の規定にかかっているとされる（同項二文）。さらに同項三文は、とくに青少年に関する問題については、一六歳以上の青少年が州民（住民）発案に参加できることを法律で規定できるとしており、後述のように州民投票法がこれに関して具体的に規定している。

四　このような三段階の州民立法制度について、州憲法は、各々の手続を次のように具体的に規定する。

第七六条　州民発案

㈠　すべての住民は、州議会に対して、その権限の範囲内において一定の政治的意思決定案件を提出する権利を有する。この州民発案は、法律案および州議会の解散に関する申立てをも提出することができる。発案は、少なくとも二万人の住民による署名、議会の解散に関する申立ての場合は少なくとも一五万人の有権者による署名が必要である。発案の代表者は、聴聞を受ける権利を有する。

㈡　州の予算、公務員の給与・手当、公租公課および人事決定に関する発案は許されない。

第七七条　州民請願

㈠　州議会が、法律案、議会の解散に関する申立て、あるいは七六条に基づくその他の提案に対して、四ヵ月以内に同意しない場合は、その発案の代表者の要求により、州民請願が実施される。

㈡　州政府あるいは州議会の三分の一の議員が、その州民請願が許されないものであると考える場合は、憲法裁判所に申立てなければならない。

㈢　州民請願は、少なくとも八万人の有権者が四ヵ月以内にその州民請願に同意すれば成立する。州議会の解散に関する申立ては、少なくとも二〇万人の有権者の同意を必要とする。

㈣　州民請願に関する投票の前に、州議会議長は、理由を備えた法律案あるいは七六条に基づくその他の提案を、相当の方法で公示しなければならない。

第七八条　州民投票

㈠　州議会が二ヵ月以内に州民請願に応じない場合は、その後三ヵ月以内に州民投票が実施される。州議会は、競合する法律案あるいは七六条に基づくその他の提案をともに投票にかけることができる。

㈡　法律案あるいは七六条に基づくその他の提案が州民投票により採択されるのは、投票者の過半数で、しかも有権者の少なくとも四分の一にあたる人が賛成した場合である。

㈢　憲法改正ならびに州議会の解散に関する申立てに際しては、投票者の三分の二で、しかも有権者の少なくとも半数にあたる人が、憲法改正あるいは州議会の解散に賛成しなければならない。有効な賛成票および反対票のみが数えられる。

ブランデンブルク州の州民立法制度は、二万人の住民が州議会に対して一定の政治的問題の審議を求め、その提案を州議会が受け入れない場合は、発案代表者の要求により州民請願が実施され、八万人の有権者の支持を得て成立した州民請願に州議会が再び応じない場合は、州民投票が実施されるという手続から構成される。同じ三段階の手続を採る他州と比較した場合の主要な特徴としては、第一に、SH州、ハンブルクおよびザクセン州と同様に、州民発案と州民請願とが連続した手続として構成されていること、すなわち州民請願の段階から立法手続を開始することは認められていないこと、第二に、三段階のいずれの手続においてもその対象は、州議会の権限内の政治的意思形成事項であればよく、法律案に限定されていないこと、第三に、州議会が州民の提案を審議することのできる機会が、州民発案が行われた場合および州民請願が成立した場合の二回認められていることなどが挙げられよう。

他方、この制度は、円卓会議の憲法草案が規定する当該制度とはかなり異なってはいるが、部分的にはそれに倣ったところもあるように思われる。なぜなら同草案が規定する制度（九八条）[8]は、国民請願および国民投票の二段階の手続から構成され、国家予算に関する国民投票は許されない点など、なるほどその全体的な枠組は、ワイマール憲法期以来のいわゆる「古典的」州民立法制度の伝統を継承しているものの[9]、発案代表者に対して、当該法律案の議会における審議に参加して意見を述べる権利を保障している点（九八条四項二文）は、ワーマール憲法や旧西ドイツ地域の州憲法における従来の制度にはまったくみられないにもかかわらず、ブランデンブルクの州憲法には「聴聞を受ける権利」（七六条一項四文）として採用されているからである。しかし同州の制度は、むしろそのほとんどは一九九〇年六月に改正されたSH州の州憲法（四一・四二条）をモデルとしており、それは三段階の手続各々について多くの類似点を有することから明らかであるといえよう。[10] 以下、これら各々の手続について、その意義と特徴を考察することとする。

五　まず、州民発案とは、州議会を一定の政治的意思形成の問題に取り組ませることを目的とする提案であり、二万人の住民の署名を必要とする（州憲法七六条一項）。

ここにいう「住民」とは、基本法一一六条の意味におけるブランデンブルク州に定住するドイツ人を指す「市民」（三条一項一文）に限定されず、国籍に関係なく、同州に定住するすべての人を意味する（同項二文）。したがって、州民発案に参加する権利を有するのは、「すべての㈠市民、㈡ヨーロッパ共同体の滞在許可を証明することができる者に限り、ヨーロッパ共同体加盟国の国民、㈢滞在許可を証明することができる者に限り、ヨーロッパ共同体非加盟国の外国人」であって、「満一八歳以上の、しかもブランデンブルク州に少なくとも一ヵ月間定住している者」（「州民発案、州民請願および州民投票の手続に関する法律」[11]〈以下、「州民投票法」あるいは単に「法」と略する〉四条）である。その年齢制限は、このように満一八歳であるが、主として青少年に関わる州民発案においては、それを一六歳にまで引き下げることができるとされ（法七条一項）、参加権者の範囲はさらに拡大されている。この場合、州民発案の対象が主として青少年に関わるものであるか否かの問題は、州議会（主委員会）が書面による照会に基づいて州民発案の開始の前でも決定しなければならず、またその決定に対して、州民発案の代表者はその公示後一ヵ月以内に州憲法裁判所へ異議を申し立てることができる（法七条二・三項）。

州民発案への参加権者の範囲を、このように定住外国人等を含む住民に拡大しているのは、憲法上州民発案は、単に州議会が一定の政治的問題に取り組む契機を与える一種の団体請願に類似する制度として位置づけられており、したがって州民発案への参加は、決して国家権力の行使への共働とは結びつかないこと、すなわち州民発案は州議会の意思決定手続において必要不可欠な第一段階ではなく、州民発案の要求の採否あるいは受入れの程度は、もっぱら州議会の政治的裁量に委ねられていることにあると解されている。(12)

州民発案に必要とされる二万人の署名者数は、有権者総数の約一・〇二％にあたり、その有権者総数に占める割合を同様の州民発案制度を採用する他の州と比較すると、テューリンゲン州の六％（約一二万人に相当）は別として、ニーダーザクセン州（七万人／一・二三％）〔必要署名者数／有権者総数に占める割合――以下同様〕、ザクセン州（四万人／一・〇八％）、SA州（三万五千人／一・五六％）、MV州（一万五千人／一・〇五％）およびSH州（二万人／〇・九五％）などとほぼ同程度に設定されている。しかし、これらの州はいずれも州民発案への参加権者を市民たる有権者に限定しており、他方ブランデンブルク州は市民以外の住民にも発案を認めていることから、同州の州民発案の定足数は同じ制度を採用する州のなかで、実質的にはもっとも低く設定されていると考えられる。また州民発案のための署名収集は、発案者のイニシアティブで行われ、州民請願の登録手続が、州民投票法上設置される投票管理委員会などにより公的に進められる点と異なり、州民投票法は、州民発案の署名収集に関して、署名用紙上の必要的記載事項（法八条）について規定するにとどまる。

州民発案の対象は、「一定の政治的意思形成の問題」と広く設定され、法律案に限定されておらず、しかもこれは州民請願の段階においても同様であり、他の州憲法において州民発案の段階ではこのように広く認められていた対象が、州民請願の段階では法律案に限定されるのが一般的であることに比べると、ここでも州民の政治への参加権をできるだけ広く認めようとする同州憲法の考えが現れている。もっとも、その対象は州議会の権限の範囲内のものでなければならず、また州の予算などいわゆる財政関連法律は許されない。財政に関連する法律に対して州民の介入を認めないのは、州民立法制度を採用するすべての州憲法に共通するが、それ以外に人事決定をも州民発案の対象から除外しているのは珍しく、他にテューリンゲン州およびベルリンにその例をみるだけである。また過去一二ヵ月の間に失敗した州民投票と同じ対象を含む州民発案も許されない（法五条三項）。

　州民発案は、州議会議長に提出されなければならず、必要とされる署名など法定要件を満たしていないことが明白な場合には、議長は、その州民発案は成立していないとして当該書類を提出者に返戻するか、あるいは請願委員会の了解を得て同委員会にその取扱いを委ねなければならない（法九条一・二項）が、それ以外の場合は、議長は州民発案の到達後遅滞なく、州選挙管理委員長に対して州民投票法六条所定の要件（少なくとも二万人の有権者の自署、五人の代表者およびその代理人の氏名の添付、そして青少年が州民発案に参加している場合には前述の法七条に基づく前提を満たしていること）の審査を行わせるとともに、それを同時に州議会の主委員会および州政府に通知する（法九条四項）。州選挙管理委員長は、一ヵ月以内にその審査結果を報告し（同条五項）、主委員会はその審査結果に基づいて州民発案の許可を決定する（同条六項）。同委員会の決定および前述の議長による返戻に対して、発案代表者はその決定の公示後一ヵ月以内に州憲法裁判所に異議を申し立てることができる（法一一条）。許可された州民発案は、所管の委員会に送付されて審議されるが、発案代表者はその委員会において聴聞を受ける権利を有する。そして州議会は、主委員会の議決勧告に基づいて、その許可された州民発案が州議会議長に到達した後四ヵ月以内に、その州民発案に関して議決しなければならない（法一二条二項）。

　州議会が、州民発案に基づく提案を受け入れない場合は、発案代表者の請求により、州民請願が実施されるが、この請求は、州議会による当該議決の公示後あるいは議決のために与えられた四ヵ月の期間の満了後一ヵ月以内に、州議会議長に対して行われなければならない（法一三条一・二項）。州政府あるいは州議会の三分の一の議員は、その州民請願が許されないと考える場合は、その請求後一ヵ月以内に州憲法裁判所の決定を申し立てなければならない（同条三項）。

州民請願の支持は、登録名簿への登録により行われる（法一五条一項）が、この登録に参加する権利を有するのは、満一八歳以上のドイツ人である市民に限定され（法一六条）、州民発案の場合のように外国人などの住民には認められていない。またその実施は州民発案の場合と異なり、所管の投票管理機関の手により行われる。(13) すなわち州選挙管理委員長は、請求された州民請願を官報において遅滞なく公示し（同一四条一項）、その公示の中で州民請願の登録期間の始・終期を確定するが、この期間はその公示後早くて四週間目遅くとも八週間目には始まり、四ヵ月間継続しなければならない（同条二項）。

この四ヵ月の登録期間内に、八万人の有権者がその州民請願を支持すれば、州議会議長がその成立を確定して官報により公示し（法二一条四―六項）、その公示後二ヵ月以内に州議会はそれを取り扱わなければならない（同二四条一項）。州議会が二ヵ月以内にその州民請願を無修正で受け入れた場合には、州民投票は実施されない（同条二項）が、それを受け入れない場合には、その三ヵ月後に州民投票が実施される。また州議会が、州民請願において提案されている法律案を、修正はするがその基本的要求に反しないかたちで受け入れた場合は、代表者の申立てに基づきその州民請願を終了させることができる（法二六条二項）。他方、州議会は、それを否決した場合は、州民投票に自らの対案を提出することができる（法二六条四項）。

複数の法律案あるいはその他の提案が州民投票にかけられた場合においても、有権者は一票しか有さず（法四五条三項）、州民投票により採択されるのは、投票者の過半数で、しかも有権者の少なくとも四分の一にあたる人が同意した場合とされ、SH州と同様の成立要件となっている。なお、発案代表者が州民請願あるいは州民投票の署名・

宣伝運動に際して要した費用の弁償請求権に関する規定は存しない。

【注】

（1）Brünneck/Epting, Politische Gestaltungsrechte und Volksabstimmungen, §22, Rdnr.1 参照。

（2）Brünneck/Epting, a. a. O., §22, Rdnr.12, 13. 参照。なお、「集会の自由」および「請願権」は、各々、基本法八条および一七条、ならびに円卓会議憲法草案一六条および二一条五項に相応する。

（3）二一条の解釈に関しては、Brünneck/Epting, a. a. O., §22, Rdnr.4ff. 参照。

（4）円卓会議憲法草案三五条「㈠公的課題に専心し、その際世論の形成に影響を及ぼす団体（市民運動）は、自由な社会形成、批判および統制の担い手として、憲法上の特別な保護を受ける。㈡市民運動のなかで、その活動が州あるいは連邦の領域に広がるものは、人民議会あるいは州議会の所管の委員会において、その関心事項の申立ておよび実質的な取扱いの権利を有する。それは第三者の人格およびプライバシーが侵害されない限りにおいて、対立する公共の利益の衡量に基づき、公行政の主体のもとにあるその関心事項に関わる情報へのアクセスを要求する権利を有する。」

（5）州憲法三九条「㈦州、市町村および市町村連合は、現在および予想される自然環境の負担に関する情報を収集・記録する義務を負う。施設の所有者および事業者は、相応の公開義務を負う。何人も、それに優越する公的あるいは私的な利益が対立しない限りにおいて、これらの情報を要求する権利を有する。」

（6）州憲法一一条「㈠何人も、その個人データの提供および利用に関して自ら決定し、その個人データの蓄積に関する情報の提供を要求し、そして公文書およびその他の職務上の資料が自分に関わり、第三者の権利と対立しない限りにおいて、その閲覧を要求する権利を有する。個人関連データは、その権利者の任意的かつ明示的な同意をもってのみ、収集、蓄積、加工、提供あるいはそれ以外に利用できるにすぎない。」

（7）円卓会議憲法草案二一条「㈣特に交通制度や交通施設、エネルギー施設、生産施設や大規模建設の公的計画により権利や利益に関わる人はすべて、手続に参加する権利を有する。当該者の団体も同じ権利を有する。」

（8）同草案九八条は、国民投票制度について、「㈠国民投票のための法律案は、共和国大統領への国民請願により提出される。…

国民投票は、その請願が七五万人の有権者により提出された場合に実施される。㈡国家予算に関する国民投票は実施されない。㈣……代表者は、人民議会の管轄の委員会の審議に出席することができ、そこで発言権を有する。人民議会がその法律案を期間内に無修正で、あるいは代表者の三分の二が同意した文言で受け入れた場合は、国民投票は実施されない。」と規定する。なお、国民請願の発案者には、国民投票に向けて、「公共のマスメディアにおいてその要望について無料で宣伝する機会が与えられ」たこと（四項六文）は、従来の州民投票制度にはみられなかったが、ブランデンブルク憲法には採用されなかった。

（9）この制度は、ワイマール憲法期の伝統（例えば、ワイマール憲法七三条）のみならず、戦後の旧東ドイツの州憲法（例えば、一九四七年のMV憲法五九条およびザクセン憲法五九条、一九四六年のテューリンゲン憲法三八条や一九四九年の東ドイツ憲法八七）をも引き継いでいるとされる（Häberle, JöR 39 (1990), S.345)。

（10）Brünneck/Epting, a. a. O., §22, Rdnr.14.

（11）Gesetz über das Verfahren bei Volksinitiative, Volksbegehren und Volksentscheid (Volksabstimmungsgesetz – VAGBbg) vom 14. April 1993, GVBl. Teil I 1993, S.94.

（12）Brünneck/Epting, a. a. O., §22, Rdnr.15.

（13）Brünneck/Epting, a. a. O., §22, Rdnr.16.

3　実　例

ブランデンブルク州においては、一九九九年末までに一七件の州民発案が州議会議長に提出され、このうち五件については、さらに州民請願が実施されたがいずれも成功には至らなかった(1)。

最初の州民発案は、一九九二年一一月に提出されたが、それを含めて一九九三年の半ばまでに提出された合計六件の州民発案は、すべて当時進行中であった地域改革すなわち郡の再編成法に関するものであった。この六件の結果は、州民発案に必要な署名数を欠くと決定されたものが一件、その要請が当該法律のなかに採り入れられたものが二件、州議会で否決されたものが三件であり、州議会で否決された三件のうち二件については代表者の申立てにより州民請願が実施された[2]。この二つの州民請願は、いずれも州議会により議決された郡再編成法の変更を要求するものであったが、登録有権者数は成立要件である八万人にまったく届かず、二件とも失敗に終わった[3]。

一九九四年七月に提出された七番目の州民発案は、年齢要件を満たさない市民の署名や名字だけの署名などの理由により、かなりの署名が無効とされ、二万人の署名者数を満たすことができなかった[4]。しかし一年後、この州民発案（Volksinitiative gegen das Verkehrsprojekt 17 „Deusche Einheit“ - Wasserstraßenausbau in Brandenburg）[5]は再度提出され、州議会で否決されたのち[6]、州民請願が実施された。この発案は、連邦交通網整備計画に盛り込まれていた同州内の水路建設計画について、その計画の廃止あるいは環境適合調査を伴う開発計画手続の開始などを連邦参議院において提案するよう、州議会の議決により州政府に要請することを目的としていたが、一九九六年一月一五日から八月一四日まで実施された州民請願は[7]、五万八三〇六人の登録にとどまり成立しなかった[8]。

一九九五年には、二件の州民発案が州議会に提出されたが、そのうち、新しい州における和議賃貸借制度への移行に際して社会的・法的諸条件の創設を要請する州民発案は[9]、州議会において一部文言を修正しただけで採択された[10]。また高速道路建設に反対する州民発案も、署名者はわずか七〇〇人足らずであったが、その要請が考慮されて開発計画の手続が再度とられたことにより[11]、その要請が州議会により受け入れられている。

一九九六年に提出された三件の州民発案のうち、まず同州の音楽学校の助成を要請する州民発案（Volksinitiative „Gesetz zur Förderung der Musikschulen im Land Brandenburg“）[12]は、その要請が初めて、完成された法律案の提出というかたちで行われたが、当該法律案は州議会により否決され[13]、その代表者はさらに州民請願の実施を申し立てたものの、その後その申立てを撤回したため州民請願は実施されなかった[14]。また社会契約上の上下水道料金の設定を求める州民発案（Volksinitiative der Bürgerbewegung „für sozialverträgliche Wasser- und Abwasserpreise“ Eberswalde zur Neuorientierung der Wasser- und Abwasserpolitik im Land Brandenburg）[15]について、その審議が付託された委員会は、当初、それは州憲法で発案が禁止されている「料金」に該当するため許されないと判断したが、その後この要請は「政治的意思形成の対象」として許されると判断し、委員会においてその代表者の聴聞が実施され[16]、州議会は、上下水道政策の新しい方針などに関して改めて審議を行うことを求める委員会の議決勧告を採択し[17]、この州民発案の要請は実質的に受け入れられている。他方、若者の労働や若者の社会福祉の促進を求める州民発案は、提出された署名者名簿のうち有効な署名者数は二万人に達しないと決定された[18]。

一九九七年には、ベルリン・ハンブルク間のリニアモーターカー「トランスラピッド」の計画に反対する州民発案（Volksinitiative– NEIN zum „Transrapid Berlin-Hamburg“）[19]が提出された。この発案は、当該リニアモーターカー路線は、交通政策上無意味であり、自然と風景を破壊し、市民の税金を浪費するとして、その建設に関する計画および建設のすべての法的基礎ならびにすべての準備措置の廃止を連邦参議院において要求することを州政府に委託する議決を行うよう、州議会に求めていた。しかし州議会はこの州民発案を否決したため[20]、その代表者の申立てにより州民請願が実施され[21]、登録者は六万九五七〇人にのぼったが、州民請願の成立要件である八万人には届かなかった[22]。

その後、一九九八年七月には空港建設に反対する州民発案（Volksinitiative gegen den Ausbau des Flughafens Schönefeld）、一九九九年六月には東ドイツ地域住民の医療介護における不利が増大することに反対する州民発案（Volksinitiative gegen die zunemende Benachteiligung der ostdeutschen Bevölkerung in der medizinischen Betreuung und Versorgung）が提出された[23]。また同年八月には同州の音楽学校の助成要請に関する法律案の提出を求める州民発案（Volksinitiative zur Einbringung eines „Gesetzes zur Förderung der Musikschulen im Land Brandenburg“）が一九九六年に引き続いて再度提案さ

れ、州議会が否決した後[24]、州民請願が二〇〇〇年三月二〇日から七月一九日まで実施されたが[25]、有効登録者数は二万七七二人にとどまり、州民請願は成立しなかった[26]。

【注】

（1）Jung, ZG 1998, S.305-308; Vette, RuP 1996, S.219-220; Röper, ZParl 1997, S.474, Fn.81 参照。

（2）Jung, ZG 1998, S.306; Vette, RuP 1996, S.219. なお、州議会で否決された三件のうち州民請願の実施を申し立てなかった州民発案（Volksinitiative „Kreisstadtentscheidung durch den Kreistag“）は、郡庁の所在地は郡議会が決定する旨の法律の制定を要求するものであり（法律案の内容は、Beschlußempfehlung und Bericht des Hauptausschusses zu dem Gesetzentwurf der Volksinitiative „Kreisstadtentscheidung durch den Kreistag“, Gesetz zur Bestimmung der Verwaltungssitze der Landkreise, Landtag BB, Drs.2/100 による）、当初、その州民発案は州議会の権限に属さないことを理由に不許可とされたが、これに対してその代表者が州憲法裁判所に異議を申し立て、同裁判所はその申立てを認容した（VfGBbg Urteil vom 15. September 1994, Entscheidungen der Verfassungsgerichte der Länder, 2. Bd., 1996, S.164ff.）。この判決ではさらに、州民発案には被選期不継続の原則が適用されないことも判示されている（第四章第二節参照）。

（3）州民請願が実施された二つの州民発案のうち一方（Volksinitiative zum Kreisneugliederungsgesetz）は、特定の郡の再編成に関して、州議会に提出されている法律案の修正を要求するものであったが、州議会が審議期間を徒過させた（Jung, ZG 1998, S.306）のち実施された州民請願（Bek. des Landesabstimmungsleiters vom 04.06.1993, Durchführung eines Volksbegehrens, ABl.1993, S.995）において登録した有権者は、九二五九人にとどまった（Bek. des Präsidenten des Landtages Brandenburg vom 16. Dezember 1993, Bekanntmachung des Gesamtergebnisses des Volksbegehrens „Kreisneugliederung“, GVBl.1993, S.534）。また他方の州民発案（Volksinitiative Kreisstadt Finsterwalde）は、州議会で決定された郡の再編に反対し、特定の郡庁の所在地と郡の名称の変更を目的とする改正案（内容は、Beschlußempfehlung und Bericht des Hauptausschusses zu dem Gesetzentwurf der Volksinitiative „Kreisstadt Finsterwalde“, Gesetz zur Änderung des Gesetzes zur Bestimmung von Verwaltungssitz und Namen des Landkreises Elbe-Elster, Landtag BB, Drs.1/2325 参照）を提出したが、州議会で否決された（Landtag BB, PlPr.1/77 vom 30.

September 1993, S.6227）のち実施された州民請願（Bek. des Landesabstimmungsleiters vom 6. Dezember 1993, Durchführung eines Volksbegehrens, ABl.1993, S.1706）では、六一二五人の有権者しか登録しなかった（Bek. des Präsidenten des Landtages Brandenburg vom 29. Juni 1994, Bekanntmachung des Gesamtergebnisses des Volksbegehrens „Kreisstadt Finsterwalde“, GVBl.1994, S.264）。

（4）この経緯は、代表者が一九九五年に再提出した州民発案に添付された文書（Landtag BB, Drs.2/1890）による。なお、年齢要件により署名の多くが無効とされたことに対して、この代表者はその後、州民投票法七条が規定する「若者の参加」（年齢制限一六歳）を当該州民発案にも適用するよう要求した（内容は、Beschlußempfehlung und Bericht des Hauptausschusses zu dem Antrag der Volksinitiative „Kein Wasserstraßenausbau in Brandenburg“, die Altersgrenze gemäß §7 des Volksabstimmungsgesetzes auf sechzehn Jahre herabzusetzen, Landtag BB, Drs.2/101 による）が、州議会はこれを否決した（Landtag BB, PlPr.2/4 vom 15. Dezember 1994, S.249）。

（5）州民発案の内容は、Beschlußempfehlung und Bericht des Hauptausschusses zu der Vorlage der Volksinitiative gegen das Verkehrsprojekt 17 Deutsche Einheit Kein Wasserstraßenausbau in Brandenburg! vom 21. August 1995, Landtag BB, Drs.2/1890 による。

（6）Landtag BB, PlPr.2/25 vom 13. Dezember 1995, S.2211. なお、州議会がこの州民発案を否決したことに関する州議会議長の公示（GVBl.1995, S.290）参照。

（7）州民請願の実施に関する公示（Bek. des Landesabstimmungsleiters vom 19. Februar 1996, ABl.1996, S.207）、州議会議長による同様の公示（GVBl.1996, S.46）参照。

（8）州民請願の結果に関する公示（Bek. des Präsidenten des Landtages Brandenburg vom 20. September 1996, GVBl. 1996, S.275）参照。

（9）州民発案の内容は、Beschlußempfehlung und Bericht des Hauptausschusses zu der Volksinitiative zur Schaffung sozialer und rechtlicher Voraussetzungen bei Überleitung in das Vergleichsmietensystem in den neuen Bundesländern, Landtag BB, Drs.2/756 による。

（10）Landtag BB, PlPr.2/14 vom 17. Mai 1995, S.1133 参照。

(11)　Vette, RuP 1996, S.220; Jung, ZG 1998, S.307.

(12)　法律案の内容は、Beschlußempfehlung und Bericht des Hauptausschusses zu dem Gesetzentwurf der Volksinitiative, Gesetz zur Förderung von Musikschulen im Land Brandenburg, Landtag BB, Drs.1/2658 による。

(13)　Landtag BB, PlPr.2/38 vom 12. Juni 1996, S.3474.

(14)　Jung, ZG 1998, S.307.

(15)　州民発案の内容は、Beschlußempfehlung und Bericht des Hauptausschusses zu der Vorlage der Volksinitiative der Bürgerbewegung „für sozialverträgliche Wasser- und Abwasserpreise“ Eberswalde zur Neuorientierung der Wasser- und Abwasserpolitik im Land Brandenburg, Landtag BB, Drs.2/2870 による。

(16)　Vette, RuP 1996, S.220.

(17)　Landtag BB, PlPr.2/40 vom 28. August 1996, S.3631.

(18)　Jung, ZG 1998, S.307.

(19)　州民発案の内容は、（Beschlußempfehlung und Bericht des Hauptausschusses zu der Volksinitiative – NEIN zum „Transrapid Berlin-Hamburg“, Landtag BB, Drs.2/4120）による。

(20)　Landtag BB, PlPr.2/64 vom 12. Juni 1997, S.5412.

(21)　州民請願の実施に関する公示（Bek. des Landesabstimmungsleiters vom 18. August 1997, ABl.1997, S.715）参照

(22)　州民請願の結果に関する公示（Bek. des Präsidenten des Landtages Brandenburg vom 18. März 1998, GVBl. 1998, S.50）参照。

(23)　州議会は、空港建設反対に関する州民発案については、それを否決はするが、州政府に対して航空機騒音防止法の改正への尽力を要請する委員会の議決勧告（Landtag BB, Drs. 2/5687）を採択し、（Landtag BB, PlPr. 2/91 v. 7. Oktober 1998, S.7456）他方、東ドイツ地域地域の医療介護に関する州民投票については、その趣旨を受け入れて医療サービスの合理化に反対し、州政府に対してドイツ全体における健康保健制度の改善への尽力を要請する委員会の議決勧告（Landtag BB, Drs. 2/6477）を採択した（Landtag BB, PlPr. 2/106 v. 7. Juli 1999, S.8626）。; Landtag BB, PlPr. 3/5 v. 15. Dezember 1999, S.186 参照。

(24)　Landtag BB, PlPr. 3/5 v. 15. Dezember 1999, S.186.

(25)　州民請願の実施に関する公示（Bek. des Landesabstimmungsleiters vom 20. Januar 2000, ABl. 2000, S.41）参照。

(26) 同州の州選挙管理委員長のホームページ（http://www.brandenburg.de/land/wahlen/elemente）による。なお、ここに掲載された同州における州民発案および州民請願の一覧表によると、二〇〇〇年には保育園の子供たちの教育や介護等の法的請求権を求める州民発案、および森林道での騎馬の一般的許可を目的として森林法の改正を求める州民発案が行われている。

二 メクレンブルク＝フォアポンメルン州

1 沿革

一九九三年五月一四日に州議会により可決され、翌年六月一二日の州民投票により承認されたメクレンブルク＝フォアポンメルン憲法は、憲法制定委員会（一九九一年一月三一日設置）の下で約二年間の作成過程を経たが、[1] その審議の主たる基礎とされたのは、ロストック、シュヴェーリンおよびノイブランデンブルクの三地区の円卓会議の委託を受けて設置された「地方委員会（Regionalausschuß）」がその第三案として一九九〇年一〇月に作成したいわゆる「一〇月案」[2]である。この案が規定する州民立法制度（六二条、六三条）は、とくに隣州ＳＨ州の新たな制度に倣うとともに、さらにそれ以上の州民投票的要素を採り入れている。[3] 州民発案に始まる三段階の制度はもちろんのこと、州民発案および州民請願の成立要件が、各々有権者の一％および五％であること、州民投票のそれは有権者の三〇％と少し高いものの、発案代表者には州議会における聴聞の権利や州民投票運動の必要経費の支給を州に請求できる権利が認められていることなど、州民投票的要素のほとんどはＳＨ州をモデルにしていることがわかる。同州と相違する点としては、州民投票による州議会の解散、[4] および州民調査（Volksbefragung）の採用が挙げられる。いずれも現行規定には採用されなかったが、後者は、州議会あるいは州政府が、州の発展の重要な問題に関して州民調査を実施することができる制度であり、もちろんそれは投票の結果に拘束されない諮問的調査ではあるものの、実際には極めて効果的な州民の政治参加の手段とも解されている。(5) しかし、その制度の採用に対しては、それが議会制代表民主主義の威信と機能に消極的に作用するとの意見、すなわち州議会による不人気ではあるが必要とされる議決は、簡略化され感情的な対決を招く可能性があるが、それは仮に州民調査を実施した場合、一方では、議会多数派がその日和見的な理由から、本来必要と認められる議決に固執しなくなる危険性、他方では、州民調査と異なる議決をした場合に、市民にはかなりの失望が生じる危険性の生じることから、これは州民による議会の議決の受け入れに対して消極的に作用するであろうとの考え方が主張された。(6)

この「一〇月案」は、一九九〇年一〇月の州議会選挙後に設置された「州憲法作成委員会」(7) における審議の主たる基礎とされ、同委員会は、一九九二年五月に中間報告を、(8) その一年後の一九九三年四月三〇日に最終草案を州議会に提出している。(9) 中間報告の段階では、すでに州民発案手続を含めた三段階の州民立法制度を採用することでは、基本的に一致していたが、三段階各々の手続の内容に関して、ムティウス教授（Prof. Dr. Albert von Mutius）とシュタルク教授（Prof. Dr. Christian Starck）の意見の相違がみられた。両者の見解の相違は、主として、州民発案と州民請願との関係、三段階の手続各々の成立要件、および州民請願の許可に関する審査の三点であった。ムティウス教授が提案する制度は、ＳＨ州の制度とかなり同じであり、州民発案と州民請願との連結方式を採用し、成立要件については、州民発案が一万五千人（有権者総数の一・〇％―一九九〇年州議会選挙当時、以下同様）、州民請願が有権者の五％、州民投票は投票者の過半数および有権者の四分の一、州民請願の審査権は州憲法裁判所とすることを提案した。これに対して、シュタルク教授は、州民請願の段階からでも手続を開始できること、成立要件については、州民発案が三万五千人（二・四％）、州民請願が二〇万人（一四・〇％）、州民投票は投票者の過半数および有権者の三分の一という、ムティウス教授の提案よりもハードルをすべて高く設定し、また州民請願の審査権は州政府とすることも提案していた。[10] この州民立法制度に関する規定は、委員会の審議において長期間議論されたテーマであったが、結局、最終案[11]においては、両者を折衷させるかたちで、例えば、州民発案と州民請願は直結しないこと、州民投票の成立要件などについてはシュタルク教授の提案が採用され、州民発案の成立要件や州民請願の許可性の審査などについてはムティウス教授の提案が受け入れられている。

州議会は、一九九三年三月一四日、この委員会案に対する最終表決を行ない[12]、同州の憲法が暫定的に成立し、同憲法は、翌年一九九四年六月一二日の州民投票にかけられ、六〇%以上の支持を得て、旧東ドイツ地域の五州のうち最後の州憲法として発効した。[13]

2 制度の概要

第五九条　州民発案（Volksinitiative）

(一) 州議会は、その決定権限の範囲内において、州民発案を通じて、政治的意思形成問題に取り組むことができる。州民発案は、理由を備えた法律案をもその内容とすることができる。

(二) 州民発案は、少なくとも一万五千人の有権者による署名を必要とする。その代表者は、聴聞の権利を有する。

(三) 州の予算、公租公課および公務員の給与に関する発案は許されない。

(四) 詳細は法律がこれを定める。

第六〇条　州民請願と州民投票（Volksbegehren und Volksentscheid）

(一) 州民請願は、州法律の制定改廃を目的として行うことができる。州民請願は、完成され、理由を備えた法律案に基づいていなければならない。州民請願は、少なくとも一四万人の有権者により支持されなければならない。

(二) 予算法律、公租公課法律および給与法律は、州民請願の対象とすることができない。州民請願が許されるか否かの決定は、州政府あるいは州議会の四分の一の議員の申立てに基づいて、州憲法裁判所が行う。

(三) 州議会が、その法律案を六ヵ月以内に実質上無修正で受け入れなかった場合には、その期間の満了後あるいはその案を法律として受け入れないとする州議会の決定後、早くて三ヵ月遅くとも六ヵ月目に、その法律案に関して州民投票が実施される。州議会は、州民請願の対象に関する自らの法律案を、決定のために州民に提出することができる。

(四) 法律案が州民投票により採択されるのは、投票者の過半数および有権者の少なくとも三分の一が同意した場合である。憲法が州民投票により改正されうるのは、投票者の三分の二および有権者の少なくとも半数が同意した場合だけである。表決においては、有効な賛成票および反対票のみが数えられる。

(五) 詳細は、法律がこれを定める。

MV州の州民立法制度における州民発案、州民請願および州民投票の成立に必要な有権者数は、各々、一万五千人（一九九九年六月時点での有権者総数の一・一％—以下同様）、四万人（二・八％）および有権者の三分の一（約四七万人）となる。また同じ三段階の制度を採用する州、特にブランデンブルク州と比較すると、これら三つの手続に参加する権利を有するのは、州民発案の段階から、有権者すなわち州選挙法に基づき選挙権を有する同州のすべての市民（「MV州における州民からの発案、州民請願および州民投票の施行法」[14]（以下、州民投票法、あるいは単に「法」と略する）四条）とされ、その他の住民には認められていない。

州民発案の対象は、州議会の決定権限に属する政治的意思形成問題と広く設定され、しかもその形式は法律案に限定されていない。また法律案の場合は、州民請願のように「完成された」案は要求されていないことから、それは法律の政治的および法的目標ならびにその動機が明確に認識されるものであれば足りる。[15] 予算、公租公課法および給与法に関する州民発案が許されないのは、同様の制度を採る他の州憲法と同様である。またその成立要件として一万五千人という数が採用された根拠は、それが州議会の一議席を獲得するのに必要な有権者数であるからといわれる。[16]

州民発案の提出は、州民投票法上は、州民発案の「許可の申請」という形式をとるが、それは、「政治的案件を指定しそれを根拠づける書面による提案、あるいは理由を付した法律案」、「少なくとも一万五千人の有権者の署名簿」および「発案代表者の氏名と住所」の記載の有無等について、州議会議長の委託を受けた州選挙管理委員長が六週間以内にその許容性を決定するという、単なる形式的な審査（法七・八条）であり、例えばＢＷ州などが採用する二段階の州民立法制度における州民請願の許可申請手続とはまったく異なる。また仮に署名数等の要件を満たしていない州民発案であっても、州議会が、それを例えば団体請願（州憲法一〇条）の一つとして、自発的に審議の対象とすることは禁じられていない。[17] この審査を経た州民発案は、州議会議長により次回の会議に提出され、州議会は三ヵ月以内にその州民発案の内容に関して議決を行わなければならず（法九条一・二項）、発案代表者には、それを審議する州議会の委員会において、当該発案について意見を表明する権利が与えられている（同九条三項）。

州民請願の主たる特徴は、ブランデンブルク州憲法と異なり、州民発案がその申立ての前提条件とされていない点にある。すなわちブランデンブルク州においては、州議会が州民発案に四ヵ月以内に同意しなかった場合に初めて、州民請願の実施を要求することができる（同州憲法七七条一項）が、ＭＶ州においては、州民請願の申立ては、事前に州民発案の手続を経ていなくとも可能である。もっとも州民発案を経て州民請願を行う場合、すなわち州民請願の法律案が、先に州民発案として州議会において取り扱われ、それが受け入れられず、あるいは州議会が三ヵ月以内にそれに関する議決を行わなかったために、さらに州民請願を開始しようとする場合には、州民請願の代表者には市町村機関に対して署名簿の設置を要求できるとされている（法一二条一項）。州民請願のための登録名簿の作成やその市町村機関への送付など署名収集に関する事務は、本来、州民請願の代表者自身の任務とされている（同条二項）[18]が、この場合は、州民の要求がすでに州民発案の段階から一連の立法手続にのっていると考え、同時に発案者の負担軽減をねらったものであるといえよう。

他方、州民請願にはブランデンブルク州よりも厳しいハードルが設定されており、それは第一に、州民請願の目的が州法律の制定改廃とされ、その対象は、「理由を付し完成された」正式な法律案に限定されていることである。第二に、州民請願の成立には一四万人の有権者による署名が必要とされる（この人数も州民発案と同様、一九九〇年一〇月の州議会選挙の際の有権者総数を基準として、その約一〇％に相当する数が採用された）[19]が、これは州民発案に必要な署名者数の約一〇倍、ブランデンブルク州における州民請願（八万人―有権者総数の約四％）の二倍以上に当たる。

二ヵ月の登録期間（法一二条三項）において署名が集められた州民請願は、その許可のための申立て（ただし、これはすでに実施された州民請願の成立を確定するための手続であり、二段階の州民立法制度における州民請願の許可がそれを実施するための手続である点で異なる。）を必要とし、理由を付して完成された法律案および少なくとも一四万人の有権者の署名簿など形式的な要件を満たして許可される（法一三・一四条）と、直ちに州議会に提出されて審議される。州議会の委員会における審議の際には、代表者には州民請願について説明する権利が与えられている（同法一六条二項一文）。なお、州民請願は州民発案とは関わりなく開始することができることから、州民請願においても州民発案と同様、予算などの財政関連法律は州民請願の対象にはできないことが憲法上明示されている。

州民投票は、州議会が州民請願により提出された法律案を、六ヵ月以内に実質的に無修正で受け入れなかった場合に実施される。当該法律案の否決あるいは当該期間の徒過も、州民投票が実施される場合に含まれることが明示されている（法一八条）が、州議会が当該法律案を実質的に修正する議決を行った場合、あるいは当該州民請願の対象に関してまったく別の案を議決した場合には、州議会はそれらを自らの法律案として、州民投票にかけることができる。[20] このように同一の問題に関する複数の法律案が州民投票にかけられた場合、各投票者はいずれか一つの法律案に対して一票しか行使できない（法二一条三項）。

州民投票により法律案が採択されるためには、投票者の過半数の賛成およびそれが有権者総数の少なくとも三分の一にあたることが要求されている。州議会により提出された対案も同様であり、なるほどそれはすでに州議会の議決が行われているのではあるが、州民投票でこの要件を満たさなければ否決されることとなる。もっとも州議会には自らの法律制定手続（州憲法五五条以下）において、当該対案を改めて議決できる方途は残されている。[21] 有権者の三分の一の賛成という要件は、ブランデンブルク州を始め三段階の州民立法制度を採る州の多くが四分の一であることと比べると、やや高く設定されている。なお州民請願が成立した後、州民投票のための宣伝に必要な経費を州に対して請求する権利は、「一〇月案」では規定されていたものの、結局現行規定には採用されなかった。

3　実　例

一九九九年末までに、一一件の州民発案の許可申請が提出されているが、州民請願の許可申請は行われていない。それらの内訳をみると、許可の前提を欠くとして不許可とされたものが一件、州議会において否決されたものが六件、州民発案の要求が州議会において採択されたものが四件となっている。[22]

最初の州民発案は、特定の地域について郡再編成法の改正を求める発案であったが、署名の際に法律上の前提である生年月日の記載がなかったために、すべての署名が無効とされた(23)。その後提出された以下の五件の州民発案は、いずれも州議会により否決されている。

まず、一九九四年三月二九日に提出された州民発案（Volksinitiative „Soziale Rechte in die Landesverfassung"）は、労働の権利あるいは労働の助成、適切な住居、社会保障などの社会権の実現を州や市町村に義務づけるように州憲法を改正することを求めた(24)。同年一二月二二日の州民発案（Volksinitiative „Chancengleiheit für alle in Mecklenburg-Vorpommern lebenden Kinder auf Förderung in einer Kindertageseinrichtung"）は、生後八週目から小学校の終了までの全日制保育園施設に対する助成により、同州内に住んでいるすべての子供に対して、年齢、国籍および障害の程度に関係なく機会の平等を規定する法律の制定を求めた(25)。一九九五年四月一二日に提出された州民発案（Volksinitiative „Schaffung sozialverträglicher rechtlicher Voraussetzungen bei der geplanten Überleitung preisgebundener Mieten in ein Vergleichs mieten-system in den neuen Bundesländern"）は、新しい州への和議賃貸借制度の導入は、住宅手当の抜本的改善、家賃の引き上げ率の限度の設定など、社会的・法的前提条件が同時に満たされた場合にのみ行われるよう、連邦政府に対してあるいは連邦参議院において、州政府が尽力することを要請した(26)。また同年九月七日の州民発案（Volksinitiative „Ein ökologisches, soziales und demokratisches Gesetz für den öffentlichen Personennahverkehr (ÖPNV) in Mecklenburg-Vorpommern"）は、環境の諸条件を改善し、景観と自然を守ることなどを原則とする地域の近距離公共旅客交通に関する法律の制定を求めた(27)。さらに、一九九七年五月一二日には、ロストック大学の歯科学研究コースおよび歯科病院の存続を求める州民発案（Volksinitiative „gegen die Schließung des Studienganges Zahnmedizin und der Zahnklinik der Universität Rostock"）が提出されている(28)。

他方、一九九八年五月一四日に提出された州民発案（Volksinitiative „Pro A 20/ Rügenanbindung"）は、特定の地域の高速道路やリューゲン島への連絡道路の建設に着手し、地域の交通網の改善を州政府に求めることを内容とする州議会の議決を要求するものであったが、[29] 州議会は特別委員会の勧告に基づいて、[30] この州民発案を採択した。[31] また、一九九八年九月一六日には、同州のすべての若者の職業教育を求める法的権利および職業教育後少なくとも一年間の就業保障などを州政府に対して要請する州議会の議決を求める州民発案（Volksinitiative „Der Jugend eine Zukunft – Berufliche Erstausbildung und Beschäftigung für Jugendliche“）[32] が提出され、州議会は建設・労働・州開発委員会の勧告に[33] 基づいて、この発案を採択した。[34]

さらに、一九九九年には、高速道路の完成を州政府に要請する州民発案（Volksinitiative „Pro A 241“）、正書法改正に反対する州民発案（Volksinitiative „Wir stoppen die Rechtschreibreform“）、および東部ドイツ地域における健康保険制度の改善を求める州民発案（Volksinitiative „Gegen eine Zwei-Klassen-Medizin im Osten“）が提出された。[35]

【注】

（1）ＭＶ州憲法の制定経緯については、Sampels, Bürgerpartizipation, S.96-108; Klages/Paulus, Direkte Demokratie, S.164-167; Prachtl, LKV 1994, S.1-7; Hölscheidt, DVBl. 1991, S.1066-1070; Thiele/Pirsch/Wedemeyer, Verfassung MV, S.13-16; Wedemeyer, Wiedervereinigung III, S.37ff. とくに、州民投票的要素の内容については、Klages/Paulus, a. a. O., S.208-211, S.245-248; Jung, JöR 41 (1993), S.50-53 参照。

（2）条文は、JöR 40 (1991/1992), S.399-413 による。

（3）Fedderson, DÖV 1992, S.991-992; Jung, JöR 41 (1993), S.52.

（4）州議会の解散に関する州民投票の成立要件は、「有権者の過半数の同意」と規定されていた。

（5）ＳＨ州の憲法改正過程においても、「憲法・議会改革」調査委員会が、同様の「州民調査（Volksenquete）」制度を提案している。本章第一節二（２）参照。

（6）Thiele/Piesch/Wedemeyer, Verfassung MV, S.275.

（7）この委員会の設置勧告については、Beschlussempfehlung und Bericht des Rechtsausschusses, Bildung einer Kommission für die Erarbeitung einer Landesverfassung, Landtag MV, Drs.1/26 参照。本会議での当該議決については、Landtag MV, PlPr.1/3 vom 23. November 1990, S.46 参照。この委員会には、議員一一名および州政府の代表一名のほかに、八名の学識経験者や同州の当初の憲法草案作成に携わった専門家が含まれ、このため政党間の多数関係に左右されない一定の独立性が保障されたといわれる（Sampels, Bürgerpartizipation, S.101）。

（8）Zwischenbericht der Kommission für die Erarbeitung einer Landesverfassung (Verfassungskommission), Landtag MV, Drs.1/2000.

（9）Verfassungsentwurf und Abschlussbericht der Verfassungskommission, Landtag MV, Drs.1/3100.

（10）Landtag MV, Drs.1/2000, S.50-51.

（11）Landtag MV, Drs.1/3100, S.28-29（当該条項に関する審議経過について、S.146-148）.

（12）Landtag MV, PlPr.1/80 vom 14. Mai 1993, S.4576.

（13）Bek. des Landeswahlleiters, Endgültiges Ergebnis der Abstimmung über die Verfassung des Landes Mecklenburg-Vorpommern am 12. Juni 1994, ABl. 1994, S.798. 投票結果は、有権者総数一三七万九二四四人、有効投票八八万一八九一票のうち、賛成票五三万二九二票、反対票三五万一五九九票で、賛成票は有効投票の六〇・一三%を占めた。

（14）Gesetz zur Ausführung von Initiativen aus dem Volk, Volksbegehren und Volksentscheid in Mecklenburg-Vorpommern (Volksabstimmungsgesetz) vom 31. Januar 1994, GVBl. 1994, S.127.

（15）Thiele/Piesch/Wedemeyer, Verfassung MV, Art.59, Rdnr.2.

（16）Thiele/Piesch/Wedemeyer, a. a. O., S.274; Jung, JöR 41 (1993), S.50-51 によれば、当初の案では、一九九〇年一〇月の州議会選挙の結果に基づいて算出したとされる。すなわち当該選挙の際の投票者数は、九二万六二二〇人で、選出された議員は六六であったことから、議員一人あたり約一万四千人の計算になる（参照、Landtag MV, 1. WP. Volkshandbuch, S.100）。

（17）Thiele/Piesch/Wedemeyer, a. a. O., Art.59, Rdnr.3.

（18）「登録名簿の作成および市町村機関へのその送付は、州民請願の代表者の任務であ」り（法一二条二項）、さらに二ヵ月の登録期間の開始を決定するのも代表者の任務と規定され（同条三項二文）、この州民請願の段階においても、代表者の自由に委ねられている手続が多くみられる。

(19) Thiele/Piesch/Wedemeyer, Verfassung MV, Art.60, Rdnr.3; Prachtl, LKV 1994, S.6.

(20) Thiele/Piesch/Wedemeyer, a. a. O., Art.60, Rdnr.5.

(21) Thiele/Piesch/Wedemeyer, a. a. O., Art.60, Rdnr.6.

(22) 一九九八年半ばまでの実例については、Jung, ZG 1998, S.310 による。

(23) Jung, ZG 1998, S.309.

(24) 州民発案の内容は、Unterrichtung durch den Landtagspräsidenten gemäß §9 Abs.1 des Volksabstimmungsgesetz（州投票管理委員長により許可された州民発案を州議会に提出する際の州議会議長の報告書—以下同様）, Landtag MV, Drs.1/4460. による。州議会における否決は、Landtag MV, PlPr.1/105 vom 19. Mai 1994, S.6421.

(25) Unterrichtung durch den Landtagspräsidenten, Landtag MV, Drs.2/81. 州議会における否決は、Landtag MV, PlPr.2/17 vom 22. Juni 1995, S.794.

(26) Unterrichtung durch den Landtagspräsidenten, Landtag MV, Drs.2/376, 2/389. この州民発案の要請の対象とされた法律に関する連邦参議院での審議が終了したことから、州議会ではもはや考慮され得ないとして処理済と議決された（Landtag MV, PlPr.2/14 vom 14. Juni 1995, S.656）。

(27) Unterrichtung durch den Landtagspräsidenten, Landtag MV, Drs.2/892. 州議会における否決は、Landtag MV, PlPr.2/31 vom 24. Januar 1996, S.1717.

(28) Antrag der Volksinitiative gemäß Artikel 59 der Verfassung des Landes Mecklenburg-Vorpommern gegen die Schließung des Studienganges Zahnmedizin und der Zahnklinik der Universität Rostock, Landtag MV, Drs.2/2592. 文化委員会の議決勧告（Landtag MV, Drs.2/2929）に基づいて、本会議は当該州民発案を否決した（Landtag MV, PlPr.2/65 vom 27. August 1997, S.3986）。

(29) Antrag der Volksinitiative gemäß Artikel 59 der Verfassung des Landes Mecklenburg-Vorpommern „Pro A 20/ Rügenanbindung", Landtag MV, Drs.3/7.

(30) Landtag MV, Drs.3/17.

(31) Landtag MV, PlPr.3/4 vom 23. November 1998, S.30.

（32） Antrag der Volksinitiative gemäß Artikel 59 der Verfassung des Landes Mecklenburg- Vorpommern „Der Jugend eine Zukunft – Berufliche Erstausbildung und Beschäftigung für Jugendliche", Landtag MV, Drs.3/11.

（33） Landtag MV, Drs.3/135.

（34） Landtag MV, PlPr.3/8 vom 27. Januar 1999, S.296.

（35） 州議会は、高速道路の完成を要請する州民発案（Landtag BB, Drs.3/355）を無修正で採択した（Landtag MV, PlPr. 3/25 vom 16. September 1999, S.1279）が、従来の正書法に戻すことを求める州民発案（Landtag BB, Drs. 3/668）は否決した（Landtag MV, PlPr. 3/29 vom 17. November 1999, S.1643）。また、東ドイツ地域における健康保険制度が西ドイツ地域に比較して劣悪であることを訴える州民発案については、その趣旨を容れて、当該制度の連邦レベルにおける改善に尽力することを州政府に要請する旨の委員会の議決勧告（Landtag BB, Drs. 3/871）が採択された（Landtag, MV, PlPr. 3/29, S.1652）。

三　ザクセン州

1　沿　革

ザクセン州[1]における最初の憲法草案は、ドレスデン地区議会の作業グループが一九九〇年三月に作成した案[2]であるが、州民立法制度に関しては、一九四七年制定の同州憲法とほぼ同一の文言により、州民請願と州民投票から成るワイマール憲法期の伝統を継承する二段階の制度を採用するにとどまった[3]。しかし同月に続いて登場した「Gruppe der 20」が作成した草案[4]は、この時点ですでに、州民発案から始まる三段階の州民立法制度を採用している。この草案は、なるほど州民請願の成立要件を有権者の六分の一としている点、州議会で否決された法律案に対して州政府の発案に基づいて実施される州民投票を規定している点[5]は、ＢＷ州の憲法をモデルにしていると思われるが[6]、他方、州民発案について、それが少なくとも五万人の有権者の署名により提出された場合には、州議会はその法律案を無修正のままで採否することが義務づけられるとして、その存在意義を憲法上明文で強調している点は、他の州憲法にもみられない特徴であるといえよう。[7]

しかしザクセン州の憲法制定過程において、その審議のもっとも重要な基礎を作ったのは、ザクセン州の政治家とBW州の実務家および学者の参加の下に組織された「BW／ザクセン合同委員会」内の超党派による作業部会が、とりわけSH州の憲法および円卓会議の憲法草案をモデルとして、一九九〇年四月に作成した、いわゆる「ゴーリッシュ案（Gohrische Entwurf）」[8]であるといわれている。[9]この案は、三段階の州民立法制度（七一条～七四条）を採用し、その特徴は、まず三段階各々の成立要件が、四万人（有権者の一・〇八％）[10]→二〇万人（有権者の五・四％）→有権者の三分の一、すなわち約一対五対三〇の比率とされ、それまでに作成された案と異なり（「Gruppe der 20」案では、約一対一二対二四）[11]、ほぼ同じ比率をとるSH州のモデルへの志向がみられる。[12]州民発案については、第一にその対象が法律案に限定されていること、第二にそれはまず州政府に提出されてその許容性に関する審査を受け、さらに州政府の意見を付して州議会に送付されることが特徴として挙げられる。現行憲法においては、前者はそのまま採用されているが、後者については、州民発案の取扱いがその許容性の審査も含めて州議会議長の権限に移され、州民発案に対する州政府の影響が排除されている。次に、州民請願が成立した場合は、州議会の審議を経ずに州民投票が実施されるが、州民投票の対象に関する情報の提供および議論のために、州民請願と州民投票との間に少なくとも三ヵ月の期間が置かれるべきことが規定されている。またBW州憲法（六〇条二―四項）とほぼ同様の州政府の指定に基づく州民投票の実施に関する規定が新たに追加されたが、現行憲法には採用されなかった。

ゴーリッシュ案は、同年八月に州民に一般公開されたところ、市民や諸団体から二二〇件を超える提案が寄せられ、[13]それらに基づいて作業グループは同年一〇月に改訂案を提出したが、[14]州民立法制度に関して当初案と異なる点は、州民発案が議会で審議される際に、「州議会は、発案代表者の意見を聴かなければならない。」（七一条四項）と規定され、発案代表者の聴聞の権利が新設されたこと、および州民請願と州民投票との間の期間が、「発案者の了解によってのみ、短縮あるいは延長することができる。」（七二条三項）という文言が追加されたことにとどまる。

一九九〇年一〇月の州議会選挙後は、州議会の各会派の案が州議会に提出された。ＬＬ－ＰＤＳ[15]および九〇年連合／緑の党[16]は、各々独自案を提出したが、ＣＤＵ会派およびＦＤＰ会派はゴーリッシュ改訂案を共同提案[17]として提出し、またＳＰＤ会派は自らの草案は提出せず、そのゴーリッシュ案を審議の基礎として受け入れた。[18]これらの諸案は、憲法・法務委員会（いわゆる憲法委員会）に審議が付託され、翌年六月には、この憲法委員会案（ゴーリッシュ案、憲法委員会において合意されあるいは多数で議決された文言および不合意の文言を対照させたかたちの、いわゆる「合意・不合意カタログ」）[19]が州議会に提出されるとともに、一般に公表された。この案が規定する州民投票制度は、ほぼゴーリッシュ案と同様の内容を有するが、新たに規定された点としては、州民請願を支持する登録のために少なくとも六ヵ月の期間が設定されなければならないこと（七二条二項二文）、州民投票運動に必要な経費の支給請求権を法定事項として認めたこと（七四条三項）が挙げられ、また州民投票による法律成立の要件が、投票者の過半数および有権者の半数（七二条五項－ゴーリッシュ案では有権者の三分の一）に引き上げられている。この点について、ＳＰＤは投票者の過半数および有権者の五分の一を、九〇年連合／緑の党およびＬＬ－ＰＤＳは投票者の過半数のみを提案している。この委員会案に対しては、市民や諸団体から一三〇〇件を超える意見や疑問が寄せられ、憲法委員会は一九九二年四月初旬に改訂された憲法草案をもって州議会に議決勧告を行い、[20]本会議はこの憲法草案を同年五月二六日、その一二〇条一項が規定する憲法制定手続[21]に基づいて、三分の二の特別多数による賛成をもって可決し、[22]こ

の議決された州憲法は、州民投票にかけられることはなく、その公示の翌日である六月六日に発効した。(23)

2 制度の概要

第七一条 州民発案(Volksantrag)

㈠ 州内のすべての有権者は、州民発案を開始する権利を有する。それは少なくとも四万人の有権者により、その署名をもって支持されなければならない。それは理由を備えた法律案に基づいていなければならない。

㈡ 州民発案は、州議会議長に提出しなければならない。議長は、州政府の意見を求めた後遅滞なくその許否について決定する。議長が州民発案は憲法違反であると考えた場合は、その申立てに基づいて、憲法裁判所が決定する。その州民発案は、逆の決定が出るまでは、許容されないものとして取り扱われてはならない。

㈢ 州議会議長は、許容された州民発案を理由を付して公示する。

㈣ 州議会は、発案者に聴聞の機会を与える。

第七二条 州民請願、州民投票(Volksbegehren, Volksentscheid)

㈠ 州議会が、無修正の州民発案に六ヵ月以内に同意しない場合、発案者は、その発案に関する州民投票を実施させる目的をもって、州民請願を開始することができる。州民請願は、発案者により、その発案に対して修正された法律案に基づかせることもできる。この場合には、七一条二項が準用される。

㈡ 州民投票は、少なくとも四五万人、しかし一五%を超えない有権者が、州民請願をその署名により支持した場合に実施される。その署名のためには、少なくとも六ヵ月間が充てられなければならない。州議会は、自らの法律案を州民投票に追加することができる。

㈢ 成功した州民請願と州民投票との間には、州民投票の対象に関する公的な情報提供と議論に用いられる、少なくとも三ヵ月、長くて六ヵ月の期間が設定されなければならない。この期間は、発案者の了承によってのみ、短縮あるいは延長されうる。

㈣　州民投票に際しては、賛成あるいは反対により投票が行われる。有効投票の過半数により決定される。

第七三条　財政関連法律の留保、再発案（Finanzvorbehalt, Wiederholung）

㈠　公租公課法、給与法および予算法に関しては、州民発案、州民請願および州民投票は行われない。

㈡　州民投票により拒否された州民発案は、早くて州議会の被選期の満了後に再び開始することができる。

㈢　州民発案、州民請願および州民投票に関する詳細は、法律がこれを定めるが、その中では州民請願および相当の投票運動の組織に必要とされた費用の弁償請求権も規定される。

まず三段階の各々の手続(24)の成立に必要な有権者数は、州民発案が四万人（有権者総数の一・一%）(25)、州民請願が四五万人あるいは一五%の有権者とされるが、州民投票は単に「有効投票の過半数」とされ、一定割合の投票参加や「有権者」の同意など特別な要件は求められていない。

州民発案は、ゴーリッシュ案の文言が修正されることなく、理由を備えた法律案に基づいていなければならないとされている。他の州憲法における州民発案の対象が、一般に「政治的意思形成の問題」とされてかなり広く認められていることに比べると、発案者にとっては厳しい要式性が求められているが、他方、州民請願に際して、発案者は州民発案を修正した法律案をも提出することができる旨の規定が、憲法委員会改訂案の段階で採用され、この点では発案者の柔軟な対応に配慮した手続となっている。また州民発案は、その許容性の審査のために州議会議長に提出され、州政府に審査権限を与えていた従来の案と異なり、その手続が州民の代表である州議会の下で進められることとなった。[26] 議長は形式的要件（州憲法七一条一項二・三文―四万人の有権者の署名および理由を備えた法律案の添付）のみならず実質的要件すなわち憲法適合性についての審査をも行う。前者については、議長自身がその許容性を確定し、その不許可決定に対して発案者は憲法裁判所に異議を申し立てることができるが、後者については、議長が当該州民発案を憲法違反と考える場合は、その申立てに基づいて憲法裁判所が憲法適合性について決定する（「州民発案、州民請願および州民投票に関する法律」[27]（以下、州民投票法あるいは単に「法」と略する）一〇―一二条）。州民発案の段階から憲法適合性の審査が行われるのは、州民発案の対象が法律案に限定されていることによるものであろう。

次に、州民請願は、州議会が州民発案を六ヵ月以内に無修正で可決しなかった場合に、発案代表者の申立てにより開始されることから、ブランデンブルク州憲法と同様、州民発案と州民請願とは連続した手続として構成されており、州民請願の段階から立法手続を開始することはできない。この州民請願は、少なくとも四五万人の有権者、あるいは一五％の有権者が、少なくとも六ヵ月以内（法二〇条は、この登録期間を最大八ヵ月間とする）にそれを支持した場合に成立するとされ、その成立要件は、当初の憲法委員会案の二〇万人から二倍以上に引き上げられているが、州民発案と州民請願との比率がほぼ一対一〇となって釣り合いが相当であるとの意見もある。[28]

州民請願が成立すれば、州議会議長が遅滞なく投票日を定めて（法二六条）、一定期間経過後州民投票が実施されるため、州議会は州民請願の要求を受け入れることにより州民投票の実施を回避することはできないが、州民投票に自らの対案を提出することができる。また成功した州民請願と州民投票の間には、州民投票の対象に関する情報提供や議論のために最低三ヵ月最高六ヵ月の期間が置かれなければならないとされ、しかもその期間は提案者との同意によってのみ短縮あるいは延長できるとされていることから、この手続はあくまで州民主体で進められなければならないことが憲法上保障されている。

また州民が一連の署名収集運動などにおいて要した費用が州から弁償されることに関して、州民投票法は、公的財政援助の範囲を州民投票運動のみならず、さらに州民請願の組織づくりにも拡大して、それらの成否に関わりなく署名・賛成投票者数に応じて一定の経費が弁償される旨を明記している（法二四条、四七条）[29]。こうした公的財政援助は、政党や組織的な利益団体などと比べて財政的に弱い立場の州民に機会の平等を与えようとするものであると考えられるが[30]、州民請願の段階にまでその保障を広げている点は注目すべきであろう。最後に、州民投票の成立要件は単に「有効投票の過半数」とされ、その定足数の要件が付加されていない（憲法委員会案では「投票の過半数および有権者の半数」とされていた）。なお、憲法委員会案の段階まで規定されていた州政府の発案に基づく州民投票制度は、現行規定からは削除された。

3　実　例

ザクセン州においては、一九九九年末までに七件の州民発案が州議会議長に提出され、そのうちの二件は、法律案の添付がなかったため受け入れられなかった。他の五件はすべて州議会で否決されたが、そのうちの二件はさらに州民請願の実施を申し立てている[31]。

これらの五件の州民発案のうち、最初の州民発案（Volksantrag „Gesetz zur Änderung der Verfassung des Freistaates Sachsen“）は、労働あるいは労働の助成に関する基本権、差別のない教育に関する基本権、相応の住居を求める基本権などの社会的基本権を州憲法の中に採用することを要求する発案であったが[32]、一九九四年三月に州議会で否決された後[33]、州民請願が実施されたが[34]、それを支持して登録した有権者は一四万人余りにとどまり、成立要件である四五万人には届かず、この州民請願は失敗に終わった[35]。

次に、生徒の学習条件の改善を目的とし、クラスの人数を二五人に制限することを内容とする学校法の改正案が州民発案（Volksantrag zur Änderung des Sächsischen Schulgesetzes）[36]として提出されたが、この要求も一九九四年六月に州議会で否決された[37]後実施された州民請願[38]において、二一万余りの登録しか得られず実現しなかった[39]。

一九九七年には、上下水道やごみ処理施設などの建設計画手続への住民の参加の権利を強化することを目的として、地方自治法の改正を求める州民発案（Volksantrag „Gesetz über die Änderung der Gemeindeordnung für den Freistaat Sachsen (SächsGemO) vom 21. April 1993"）[40]が提出されたが、同年一一月州議会において否決された[41]。

また一九九八年には、州政府により提出された市町村領域改革に関する法律案と当該市町村の住民の考えには著しい食い違いがあるとして、その改革の効率性ならびに受け入れ可能性を高めるために、改革の理想像を定め、その改革される領域の規制に際して常に考慮されるべき境界線を挙げ、再編の実施のための諸前提を確定する法律案（Entwurf eines Gesetzes über das Leitbild, die Leitlinien und die Durchführung der Gemeindegebietsreform im Freistaat Sachsen）の制定を求める州民発案[42]が提出されたが、州議会はこの州民発案を否決した[43]。

さらに一九九九年には、州政府が、公法上の金融機関の再編に関する法律を制定することにより同州の貯蓄銀行制度を根本的に改革することに反対し、自治体に定着した貯蓄銀行を存続させることを目的として、同州の従来の貯蓄銀行法の改正を求める州民発案（Volksantrag zur Erhaltung der Sparkassen in Sachsen）[44]が提出されたが、この発案も州議会で採択されるには至らなかった[45]。

【注】

（1）同州の憲法制定をめぐる経緯については、Sampels, Bürgerpartizipation, S.108-133; Klages/Paulus, Direkte Demokratie,S.168-171; Bönninger, LKV 1991, S.9-12; Feddersen, DÖV 1992, S.994-995; Mangoldt, SächsVBl. 1993, S.28-29; Tautz, Wiedervereinigung II, S.25ff.; A. Franke, Wiedervereinigung I, S.57ff., とくに州民立法制度については、Klages/Paulus, a. a. O., S.211-215, S.248-253; Bünninger, DuR 1991, S.396; Mangoldt, a. a. O., S.33-34 参照。

（2）条文は、JöR 39 (1990), S.417-427 による。

（3）「有権者の一〇分の一、あるいは全有権者の少なくとも五分の一を代表することを疎明する政党、政治団体あるいは市民団体が申し立てた場合（州民請願）に、州民投票が実施されなければならない」（五四条一項）ことなど、州民請願および州民投票に関する規定は、一九四七年に制定された「ザクセン州憲法（Verfassung des Landes Sachsen vom 15. März 1947）」五九条とほぼ同一である。

（4）条文は、JöR 39 (1990), S.427-439 による。

（5）州議会の解散が、州民請願および州民投票の対象とされている規定も、ＢＷ憲法四三条の文言にほぼ相当する。

（6）Jung, JöR 41 (1993), S.54.

（7）同案六八条二項は、「……州民発案は、少なくとも五万人の選挙権を有する市民が署名によりそれを支持した場合には、それにより提出された法律の原文を無修正の文言で、採否の議決を行うことを州議会に義務づける。」と規定する。なお自然保護の関連において、同案八条三項は、特定の建築計画に関する行政庁の許可が州民投票により確認されるべきことを法律が定めることができると規定し、行政決定に対する州民投票を規定したものとして注目される（Jung, JöR 41 (1993), S.54）。

（8）条文は、JöR 39 (1990), S.439-455 による。

（9）Paterna, Volksgesetzgebung, S.88; Jung, JöR 41 (1993), S.54.

（10）一九九〇年一〇月一四日実施の州議会選挙時の有権者総数（三七〇万九二一〇人）をもとに算出した（Sächsischer Landtag, 2. WP., Volkshandbuch, S.78）（以下、同様）。

（11）州民発案は五万人、州民請願は有権者の六分の一、そして州民投票は投票者の過半数で有権者の三分の一（案六九条三項）を成立要件とすることから算出した。

(12) Jung, JöR 41 (1993), S.55.
(13) Paterna, Volksgesetzgebung, S.88.
(14) 条文は、JöR 40 (1991/1992), S.425-441 による。
(15) Gesetzentwurf der Fraktion Linke Liste – PDS, Verfassung des Freistaates Sachsen-Entwurf-, Landtag Sachsen, Drs.1/26.
(16) Gesetzentwurf der Fraktion Bündnis 90/Grüne, Verfassung des Freistaates Sachsen, Land tag Sachsen, Drs.1/29.
(17) Gesetzentwurf der Fraktionen der CDU und F. D. P., Verfassung des Freistaates Sachsen, Gohrischer Entwurf –Überarbeitete Fassung-, Landtag Sachsen, Drs.1/25.
(18) Jung, JöR 41 (1993), S.57.
(19) 条文は、JöR 41 (1993), S.137- 204 による。
(20) Beschlußempfehlung und Bericht des Verfassungs- und Rechtsausschusses, Thema: Sächsische Landesverfassung, Landtag Sachsen, Drs.1/1800. この改訂案における州民投票制度の特徴については、Jung, JöR 41 (1993), S.58 参照。
(21) 「この憲法は、州議会の議員の三分の二の同意を必要とする。」と規定する。この憲法制定方式について、Paterna, Volksgesetzgebung, S.88-89 参照。
(22) Landtag Sachsen, PlPr.1/46 vom 26. Mai 1992, S.3110.
(23) Verfassung des Freistaates Sachsen vom 27. Mai 1992, GVBl. 1992, S.243.
(24) 州民立法制度に関しては、Degenhart, LKV 1993, S.37-38; Hinds, ZRP 1993, S.151 参照。
(25) 一九九九年六月実施のヨーロッパ議会選挙時の有権者数に基づく（以下、同様）。
(26) Degenhart/Meissner, Verfassung Sachsen, §13, Rdnr.26 参照。
(27) Gesetz über Volksantrag, Volksbegehren und Volksentscheid (VVVG) vom 19. Oktober 1993, GVBl. 1993, S.949.
(28) Jung, JöR 41 (1993), S.58.
(29) 州民請願の組織化のための必要経費の弁償に関して、州民投票法二四条は次のように定める。「㈠発案者には、州民請願の組織化のための必要経費が弁償される。㈡その弁償は、州民請願をその署名により法律上有効に支持した有権者一〇人につき、各々一マルクをもって一括総計される。その際、最高四五万人の有権者までが考慮される。㈢その弁償は、二三条（州民請願の結果の確定—村上）に基づく確定後二ヵ月以内に、州議会議長に対して書面で申し立てることができる。㈣その弁償額は、州議会議長により確定される。㈤発案者には、その代表者あるいは代表者代理の申立てに基づき、最高額四千マルクまでの一部弁償が認められる。その申立ては、書面により州議会議長に提出されなければならない。一部弁償は、署名期間の満了後、それが弁償額を超えている場合あるいは弁償の請求が行われない場合は、返却されなければならない。」さらに州民投票運動のための経費の弁償に関しては、同法四七条が次のように定める。「㈠発案者には、相当な投票運動の必要経費が弁償される。㈡その弁償は、州民投票に際して、発案者の法律案に有効な方式で「賛成」の投票をした有権者一〇〇人につき、各々二マルクをもって一括総計される。㈢その他については、二四条三項から五項までが準用される。その際、三項の意味における基準となる時期は四一条に基づく投票結果の公示であり、また五項の意味においては投票日である。一部弁償は、最高額九千マルクまで認められる。」

(30) Degenhart, LKV 1993, S.38 参照。

(31) Jung, ZG 1998, S.312-314 参照。

(32) 法律案の文言は、Gesetzentwurf, Titel „Gesetz zur Änderung der Verfassung des Freistaates Sachsen“ eingebracht durch Volksantrag, Landtag Sachsen, Drs.1/3918, また、その提出に関する公示（Bek. des Sächsischen Landtagspräsidenten zum Volksantrag vom 14. Oktober 1993, ABl. 1993, S.1228）参照。

(33) Landtag Sachsen, PlPr. 1/92 vom 17. März 1994, S.6423.

(34) 州民請願の実施に関する公示（Bek. des Sächsischen Landtagspräsidenten zum Volksbegehren „Gesetz zur Änderung der Verfassung des Freistaates Sachsen“ vom 28. Juni 1994, ABl. 1994, S.960）参照。

(35) Jung, ZG 1998, S.314.

(36) 法律案の文言は、Gesetzentwurf, Titel „Gesetz zur Änderung des Schulgesetzes für den Freistaat Sachsen“ eingebracht durch den Landeselternrat Sachsen in Form eines Volksantrages, Landtag Sachsen, Drs.1/4829. また、その提出に関する公示（Bek. des Landtagspräsidenten zum Volksantrag vom 19. Mai 1994, ABl. 1994, S.840）参照。

(37) Landtag Sachsen, PlPr.1/99 vom 23. Juni 1994, S.6963.

(38) 州民請願の実施に関する公示（Bek. des Sächsischen Landtagspräsidenten zum Volksbegehren „Gesetz zur Änderung des Schulgesetzes für den Freistaat Sachsen“ vom 7. März 1995, ABl.1995, S.362.

(39) Jung, ZG 1998, S.314.
(40) 法律案の文言は、Gesetzentwurf, Thema: „Gesetz über die Änderung der Gemeindeordnung für den Freistaat Sachsen (SächsGemO) vom 21. April 1993", eingebracht in Form eines Volksantrages, Landtag Sachsen, Drs.2/6031, また、その提出に関する公示（Bek. des Landtagspräsidenten zum Volksantrag vom 10. Juni 1997, ABl. 1997, S.996）参照。
(41) Landtag Sachsen, PlPr.2/66 vom 13. November 1997, S.4771.
(42) 法律案の文言は、Gesetzentwurf, Thema: „Gesetz über das Leitbild, die Leitlinien und die Durchführung der Gemeindegebietsreform im Freistaat Sachsen", eingebracht in Form eines Volksantrages, Landtag Sachsen, Drs.2/9262 参照。
(43) Landtag Sachsen, PlPr.2/87 vom 8. Oktober 1998, S.6281.
(44) 法律案の文言は、Gesetzentwurf, Thema: Sparkassengesetz des Freistaates Sachsen (SächsSparG), eingebracht in Form eines Volksantrages, Landtag Sachsen, Drs.2/11475 参照。
(45) Landtag Sachsen, PlPr.2/105 vom 24. Juni 1999, S.7750.

四　ザクセン＝アンハルト州

1　沿革

ＳＡ州における最初の憲法草案は[1]、マグデブルクおよびハレの円卓会議により、一九九〇年五月（第二案は同年一〇月）に提出された[2]。この草案は州民立法制度について、ワイマール憲法期の伝統を引き継いで、州民請願と州民投票の二段階の手続から成る制度を採用しており（六七条）[3]、補足された点が若干あるものの、州民請願の成立要件が有権者の一〇分の一であることを始めとして、その制度の全体的体系は一九四七年制定の同州憲法五七条[4]とほぼ同様であるが、異なる点としては、州民請願が州政府にではなく州議会議長に対して申し立てられること（六七条一項一文）、州議会の所管委員会での当該法律案の審議に際して州民請願の代表者に発言権が与えられたこと（同条三項二文）が挙げられる。また、州議会が重要な政治的問題に関して実施することのできる「州民調査（Volksbefragung）」（六八条）の制度が新たに採用され、「州民調査の結果は、州議会および州政府の諸決定の基礎におかれなければならない。」（同条二項）と規定された（ただし、第二案では、「州議会は、それにより行われる諸決定すなわち法律の準備のために、州民調査を実施することを議決できる。」（六九条）との文言に修正された）。

一九九〇年一〇月一四日に最初の州議会選挙が実施された後、翌年一月から二月にかけて、州議会の各会派すなわち政府会派であるCDUとFDP、さらには九〇年連合／緑の党、およびSPD会派から、各々三つの案が提出された。

これらの三案のうち、CDUとFDPの連立会派による共同提案[5]（一九九一年二月二七日）は、国家権力が州民に由来することに関して、それは「選挙において州民により、並びに立法、行政および司法の特別の機関を通じて行使される。」（二条）と規定するにとどまり、州民立法制度はもとより、そもそも州民投票の存在それ自体を認めておらず、この点では基本法二〇条よりもはるかに後退している。したがって、立法に関しては、法案提出権は州政府と州議会議員に与えられているにすぎない（四五条二項）。

これに対して、最初に提出された九〇年連合／緑の党の案（一九九一年一月九日）[6]は、三段階の州民立法手続（六五条）を採用した。この案の特徴は、州民発案および州民請願の成立要件が著しく低いことであり、州民発案（八千人）は有権者総数（一九九〇年当時─以下同様）[7]に占める割合が約〇・三六%、州民請願（八万人）のそれは約三・六%にあたり、ブランデンブルク州の各々約一%および四%よりも低く設定されている。また州民請願のための登録期間が他州の約二倍の一年間とされ（ブランデンブルク州は四ヵ月）、発案者の便宜が図られているが、このような発案者に対する配慮はさらに、州民発案の審議の際の聴聞権のほか、州民請願が成立すれば、州民投票までに「世間での議論のために少なくとも四ヵ月最高八ヵ月の期間が」おかれ、「州民発案の代表者は、その要求を相応確実に述べる権利」および「経費弁償の請求権」が認められていることにも現れている。予算案や公租公課法など財政関連法律は、州民立法の対象から除外されるのが一般的であるが、ここではそれを公務員の給与および手当だけに限定し、予算に関わるそれ以外の法律については、その「財政上の填補が案の中に規定されていること」を条件に、州民立法の範囲を一層拡大している。このように発案者の権利が広く認められる一方、州民発案の対象は法律案に限定され、またこの手続への州議会の関与については、州民発案に対する審議が認められるにすぎず、州民請願に対する審議や州民投票における対案の提出は規定されていないという面もみられる。(8)

続いて提出されたSPD案（一九九一年二月二六日）(9)は、同様に三段階の州民立法制度を採用し、州民の容易かつ広範な立法への参加という点では、九〇年連合／緑の党の案ほど斬新的ではないが、発案代表者に対して、州民発案の段階における聴聞権や、「州民請願あるいは州民投票の発案者は、州民請願が成立した場合には、州民請願の実施に要した経費および州民投票のための相当な運動の経費の弁償を請求する権利を有する」と、州民請願のみならず州民投票運動各々の必要経費の弁償請求権を認めるなど、SH州をモデルとした点がみられる。また、「州議会の三分の一の議員あるいは七万五千人の有権者は、SA州に関わる政治的意思形成の一定の問題に関して、州民に質問する権利を有する」と、州民調査の実施を求める権利を一定数の有権者にも与えている点も評価されよう。他方、州民発案の成立要件である二万人は、有権者の約〇・九％にあたること、また州民請願の成立要件が五％であることは、SH州やブランデンブルク州とほぼ同様であるが、州民請願を実施するためには、まず七万五千人（約三・六％）の署名が必要とされ、その許容性が州政府により認められた後、半年以内に有権者の五％（約一一万二千人）の支持があって初めて州議会に送付され、三ヵ月以内に州議会がそれを採択しなければ州民投票が実施される（成立要件は、投票者の過半数および有権者の三分の一の同意）という手続が設定されている。州民発案と州民請願とは手続上直結しておらず、州民発案を経ずに州民請願の段階から立法手続を開始することができるが、州民請願の許可要件を比較的高く設定しながら（例えば、ＢＷ州は有権者の約〇・一％）、州民請願の成立については半年の期間内を置いてそれほど多いとは思われない署名を要求していることは、二つのハードルのバランスの上からみて疑問である。[10]

このように諸会派から提出された三つの案は、州民立法制度をまったく採用しない政府会派（ＣＤＵ／ＦＤＰ）案から、伝統的な制度を継受しつつＳＨ州をモデルとして新たな制度をも盛り込んだＳＰＤ会派案、そして州民の立法への参加をかなり広範に認める九〇年連合／緑の党の案まで、州民立法制度に対する姿勢には大きな隔たりがあったが、それらを言わば政治的に妥協させる形で[11]登場したのが、一九九一年九月の憲法委員会案であった。[12]この案が規定する州民立法制度は、州民発案および州民請願の成立要件が各々五万人および三二万人である点を除いて、他はほぼ現行規定と同一文言であるため、当該条文（八〇・八一条）の紹介は省略する。この委員会案が同年一一月に公開されると、世間の議論のために設定された一一週間に三三三五件の提案が寄せられ、そのなかではとりわけ定足数の引下げの要望が多かったといわれる。[13]一九九二年七月一五日、州議会は、それらの提案に基づいて憲法委員会により修正された案を、「州憲法の可決および公布の手続に関する法律」[14]に基づいて、三分の二以上の議員の賛成をもって可決し、[15]この法律により州民投票にかけられることなく、[16]同州の憲法が成立した。[17]

第八〇条　州民発案（Volksinitiative）

㈠　市民は、SA州に関わる政治的意思形成の一定の問題に、州議会を取り組ませる権利を有する。州民発案は、理由を備えた法律案をも内容とすることができる。

㈡　州民発案は、少なくとも三万五千人の有権者による署名を必要とする。その代表者は聴聞を受ける権利を有する。

㈢　詳細は、法律がこれを定める。

第八一条　州民請願、州民投票（Volksbegehren, Volksentscheid）

㈠　州民請願は、州法律の制定、改正あるいは廃止に向けて行うことができる。州民請願は、完成され理由を備えた法律案に基づいていなければならない。予算法律、公租公課法律および給与法律は州民請願の対象となりえない。州民請願は、少なくとも二五万人の有権者により署名されなければならない。

㈡　州政府は、州民請願の許否に関する決定を行う。その決定に対しては、州憲法裁判所に異議を申し立てることができる。州民請願が許される場合には、州政府はその法律案をその意見を付して遅滞なく州議会に送付する。

㈢　州議会がその法律案を四ヵ月以内に無修正で受け入れない場合は、その期間の満了後あるいはその案を法律として受け入れないとする州議会の議決後少なくとも三ヵ月遅くとも六ヵ月目に、その法律案に関する州民投票が行われる。法律案が州民投票により採択されるのは、投票者の過半数で、有権者の少なくとも四分の一の人が同意した場合である。

㈣　州議会は、州民請願の対象に関する自らの法律案を、決定のために併せて州民に提出することができる。この場合は有効投票の過半数がその採択に関して決定する。

㈤　憲法が州民請願に基づいて改正されるうるのは、投票者の三分の二で、有権者の半数の人が同意した場合だけである。

㈥　詳細は法律がこれを定めるが、それは州民請願に関する相当の宣伝に要した費用の弁償をも規定することができる。

三段階の手続各々の成立要件は、州民発案が三万五千人（有権者総数の約一・六％）〔一九九四年当時―以下同様〕[18]、州民請願が二五万人（約一一・六％）、そして州民投票は投票者の過半数で有権者の四分の一（約五四万九千人）とされ、したがってそれらの比は約一対七対一六となる。州民発案の成立要件は同制度を採用する他の州とほぼ同じであるが、州民請願のそれはブランデンブルク州の約二倍にあたる。しかし両要件とも、当初の憲法委員会案が各々五万人および三二万人であったものが州民の意見に基づいてそれらの約七割に引き下げられたものである。

まず、州民発案の発案権については、州憲法八〇条一項一文は「市民」という文言を用いているが、同条二項一文は「有権者」の署名を発案の要件としていることから、発案権は、署名時に同州議会の選挙権を有し、同州内に三ヵ月以上居住している満一八歳以上のドイツ人に帰属する（「州民発案、州民請願および州民投票における手続に関する法律」[19]〈以下、州民投票法あるいは単に「法」と略する〉二条一項）[20]。

州民発案の対象は、「同州に関わり州議会の権限の範囲内で取り扱われうる」政治的意思形成案件であり、法律案の場合は州の立法権限に属する案件とされている（法四条）。その取扱いの申立ては、州議会議長に対して書面で行われなければならず（法五条一項）、その申立てには、州民発案の案件の完全な文言、法定様式の署名簿への少なくとも三万五千人の有権者の署名、代表者の指示などが含まれていなければならない（同条二項）が、これらの要件について除去されうる瑕疵がある場合は、代表者に対して、長くて三ヵ月間の相当の期間内にその瑕疵を除去させる機会が与えられなければならない（同条三項）。州議会議長は、それが州（議会）の（立法）権限内の案件であること、前述の形式的要件を満たしているか否かを遅滞なく決定し、その代表者に通知するとともに、州民発案の対象を含めて公示しなければならない（法七条一項）。必要とされる署名者数に達しなかった州民発案は、州議会において取り扱われないわけではなく、議長により州議会の請願委員会に送付され、また少なくとも五千人の署名があった州民発案については、その代表者は請願委員会による聴聞の権利を有する（法八条）。

受け入れられた州民請願のうち、法律案を対象としないものは、議長の決定後四ヵ月以内に州議会により最終的に取り扱われなければならず、それはまず請願委員会に送付され、同委員会が代表者の聴聞、所管の委員会の勧告や専門家の意見の聴取などを経て議決勧告を行い、引き続き州議会において審議されるが、代表者はここでも聴聞の権利を有する（法九条一・二項）。他方、法律案を対象とする州民発案は、州議会により法律案に関する議事規則の規定にしたがって、六ヵ月以内に最終的に取り扱わなければならず、州議会はその第一読会において代表者の意見を聴取することになっている（法九条三項）。

州民請願は、州民発案と連続した手続ではなく、二段階の制度における州民請願の手続と同様の特徴を有する。すなわち、州民請願の目的は、法律の制定および改廃に限定され、まずは州民請願の実施を求める申請が必要とされている。この申立ては、内務大臣に対して書面で行われなければならず、形式的要件として、完成され理由を備えた法律案[21]の添付、少なくとも一万人の有権者の署名などが求められている（法一〇条一・二項）。州政府は、一ヵ月以内に、当該申立てについて決定するものとされ、この期間内に決定が行われなかった場合は、当該申請は受け入れられたものとみなされる（法一一条一項）。申請が拒否されるのは、前述の形式的要件を満たしていない場合、またその法律案が、州の立法権限に属さず、あるいは基本法やその他の連邦法および州憲法に違反する法領域に関わる場合、予算案や公租公課法などあるいは給与法を対象としている場合、二年以内に同一内容の法律案に関する州民請願が失敗していた場合であるが、それが除去できる瑕疵である場合は、州民発案の場合と同様の手続で除去が認められる（法一一条二・三項）。

この申請が許可されると、州政府は、州民請願のための登録が実施される期間（州民請願の実施に関する公示後早くて四週間目遅くとも八週間まで）を設定し、この登録期間は六ヵ月とされるが、必要とされる登録者数に達したと想定される場合は、代表者の申立てにより、少なくとも三ヵ月経過後に事前に終了されうる（法一二条）。なお、この期間内に、州議会が、少なくともその基本的要求において請願された法律に相応する法律を議決した場合は、州政府は、代表者の申立てに基づいて、当該州民請願を処理されたものと声明することができる（法一四条四項）。

登録期間の満了後、州政府は、州選挙管理委員長から登録者数の報告を受け、少なくとも二五万人の有権者がその州民請願を支持していれば、その州民請願が許されるものであることを確定し（法一八条一―三項）、それを自らの意見を付して遅滞なく州議会に送付する（法一九条一項）。州議会がその法律案を四ヵ月以内に無修正で受け入れない場合は、州政府は、州民投票を実施しなければならないが、州議会が修正した上で受け入れた場合は、前述の法一四条四項が準用される（法二〇条一項・二項）。また州議会は、同じ案件に関する自らの法律案をも投票にかけることができるが、この場合、州民請願の代表者は、その対案の提案理由に対して意見を添付する権利を有する（法二〇条四項）。

法律案が州民投票により採択されるのは、有効投票の過半数が賛成した場合であるが、州議会の対案が州民投票にかけられている場合を除いて、有権者の少なくとも四分の一にあたる人が同意していることが必要である（法二七条一項）。他方、州議会が対案を提出した場合は、有効投票の過半数がその採択を決定するとされ、有権者の四分の一の同意は必要とされていない（州憲法八一条四項二文）。当初、この州憲法の規定は州議会の対案だけに適用され、それが州民請願に基づく法律案に優位することを認め、両者の成立要件に差異を設けるように解されたことから、(22)改正された州民投票法は、州民請願の法律案と州議会の対案が競合する州民投票においては、採択の要件はいずれの法律案についても有効投票の過半数だけであることが明確化された。なお、複数の法律案が投票にかけられた場合、有権者はそれと同数の投票権を有する（法二五条二項）ことから、投票の結果、複数の法律案が採択要件を満たした場合は、より多くの賛成票を得た法律案が採択される（法二七条二項）。

最後に、州憲法は州民請願に関する相当の宣伝に要した費用の弁償についても法律が定めることができるとしているが、これをうけて州民投票法は、法一一条に基づき受け入れられた州民請願の代表者には、州民請願に対する有効登録一人につき各〇・五マルクの金額により、州民請願のための相当な宣伝の必要経費が一括弁償される（必要とされる署名者数を越える登録は考慮されない）ことを規定する（法三二条一項）[23]。

3 実例

一九九九年末までに四件の州民発案が州議会に提出されているが、州民請願は実施されていない[24]。

最初の州民発案は、一九九二年一二月、旧東ドイツ地域の諸州において、家賃の上限を確定し住宅手当規則を改正することにより、住宅の費用が所得額に応じてその一定割合を超えないようにすることを連邦政府に、また連邦参議院における提案を通じて尽力するよう州政府に各々依頼することを州議会に求める発案（Volksinitiative „Sozialverträgliche Mieten“）[25]であった。この発案の審議を付託[26]された州議会の土地開発・都市計画・住宅制度委員会は、州政府が基本家賃額の引き上げの審議に先立って、当初計画されていた家賃の引き上げ額を軽減しまたその時期を引き延ばすことに配慮しており、そのことは東ドイツ地域の建設大臣会議の成果としてあらわれていること、またその成果に基づいて行われるであろう家賃の引き上げは社会契約的なものであって、住宅規準の改善のためには不可避的なものでもあることなどを理由として、この発案を否決するよう勧告し[27]、本会議はこの委員会の勧告を受け入れて、当該州民発案を否決した。[28]

次に、一九九四年一〇月には、連邦の高速道路の建設計画に対する抵抗を止め、直ちにその建設の開始のために尽力することを州政府に要請する議決を州議会に求める州民発案（Volksinitiative zum Bau der Südharz-Autobahn A 82）[29]が提出された。この州民発案の目的は、連邦議会により議決された当該高速道の建設を可及的速やかに実行に移し、交通網を改善することを州政府に要請するものであった。州議会において、ＣＤＵ会派はこの州民発案に応じることを求める提案を行い[30]、他方、ＳＰＤ会派および九〇年連合／緑の党は、州政府がこの交通問題解決に関して、すでに当事者との話し合いを行いその見解を提示していることから、州政府の努力を歓迎する議決を行うよう求める提案を行ったが[31]、両提案とも本会議において多数を得られず否決された。[32]

さらに一九九五年一〇月日には、「義務的特別コースおよび第一三学年に反対する州民発案（Volksinitiative gegen Pflicht-Förderstufe und 13. Schuljahr）」が提出された。この州民発案は、第五・六クラスのすべての生徒について計画されている中等学校への特別養成コース、およびそれと必然的に結びつくギムナジウムへの第一三学年の導入に反対することを内容としていたが、州議会議長は、この州民発案は提出に必要とされる署名者数を欠くとして、その取扱いを拒否した。[33]

また、一九九九年五月、保育所の子供たちの助成と介護に関する法律が財政支出の削減のために改正されたことに反対し、当該改正部分の廃止を求める州民発案（Volksinitiative „Für die Zukunft unserer Kinder“）が提出され[34]、州議会は、この要請を容れて、州予算の中の保育所への交付金が経営費の削減計画に対して優先的に配分されることなどを配慮するよう州政府に要請する議決を行った。[35]

【注】

（1） この草案の条文は、JöR 39 (1990), S.455-468,また第二草案の条文は、JöR 40 (1991/1992), S.441-455 による。

（2） 同州の憲法制定の経緯については、参照、Sampels, Bürgerpartizipation, S.134-144; Klages/Paulus, Direkte Demokratie, S.171-173, S.215-217; Bose, Wiedervereinigung III, S.79ff.

（3） 同条によれば、州民投票は有権者の一〇分の一の申立てにより実施されるが、「請願された法律が、州議会において無修正であるいは少なくとも六人の代表者が同意した文言で受け入れられた場合には、州民投票は行われない。」と規定する。

（4） Verfassung der Provinz Sachsen-Anhalt vom 10. Januar 1947.

（5） Gemeinsamer Entwurf der Fraktion von FDP und CDU für eine Verfassung des Landes Sachsen-Anhalt, Landtag SA, Drs.1/253. なお、JöR 41 (1993), S.219-228 参照。

（6） Antrag, Fraktion Bündnis 90/ Grüne, Betr.: Verfassungsentwurf, Landtag SA, Drs. 1/78. なお、JöR 41 (1993), S.205-219 参照。

（7） 一九九〇年一〇月一四日に実施された州議会選挙当時の有権者数（二二三万四九九四人）に基づいて算出した（Landtag SA, 2. Aufl., 1. WP., Volkshandbuch, S.64）。

（8） Jung, JöR 41 (1993), S. 59-61 参照。

（9） Verfassung für das Land Sachsen-Anhalt, Entwurf für die SPD-Fraktion im Landtag von Sachsen-Anhalt, Landtag SA, Drs.1/260. なお、JöR 41 (1993), S.228-245 参照。

（10） Jung, JöR 41 (1993), S.60 参照。

（11） Sampels, Bürgerpartizipation, S.138.

（12） Gesetzentwurf, Fraktionen der CDU, SPD, F. D. P., PDS, Bündnis 90/Grüne, Betr.: Entwurf einer Verfassung des Landes Sachsen-Anhalt, Landtag SA, Drs.1/1334.なお、JöR 41 (1993), S.245-260 参照。

（13） Jung, JöR 41 (1993), S.60.

（14） Gesetz über das Verfahren zur Verabschiedung und Verkündung der Landesverfassung vom 25. Juni 1992, GVBl. 1992, S.564.

（15） Landtag SA, PlPr.1/35 vom 15. Juli 1992, S.3872.

（16） 参照、Paterna, Volksgesetzgebung, S.89-90.

(17) Verfassung des Landes Sachsen-Anhalt vom 16. Juli 1992, GVBl. 1992, S.600.

(18) 一九九四年六月二六日に実施された州議会選挙当時の有権者数（二一五万五八四一人）に基づいて算出した（Landtag SA, 2. Aufl., 2. WP., Volkshandbuch, S.55）。

(19) Gesetz über das Verfahren bei Volksinitiative, Volksbegehren und Volksentscheid (Volksabstimmungsgesetz – VAbstG) vom 9. August 1995, GVBl.1995, S.232 (Gesetz über Volksinitiative, Volksbegehren und Volksentscheid vom 13. Juli 1994, GVBl.1994, S.810 の改正法).

(20) Reich, Verfassung SA, Art.80, Rdnr.3 参照。

(21) 州民発案の段階において法律案を提出する場合は、「理由を備えた法律案」が求められるが、他方、州民請願の場合は、「理由を備えて完成された法律案」と規定されている。この異同は、州民請願に基づく法律案は、困難なく州議会により受け入れられ、あるいは州民投票に提出されるように、細部に至るまで練り上げられていなければならないという点にその意義があるとされる（Mahnke, Verfassung SA, Art.81, Rdnr.11）。

(22) 参照、Jung, JöR 41 (1993), S.61; Mahnke, Verfassung SA, Art.81, Rdnr.11; Reich, Verfassung SA, Art.81, Rdnr.9, 11.

(23) 弁償額の確定および支給は、州民請願の許可に関する州政府の決定後二ヵ月以内に、州議会議長に対して申し立てなければならない（法三二条三項）。したがって、州民請願の運動のためにかかった経費は、その成功の有無にかかわらず、支給される。

(24) Jung, ZG 1998, S.317. なお、その後一九九九年度の同州の官報には新たな州民発案の提出に関する公示は掲載されていない。

(25) この州民発案の内容は、Landtag SA, Drs.1/2775, Anlage による。

(26) この州民発案の第一読会において当該委員会への付託が議決された（Landtag SA, PlPr.1/42 vom 17.12.1992, S.4751）。

(27) Beschlußempfehlung zur Volksinitiative gemäß Artikel 80 der Landesverfassung gegen unsoziale Mieten, Ausschuß für Raumordnung, Städtebau und Wohnungswesen, Landtag SA, Drs.1/2775. 同委員会は、この議決勧告の冒頭、最初の州民発案であったがゆえにか、「州議会は、ＳＡ州の市民が州憲法において彼らに保障されている直接的な市民参加の権利を行使することを歓迎する。」と述べている。

(28) Landtag SA, PlPr.1/50 vom 07.07.1993, S.5897.

(29) 州民発案の内容は、Landtag SA, Drs.2/279 による。なお、この州民発案の提出に関する州議会事務局の公示（Bek. der LT-

Verw. vom 22.11.1994, MBl.1994, S.2804）参照。

（30）Entschließungsantrag, Fraktion der CDU, Volksinitiative zum Bau der Südharzautobahn A 82 gem. Art.80 der Verfassung des Landes Sachsen-Anhalt, Drs.2/279, Landtag SA, Drs.2/303.

（31）Antrag, Fraktion der SPD und Bündnis 90/DIE GRÜNEN, Zur Volksinitiative zum Bau der Südharz-Autobahn A 82- Drs.2/279, Landtag SA, Drs.2/302.

（32）Landtag SA, PlPr.2/8 vom 04.11.1994, S.431.

（33）この州民発案の内容および州議会議長による取扱いの拒否理由等については、Bek. der LT-Verw. vom 29.1.1996, Volksinitiative gegen Pflicht-Förderstufe und 13. Schul jahr, MBl. 1996, S.179 参照。

（34）BeK. der LT-Verw. vom 25. 5. 1999, MBl. 1999, S.886.

（35）BeK. der LT-Verw. vom 22. 12. 1999, MBl. 2000, S.67.）の州民発案に対する委員会の議決勧告（Landstag SA, Drs. 3/2433）、および本会議における議決（Landtag SA, PlPr. 3/32 v. 17. 12. 1999, S.2176）参照。

五　テューリンゲン州

1　沿　革

テューリンゲン州[1]における最初の憲法草案は、イェーナ大学法学部のリーゲ（Gerhard Riege）教授およびその作業グループが一九九〇年五月に作成した私案[2]であった。この案が採用する州民立法制度（五九条～六一条）は、州民請願と州民投票との二段階の手続（州民請願は有権者の一〇分の一により成立、州民投票は投票の過半数により決定）から成る伝統的な制度であったが、注目される点として、第一に、州民投票による州議会の解散制度（五八条一項）が採用され、しかもそのための州民請願および州民投票においては立法の場合よりも加重された成立要件が設定されていないこと、第二に、「重要な政治的問題に関して州議会の議決により実施」される州民調査制度が採用され、「その州民調査の結果は、州議会および州政府の諸決定の基礎とされなければならない」（六一条一項）と、それが単なる任意的なものではないことが明示されていること、第三に、「州民請願が、州議会において審議中の法律案に対して州民投票を実施することを目的とするものである場合は、それに関する州議会の議決は州民投票の終了まで延期されなければならない」（六〇条二項）との規定が盛り込まれ、いわゆる「拒否権としての州民投票」[3]が採用されていることが挙げられる。しかしこの案は、例えば旧東ドイツにおいては典型的な所有権の区分に関する規定など、基本法と一致しない内容を含んでいたため、ほとんど議論の対象とはならなかった。[4]

続いて同年八月には、「テューリンゲン州形成のための政治審議委員会」の小委員会で作成された憲法草案[5]が公表された。この草案は一九四六年制定の同州憲法、前述のイェーナ大学案および円卓会議草案を基本とし、州民立法制度（七一―七四条）に関しては、イェーナ大学案と全く同じ文言であったが、他の点で、例えば州政府の政策の原則を定めるのは首相ではなく州議会であると規定されるなど、権力分立原則に十分基づいていないことなどを理由に批判にさらされた。[6]さらに同年一〇月には、小委員会草案に基づき基本法およびＲＰ州憲法を発展させた憲法草案、いわゆる「アイゼナハ草案（Eisenacher Entwurf）」[7]を、ＲＰ州の司法大臣ツェザー（Cesar）氏が提出した。この草案は、州民立法制度（六九条）については、州民請願と州民投票との二段階の手続（州民請願は有権者の一〇分の一、州民投票は投票者の過半数および有権者の三分の一により成立）を採用し、他方、州民調査の制度は採用しなかったが、重要視されるには至らなかった。[8]

一九九〇年一〇月一四日、同州の第一回目の州議会選挙が実施された後は、州議会の各会派の憲法草案が登場する。翌一九九一年四月のＣＤＵ案を始めとして、ＦＤＰ、ＳＰＤ、ＮＦ／ＧＲ／ＤＪ[9]および同年九月のＬＬ／ＰＤ

S[10]まで、五つの会派が独自の草案を提出したが、州民立法制度に関しては、州民請願と州民投票とから成る二段階の手続を採用した政府連立会派であるCDUとFDPの草案と、州民発案から始まる三段階の手続を採用した残りの三会派の草案に大別される。ここでは各々の代表として、CDU会派ならびにSPD会派の草案を紹介し、残りの会派案についてはこれら二会派案との相違および特徴を述べるにとどめることとする。

まずCDU案は[11]、伝統的な二段階の制度を継承しながら、州民請願の成立要件を有権者の五分の一としている点は、ワイマール憲法期の諸憲法上通例である一〇分の一の要件（一九二一年制定のテューリンゲン州憲法二五条、一九四六年制定の同州憲法三八条も同様）よりも高く、むしろ旧西ドイツ地域の基本法制定前の諸憲法（例えば、ヘッセン州やかつてのRP州など）が規定する要件と同一である。しかし州民投票の成立要件については、投票の過半数に有権者の三分の一の同意という要件が付加されている点は、これら後者の諸憲法にも見られず、BW州憲法（六〇条五項）と同様の厳しい要件となっている。続いて提出されたFDP案も[12]二段階の制度を採用し、その手続や州民請願および州民投票の成立要件（六三条）はすべてCDU案と同様であった。[13]

このように二段階の手続を採る政府連立会派の草案に対して、SPD案（一九九一年七月）[14]は、州民発案と州民請願が連続する三段階の手続を採用したが、それはその約一ヵ月前に公表されたブランデンブルク州の憲法委員会案をそっくり継受しており、三段階の手続各々の成立に必要な有権者数が異なるだけで、文言上はほぼ同一である。[15]すなわちその有権者数に関して、ブランデンブルク州憲法委員会案では、州民発案において二万人（有権者総数の約一%―一九九〇年州議会選挙当時（以下同様））、州民請願において八万人（約四%）、そして州民投票においては有権者の二五%の同意が求められていたが、このSPD案では、州民発案において一万八千人（約〇・九%）、州民請願において五万人（約二・五%）、そして州民投票においては有権者の二〇%の同意が求められ、当該委員会案よりも若干要件が緩和されている。

この約一ヵ月後に提出されたNF／GR／DJ案（一九九一年八月）[16]が規定する三段階の州民立法制度（五一条）は、次の点でSPD案と異なる。まず州民発案の対象が法律の制定改廃（SPD案では州議会の権限の範囲内における政治的意思形成事項—以下括弧内はSPD案）に限定され、その成立要件が二万人（二万八千人）の有権者の署名とされ、州民発案の審議のために州議会に与えられた期間は六ヵ月（三ヵ月）に延長されている。また州民請願の許容性に関する憲法裁判所への異議申立権が州政府だけ（州政府および州議会の三分の一の議員）に与えられ、州民請願の成立要件が一〇万人（八万人）とされ、州民の政治参加権の観点からみれば、各々の手続におけるハードルはやや高く設定されている。しかし州民請願および州民投票の実施前に行われる州政府による法律案の公示に際して、州政府の意見を付さないことが明記されたこと、州民投票における法律の成立要件が投票者の過半数の同意（有権者の五分の一の定足数）だけとされたこと、さらに州民発案あるいは州民請願が成立したとき、州民請願あるいは州民投票の目標に関する情報の提供に要した経費の弁償請求権が認められていることは、SPD案よりも州民の利益に適うものと考えられる。

最後に提出されたLL／PDS案（一九九一年九月）[17]も上記二案と同様、州民発案と州民請願が連続する三段階の手続（八五—八七条）を規定したが、SPD案とは次のような相違点がみられる。州民発案については、その成立要件は二万人の有権者の署名に引き上げられているが、州民発案の許されない対象としては人事決定が挙げられているにすぎず、予算などいわゆる財政関連法律はその対象とされていない。州民請願については、有権者の五％（約一〇万人）が半年間に同意したことが成立要件とされ、その許容性に関する異議申立権は、州政府および州議会の半数の議員に与えられている。州民投票については、その成立要件、州政府による当該法律案の公示の方式に関する規定は、NF／GR／DJ案と同様であり、また必要経費の弁償請求権も規定されているが、その対象は州民投票のための相当な宣伝運動に限定されている。また、「州議会は、その法定議員の多数により、法律の決定に関して州民投票を提案することができる」（八七条一項）との規定は、いずれの会派案にもみられない特徴である。

これら五会派の憲法草案は、一九九一年九月一二日の第一読会の後、憲法・議事規則委員会に付託された[18]。同委員会では、CDU会派が主張する二段階の手続あるいはSPD会派が主張する三段階の手続のどちらを選ぶべきか、成立要件、憲法の制定に際して州民投票を実施するか否かなどをめぐって激しく意見が対立したが、結局、超党派の党首会談によって打開の道が開かれ、同委員会は、一九九三年四月に憲法草案を州議会に提出し[19]、この草案は、一般に公表され、また新聞に折り込まれて州民に配布された[20]。この憲法草案中、州民立法制度に関して現行の制度と相違する点は、州民発案および州民請願の成立要件がやや高く設定されていることだけである（州民発案は州全体で八％の有権者および半数の郡で六％の有権者の署名、州民請願は一六％の有権者の同意を必要とする）が、州民からはこの草案に対して約四〇〇の投書が寄せられ、憲法委員会は公聴会をも開催して、それらの意見を検討し、とりわけ意見の多かった州民発案と州民請願の定足数の引き下げを議決して州議会に送付した[21]。こうして約二年間の審議の後、最終の委員会案は一九九三年一〇月二五日に州議会により可決され[22]、同月三〇日に暫定的に発効し[23]、翌年一〇月一六日の州民投票により新しい州憲法として承認された[24]。

2　制度の概要

第六八条　市民発案（Bürgerantrag）

㈠　第四六条二項に基づき選挙および投票の権利を有する市民は、州議会に対してその権限の範囲内において一定の政治的意思形成案件を提案する権利を有する（市民発案）。市民発案としては、法律案をも提出することができる。
㈡　州の予算、俸給および手当、公租公課および人事決定に関する市民発案は許されない。
㈢　市民発案は、州全体において少なくとも六％の有権者により、ならびに少なくとも半数の郡および特別市において各々少なくとも五％の有権者により署名されていなければならない。
㈣　市民発案の署名は、代表者がこれを提出することができる。この代表者は、委員会において聴聞の権利を有する。

第八二条　州民請願（Volksbegehren）

㈠　第四六条二項に基づき選挙および投票の権利を有する市民は、完成された法律案を州民請願の方法により州議会に提出することができる。
㈡　州の予算、俸給および手当、公租公課および人事決定に関する州民請願は許されない。
㈢　州民請願が成立するのは、少なくとも一四％の有権者が四ヵ月以内にそれに同意した場合である。
㈣　州政府は、州議会に対して遅滞なくその州民請願に関する意見を述べる。
㈤　州政府あるいは州議会の三分の一の議員は、州民請願を許されないものであると考える場合は、憲法裁判所に申し立てなければならない。
㈥　州議会が許された州民請願に応じない場合は、州民請願の対象の法律案に関して州民投票が実施される。この場合、州議会は自らの法律案をも追加して決定のために州民に提出することができる。法律の採択に関しては投票の過半数が決定するが、州民投票により決定されるのは、三分の一以上の有権者が同意した場合のみである。

市民発案、州民請願および州民投票の成立に必要とされる有権者数は、各々有権者総数の六％、一四％および三分の一であり、その比は約一対二・三対五・六となる。なお州民請願の許可の申請のために必要な有権者数は、五千人（有権者総数の約〇・二％）である。

市民発案の対象は[25]、州議会の権限の範囲内における政治的意思形成案件に範囲が広げられており、法律案も提出することができるが、同州の「市民発案、州民請願および州民投票の手続に関する法律」（以下、「州民投票法」あるいは単に「法」と略する）[26]によれば、この場合は完成され理由を備えた法律案の添付が必要とされ（法三条二項）、また発案禁止事項としては、予算などの財政関連法律に、人事決定[27]が追加されている。市民発案の要件としては、州全体で六％の有権者の署名、ならびに少なくとも半数の郡および特別市において五％の有権者の署名が求められ、他の州における州民発案の要件が約一％程度の有権者の署名にすぎないことに比べると、かなり高いハードルが設定されている。とくに後者の要件により、地域的に限定された利害に関わる問題は市民発案の対象となりにくいといえよう[28]。市民発案のための署名は、州議会議長にその旨を届け出た後四ヵ月以内に行われ、この期間の満了後、署名用紙は署名者の投票権の有無を確認するために遅滞なくその署名者の住所を管轄する市町村に提出されなければならない（法四条三・四項）。確定された結果は州議会に送付され、州議会議長はその到達後六ヵ月以内にその許容性について州政府の意見を聴取して決定する（法四条四項、七条一・二項）[29]。その不許可決定に対して、発案代表者は州憲法裁判所に異議を申し立てることができる（同法七条四項）が、他方許可された市民発案は、その許可に関する州議会議長の決定後六ヵ月以内に、州議会により取り扱われなければならず（法八条）、また発案代表者には、その審議が行われる委員会の会議に出席して聴聞を受ける権利を有する（法六条二項）。

州民請願は、その対象が法律案に限定され、その実施のために許可の申請を必要とする（法一〇条一項）。この申請は州議会議長に対して、完成され理由を備えた法律案および少なくとも五千人の有権者の署名を添えて行われなければならず（同条二項）、同議長は申請の到達後六週間以内に、州政府の意見を徴した上で遅滞なく決定するものとされている（法一一条一項）。この審査の基準については、その対象が法律案であることを除けば市民発案の場合とほぼ同様であり（同条二項）、また不許可決定に対する発案代表者の州憲法裁判所への異議申立手続についてもそれと同様である（法一二条一項）。州民請願の実施が許可されると、その公示（法一三条）後四ヵ月以内に、少なくとも一四％の有権者が同意すれば州民請願は成立する。州議会は、この成立した州民請願をその成立の確定後六ヵ月以内に最終的に取り扱わなければならず（法一八条一項）、州政府は州議会に対して遅滞なくその州民請願に関する意見を述べ、また州政府あるいは州議会の三分の一の議員は、その州民請願が許されないものであると考える場合は、州憲法裁判所に申し立てなければならない。

最後に州民投票は、州議会が州民請願の成立の確定後六ヵ月以内に当該法律案を受け入れない場合に、州政府によりその後六ヵ月以内に実施されなければならない（同法一九条一項）。その議決に関しては、「無修正」で受け入れた場合のみ州民投票が実施されず、「修正」は「否決」とみなされるのが一般的である（例えば、ベルリン州民投票法二九条二項は、「法律案に関する州民投票は、州議会が請願された法律案を、内容的にその本質的存立において無修正で受け入れた場合には、実施されない」と規定する）が、ここでは、州議会が当該法律案をその基本的な要望には応じるかたちで修正可決した場合には、発案代表者のそれに応じる申立てに基づいて州民請願の取扱いの終了を確定することができ、この場合は州民投票は行われないと規定されている（法一九条二項）[30]。

法律案が州民投票により採択されるのは、投票者の過半数が同意し、それが有権者の三分の一以上にあたる場合である。州民投票に際しては、州議会にその対案の提出権も認められており、したがって同一の対象に関わる複数の法律案が同時に州民投票にかけられることが想定されるが、投票の結果、複数の法律案が各々当該成立要件（投票者の過半数＋有権者の三分の一の同意）を満たした場合には、より多い賛成票を獲得した法律案が採択されると規定されている（同法二五条二項）。

この州民立法手続に要した費用の弁償に関する発案代表者の請求権は規定されていない。

なお、一九九八年半ばまでに、同州においては市民発案、州民請願いずれも試みられていなかった。[31] しかし二〇〇〇年の一月および六月には、州憲法上の州民立法手続の成立要件の緩和（州民請願については一四％を五％に下げること、単純法律に関する州民投票については定足数を設定しないことなど）を求める州民請願（„Mehr Demokratie in Thuringen“）の許可申請が行われ、六月六日の申請は許可されて州民請願が実施された。そして七月二八日から一一月二七日まで四ヵ月の登録期間内に三六万三一一三人の有効登録が行われ、これは有権者の一八・三四％にあたり、この州民請願は成立要件（一四％）を満たして成立した。[32] このため州議会は、当該法律案を二〇〇一年の四月六日の議事日程に載せており、州憲法上六ヵ月以内に議決することが義務づけられるが、他方、州政府は同州憲法裁判所にその州民請願の許否の決定を申し立てた。[33]

【注】

（1）同州の憲法制定の経緯については、Sampels, Bürgerpartizipation, S.144-158; P. M. Huber, LKV 1994, S.121-123; Linck, ThürVBl. 1992, S.1-5; Rommelfanger, ThürVBl. 1993, S.148-150; Bernet, Wiedervereinigung I, S.43ff.; Schmid, Wiedervereinigung III, S.105ff.; Klages/Paulus, Direkte Demokratie, S.173-176（とくに州民立法制度の採用に関しては、S.218-221, S.256-261）参照。

（2）条文は、JöR 39 (1990), S.468-479 による。

（3）Jung, JöR 41 (1993), S.61.

（4）Sampels, Bürgerpartizipation, S.145.

（5）条文は、JöR 39 (1990), S.480-493 による。
（6）Sampels, Bürgerpartizipation, S.146.
（7）条文は、JöR 40 (1991/1992), S.459-470 による。
（8）Rommelfanger, ThürVBl. 1993, S.148; Linck, ThürVBl. 1992, S.2.
（9）NF=Neues Forum, GR=GRÜNE, DJ=Demokratie Jetzt
（10）LL=Linke Liste, PDS=Partei des Demokratischen Sozialismus
（11）Gesetzentwurf der Fraktion der CDU, Verfassung des Landes Thüringen, Landtag Thüringen, Drs.1/285. 参照、JöR 40 (1991/1992), S.481-499.
（12）Gesetzentwurf der Fraktion der F. D. P., Verfassung des Landes Thüringen, Landtag Thüringen, Drs.1/301. 参照、JöR 40 (1991/1992), S.470-481.
（13）ただし、州民立法手続に基づく憲法改正において、州民投票の成立要件を、ＣＤＵ案が「有権者の過半数の同意」（八〇条三項）としたのに対して、ＦＤＰ案は「有権者の三分の二の同意」（六四条三項）とした点が異なる。
（14）Gesetzentwurf der Fraktion der SPD, Verfassung für das Land Thüringen, Landtag Thüringen, Drs.1/590. 参照、JöR 41 (1993), S.260-272.
（15）Jung, JöR 41 (1993), S.63.
（16）Gesetzentwurf der Fraktion NF/GR/DJ, Verfassung für das Land Thüringen, Landtag Thüringen, Drs.1/659. 参照、JöR 41 (1993), S.272-286.
（17）Gesetzentwurf der Fraktion der LL-PDS, Verfassung des Landes Thüringen, Landtag Thüringen, Drs.1/678. 参照、JöR 41 (1993), S.287-307.
（18）審議の経緯については、Sampels, Bürgerpartizipation, S.150-157; Paterna, Volksgesetzgebung, S.90-91 参照。
（19）Beschlußempfehlung des Verfassungs- und Geschäftsordnungsausschusses, Landtag Thüringen, Drs.1/2106.
（20）Rommelfanger, ThürVBl. 1993, S.149-150.
（21）Sampels, Bürgerpartizipation, S.156; P.M.Huber, LKV 1994, S.121.

（22） Landtag Thüringen, PlPr.1/95 vom 25. Oktober 1993, S.7290.
（23） Verfassung des Freistaats Thüringen. Vom 25. Oktober 1993, GVBl. 1993, S.625.
（24） Bek. des Ergebnisses des Volksentscheids über die Verfassung des Freistaats Thüringen und über das endgürtige Inkrafttreten der Verfassung des Freistaats Thüringen, GVBl. 1994, S.1194.これによれば、投票者の七〇・一三%が一九九三年一〇月州議会により議決された憲法に同意し、したがって当該憲法は、同州憲法一〇六条三項二文所定が規定する「投票者の過半数」の要件を満たして最終的に発効した。
（25） 同州憲法六八条が規定する市民発案については、Grube, ThürVBl. 1998, S.245-254. 参照。
（26） Thüringer Gesetz über das Verfahren bei Bürgerantrag, Volksbegehren und Volksentscheid vom 19. Juli 1994 (GVBl. S.918).
（27） Linck/Jutzi/Hopfe, Verfassung Thüringen, Art.68, Rdnr.4 は、市民発案の名宛人が州議会であることから、この人事決定の例として、州議会により行われる人事決定、例えば州議会議長、首相、州憲法裁判所の構成員および州会計検査院の正副院長の決定を挙げている。
（28） Linck/Jutzi/Hopfe, a. a. O., Art.68, Rdnr.6; Storr, Staats- und Verfassungsrecht, Rdnr.966.
（29） この許容性の決定にあたっては、予算などの発案禁止事項、署名者数、法定手続・様式に基づく署名などの要件を満たしていること、州議会が実質的に同一内容の市民発案、州民請願あるいは州民投票を二年以内に取り扱っていないことが求められている（法七条二項）。
（30） したがって、Storr, Staats- und Verfassungsrecht, Rdnr.978 は、この州民投票法の規定は州憲法八二条一項と相容れず無効であるとする。参照、Linck/Jutzi/Hopfe, Verfassung Thüringen, Art.82, Rdnr.16.
（31） Jung, ZG 1998, S.318-319.
（32） 州議会による州民請願の許可（二〇〇〇年七月一七日）および州民請願の成立（二〇〇一年三月二〇日）に関する報道（http://www.landtag.thueringen.de/news/presse/presse159.htm,262.htm）による。
（33） Mehr Demokratie e.V. が提供する情報（http://www.mehr-demokratie.de/thueringen/text.html）による。

六　ニーダーザクセン州

1 沿　革

ニーダーザクセン州における憲法改革をめぐる政治的努力を推し進めた背景には、ＳＨ州において直接民主主義的要素を大幅に採用した憲法改正が実現したこと、さらには旧東ドイツ地域の五州が各々の憲法制定作業に着手し、それらの憲法草案の中に直接民主制の形式を採用することが新たな基準となったことなどがあるとされるが、その直接的な契機は、一九九〇年三月の州議会選挙後に新たに政権を担ったＳＰＤ会派と九〇年連合／緑の党の連立政府のもとで、反対派のＦＤＰ会派が、ニーダーザクセン州憲法が「暫定」憲法であることを思い起こさせ、最終的な憲法の作成を提案し(1)、この提案が政府会派の政治改革目標として採択されたことにある(2)。すなわち、一九五一年に制定された「暫定的ニーダーザクセン憲法（Vorläufige Niedersächsische Verfassung）」は、基本法（一四六条）と同様、統一ドイツが成立するまでの文字通り暫定的な憲法であり、その六一条によれば、「この憲法は、ドイツ国民が自由な決断で憲法を決定した日の一年後に効力を失う。」と規定されていたのである(3)。

州議会は、国家統一条約の発効後直ちに一九九〇年一〇月一〇日の議決により「ニーダーザクセン憲法」特別委員会（Sonderausschuß „Niedersächsische Verfassung“）を設置し、憲法改正草案の作成をこの委員会に委託した(4)。同委員会は、一九九一年二月に専門家からの意見聴取を行い、古典的な制度か三段階の制度とするかについて意見の相違はあったものの、州民投票的要素を州憲法に採用する点は一致して支持され、主たる問題は個々の手続の形成あるいは実際の制度の運用であるとされ、ＳＨ州の制度に対する批判も出された(5)。

一九九一年夏には、SPD会派および緑の党が各々憲法草案を提出している。[6] 各々の州民立法制度に関する規定をみると、いずれも三段階の制度を採用しているが、個々の手続上の要件がかなり異なっている。まずSPD案によると、州民発案は、五万人の署名により特別な請願として位置づけられ、州民請願に関しては、その許可の申請に一〇万人の署名が求められ、半年の間に有権者の二〇分の一の署名を収集することがその成立要件とされ、また発案者が手続上要した経費の弁償に関しては、州民請願の実施に必要とされた経費に限定されていた。他方、緑の党の憲法草案は、SPD案よりも手続上低いハードルを提案している。まず州民発案は二万人の署名、州民請願は半年の間に一〇万人の登録を要求するにすぎず、また州民投票については特別な定足数はなく、単純法律の場合は投票の過半数で決定するとしている。州民請願が成立した場合は、当該法律案の公表に際して州政府によるその見解の表明が禁止され、また九ヵ月以内に州民投票が実施されなければならないとされて、州議会が当該法律案について審議を行う余地を認めていない。さらに経費の弁償に関しては、州民発案が成立した時点で、「州民請願の目標に関して世論への適切な情報提供のために必要な経費」の弁償請求権を規定し、州民請願が成立した場合には、州民投票に関して同様の請求権を認めている。

その後連立会派は共同案作成の合意に成功し、まず州民発案と州民請願のハードルについては、緑の党の案を容れて各々三万人および一〇万人に低く設定され、また当該法律案の公表における州政府の見解表明の禁止についても緑の党の案が採用され、他方、経費の弁償請求権については、州民請願が成立した段階に限定するSPD会派の案が採用された。共同案が規定するこのような州民立法手続は、SH州憲法の規定と比較すると、州民がより参加しやすいものとなっており、とりわけ州民発案および州民請願の成立に必要とされる署名者数は、有権者総数に占める割合が各々〇・五%、一・七%（一九九〇年当時）であり、SH州のそれが各々〇・九%、五%であることと比べると、そのハードルはかなり低く設定されている。さらに州民投票には特別の定足数は要求されることなく投票の過半数で足りるとされ、また州議会は州民請願に基づく法律案を審議する可能性だけでなく、州民投票に際して対案を提出する可能性も与えられないことから、州議会は、州民請願が成立した後は、この手続から完全に排除されている。

他方、CDU会派も自らの憲法草案に州民立法手続を採用したが、「理性的で濫用を予防する定足数」として、州民発案については一〇万人、州民請願については有権者の二〇％、また州民投票については有権者の三分の一の同意を提案している。

特別委員会は、一九九三年二月までに各会派案から共同憲法草案を作成することに成功し[7]、この草案は同年三月の第一読会、五月の第二・三読会においても実質的に修正されることなく、一九九三年五月一三日の本会議で可決され[8]、ここに同州の新たな州憲法が成立した[9]。

2　制度の概要

第四七条　州民発案（Volksinitiative）

㈠　七万人の有権者は、州議会がその憲法上の権限の範囲内において一定の政治的意思形成案件に取り組むことを、書面で要求することができる。

㈡　その代表者は、聴聞の権利を有する。

第四八条　州民請願（Volksbegehren）

㈠　州民請願は、州の立法権限の範囲内で法律を制定、改廃することを目的として行うことができる。州民請願は、理由を備えて完成された法律案に基づいていなければならない。州の予算、公租公課並びに給与および手当に関する法律は、州民請願の対象となりえない。

㈡ 州政府は、州民請願の許否を決定する。その決定に対しては、憲法裁判所に異議を申し立てることができる。

㈢ 州民請願は、有権者の一〇%により支持された場合に成立する。州政府は、その後その法律案をみずからの意見を付して遅滞なく州議会に送付する。

第四九条　州民投票（Volksentscheid）

㈠ 州議会が、州民請願に基づいて送付された法律案を六ヵ月以内に実質的に無修正で受け入れない場合は、その期間の満了後あるいはその案を法律として受け入れないとする州議会の議決後、遅くとも六ヵ月目にその法律案に関する州民投票が実施される。州議会は、州民請願の対象に関する自らの法律案を決定のためにともに州民に提出することができる。

㈡ 法律が州民投票により決定されるのは、投票者の過半数で、しかも少なくとも有権者の四分の一がその案に同意した場合である。憲法は、少なくとも有権者の半数が同意した場合にのみ、州民投票により改正されうる。

第五〇条　費用の支給、施行法（Kostenerstattung, Ausführungsgesetz）

㈠ 州民請願が成立した場合には、州民請願の代表者は、州民請願の目標に関して世間に適切に情報を提供するために必要な費用の弁償を請求する権利を有する。

㈡ 州民発案、州民請願および州民投票に関する詳細は、法律がこれを定める。

三段階の州民立法手続[10]のうち、まず州民発案の対象は、州議会の憲法上の権限内にある政治的意思形成案件と広く認められているが、州民請願の段階からは、その対象は州議会の立法権限内での法律の制定改廃に限定されることになる。州民発案のための署名活動は、発案者の自主性に委ねられるのが一般的であるが、ここでは事前の届出手続が必要とされている。すなわち州民発案のための署名を収集する計画は、まず文書で州選挙管理委員長に届け出なければならず、同委員長は州議会および州政府にその旨を通知し、州議会議長は当該発案に法的な疑念のある場合はそれを発案代表者に指摘するとされている（「州民発案、州民請願および州民投票に関する法律」（以下、「州民投票法」あるいは単に「法」と略する）六条一・二項）[11]。発案代表者は、その届出後一年以内に署名の収集を行い、選挙管理委員長に署名簿を提出しなければならず、同委員長は必要な有効登録数（七万人）の有無を確認した後、その結果とその提案を州議会に送付し（法九条一・二項）、州議会は、六週間以内にその州民発案を取り扱うか否かを決定する（法一一条一項一文）。州議会がその州民発案を取り扱うことを議決した場合は、所管の委員会が公開の会議においてその代表者の聴聞を行い、それに基づいて州民発案の対象に関して議決を行う（法一一条二項）が、取扱いを拒否する議決に対しては、発案代表者はその議決の送達後一ヵ月以内に州憲法裁判所に異議を申し立てることができる（同条一項四文）。州民発案の手続はこの州議会による議決で終了することから、州民発案の不採用は州民請願の開始の必要条件ではなく、両者は法的には連続した手続として設定されていない。

次に州民請願は、法律の制定改廃を目的とする手続である（州憲法四八条一項一文）ため、理由を付して完成された法律に基づいていなければならない（同項二文）。州の予算、公租公課並びに公務員の給与に関する法律は対象となりえない（同項三文）。また法律案提出の一般的義務（州憲法六八条）として、その法律が採択された場合に州、市町村、郡や関係行政機関において予測される費用および欠損をも、その法律案の理由のなかで説明していなければならない（法一二条二項）。州民請願のための署名収集についても、州民発案の場合と同様、州選挙管理委員長への届出が必要とされ、当該州民請願の計画は州議会および州政府に通知されるとともに、官報において公示される（法一五条一・二・四項）。

州民請願への支持は、発案代表者が州選挙管理委員長の教示を受けて作成した署名簿に登録することにより行われる（法一五条三項、一六条一項）が、州民請願の許可のための署名と州民請願を支持する登録とは手続上区分されておらず、したがって、登録された署名簿は、その登録者が主たる住所を有する市町村に送付され、その登録の有効性が確認されるが、その送付の期間は、早くて前述の州民請願計画の公示日の翌日に始まり、遅くとも後述の州民請願の許可の決定後六ヵ月までとされている（法一七条一・二項）。そして有効な登録が少なくとも二万五千人分集まった段階で、発案代表者は、州民請願の許容性の確定を州政府に対して申し立てることができるとされている（法一九条一項一文）。すなわち、州政府による許可の決定（州憲法四八条二項）は、登録者が一定数に達した段階で初めて可能となり、もしこの数の登録者が、州民請願計画の公示後六ヵ月以内に集まらなかった場合は、その審査の申立てを行うことはできず、州民請願はこの段階で終了する（法一九条一項二文）が、許可の決定が行われた場合は、当該署名簿への登録はさらに続行し、その許可の決定から遅くとも六ヵ月後に、州民請願の発案者の申立てに基づいて、州選挙管理委員会が州民請願の結果を確定し（したがって、登録期間は最長一年間となる）、それが少なくとも有権者の一〇％により支持されていれば州民請願は成立する（州憲法四八条三項一文、法二一条一・二項）。同委員会がその結果を州政府に通知した後、州政府はその法律案を、その意見を付して遅滞なく州議会に送付する（憲法四八条三項二文、法二三条）。

州民請願が成立した場合、その代表者は、州民請願の目標に関して世論に情報を適切に提供した必要経費の弁償を州に請求する権利を有し（州憲法五〇条一項）、その金額は、内務省により財務省との合意により命令で定められる（法三九条三項）。

州民投票は、州議会がその法律案を六ヵ月以内に本質的に修正することなく受け入れない場合、遅くともその期間の満了後あるいは当該法律案を受け入れないとする州議会の議決後六ヵ月目に行われ、この場合州議会は自らの法律案をも州民投票に提出できる（州憲法四九条一項）が、州議会が当該法律案を本質的に修正した上で議決した場合の修正案は、ここにいう自らの法律案とみなされる（法二四条二項二文）。州民投票により法律が採択される要件は、投票者の過半数および有権者の少なくとも四分の一が当該法律案に同意することであるが、同一の対象に関わるが内容的に相容れない複数の法律案が州民投票にかけられた場合、投票者はそれら各々の法律案に投票することができる（法二八条三項、三〇条二項）ことから、複数の法律案が成立要件を満たした場合は、それら法律案のうち、もっとも多くの賛成票を獲得した法律案が採択される（法三三条二項）。

3 実　例

一九九九年末までに試みられた州民立法手続の例として、州民発案に関しては、一九九八年までに七件が届け出られている。[12] このうち一件は、州民投票法の発効前に、州憲法に「神と人間に対する責任」という文言を含む「前文」を置くことを求めた州民発案であり、これは同様の趣旨の議員提案とともに本会議において採択され、[13] 憲法が改正されている。[14]

一九九五年一月には、地方自治体の汚水処理事務の履行に際して中央と地方の浄化手続のシステム比較を行うことなどを求める「自治体の出資の公平と環境保護に関する州民発案（Volksinitiative für kommunale Beitragsgerechtigkeit und Umweltschutz）」が届け出られたが、[15] 一年間の署名収集期間に、その成立に必要な数（七万人）の署名が集まらなかった。[16] また、同年五月、同州の学校・教育予算の徹底的な節約政策に対して、欠員となる教師の再補充や生徒数の増加に応じた教師の追加採用などを求めた「授業手当の改善および長期保障に関する州民発案（Volksinitiative für die

Verbesserung und langfristige Sicherstellung der Unterrichtsversorgung in Niedersachsen)」[17]は、必要署名数に達して成立したが[18]、州議会は、現在の財政・経済上の条件ではその要請を満たす資金の準備は不可能であるとの文教委員会の議決勧告[19]を受け入れて、この州民発案を否決した[20]。

一九九六年二月、州議会による一六歳からの地方自治体の選挙権の導入は、偽りの参加の可能性を認めるにすぎず、むしろ青少年地方会議を設立して青少年を政治問題に引き寄せるほうがより有意義であると主張する「青少年地方会議に賛成し、一六歳の選挙資格年齢に反対する州民発案（Volksinitiative für Jugendgemeinderäte – gegen das Wahlalter 16)」が届け出られたが[21]、成立に必要な数の署名を集めることができなかった[22]。同様に、同年五月届出の、「上水道施設の売却に反対する州民発案（Volksinitiative gegen den Verkauf der Harzwasserwerke)」[23]も、必要署名数に達しなかった[24]。しかし、同年一一月に届け出られた「救援ヘリコプターの配備の存続を求める州民発案（Volksinitiative zum Erhalt des Rettungshubschraubers Christoph 30)」[25]については、必要数の署名が集められ[26]、州議会の審議にかけられたところ、本会議はこの州民発案を受け入れ、州政府に対して当該ヘリコプターの配備の存続を要求することを一致して議決した[27]。

一九九八年二月には、患者の保護を国家目標として州憲法の中に採用し、患者保護機関を設置することを要求する州民発案（Volksinitiative Patientenschutzstelle Niedersachsen）が届け出られたが[28]、この州民発案もその成立に必要な数の署名が集まらなかった[29]。

州民発案と州民請願は連続した手続ではないため、州民請願の段階から立法手続を開始することもできるが、州民請願のための署名収集の届出は、一九九八年までに三件[30]、一九九九年に一件行われている。

まず、一九九七年二月に届出のあった正書法改革に反対する州民請願（Volksbegehren „WIR gegen die

Rechtschreibreform“[31]は、州民請願の許可に必要な数（二万五千人）の署名は集められて許可されたが[32]、州民請願を支持した有効登録者数は二七万七三二八人にとどまり、州民請願の成立要件である「有権者の一〇％」（当時五九万二九三四人）を超えることはできず[33]、州民請願は成立しなかった。同年三月には、ヨーロッパ統一通貨ユーロの導入とそれに伴うドイツ・マルクの廃止の是非を問う州民アンケート調査の実施に関する法律の制定を求める州民請願（Volksbegehren „Befragung des Volkes in Niedersachsen zur Einführung der europäischen Einheitswährung EURO“）が届け出られたが[34]、許可に必要な署名が集まらなかった[35]。また、同年一二月、同州の生産者に対して、その生産物が遺伝子技術によらないものであるということを同州の食糧・農林省の印により証明する可能性を与えることを内容とする法律の制定を求める州民請願（Volksbegehren „Gentechnikfrei aus Niedersachsen“）の届出が行われているが[36]、その後その許可の確定に関する公示が行われていないことから、必要な数の署名が集まらなかったものと思われる。

一九九九年三月には、同州の全日制保育園に関する法律の存続を求める州民請願のための署名の収集計画が届け出られた[37]。この州民請願に対して、六ヵ月間に六九万七九三人の有効な登録が行われ、その登録数は州民請願の成立要件である「有権者の一〇％」（五九万二九三四人）を超えたことから、この州民請願は成立した[38]。しかし州政府は、二〇〇〇年三月、この州民請願は州の予算に影響を及ぼすとの理由で不許可とした[39]。

【注】

（1）　Antrag, Fration der FDP, Betr.: Erarbeitung einer neuen Niedersächsischen Landesverfassung, Landtag Nds, Drs.12/42.

（2）　Jung, JöR 41 (1993), S.41.なお、同州の憲法制定過程については、Jung, Nds. Jahrbuch, 1992, S.439ff.; Blanke, Niedersächsische Verfassung 1993, S.113ff.; Starck, NdsVBl. 1994, S.2ff. 参照。

（3）　Berlit, NVwZ 1994, S.12 参照。

（4） ＦＤＰ会派の提案（注（1））を受けた長老会議の議決勧告（Landtag Nds, Drs.12/259）を本会議が採択した（Landtag Nds, PlPr.7. Sitzung am 10. Oktober 1990, S.486）。

（5） Jung, JöR 41 (1993), S.41-42.

（6） ＳＰＤ会派、緑の党およびＣＤＵ会派の憲法草案を対照した資料として、Gegenüberstellung der Vorläufigen Niedersächsischen Verfassung und der Verfassungsentwürfe der Fraktionen im Niedersächsischen Landtag, Landtag Nds, Drs.12/3350 参照。

（7） Gesetzentwurf, Die Mitglieder des Sonderausschusses „Niedersächsische Verfassung", Landtag Nds, Drs.12/4650.

（8） Landtag Nds, PlPr.80. Sitzung am 13. Mai 1993, S.7518.

（9） Niedersächsische Verfassung vom 19. Mai 1993, GVBl. S.107.

（10） 同州の州民立法制度については、参照、Kühne, NdsVBl. 1995, S.25ff.; Blanke, Niedersächsische Verfassung 1993, S.117-122.

（11） Niedersächsisches Gesetz über Volksinitiative, Volksbegehren und Volksentscheid (Niedersächsisches Volksabstimmungsgesetz – NVAbstG –) vom 23. Juni 1994, GVBl. S.270.

（12） Jung, ZG 1998, S.302-303 参照。

（13） 法務・憲法問題委員会（州民発案の所管委員会―以下同様）は、この州民発案および同趣旨の議員提案（Landtag Nds, Drs.12/5971）に基づき、「神と人間に対する責任を自覚して、ニーダーザクセン州民は、その州議会を通じてこの憲法を制定した。」との「前文」を州憲法に採択するよう勧告（Landtag Nds, Drs.12/6264）し、本会議はこの勧告を受け入れた（Landtag Nds, PlPr.106. Sitzung am 19. Mai 1994, S.10025）。

（14） Gesetz zur Änderung der Niedersächsischen Verfassung vom 6. Juni 1994, GVBl. S.229.

（15） Bek. d. Landeswahlleiters v.13.01.1995, MBl.1995, S.145.

（16） 委員会の議決勧告（Landtag Nds, Drs.13/1706）、本会議の議決（Landtag Nds, PlPr.48. Sitzung am 15. Februar 1996, S.5049）参照。

（17） Bek. d. Landeswahlleiters v.15.05.1995, MBl.1995, S.712.

（18） Landtag Nds, Drs.13/1725.

（19） Landtag Nds, Drs.13/2168.

(20) Landtag Nds, PlPr.60. Sitzng am 4. September 1996, S.6276.
(21) Bek. d. Landeswahlleiters v.1.02.1996, MBl.1996, S.288.
(22) 委員会の議決勧告（Landtag Nds, Drs.13/2735）、本会議の議決（Landtag Nds, PlPr. 78. Sitzung am 5. März 1997, S.7848）参照。
(23) Bek. d. Landeswahlleiters v.14.05.1996, MBl.1996, S.956.
(24) 委員会の議決勧告（Landtag Nds, Drs.13/3063）、本会議の議決（Landtag Nds, PlPr.88. Sitzung am 9. Juli 1997, S.8764）参照。
(25) Bek. d. Landeswahlleiters v.15.11.1996, MBl.1997, S.75.
(26) Landtag Nds, Drs.13/3406.
(27) Landtag Nds, PlPr.100. Sitzung am 11. Dezember 1997, S.9766.
(28) Bek. d. Landeswahlleiters v.10.02.1998, MBl.1998, S.404.
(29) 委員会の議決勧告（Landtag Nds, Drs.14/592）、本会議の議決（Landtag PlPr.25. Sitzung am 12. März 1999, S.2118）参照。
(30) Jung, ZG 1998, S.304 参照。
(31) Bek. d. Landeswahlleiters v.26.02.1997, MBl.1997, S.289.
(32) Bek. d. Landeswahlleiters v.19.11.1997, MBl.1998, S.65.
(33) Bek. d. Landeswahlleiters v.22.06.1998, MBl.1998, S.984.
(34) Bek. d. Landeswahlleiters v.20.03.1997, MBl.1997, S.419.
(35) Jung, ZG 1998, S.304.
(36) Bek. d. Landeswahlleiters v.15.12.1997, MBl.1998, S.115.
(37) Bek. d. Landeswahlleiters v.24.03.1999, MBl.1999, S.172.
(38) Bek. d. Landeswahlleiters v.25.10.1999, MBl.1999, S.721.
(39) Mehr Demokratie e. V., Volksbegehrens-Bericht 2000, S.9.

七　ブレーメン

1　沿　革

ブレーメン憲法は、一九四七年の制定当時より、すでに州民請願および州民投票から成る二段階の州民立法制度を採用していた。しかし、州憲法の包括的な見直しを行うために一九九一年二月に超党派の提案[1]に基づいて設置された[2]「州憲法改正」特別委員会（nichtständiger Ausschuß „Reform der Landesverfassung"）には、検討すべき重要項目として、憲法改正手続の見直し、州議会の自律解散制度の創設、州憲法裁判所制度の改革などとならんで、「州民請願と州民投票（の成立要件）の緩和、一定の定足数による市民発案制度の導入の問題の吟味」も挙げられていた。[3]

この特別委員会は、一九九三年六月に、それらの検討結果に関する報告書を提出し[4]、「市民参加」に関して、「ブレーメン憲法は、州民の参加を、選挙以外では、代表委員会制度の範囲ならびに州民請願および州民投票において規定しているにすぎ[5]」ず、しかも州民請願と州民投票は、「それらの高いハードルにより、ほとんど影響力を及ぼす可能性のないことに鑑みて、市民の参加の権利を強化することを勧告する。」と述べ、その具体的措置として、州民請願の成立要件を、従来の有権者の「五分の一」から「一〇分の一」へ緩和すること、また州議会の審議案件を満一六歳以上の市民も提出することができる「市民発案（Bürgeranträge）」の制度を創設することを提案した。とりわけ、この市民発案について、同報告書は、その提案理由、検討経過ならびに制度の概要を次のように述べている。[6]

「委員会は、SH州、ブランデンブルク州、ニーダーザクセン州およびSA州などの他州、ならびに連邦議会および連邦参議院の合同憲法委員会における議論を取り上げた。委員会は、その制度にこそ、市民と議員との間の距離を埋める実質的な契機があると考えた。もし州議会に代表されている政党が時事的な問題を取り上げない場合は、市民発案がそれを促すことができるものとする。

この新しい規定は、州議会に対して一定の時事問題を取り扱うよう義務づけることを目的としている。しかし、例えばブランデンブルク州の規定と異なり、その発案は、州議会が一定の期限内に同意しない場合、州民請願およびそれに続く州民投票へは移行しない。むしろ州議会は、自由にその決定を行うことができるものとする。それゆえ、委員会の提案は、従来、議員および州政府に限定されていた、諸案件を州議会の議事日程に載せる権利を拡大するにすぎない。この権利は、その要求が他の市民により支持されるかぎりにおいて、市民にも認められるものとする。その定足数に関して、委員会においては様々な考え方があった。緑の党の委員は、一％の支持者を提案した。ＳＰＤ、ＣＤＵおよびＦＤＰの委員は二％すなわち約一万人が適切であると考えた。市民発案は、法律案をも提出することができる。しかしながら、州民投票における制約に応じて、例えば、予算、公租公課およびもともと広範囲にわたって連邦法により定められた公務員の給与および年金など、一定の対象は除外される。このことは、市民発案が議決の対象としての完成された法律案なしに、それに相応する法律の改正を目的とする場合にも当てはまる。

諸案件を州議会の議事日程に載せることができる市民の権利は、例えば州民投票のように、いまだ国家権力を行使するものではない。それゆえ、ブレーメンに住所を有する外国人も市民発案に署名することができるものとする。委員会は、この緑の党の提案を、ＣＤＵの委員は反対したが、多数により採択した。」

以上の州民立法制度に関する提案を始め、包括的な州憲法の改正に関する特別委員会の提案は、一九九三年八月一九日に開かれた本会議の第一読会において採択され、その審議は、州憲法一二五条に基づく特別委員会[7]に付託されることが議決された。[8] この特別委員会は、翌年五月に憲法改正に関する提案を行ったが[9]、州民立法制度に関しては、前の特別委員会の提案をまったく修正することなく本会議に提案し、本会議は、第二読会[10]および第三読会[11]においても、当該提案すなわち州民請願の成立要件の緩和、および市民発案制度の創設に関する提案を修正することなく可決した。ただし、憲法改正は、当時の同州憲法によれば、州議会が「一致して」議決しない場合は州民投票にかけられなければならず（州憲法旧一一五条三項）[12]、第三読会では、賛成八九、反対六で議決されたため、この憲法改正案は州民投票にかけられることとなった。[13]

この州民投票は[14]、一九九四年一〇月一六日に実施され、有権者総数五〇万六八一五人、投票総数三九万六七六九人（投票率七八・二九％）、有効投票三七万五七五七票のうち賛成票は二八万五七四八票という結果となり[15]、憲法改正に関する州民投票の成立要件は、当時の規定（州憲法旧七二条）では「単純過半数」の賛成とされており、有効投票のうち憲法改正案への賛成票は七六・〇五％を占めたことから、この憲法改正案は採択され憲法改正が成立した。[16]

2 制度の概要

第七〇条　州民投票の対象（Gegenstand des Volksentscheids）

(一) 州民投票が実施されるのは、次の場合である。

(a) 州議会が、その議員の多数をもって憲法改正を州民投票に提出した場合。

(b) 州議会が、その権限に属する他の問題を州民投票に提出した場合。

(c) 有権者の五分の一が、被選期の早期終了を要求した場合。

(d) 有権者の一〇分の一が、法律案に関する議決を求める請求を行った場合。憲法を改正する場合には、有権者の五分の一がその請求を支持しなければならない。請求された法律案は、州政府により、その意見を付して州議会に提出されなければならない。その法律案が州議会において無修正で受け入れられた場合は、州民投票は実施されない。その法律が州民投票により拒否された場合、同じ法律案の提出を求める再度の州民請願は、州議会が改選された後に初めて許される。

(三) 予算、給与法および租税、公租公課および手数料ならびにそのような法律案の細目に関する州民投票は許されない。

第七二条　定足数、多数（Quorum, Mehrheit）[17]

(一) 法律案あるいは第七〇条に基づくその他の提案が州民投票により採択されるのは、投票の過半数で、少なくとも有権者の四分の一の人が同意した場合である。

(二) 州民請願に基づく憲法改正においては、有権者の半数以上がその州民請願に同意しなければならない。

第八七条　発案（Anträge）

(二) 市民発案は、満一六歳以上の市民の少なくとも一〇〇分の二により署名されていなければならない。予算、公務員の給与および年金、公租公課および人事決定に関する発案は許されない。詳細は法律がこれを定める。

三段階の具体的な手続に関しては、一九九四年の州憲法改正の直後に、「市民発案に際しての手続に関する法律[18]」（以下、「発案法」と略する）が制定され、市民発案の手続は、州民請願および州民投票の手続を規定する「州民投票に際しての手続に関する法律」[19]（以下、「州民投票法」あるいは単に「法」と略する）とは別の法律で規定されるが、他方、州民投票法も憲法改正に相応して一九九六年に改正されている。

まず市民発案については、「市民発案により、審議と議決のための案件が州議会に提出される。」（発案法一条一文）と規定され、その対象は、州憲法上の除外事項を別としてとくに限定されていない。州民発案は、書面により、州議会に提出されなければならず（発案法三条一項）、その提出の日に満一六歳以上の住民の少なくとも二％の署名が必要とされている（同法二条一項）。発案の提出を受けた州議会議長は、その署名簿の審査を住民登録局に委ね、二週間以内にその許容性について決定する（発案法四条一・三項）。許可された州民発案は、州議会の議事日程に載せられ、その代表者あるいは代表者の指名した者は、所管の委員会において聴聞の権利を有する（発案法五条一項）。なお、被選期の終了時に未だ最後まで取り扱われていない市民発案は、次の被選期において継続して取り扱われることが明記されている（発案法五条二項）。

市民発案と州民請願とは連続した手続として構成されていないため、州民は州民請願の段階からでも請求を開始することができるが、州民請願の対象は、市民発案と異なり、法律の制定改廃に限定され（法八条一項）、したがって、完成された法律案に基づいていなければならない。州民請願は、有権者の一〇分の一の支持が得られると成立し、その法律案は、州政府によりその意見を添えて州議会に提出され、州議会がそれを無修正で受け入れない場合には、州民投票が実施される。また予算等の財政に関連する州民投票ならびにそのような法律案の細目に関する州民投票は許されていない。法律案が州民投票により採択されるのは、投票の過半数で、有権者の少なくとも四分の一（憲法改正法律については有権者の半数以上）が賛成した場合である。もし法律案が州民投票において否決された場合、「同一の」[20]法律案に関する州民請願が再び許されるのは、次の新たな州議会が選出された後であると規定され、したがって同一テーマに関する州民請願の提出は、一被選期中一回しか認められないことになる。

州民請願は、許可手続および登録手続を経ることとされている（法八条二項）。州民請願の許可の申請は、書面により州選挙管理委員長に提出されなければならず（法一〇条一項）、その申請に備えられていなければならないものとして、㈠理由が付され完成された法律案、㈡少なくとも五千人の有権者（一九九九年時点で有権者総数の一・〇二％）の自署による支持、㈢申請に関して拘束力を持つ声明を行い、またそれを受領する権限を持つ代表者および少なくとも二名の代理人の指定、の三つが挙げられている（法一〇条二項）。この申請に対してその許否を決定するのは州政府とされるが、州選挙管理委員長への申請の到達後二ヵ月以内に州政府がその決定を行わない場合は、その申請は許可されたものとされる（法一二条一項）。州政府は、許可のための法律上の諸条件が満たされていないと考える場合は、州憲法裁判所の決定を求めるものとされている（法一二条二項）。申請が許可されると、州選挙管理委員長は、その旨を遅滞なく官報で公示しなければならないが、その公示には、㈠当該法律案の文言、㈡代表者の氏名および住所、㈢署名簿の提出期限、㈣州民請願の成立に必要な登録数が含まれていなければならない（法一三条）。

州民請願の支持は、署名簿に登録することにより行われ、この署名簿の作成は、州民請願の発案者の責務とされている（法一四条一項）。従来の規定では、この署名簿は州の公的機関に設置され、登録手続はすべてこの署名簿設置機関のイニシアティブにより行われることとされていた（法旧一二条、旧一四条二項）が、同法の改正によりこれらの規定は削除され、署名の収集は発案者の自由に委ねられることとなった。[21]また、この署名簿は、州民請願の許可の公示後遅くとも三ヵ月以内に提出されなければならない（法一八条一項）とされ、署名収集期間は、従来の九日間（法旧一二条二項二文）から三ヵ月間へと大幅に拡大された。署名簿の提出を受けた当局は、有効な登録が州民請願の成立に必要とされる数に達しているか否かを審査した上で、その結果を州投票管理委員長に送付し（法一八条四項）、同委員長が州民請願の成否を確定して、その結果を公示するとともに、その代表者に通知する（法一九条一項）。

州民請願は、有権者の少なくとも一〇分の一が同意すれば成立し（法一九条二項）、その場合、州政府は当該公示後二週間以内に、州民請願の法律案に州政府の意見を添付して州議会に送付しなければならない（法二一条一項）。そして州議会が、その法律案をその到着後二ヵ月以内に無修正で受け入れないかぎり、それは否決したものとみなされ（法二一条二項）、その後遅くとも四ヵ月以内に州民投票が実施されることになる（法二一条一項）。

州民投票により法律案が採択されるのは、投票の過半数で、少なくとも有権者の四分の一が同意した場合である。州議会の対案提出を認める規定はなく、むしろ、州議会が、州民請願の許可の申請後にその州民請願の法律案を修正して可決し、あるいは同一の対象案件に関して内容の異なる法律を議決していた場合は、州民投票により採択された法律は、その発効の日に州議会により議決された法律に代わるものとされている（法七条二項）。

またすべての有権者は、州民投票にかけられる提案あるいは法律案と同数の投票権を有している（法三条四項）ことから、同一対象に関わるが内容的に相容れない複数の法律案が同時に州民投票にかけられた場合、有権者は複数の法律案に賛成票を投じることも可能であり、その結果、複数の法律案が成立要件を満たした場合には、それらの中で賛成票をもっとも多く得た法律案が採択される（法六条二項）。

なお、州民請願に関する許可申請および署名簿の費用は、その提案者の負担とされ（法二七条四項）、州民投票運動の必要経費の弁償に関する規定は存しない。また、この州民投票法に基づいて収集された個人情報は、州民請願の実施に関してのみ利用され、手続上不必要となった場合は消去されるべきことが明示されている（法二八条）。

3　実　例

ブレーメンにおいて州民立法手続が利用された例としては、一九九四年の州憲法改正前に三件の州民請願提出の動きがみられる。[22] まず、一九七八年、ブレーメンの塁壁の中での高層ビルの建設に反対する市民運動が州民請願を計画したが、建築計画の変更が行われたため、その許可の申請は行われなかった。また一九八一年には、ドイツ公務員連合が州議会の議員数の削減を求める州民請願に取り組んだが、結局許可の申請には至らなかった。さらに一九八六年、授業やクラスなどの変更は各々の学校協議会の了解の下に行われることを趣旨とする同州の学校行政法の改正を求める州民請願の許可の申請が行われ、それに必要な署名数も確認されたが、州政府は、当該法律案のなかで、この改正が過去約一年前に遡及することを規定する条文は信頼保護原則に反するとして、州憲法裁判所の決定を申し立て、同裁判所も当該条文は法治国家原則に相容れないとの判断を下した。(23)

州憲法改正後の一九九六年八月、父母団体から、㈠ブレーメン州の公立学校の授業手当に関する法律案、㈡教室の維持および設置に関する法律案、㈢授業用および学習用教材の自由化に関する法律案に関する州民請願の許可の申請が同時に行われた。(24)州政府は、これらの許可申請に対して、形式上の要件については異議を唱えなかったが、それらの法律案の内容に関する実質的な要件が、少なくとも前者二つの法律案については満たされていないとして、州憲法裁判所の決定を申し立てたところ、同裁判所は、前者二つの法律案は州憲法七〇条二項により州民請願の禁止対象とされる予算に関わり、州議会の予算議定権を侵害するため州民請願は許されないとしたが、他方、三番目の法律案に関する州民請願は許可されると判示した。(25)この結果、いわゆる学習教材自由法に関する州民請願は許可された旨が、その法律案の条文とともに、また州民請願を支持する署名簿は遅くとも一九九七年九月二五日までに管轄の市民登録局に提出されるべきこと、さらに州民請願の成立のためには少なくとも五万七〇九人の有効な登録が必要であることが併せて公示された。(26)州憲法の改正により、州民請願の成立要件は従来の半分に緩和され、また州民投票法の改正により署名収集期間も三ヵ月間に延長されていたが、発案者は必要とされた数の署名を集めることができず、この州民請願は成功しなかった。(27)

その後、一九九八年九月には、州憲法上の州民請願と州民投票の要件の引き下げを求める州民請願（„Mehr Demokratie in Bremen"）の許可申請が提出されたが、州政府はそれが許可の要件を満たしていないとして州憲法裁判所の決定を申し立て、同裁判所は、二〇〇〇年二月一四日、その州民請願の法律案は諸州を拘束する基本法二八条の民主的原則に違反することなどを理由として、その許可を認めない判決を下した(28)。

一九九九年五月には、州議会の議員数を現行の一〇〇人から七五人に減少させることを要求して同州選挙法の改正を求める州民請願の許可申請が行われ、州政府により許可されて、同年八月二五日がその登録期限として設定されたが(29)、必要とされる署名が集まった旨の公示は行われなかった。また一九九八年から二〇〇〇年にかけて、正書法改革に反対する州民請願の許可申請が二件行われたが、いずれも成功するには至らなかった(30)。

【注】

（1）　Antrag der Fraktionen der CDU, SPD, DIE GRÜNEN und der FDP, Nichtständiger Ausschuß Reform der Landesverfassung, Bürgerschaft Bremen, Drs.13/23.

（2）　Bürgerschaft Bremen, PlPr.2. Sitzung am 11. Dezember 1991, S.66.

（3）　Bürgerschaft Bremen, BPr. Nr.13/18.

（4）　Bericht und Antrag des nichtständigen Ausschusses „Reform der Landesverfassung", Bürgerschaft Bremen, Drs.13/592.

（5）　この委員会は、様々な行政部門の諸案件を審議するために、州議会により設置される機関で、議員でない者も選出されうる（州憲法一一九条）。

（6）　Bericht und Antrag des nichtständigen Ausschusses, a. a. O., S.6-7.

（7）　「州議会は、第一読会終了後、……特別委員会に憲法改正に関する提案を命じなければならない。」（州憲法一二五条二項二文）

（8）　Bürgerschaft Bremen, PlPr.36. Sitzung am 19. August 1993, S.2528-2529; BPr. Nr.13/526.

（9）　Bericht und Antrag des nichtständigen Ausschusses „Artikel 125 LV – Reform der Landesverfassung ", Bürgerschaft Bremen, Drs. 13/897.

（10）　Bürgerschaft Bremen, PlPr.56. Sitzung am 19. Mai 1994, S.3886; BPr. Nr.13/769.

（11）　Bürgerschaft Bremen, PlPr.58. Sitzung am 30. Juni 1994, S.4021; BPr. Nr.13/794.

（12）現行の文言によれば、州議会による憲法改正に関する議決は、「その議員の過半数による場合」（州憲法七〇条一項a）は、州民投票により憲法改正が決定されるが、「その議員の三分の二の多数による場合」（同一二五条三項）には、州民投票によらず憲法改正が成立する。
（13）表決後の州議会議長クリンク氏の発言（Präsident Dr. Klink: Bürgerschaft Bremen, PlPr.58. Sitzung, a. a. O., S.4021）参照。
（14）Bek. über den Volksentscheid zur Änderung der Landesverfassung der Freien Hansestadt Bremen vom 16. August 1994, ABl.1994, S.409.
（15）Bek. des endgültigen Abstimmungsergebnisses des Volksentscheids über die Änderung der Landesfassung der Freien Hansestadt Bremen am 16. Oktober 1994, ABl.1994, S.501.
（16）Gesetz zur Änderung der Landesverfassung der Freien Hansestadt Bremen vom 1. November 1994, GBl.1994, S.289.
（17）州民投票の成立要件は、一九九七年改正の文言（Gesetz zur Änderung der Landesverfassung der Freien Hansestadt Bremen vom 9. Oktober 1977, GBl.1997, S.353）による。
（18）Gesetz über das Verfahren beim Bürgerantrag vom 20. Dezember 1994, GBl.1994, S.325.
（19）Gesetz über das Verfahren beim Volksentscheid vom 27. Februar 1996, GBl.1996, S.41. なお、この改正以前の同法律（一九六九年制定）については、GBl.1969, S.39 参照。
（20）Neumann, Verfassung Bremen, Art.70, Rdnr.13 は、内容が実質的に同じ法律案は、「同一」の法律案にはあたらないとする。
（21）参照、Jung, ZG 1998, S.319.
（22）以下、Rittger, Direkte Demokratie, S.156 による。
（23）州民請願をめぐる経緯は、BremStGH, Entsch. v.9.6.1986, NVwZ 1987, S.576ff. による。
（24）参照、Jung, ZG 1998, S.320.
（25）州民請願をめぐる経緯は、BremStGH, Entsch. v.17.6.1997, NVwZ 1998, S.388ff.，裁判所の判決内容は、州政府の公示（Bek. einer Entscheidung des Staatsgerichtshofs der Freien Hansestadt Bremen im Verfahren nach §12 Abs.2 des Gesetzes über das Verfahren beim Volksentscheid, ABl.1997, S.351）による。なお、この判決に対する評釈として、Jung, NVwZ 1998, S.372ff. 参照。
（26）Bek. über die Zulassung eines Volksbegehrens für ein Lernmittelfreiheitsgesetz vom 18. Juni 1997, ABl.1997, S.283.

(27) Jung, ZG 1998, S.320.

(28) Mehr Demokratie e. V., Volksbegehrens-Bericht 2000, S.7. 州憲法裁判所の判決については、参照、StGH Bremen, Urteil vom 14. 2. 2000, BayVBl. 2000, S.342 ff.

(29) Bek. über die Zulassung eines Volksbegehrens zur Änderung des Bremischen Wahlgesetzes, ABl. 1999, S.407.

(30) Mehr Demokratie e. V., a. a. O., S.7-8.

八　ベルリン

1　沿　革

一九七〇年代のドイツ諸州のなかでは、ＢＷ州をはじめ、ザールラント州やＳＨ州などの州議会において州民請願や州民投票といった手段による直接民主主義的（州民立法）制度の導入をめぐる議論があり（前二者ではそのための憲法改正が行われた）、さらにバイエルン州やＮＷ州においては州民請願を通じた法律の制定が実際に行われるなど、この時期には州民立法制度の導入および活用について積極的な動向が一般にみられたのであるが、こうした動きと唯一逆コースを歩んだのがベルリンであった(1)。

同州の憲法は、制定当初は、州民請願（有権者の五分の一の支持により成立）および州民投票（有権者の半数が州民投票に参加して投票者の過半数がその法律に賛成した場合に、あるいは投票参加数がそれより少ないときは有権者の三分の一が賛成した場合に採択）から成る二段階の州民立法手続（州憲法旧四九条）を、さらに州民投票による憲法改正（有権者の過半数の同意により成立）（同旧八八条二項）をも規定していた。しかし、州民請願および州民投票に関する施行法を欠いていたため、州民立法制度はまったく具体化されず、結局、一九七四年一一月二二日の第一七憲法改正法律により、それに関する条項はすべて削除された。これは議会制度に基づく憲法秩序における州民投票による立法の合目的性に対する一般的疑念だけによるものではなく、その主たる理由は、ベルリンの州としての特殊性（占領国の留保）に基づくベルリン自身の州法と連邦法との間の法的統一性により、連邦法に帰属する立法素材も州民投票の対象となりうるという危惧が考慮されたことによるとされている。(2)

ドイツ統一を期に、再統一されるベルリンにおいては、一九五〇年制定の西ベルリンの憲法がそのままベルリン全体に適用されるか、それとも新たな憲法を制定するかという問題があったが、(3)東ベルリンでは一九九〇年七月に円卓会議憲法をモデルとして新しい憲法が(4)議会により議決され、その第八八条四項では、この憲法は、新たに選出される全ベルリン議会の第一被選期において、ベルリンの最終的な憲法を制定し、州民投票により発効させるという任務をもつことを条件に失効することが規定されていた。そこで「全ベルリン憲法」作業グループの提案に応じて、西ベルリンの議会は、一九九〇年九月二〇日、同憲法を改正し、(5)その八八条二項で、「憲法は、全ベルリン議会の第一被選期中に改定が行われ」、その改定の基礎は一九四八年および一九五〇年制定の東西各々のベルリン憲法ならびに一九九〇年制定の東ベルリンの憲法であり、「その改定された州民投票により発効されるものとする。」と規定した。この憲法の改定作業のために、議会は、ＳＰＤ会派およびＣＤＵ会派の提案に(6)基づき、一九九一年九月二六日、「憲法・議会改革」調査委員会（Enquete-Kommission „Verfassungs- und Parlamentsreform"）を設置し、(7)この調査委員会は、一九九四年五月一八日に最終報告書を(8)提出し、議会活動の改革、市長の地位と組閣、州民立法制度を始めとする政治的参加権などに関する憲法の大幅な改正提案を行った。州議会はこの提案に基づいて審議を重ね、一九九五年六月八日に改定憲法を議決し、(9)この憲法は、引き続き一〇月二二日に実施された州民投票に(10)おいて有効投票の約七五％の賛成を得て[11]、最終的にベルリン憲法として成立した[12]。

こうしてベルリンの州民立法制度は、一旦は一九七四年に州憲法から削除されたが、それから約二〇年後、それまで「州議会に専属する。」（旧三条一項一文）と規定されていた立法権については、「投票により、また州議会により行使され」（三条一項一文）、「法律案は、州議会の中から、州政府により、あるいは州民請願の方法において提出されうる。」（五九条二項）と、州民の州民請願による法案提出権が認められることにより、改めて州憲法に採用され、しかもそれは州民発案手続に始まる三段階の手続であった[13]。

2 制度の概要

第六一条　州民発案（Einwohnerinitiativen）

㈠　ベルリンのすべての住民は、州議会の決定権限の範囲内において、ベルリンに関わる一定の政治的意思形成案件に州議会を取り組ませる権利を有する。その発案は、九万人のベルリンの成人の住民により署名されていなければならない。その代表者は、所管の委員会において聴聞の権利を有する。

㈡　州の予算、公務員の給与および手当、公租公課、公企業の労働協約ならびに人事決定に関する発案は許されない。

第六二条　州民請願（Volksbegehren）

㈠　州民請願は、ベルリン州が立法権限を有する限りにおいて、法律の制定改廃を目的として行うことができる。それは一被選期中において一つのテーマについては一回しか許されない。州民請願とともに完成された法律案が提出されなければならない。

㈡　州民請願の基礎となる法律案は、州政府によりその意見を付して州議会に提出されなければならない。

㈢　州民請願は、州議会の被選期の早期終了を目的として行うこともできる。

㈣　州民請願が成立するのは、ベルリン州議会の選挙権を有する少なくとも一〇％の人が二ヵ月以内にその州民請願に同意した場合である。

㈤　憲法、州の予算、公務員の給与および手当、公課、公企業の労働協約ならびに人事決定に関する州民請願は許されない。

第六三条　州民投票（Volksentscheid）

㈠　州民請願が成立した場合には、その法律案について四ヵ月以内に州民投票が実施されなければならない。州議会は、自らの法律案を同時に投票にかけるために提出することができる。州議会が請願された法律案を内容上その本質的存立において修正することなく受け入れた場合は、州民投票は実施されない。

㈡　法律が州民投票により採択されるのは、ベルリン州議会の選挙権を有する少なくとも半数の人が州民投票に参加してその過半数がその法律に賛成の投票をするか、あるいは投票参加がそれより少ない場合は有権者の少なくとも三分の一がその法律に賛成の投票をした場合である。

㈢　州議会の被選期の早期終了に関する州民投票が実施されるのは、ベルリン州議会の選挙権を有する五分の一の人が州民請願に同意した場合である。その州民投票は、有権者の少なくとも半数がそれに参加し、その過半数がその早期終了に賛成の投票をした場合にのみ有効となる。

まず州民発案の制度は、ベルリンに関わる政治的意思形成の一定の問題を州議会に取り扱わせるすべての住民の権利として規定され、その権利は、ブランデンブルク州と同様、ドイツ人である「有権者」に限定されず、すべての成人（満一八歳以上）としての「住民」（したがって定住外国人をも含むと考えられる）に広く認められている（「州民発案、州民請願および州民投票に関する法律」[14]（以下、「州民投票法」あるいは単に「法」と略する）一条）[15]。もっともその発案に必要とされる九万人の署名者数は、成人の住民総数の約三・一九％[16]に相当し、ドイツ人以外の住民をも含んでいることを考慮しても、これはブランデンブルク州の約三倍にあたり、同様の制度を採用する一一州の中では、テューリンゲン州に次いで高いハードルとなっている。

州民発案の対象は、州議会の「決定権限」の範囲内に限定され、またその対象から排除される事項としては、他の州にもおおむね共通する財政関連法律の他に、「公企業の労働協約」ならびに「人事決定」が含まれている。なるほどブランデンブルク憲法も人事決定を排除事項として規定しているが、公企業の労働協約までも含めてはおらず、またそもそも州民発案は州議会に決定を強いるわけでもないことを考えると、ベルリン憲法は州民発案の対象に対する制約がやや厳しいといえよう。[17]

州民発案の州議会での取扱いを求める申立ては、書面により、州議会議長に対して提出されなければならず（法四条一文）、また九万人の署名は、その申立前六ヵ月以内に収集されたものでなければならない（法五条一項二文）。議長は、有効署名者数の審査を除き、一五日以内に州憲法および州民投票法所定の許可要件について審査を行い、さらに当該署名簿を内務省に提出して有効署名者数の審査を依頼し（法七条）、その審査に関する通知を受けた後三〇日以内に、当該申立ての許可を確定する（法八条一項）。許可された州民発案は、その確定後四ヵ月以内に、州議会において審議されなければならず、発案の代表者は所管の委員会において聴聞を受ける権利を有し、その聴聞後、州議会において当該州民発案に関する討論が行われる（法九条一・二項）。

州民発案と州民請願は連続した手続としては構成されておらず、州民は、州民請願の段階からでも立法手続を開始することができる。もっとも州民請願と州民投票に関する州憲法六二・六三条の規定は、全体的には、同州憲法の旧四九条をモデルにしていると思われるが、個別的には、州民の参加という点でかつての規制よりも厳しいハードルが設定されている。すなわち、州民請願は、州民発案がその権利の主体およびその対象に関して州民に広く門戸を解放していたのと異なり、参加権者はベルリン州議会の選挙権者に限定され、またその対象はベルリンの立法権限の範囲内における法律の制定改廃を求める法律案に限定されている。さらに同一のテーマに関する請願は、一被選期間すなわち四年間に一回しか許されていない。この制約の背景には、比較的短期間における法律の改廃に対する危惧、あるいは州民請願および州民投票の成功の可能性に対する疑問があると考えられるが、四年間のどの時点で州民請願を行うかにより、同一のテーマに関する州民請願を再度行うまでの期間がかなり異なることになるとの批判がある。[18]また財政関連法律、公企業の労働協約および人事決定に関する州民請願が許されない点は州民発案と同様であるが、憲法に関する州民請願も許されないとされ、したがって州民は州民立法手続に基づいて憲法改正を要求することはできない。

州民請願は、まず内務省に対してその許可を申請しなければならず（法一四条一文）、申請には二万五千人の有権者の署名が必要とされる（法一五条一項一文）。内務省は、有効署名者数の審査を除き（これについては管区庁が審査する）、州憲法および州民投票法所定の許可の要件について、一五日以内に審査を行い（法一七条一項）、許可が確定されると、州民請願の実施に関して、その法律案の文言や登録期間などを許可の確定後一五日以内に官報において公示する（法一八条）。州民請願の登録期間は、通常その公示の一五日後の二ヵ月間とされている（法一八条二項）。この二ヵ月間の登録期間に、有権者の一〇％が同意すれば州民請願は成立し、州政府の意見を添えて州議会に提出される。ブランデンブルク州憲法と比較すると、登録期間は約半分、必要とされる署名者数は約二倍であり、同州より厳しい条件が課せられているが、その他の州憲法と比較すると、確かに登録期間は短いものの、署名者数はほぼ平均的であるといえよう。

このようにして成立した州民請願に基づく法律案を、州議会が、内容的にその本質を修正することなく受け入れない限りは、四ヵ月以内に当該法律案について州民投票が実施されなければならず、その際州議会は自らの法律案をも州民投票にかけることができるとされている。州議会が州民投票を実施させない条件は、当該法律案を「内容的にその本質を修正することなく」受け入れることであるが、この「内容的に」という規定は、他の州憲法が、「無修正で受け入れる」(例えばSA州憲法)あるいは「本質において受け入れる」(例えばMV州憲法)と規定していることと比べると、より広い決定の余地を州議会に与えているものと考えられる。(19)

州民投票の成立要件は、州憲法旧四九条四項に相応し、有権者の少なくとも半数が州民投票に参加した場合は、その過半数が当該法律案に同意すること、あるいは州民投票への参加者が有権者の半数を下回る場合は、有権者の少なくとも三分の一が同意することとされ、州民投票への参加者数の多寡により、成立要件が異なっている。また、すべての有権者は、投票にかけられた法律案と同数の投票権を有しているとされ(法三三条二項)、したがって州議会が対案を提出した場合のように複数の法律案が投票にかけられた場合、有権者は複数の法律案に賛成することも認められることになる。そして投票の結果、複数の法律案が州憲法に規定する州民投票の成立要件を満たした場合は、それらのうちもっとも多くの賛成票を得た法律案が採択されることになっている(法三六条二項一文)。

なお、州民発案および州民請願の署名簿の審査を担当する管区庁に対しては、署名者や発案者の個人情報を当該目的以外に利用しないこと、法的救済期間の満了後は消去することなどが義務づけられている(法四二条)。他方、発案者が州民請願あるいは州民投票に要した経費の弁償に関する規定は存しない。

3　実　例

ベルリンにおいて州民立法手続が利用された例は少なく、一九九八年一月、リニアモーターカーの建設に反対する州民発案（Volksinitiative gegen den Transrapid Berlin-Hamburg）が提出され、一二万二九一〇人の署名が有効と判断され、州民発案の成立要件を満たして州議会の審議にかけられたが[20]、州議会は一九九九年二月、所管の委員会の議決勧告を受けて[21]、この州民発案を否決した[22]。

また、直接民主制の拡充を要求する州民請願「ベルリンに、もっと民主主義を（Mehr Demokratie in Berlin）」の許可が申請されたが、内務省は不許可の決定を下し、その不許可決定に対する異議申立てについて、ベルリン憲法裁判所は、一九九九年六月、この州民請願の対象である法律案の要求が、表面的には州民投票法などの法律改正や「直接民主制のためのベルリン法律」と題する新しい法律の制定であるが、それらは結局州憲法の改正をもたらすことになり、州憲法は州民請願の対象として許されていない（州憲法六二条五項）ことを理由に、その申立てを退けている[23]。

【注】

（1）　Pestalozza, Popularvorbehalt, S.16.

（2）　Wilke/Ziekow, JöR 37 (1988), S.263.

（3）　ベルリン憲法の制定経緯については、Will, NJ 1995, S.626; Pestalozza, LKV 1995, S.344 -345, 調査委員会（注8）の最終報告書（AH Drs.12/ 4376, S.5）、また改正された憲法の条文に関して、Driehaus, Die neue Verfassung von Berlin im Spiegel der Rechtsprechung des Verfassungsgerichtshofs, 1996, 参照。

（4）　Verfassung von Berlin vom 23. Juli 1990, GVBl.1990, S.1.

（5） Zweiundzwanzigstes Gesetz zur Änderung der Verfassung von Berlin vom 3. September 1990, GVBl.1990, S.1877.

（6） Antrag der Fraktion der SPD und der Fraktion der CDU über Einsetzung einer Enquete-Kommission Verfassungs- und Parlamentsreform, AH Berlin, Drs.12/331.

（7） AH Berlin, PlPr.12/ vom 26. September 1991, S.1117.

（8） 2. Bericht (Schlußbericht) der Enquete-Kommission „Verfassungs- und Parlamentsreform“, AH Berlin, Drs.12/4376.

（9） AH Berlin, PlPr.12/86 vom 8. Juni 1995, S.7410. なお、この議決の公示（Bek. des Beschlusses des Abgeordnetenhauses von Berlin über die überarbeitete Verfassung von Berlin vom 5. Juli 1995, GVBl.1995, S.420）参照。

（10） 州民投票の結果（Bek. über das Ergebnis der Volksabstimmung über die überarbeitete Verfassung von Berlin am 22. Oktober 1995 vom 9. November 1995, GVBl.1995, S.719）は、有権者総数二四七万九七三五人のうち一七〇万人が投票し、有効投票一五八万五二〇二票のうち、賛成票は一一八万九七五四票で有効投票の七五・一％を占めた。

（11） 州民投票の実施に関する法律（Gesetz über die Durchführung der Volksabstimmung nach Artikel 88 Abs.2 der Verfassung von Berlin vom 20. Juni 1995, GVBl.1995, S.374）六条二項は、憲法の採択に必要な賛成票は「有効投票の過半数」と規定していた。

（12） Verfassung von Berlin vom 23. November 1995, GVBl.1995, S.779.

（13） ベルリンの州民立法制度については、Zivier, Verfassung und Verwaltung von Berlin, S.208-223; Jung, JR 1996, S.1ff.; Ziekow, LKV 1999, S.89ff. 参照。

（14） Gesetz über Voksinitiative, Volksbegehren und Volksentscheid vom 11. Juni 1997, GVBl.1997, S.304.

（15） Pestalozza, LKV 1995, S.349 によれば、請願権（基本法一七条、ベルリン憲法三四条）は、ドイツ人でない人をも含むすべての人に帰属し、ドイツ人でない人の請願に基づいてドイツの国家権力が動かされる場合も存するのであるから、州民発案にドイツ人以外の住民の参加を認めることは、基本法に反するとは考えられないとしている。

（16） 一九九七年一二月三一日時点で、ベルリンの住民総数は約三四二万五八〇〇人、そのうち一八歳未満が約六〇万五九〇〇人であることから、満一八歳以上の住民総数は約二八一万九九〇〇人である。したがって、州民発案に必要とされる九万人は、成人の住民総数の三・一九％に相当する（Statistisches Bundesamt, Statistisches Jahrbuch 1999 für die Bundesrepublik Deutschland, (3.10) Bevölkerung am 31.12.1997 nach Altersgruppen und Ländern より算出）。

（17）Pestalozza, LKV 1995, S.350.
（18）Pestalozza, a. a. O., S.350.
（19）Pestalozza, a. a. O., S.351.
（20）Antrag auf Behandlung der zulässigen Volksinitiative gegen den Bau des Transrapid Berlin-Hamburg im Abgeordnetenhaus von Berlin, AH Berlin, Drs.13/3252.
（21）Beschlussempfehlung des Ausschusses für Stadtentwicklung, Umweltschutz und Technologie vom 24. Februar 1999, AH Berlin, Drs.13/3498.
（22）AH PlPr., 13/59 vom 25. Februar 1999, S.4329.
（23）BerlVerfGH, Urt. v.2.6.1999, LKV 1999, S.360-361.

九　ハンブルク

1　沿　革

ハンブルクは、一九九三年にニーダーザクセン州、一九九五年にベルリンが州民立法制度を採用したことにより、この制度をもたない最後の州となったが、この制度の導入を含めた憲法改正の議論は、すでに一九九〇年代の始めにスタートしていた。すなわち、一九九二年一月に設置された「議会改革調査委員会（Enquete-Kommission Parlamentsreform）」[1]には、議会ならびに個々の議員の地位の強化、議会活動の改善と効率化とともに、州民の参加の可能性の拡大に関する提案を行う課題[2]が与えられていたが、この委員会が同年一〇月に提出した報告書[3]は、包括的な議会改革（「議会改革に関する一〇〇のテーマ」）の第九九番目の勧告として、市民参加すなわち州民立法制度の採用が提案された。

この提案（憲法改正案四九条a）によれば、その州民立法制度は、州民発案手続を含めた三段階の手続であること、しかも州民発案と州民請願は連続した手続であること、さらにその対象は州民発案の段階から法律案に限定することなどを内容とするが、各手続の成立要件（州民発案は二万人の有権者、州民請願は有権者の一〇分の一、州民投票は投票の過半数および有権者の四分の一）を含めて、これらの特徴はそのまま現行規定に採用されている。

州民発案の成立要件を二万人としたことについて、同委員会は、同時に導入を勧告していた請願権（提出要件は一万人）との関連よりは、むしろ他州との比較により適切な要件として採用したこと、また州民請願の成立要件についても他州の要件を比較検討したが、ハンブルクのような大都市においては、州民が都市の政策テーマをより容易に知ることができ、より速やかにまたより広範に関わることができるという点で、他の州よりも州民請願の成立の可能性は高いという理由から、他の多くの州よりハードルの高い有権者の一〇分の一にしたと説明している。(4)

同委員会のこれらの提案は、引き続き、第一五被選期の憲法委員会（Verfassungsausschuß）において審議されることが議決され、(5)州民立法制度に関しては、同委員会の中間報告(6)において「第五次憲法改正法律」として提案され、一九九六年五月の本会議において議決され、(7)州憲法五〇条として成立した。(8)

2　制度の概要

第五〇条　州民請願（Volksbegehren）

㈠　州民は、州議会の権限の範囲内において、法律の制定改廃を申し立てることができる。個人的意図、建設管理計画およびそれに匹敵する計画、予算案件、公租公課、公企業の料金ならびに公務員の給与および年金は、州民発案の対象とはなりえない。州民発案は、少なくとも二万人の州議会の有権者がその法律案を支持した場合に成立する。

(二) 州議会がその署名の提出後四ヵ月以内に、州民発案の要求に相応する法律を可決しなかった場合は、州政府は州民請願を実施する。州民請願は、有権者の一〇分の一により支持された場合に成立する。

(三) 州議会が三ヵ月以内にその州民請願に応じない場合は、州政府はその法律案を州民の決定に提出する。州議会は、自らの法律案を添付することができる。投票者の過半数および少なくとも有権者の四分の一が同意した場合に、法律案は採択される。憲法改正においては、投票者の三分の二で、少なくとも有権者の半数が同意していなければならない。

(四) 州民投票により採択された法律は、二年間のうちは、州民発案、州民請願および州民投票の方法により改正することができない。

(五) ハンブルクにおける一般選挙の投票日前三ヵ月間は、州民請願および州民投票は実施されない。

(六) ハンブルク憲法裁判所は、州政府、州議会、州議会の五分の一の議員あるいは州民発案の提案者の申立てに基づいて、州民請願および州民投票の実施に関して決定する。その手続中、州民請願と州民投票は停止する。

(七) 詳細は、法律がこれを定める。その法律は、第二項一文および第三項一文に基づく期限が、州議会の会議が開催されない時期のために進行しない期間をも定めることができる。

ハンブルク憲法が採用した三段階の州民立法手続は、州民発案と州民請願とを直結させ、また州民請願についても州議会の審議を認めている点で、ブランデンブルク州の手続と同様である。しかし、この手続で要求できる案件は、ザクセン州と同様、州民発案の段階から法律の制定改廃に限定されており、さらにその対象から除外されるものは、予算等の財政関連案件のみならず、建設基準計画や公企業の料金などにまで及び、他州の多くが州民発案の

段階ではその対象を概括的に規定し、門戸を広く開けているのと対照的である。(9)

州民発案は、まず書面により州政府に届け出なければならない（「州民発案、州民請願および州民投票に関する法律」(10)（以下、「州民投票法」あるいは単に「法」と略する）三条一項）。この届出には、理由を付した法律案ならびに代表者三名の氏名の添付が求められる（同条二項）だけで、州民発案を支持する署名の収集は、この届出の後に開始される。州政府は、この届出およびその内容を遅滞なく州議会に通知する（法三条三項）。州民発案に署名できるのは、署名簿の提出時に州議会の選挙権を有する者（法四条二項）に限定されている。署名収集は、提案者自身の費用において実施され（法四条四項）、州政府への届出後遅くとも六ヵ月以内にはその署名簿が州政府に提出されなければならない（同条三項）。署名簿の提出を受けた州政府は、一ヵ月以内に州民発案の成立要件である二万人（州憲法五〇条一項三文）の署名の有無を確定し（法五条二項）、その結果を遅滞なく発案代表者に送達し、また州議会に通知しなければならない（同条三項）。

州民発案が成立し、州議会がそれに相応する法律を四ヵ月以内に可決しないときは、州政府は州民請願を実施するが、その実施までの期限は署名簿の提出後五ヵ月以内と規定されている（法六条一項一文）。ただし、州憲法五〇条七項二文に基づき、これらの期限は、六月一五日から八月一五日までの間は進行しないものとされている（法六条三項）。発案者には、その代表者三人のうち二人により、州民請願が実施されるまでは、当該法律案を改訂して提出しなおすことが認められている（法六条二項）点は、他州にはみられない特徴である。

州民請願の支持は、登録名簿への自署が一般的であるが、ここでは郵送による登録が認められており（法九条一項、一三条）、この郵便登録は他州に例をみない。移民請願の登録期間は、州民請願の公示後六週目に始まり、その期間は二週間とされており（法九条二項）、三段階の手続を採用する他州と比べると極端に短期間である。登録権者は、登録期間の満了日に州議会の選挙権を有する者である（法一一条一項）。登録期間の終了後、州政府は、州民請願が少なくとも有権者の一〇分の一（州憲法五〇条二項二文）により支持されたか否かを、直近の州議会選挙時の有権者数に基づいて確定し、その結果を公示するとともに、発案代表者に送達し、州議会に通知しなければならない（法一六条）。

州民請願の成立後三ヵ月以内に、州議会がその法律案に同意しない場合は、その後二ヵ月以内に州民投票が実施される（法一八条一項）が、この期限の停止期間については州民発案および州民請願の場合と同様である（同条二項）。また州民請願の実施の場合と同様、発案者は、州民請願の成立の確定後一ヵ月以内であれば、当該法律案を改訂して提出することができる（法一八条二項）。投票権者は、投票日に州議会の選挙権を有する者であり（法二〇条一項）、投票にかけられている法律案と同じ数の投票権を有するとされている（同条二項）。すなわち州議会が対案を提出した場合、あるいは同一対象に関わる複数の州民請願が競合した場合の州民投票においては、投票は各々の法律案について賛否が問われる（複数の法律案に賛成することも許される）方式が採用されている。

州民投票により法律が採択されるのは、有効投票の過半数および有権者の少なくとも四分の一の賛成を得た場合であるが、複数の法律案が投票にかけられ、複数の法律案について反対票より賛成票のほうが多かった場合は、もっとも多くの賛成票を得た法律案が採択され（法二三条二項）、この場合は有権者の四分の一の要件は課せられていないと解される。

州民請願の実施に関して、また発案者により改訂された法律案が本来の法律案の限界を維持しているか否かに関して、州政府、州議会あるいは州議会の五分の一の議員は州憲法裁判所の決定を申し立てることができる（法二六条一項）。他方、発案者には、州民発案および州民請願の成立に関して、また州議会が州民発案に対して議決した法律が州民発案の要求に相応するものであるか否かに関して、州憲法裁判所の決定を申し立てることができる（法二七条一項）。さらに、州民投票の結果については、州議会、州議会の五分の一の議員、発案者、ならびに有権者にも、州憲法裁判所の決定を申し立てる権利が認められている（法二七条二項）。なお、それらの問題が州憲法裁判所に係属している間は、当該州民請願および州民投票の手続は停止することが明示されている（州憲法五〇条六項二文、法二八条）。

州民立法手続の実施に携わる者および機関は、個人情報を、各々の手続の実施に必要とされるかぎりにおいて、収集、保管、提供することが許され、その情報は、各々の手続が異議を申し立てられることなく終了した場合には、遅滞なく消去されなければならない（法二九条）。

最後に、州民投票運動に要した必要経費の弁償を請求する権利が認められている。すなわち州民投票が実施された場合には、発案者は、当該法律案の目的に関する情報を世論に適切に提供するために支出した、必要かつ証明されうる経費の弁償を請求する権利を有し、その弁償額は、有効な賛成票一票あたり〇・二マルクをもって算出され、最高四〇万票までが考慮される（法三〇条）ことから、弁償の最高額は八万マルクということになる。

3　実　例

一九九七年五月二八日、州政府に対して、州民発案「ハンブルクに、もっと民主主義を（Mehr Demokratie in Hamburg!）」の代表グループから、二つの州民発案の署名収集の開始が届け出られた(11)。

一方は、同州の州民立法制度の拡充を要求する法律案に基づく州民発案（1. Für Volksentscheide in Hamburg, Entwurf eines Gesetzes zur Ermöglichung von Volksentscheiden）（以下、「第一発案」と略する）であり、とくに州民投票に関するテーマの拡大、州民請願の成立要件の緩和、州民投票実施前の市民に対する情報提供の改善、および州民投票を無効とする条項（付加的成立要件）の削除を法律案の主要な目的としていた。そして具体的には、(1)州民発案については、成立要件を「一六歳以上の一万人の住民」の署名に緩和し、除外事項を「州議会の範囲内で政治的意思形成の一定の案件」に拡大し、発案対象を「予算の議決」だけに限定し、州議会において聴聞を受ける発案者の権利を明示することなど、(2)州民請願については、その登録期間を「一ヵ月」に延長し、成立要件を「有権者の五％」に緩和すること、(3)州民投票については、その成立要件を「有効投票の過半数」の賛成だけにすること、(4)すべての家庭に、州民投票にかけられる提案、発案者および州議会の見解が掲載された情報誌が配布されること、発案者には州議会選挙における政党と同様に公法上のメディアを利用する権利が与えられることを提案していた。[12]

他方の州民発案（2. Für Bürgerentscheide in Bezirken, Entwurf eines Gesetzes zur Einführung von Bürgerbegehren und Bürgerentscheid）（以下、「第二発案」と略する）は、同州内の区にも住民請願および住民投票の制度の導入を目的として、従来の「区行政法」の改正、具体的には、(1)区の住民は、区議会が議決することのできるすべての案件において住民投票を申し立てること（住民請願）ができること、住民請願から除外されるのは、人事決定および予算に関する議決であること、(2)住民請願は、その公示後六ヵ月以内に区議会の有権者の三％が支持すれば成立し、三〇万人以上の住民を有する区は二％の支持で足りること、(3)区議会が住民請願の要求を二ヵ月以内に無修正あるいはその代表者により承認されたかたちで同意しないかぎり、住民請願の対象に関して住民投票が実施されること、(4)住民投票においては有効投票の過半数が決定することなどを提案していた。[13]

これら二つの州民発案は、八月二五日に署名簿を州政府に提出し、州政府は、両発案とも二万人の有権者による支持があり、したがって州民発案として成立したことを確定した。[14] しかし、この州民発案の成立後四ヵ月以内に、州議会はこれらの要求に応じる法律を議決しなかったため[15]、州政府は、これらの州民発案が要求する法律案について州民請願を実施すること、ならびにその登録期間を一九九八年三月九日から同月二三日までとすることを公示した[16]。州民請願の結果は、第一発案への登録者が二二万二三二八人、第二発案への登録者は二一万八五七七人で、いずれも、有権者総数（一九九七年九月実施の州議会選挙時の有権者総数一二一万一二八八人）の一〇分の一（一二万一一二九人）の成立要件を満たして成立した[17]。

州民請願が成立すると、三ヵ月以内に州議会がそれに応じないかぎり州民投票が実施されることになるが、州議会は、これらの州民請願の要求を基本的には受け入れるが、各々の修正案を対案として州民投票にかけることを[18]議決したことから[19]、州政府はこれら二つの案件について二つの州民投票を実施することを公示した[20]。この州議会の対案が州民請願の法律案と異なる主な点は、第一発案に関しては、州民投票の成立要件として予算以外に公租公課や公企業料金などをまだ含んでいた点、州民投票の成立要件として、「投票の過半数」の同意に、「有権者の三分の一の投票参加」を、投票参加がそれより少ない場合は「有権者の五分の一」の同意を付加した点だけであり、また第二発案に関しては、住民投票の成立要件を第一発案におけるそれと同様にした点だけであった[21]。

一九九八年九月二七日に実施された州民投票において、第一発案については、州民請願および州議会の対案のいずれも成立しなかったが、第二発案については、州民請願の法律案のほうが成立要件を満たして採択され[22]、区行政法はこの法律案の条項を追加するかたちで改正された[23]。

【注】

（1） Bürgerschaft Hamburg, PlPr.14/15 vom 29. Januar 1992, S.736.

（2） 調査委員会設置に関する所管委員会の勧告（Bericht des Ausschusses für Verfassung, Geschäftsordnung und Wahlprüfung, Bürgerschaft Hamburg, Drs.14/1008）参照。

（3） Bericht der Enquete-Kommission „Parlamentsreform“, Bürgerschaft Hamburg, Drs.14/2600 (20.10.92).

（4） Bericht der Enquete-Kommission „Parlamentsreform“, a. a. O., S.223-225.

（5） Bürgerschaft Hamburg, PlPr.15/3 vom 10. November 1993, S.102.

（6） Zwischenbericht des Verfassungsausschuß, Bürgerschaft Hamburg, Drs.15/5353.

（7） Bürgerschaft Hamburg, PlPr.15/68 vom 8. Mai 1996, S.3377.

（8） Fünftes Gesetz zur Änderung der Verfassung der Freien und Hansestadt Hamburg, GVBl.1996, S.77.

（9） Thieme, Verfassung Hamburg, S.151 は、「そのかぎりで、ハンブルク憲法は州民に対して不信感をもっている。なぜなら多くの案件とりわけ予算上の結果を伴う案件は、その財政的可能性に関する十分な情報がある場合にのみ、適切に決定されうるにすぎないが、こうした情報を市民は通常もたないからである。」と述べて、州民発案の対象のこうした制約を批判している。

（10） Hamburgisches Gesetz über Volksinitiative, Volksbegehren und Volksentscheid vom 20. Juni 1996, GVBl.1996, S.136.

（11） Unterrichtung durch die Präsidentin der Bürgerschaft, Betr.: Volksinitiativen, Bürgerschaft Hamburg, Drs.15/7989.

（12） Bürgerschaft Hamburg, Drs.15/7989, Anlage 1.

（13） Bürgerschaft Hamburg, a. a. O., Anlage 2.

（14） Mitteilung des Senats an die Bürgerschaft, Feststellung des Senats über das Zustandekommen von Volksinitiativen, Bürgerschaft Hamburg, Drs.16/32.

（15） Jung, ZG 1998, S.324.

（16） Bek. der Volksbegehren „1. Für Volksentscheide in Hamburg“ und „2. Für Bürgerentscheide in Bezirken“ vom 26. Januar 1998, AmAnz. Hamburg 1998, S.169.

（17） Bek.der Feststellung des Senats über das Zustandekommen der Volksbegehren vom 31. März 1998, AmAnz. Hamburg 1998, S.913. 登録者数は、Mitteilung des Senats an die Bürgerschaft, Feststellung des Senats über das Zustandekommen von Volksbegehren, Bürgerschaft Hamburg, Drs.16/610 による。

（18） 州民請願の法律案および各会派の対案に関する提案（例えば、ＣＤＵ会派案について、Bürgerschaft Hamburg, Drs.16/1185参照）を審議した憲法委員会の報告（Bericht des Verfassungsausschusses, Bürgerschaft Hamburg, Drs.16/1212）に基づく。

（19） Bürgerschaft Hamburg, PlPr.16/23 vom 26. August 1998.

（20） Bek. der Volksentscheide, 1. Volksentscheid zur Veränderung der Volksgesetzgebung (Änderung von Artikel 50 der Hamburger Verfassung) und 2. Volksentscheid zur Einführung von Bürgerentscheiden und Bürgerbegehren in den Bezirken am 27. September 1998 vom 2. September 1998, AmAnz. Hamburg 1998, S.2385.

（21） 州議会の法律案の文言は、州民投票実施の公示（注20）を参照。

（22） Bek. der Ergebnisse der Volksentscheide vom 6. Oktober 1998, AmAnz. Hamburg 1998, S.2817.

（23） Gesetz zur Einführung von Bürgerbegehren und Bürgerentscheid vom 6. Oktober 1998, GVBl.1998, S.207.

一〇　ラインラント＝プファルツ州

1　沿　革

一　ＲＰ州憲法は、「立法は、州民投票の方法において州民により、州議会により行使され」（一〇七条）、「法律案は、州民請願の方法により、州政府により、あるいは州議会の中から提出されうる。」（一〇八条）と規定し、従来は、州民請願および州民投票の二段階の州民立法制度を採用していた。しかし、二〇〇〇年三月の憲法改正により、州民発案手続を導入して三段階の制度を採用する州の仲間入りをし、また同時に、州民請願と州民投票の従来の成立要件も改正されている。

改正前の州憲法は、州民請願と州民投票について次のように規定していた（ただし、一・二項は改正規定と同一文言）。

旧第一〇九条　㈠　州民請願は、一、法律を制定、改正あるいは廃止すること、二、州議会を解散することを、目的として行うことができる。
㈡　それは、州政府に対して行われ、それ（州政府―村上）により自らの意見を添えて遅滞なく州議会に提出されなければならない。州民請願は、第一項一号の場合には、完成された法律案に基づいていなければならない。
㈢　州民請願は、州憲法が別に規定する場合を除いて、有権者の五分の一により提出することができる。財政問題、公租公課法および給与法に関する州民請願は許されない。
㈣　州議会が州民請願に応じない場合は、州民投票が実施される。有効投票の過半数が採否に関して決定する。
㈤　詳細は、選挙法がこれを定める。

このように、州民請願の対象は、法律の「制定改廃」（および州議会の解散）であることが明示的に規定され、また州民請願および州民投票の成立要件は、各々、「有権者の五分の一」および「有効投票の過半数」の同意とされ、いずれの要件も二段階の制度を採用するヘッセン州、NW州およびザールラント州の要件と同一であった。
なお州民投票に関しては、別に、「州法律の公布は、州議会の三分の一の要求があった場合には、州民投票の実施のために延期されなければならない」（州憲法一一四条一文）ず、その法律は、「一五万人の有権者が州民請願の方法により要求した場合には、州民投票にかけられなければならない。」（同一一五条一項一文）との規定がある。これは州議会による法律の制定に対する州民の拒否権ともいえる制度であり、ワイマール憲法七三条二項にも同様の制度がみられる。しかし、ここに規定される州民投票の手続は、州議会の少数派のイニシアティブにより開始され、またその対象は州議会で議決された法律であることから、法律案の作成・提出の段階から州民の参加を認める州民立法制

度における州民投票とはその意義を異にするため、ここでは考察の対象から除外する。(1)

二　州憲法が三段階の州民立法制度を導入し、また州民請願と州民投票の成立要件を改正したことに伴い、その手続の詳細を規定する同州選挙法（以下、「法」と略する）(2)も改正が必要となるが、州議会の選挙（二〇〇一年三月）まで改正は行われていない。そこでここでは、今後改正されるはずの手続との比較の意味において、現行選挙法上の州民請願と州民投票の手続の特徴を考察しておくこととする。

州民請願の対象に関しては、憲法上列挙された財政関連法律のほか、その内容が州憲法の前文(3)、第一条および第七四条に規定された諸原則を侵害するであろう州民請願、あるいは州憲法一二九条の憲法の改正を対象とする州民請願は許されないとされている（法六一条二項）。州民請願は、許可手続および登録手続を経ることとされ（法六二条）、まずその許可の申請は、文書により州政府に対して行わなければならない（法六三条一項）。この申請の形式的要件としては、完成された法律案、および少なくとも二万人の有権者（一九九九年六月現在の有権者総数の約〇・六六％）による署名の添付、州民請願と関連あるすべての事務に際して、ならびにすべての官庁に対して提案者を代表することを授権された三人の有権者およびその代理人の指定（第一位に指名された代表者は、州民請願および州民投票に関連するすべての通知および決定の受領について、唯一権限を有する者とみなされる）が求められている（法六三条二項）。ただし、二万人の有権者の署名については、州議会に代表されている政党の州幹事会が許可の申請を提出した場合には、当該要件が免除されるとされ（同条三項）、一定の政党の機関に州民請願の発案権を認めている点は、他の州にはみられない特徴である。許可の申請に関して決定するのは州政府であり、前述第六一条所定の州民請願の対象ならびに第六三条所定の三つの形式的要件を満たしていれば、許可は与えられなければならない（法六四条一項一・二文）が、内容的に同一の申請が過去一年間の間に行われていた場合は許可されない（同項三文）。許可の申請が却下された場合、提案者は、その却下が当該州民請願は憲法の改正を目的としているという理由の場合は州憲法裁判所へ、それ以外の理由の場合は上級行政裁判所へ、いずれも一ヵ月以内に訴訟を提起することができる（法六五条）。

州民請願の申請が許可されると、州選挙管理委員長はその旨を公示し、州民請願を支持するための登録が行われる登録期間（当該公示後早くて一四日目に始まり、通常一四日間）の始・終期を確定する（法六六条一・二項）。州民請願の提案者は、自らの費用により登録名簿を作成し、それを市町村当局へ送付しなければならず（法六八条一項、七六条）、市町村当局は登録期間中、州民請願を支持することを表明する有権者が自筆により登録を行うために、この登録名簿を設置する義務を負うとともに、すべての有権者が州民請願に参加する機会をもつように登録名簿の設置時間を定めなければならない（法六八条二項）。登録期間、登録名簿の設置の場所および時間は、市町村当局により公示されなければならないが、その際、州民請願により要求されている法律案の文言が通知されるとともに、州民請願を支持する方法すなわち州民請願を支持することを望む有権者はすべて、当局に設置された名簿への登録を通してその支持の表明を行わなければならないことが教示されなければならない（法六八条三項）。登録期間が終了すると、登録名簿は州選挙管理委員会に送付され、同委員会が州民請願の結果を確定して、それを公示する（法七三条一項）。州民請願は、有権者の五分の一が同意すれば成立し（州憲法一〇九条三項一文）、州選挙管理委員長から州民請願に関する資料を含めた審議録を送付された州政府は、その州民請願をそれ自身の意見を添えて遅滞なく州議会に提出しなければならない（法七四条一・二項）。

州議会は、その州民請願が州政府から提出された後二ヵ月以内にその採否について決定する（法七五条一項）ものとされ、州議会が請願された法律案を無修正で受け入れた場合は、州民投票は実施されない（同条二項）が、それに応じない場合は、州政府は州民投票を実施しなければならない（法七七条）。この場合、州政府は投票日を確定し、それを州民投票の対象および投票用紙の印刷紙面、さらに提案者の当該法律案提出の理由ならびに州民投票の対象に関する州議会および州政府の見解を、的確かつ客観的に表す州政府の説明とともに公示しなければならない（法七八条一項）。なお州民投票に際しては、州議会は自らの法律案を当該法律案と共に決定のために州民に提出することができる（法七五条三項）。

州民投票の結果は、州選挙管理委員会により確定・公示される（法八二条二項）が、法律が州民投票により採択されるのは、有効投票の過半数がその法律案に同意した場合とされ（州憲法一〇九条四項）、一定割合の投票参加者や有権者など特別な定足数の要件は課されていない[4]。なお、州民投票の有効性の審査は、州議会により設置される選挙審査委員会の義務とされている（法八四条）。

三　同州においては、一九七五年一月一九日に基本法二九条三項に基づく州の領域の変更に関する州民投票[5]が実施されたことはあるものの、州民立法手続が実際に利用された例は、一九九九年末まではみられない[6]。

しかし一九九〇年代に入り、この州民投票の問題をめぐる新しい動きが始まった。すなわちSPDとFDPの政府連立会派は、州憲法の改正に関して新たな議論の方向づけを行うことで一致していたが、旧東ドイツ地域の新しい州が加わって以来、そのプログラムには、とりわけ市民の権利の強化、国家権力の行使への市民の直接参加などが含まれ[7]、そしてこれらのテーマを審議するために、「憲法改革」調査委員会の設置を提案し[8]、州議会は、一九九一年八月一五日、反対会派の修正案をも考慮に入れて、この委員会の設置を一致して議決した[9]。

この設置議決において、「憲法改革」調査委員会は、「憲法上および憲法政治上の新たな認識に基づき、さらに憲法の制定以来歩んできた国家生活の全体構造の中での展開を考慮して、憲法の改革の可能性の調査のために」設置されると規定され、特に調査すべきとして一〇の事項が委託されたが、その第一番目に、「市民の権利をさらに強化し、州の諸決定への市民の直接参加を質的に改善するには、どのような可能性があるか」という調査対象が設定された。[10]この調査委員会における審議期間は、折しも連邦および各州においても集中的かつ広範な憲法議論が行われた時期と一致し、連邦の合同憲法委員会、州レベルではハンブルク、ニーダーザクセン州、ベルリンおよび新しい五州の憲法の制定・改革に関する委員会が提出した報告書も審議の対象とされ、三年間に及ぶ審議の末、一九九四年九月一六日に報告書の提出に至った。[11]

同委員会は、この報告書の中で、第一章の「市民参加の拡充」については、以下の点を具体的に勧告している。[12]

㈠　州民発案の権利が、憲法上保障されるものとする。それにより、州議会をその権限の範囲内で政治的意思形成の一定の案件に取り組ませることができる。

㈡　州民発案の成立に必要な定足数は、三万人に確定されるものとする。

㈢　財政問題、公租公課法および給与法に関する州民発案は、もしそれらが法律案の基礎となっている場合は許されないものとする。

㈣　州民発案の実施のために、三ヵ月の期間が確定されるものとする。

㈤　州民請願の成立のための定足数は、三〇万人に減らされるものとする。

㈥　州民請願が実施される期間は、四ヵ月であることおよびそれは州民請願の許可の公示とともに始まることが憲法に規定されるものとする。この期間内で、いわゆる登録期間は三ヵ月とする。州議会には、州民請願の基礎となっている法律案を審議するために、三ヵ月の期間が与えられるものとする。

㈦　有権者の少なくとも四分の一の参加者数が、州民投票の実施について確定されるものとする。

㈧　州民投票の範囲内で自らの法律案を提出する州議会の権利が、憲法上保障されるものとする。州民投票の実施までの期限は、基本的に三ヵ月とする。州議会が自らの法律案を提出したときは、州民投票の実施までの期限は、三ヵ月から六ヵ月に延長されるものとする。

(九)—(二)(略)

四　これらの勧告に関する「審議のまとめ」として、同報告書は、まず、「委員会の審議が集中したのは、州民請願および州民投票の方法により法律を制定改廃する権利に関してであり」、「これらの規定は、一九七五年の例外を除いて実際的な意義を得ていなかったので、委員会はこれらの規定をこの参加の権利の行使について克服し難い障害とならないように形づくることを重要な任務とみなした。」と述べた後、各々の勧告に関する勧告理由および審議経過の報告を行うが、ここでは会派間で見解が分かれた州民発案制度の導入、州民発案および州民請願の成立要件に関する経過を紹介する。(13)

州民発案制度の採用については、例えばSH州などいくつかの州では、州民請願と州民投票の前に、それらに接続する手続としていわゆる州民発案が置かれているところ、この制度の導入は、特にSPDおよびFDPにより要求されたが、その見解によれば、州民発案制度により、市民は不足していることあるいは重要な問題を議題とすることができることになり、州議会の方は時事的な重要問題をより迅速に認識して審議する立場に置かれることになり、総じて、それにより市民と州議会の距離が狭まり、そのコミュニケーションが改善され、そして政治的諸決定の受け入れが高められるであろう、ということであった。これに対して、CDU会派は、議会は、たとえ市民からの提案がなくとも、通常、現下の重要問題を把握して審議しているのであるからそのような制度の必要性は疑わしく、さらに、諸政党は州民発案を操作することができるであろうし、したがって会派の現在の議会における権利を超えて、州議会を多数の提案に従事させる可能性を獲得するであろう危険性が存するため、議会の活動能力は、著しく妨げられるであろうと述べて、この制度の導入に反対した。他方、専門家サイドからは、議会は市民からの提案や批判に気づいているかどうか疑問であり、確かに、世論の中には、議会が優位にある政党の利害のために一定の案件をその審議から除外するという印象が生じることもありうるし、この場合、議会がそれに相応する案件の取り扱いを義務づけることのできる州民発案のような制度は決定的な意味をもつであろうし、政党が一致していれば政治的には何も生じ得ないと信じている人にとっては、州民発案は「安全弁機能」をもつであろうし、そのような制度の存在は、議会自身にとっては、市民の重要問題に対して敏感になることを促進することができるであろうとの意見が出された。

次に、州民発案の成立要件である三万人について、SPD会派は、当初、州民請願の許可申請の要件と同じ二万人を提案し、法律案を対象とする州民発案は、場合によっては州民請願へ移行することもあることから、二つの市民参加の形式については統一的に規定することが有意義であるとした。これに対して、FDP会派は、三万人の定足数を主張し、それはRP州の有権者の一％に相当し、これはSH州においても同様の状況であるとした。専門家もこの見解に賛成し、発案の背後には、州民のかなりの部分が持っている正当な要求があることを議会に対して明確にするためには、少なくとも三万人の有権者が発案に関わることが必要であり、その場合のみ、その発案は議会に決定の用意をさせるために十分な重みをもつであろうとされた。

また、州民請願の成立要件を三〇万人とした理由については、まず現行の州民請願（州憲法一〇九条三項）のそれは有権者の五分の一の同意であるが、これは現在約六〇万人に相当する。ブレーメン、ヘッセン州、NW州およびザールラント州においては有権者の五分の一、BW州は有権者の六分の一としているが、最近の州憲法は、より低い同意数を規定しており、例えば、SH州では有権者の五%、ベルリンは一〇%、またバイエルン州においてもワイマール憲法でも一〇%であったと、他州の例が挙げられた。委員会の意見は、州民請願が将来実際的な意義を得ることができるように、現行の定足数を引き下げることで一致した。九〇年連合/緑の党は、政党が州議会に議席をもつために必要な割合と同じ五%を主張したが、この提案は、それら両定足数は比較の対象とならないこと、またその低い定足数により周辺集団が州民請願に引き続き州民の多数は有していない要求を州民投票で主張することができるであろうという理由で否決され、結局、委員会は有権者の一〇%に相当する二〇万人の定足数を採択した。

こうした勧告は、会派間のさまざまな要求を調和した妥協の産物であり、多数派だけによって決定された提案も含まれていた（例えば、州民請願や州民投票の期間に関する提案は一致して採択されたが、州民発案の制度についてはCDU会派が反対し、定足数の問題については緑の党などが反対した）が、おそらくこれが決定的な要因となり[14]、第一二被選期においての実現された勧告は、わずかに「EU市民の地方選挙権」に関する規定の新設（州憲法五〇条一項二文）[15]だけにとどまり、その実質的な取扱いは第一三被選期の州議会に委ねられた。

一九九六年三月の州議会選挙後、すでに六月には、各会派は前被選期の「憲法改革」調査委員会の作業の結果を継続させるために、新たに「議会改革」調査委員会の設置を提案し[16]、州議会はその委員会の設置を全会派一致により議決した[17]。この設置議決によると、この委員会は、「二一世紀への転換期にあたり、州議会にどのような任務を課し、また州議会は連邦国家やヨーロッパの領域における変革から生じる特別な挑戦にどのような自己理解をもって応じるかという問題を調査する」ものとされ、勧告を提出するものとされる事項の最初に、「州議会は、国家と市民との間の仲介者であるという任務をどのようにすれば、より効果的に行うことができるか」という問題が挙げられている。

2　制度の概要

「議会改革」調査委員会は、一九九八年八月三一日に報告書を提出したが[18]、そのなかで、「市民参加の拡大」について、州民請願および州民投票に関する州憲法の規定は、「一九七五年の例外を除いては、まったく実際的な意義を得ていない。第一二被選期において、『憲法改革』調査委員会は、市民の直接参加の拡大に関する可能性を調査するという委託にしたがって、州民投票と州民請願に関するルールを、それらの実施に克服し難い障害が存しないように形づくられることを勧告した。市民参加のさらなる可能性として州民発案が導入され、それにより市民は州議会に対して一定の政治的意思形成の案件を取り扱わせることができるものとされた。」と述べて、具体的な制度およびその手続として、州民発案制度の創設、州民請願および州民投票の成立要件の緩和などについては、先の「憲法改革」調査委員会の勧告をほとんどそのまま引き継ぐかたちで勧告した[19]。この州民投票的要素の問題に関しては、SPD会派とFDP会派が賛成、CDU会派は基本的に反対、九〇年連合／緑の党は成立要件のさらなる緩和を求めるなど、会派間で意見が対立していたものの、この委員会の勧告をめぐる審議においては、各会派とも委員会の成果を高く評価し、「肝心なことは、この議会改革の勧告を、提案、法律案および憲法改正により実現することである」[20]とされた。

一九九九年一二月、SPD会派、CDU会派およびFDP会派は、この調査委員会の勧告を具体化するために共同して憲法改正案[21]を州議会に提出し、それは二〇〇〇年三月に可決され[22]、次のような三段階の州民立法制度が採用（州民発案に関する一〇八a条が新設、および州民請願と州民投票に関する一〇九条三項―五項が改正）された。

第一〇八a条　㈠　市民は、州議会に対して、その決定権限の範囲内で一定の政治的意思形成の案件を取り扱わせる権利を有する（州民発案）。州民発案は、財政問題、公租公課法および給与法に関わらないかぎりにおいて、完成された法律案に基づくこともできる。

(二) 州民発案は、少なくとも三万人の有権者により署名されていなければならない。州議会は、州民発案の成立後三ヵ月以内に、その案件について議決を行う。州議会が、法律案を対象とする州民発案に第二文に挙げられた期間内に同意しない場合は、州民発案の代表者は、州民請願の実施を申し立てることができる。

(三) 詳細は、選挙法がこれを定める。その際、州民発案のための署名が一定期間内に提出されるべきことを規定することもできる。

第一〇九条 (一) 州民請願は、憲法に別段の定めがないかぎり、三〇万人の有権者により提出することができる。州民請願のための登録期間は二ヵ月であり、州民請願の許可の公示後三ヵ月以内に開始されなければならない。財政問題、公租公課法および給与法に関する州民請願は許されない。

(四) 州議会が、三ヵ月以内に州民請願に応じない場合は、その後三ヵ月以内に州民投票が実施される。州議会が、第一項第一号の場合に自らの法律案を提出するときは、州民投票の実施のための期限は六ヵ月間延長される。有効投票の過半数が、採否を決定する。しかし、法律が議決され、また州議会が解散されうるのは、有権者の少なくとも四分の一が投票に参加した場合だけである。

(五) 詳細は、選挙法がこれを定める。その際、許可手続における署名が一定期間内に提出されるべきことを規定することもできる。

ここで提案された州民立法制度を現行制度と比較すると、まず州民発案を加えた三段階の手続から構成される点はもとより、州民請願の成立要件が「有権者の五分の一」から「三〇万人の有権者」（有権者総数の九・九％）へと約半分に緩和され、また州民請願の登録期間が「一四日間」から「二ヵ月間」へ延長されることが憲法上明記されるなど、州民請願のハードルが低く設定されているのが特徴である。さらに、州議会の審議期間（三ヵ月間）を憲法上明記した点、州民投票の成立要件に「有権者の四分の一の投票参加」を加えた点、州議会が対案を提出する場合には州民投票の実施期限が延長される点などが異なっている。

この憲法改正案が提出された一九九九年一二月一五日の第一読会において、ＣＤＵ会派のシフマン議員は、「新たな一〇八ａ条に基づいて構想されている州民発案は、州議会をその権限の範囲内において政治的意思形成の一定の案件に取り組ませる可能性を開くものである。それは市民参加の新しい手段であり、さらに正式にそれが利用されない場合においてもすでに事実上の影響を及ぼすものである。第一〇九条の改正により、同時に州民請願の成立のための定足数が明白に引き下げられる。必要な署名数は、結果的に半分になる。それにより、……代表民主主義、したがって議会主義の拠り所が揺さぶられるわけではない。議会は、むしろ州民請願に際しても同様に、その審議過程において制度的にも結び付けられている。しかし州民発案と州民請願は、われわれの見解では、市民の直接参加および公的諸決定への関与の文化を促進することに有用である。」と述べて、この制度の改正に賛意を表したが[23]、他方、ＣＤＵ会派のベルク議員は、この州民発案の導入および州民請願の定足数の引き下げに対して、「それにより正しい道を歩いているか否か、私はきわめて疑問である。民主主義は、定足数を引き下げ、それにより少数派に対してより大きなチャンスを与えることによって、より民主的になるのではない。民主主義は、多数派のできるだけ明白な決定を通じて、より民主的になるのである。」と批判的である[24]。

【注】

（1）参照、Süsterhenn/Schäfer, Verfassung RP, S.411-413; Jürgens, Direkte Demokratie, S.77-80. なお、この制度については、二〇〇〇年の憲法改正により、州民請願の要件が従来の「有権者の二〇分の一」から「一五万人」（有権者総数の約五％）と改正されたほか、この州民請願の手続として、「州民請願の登録期間は一ヵ月であり、州民請願の許可の公示後三ヵ月以内に開始されなければなら」ず（州憲法一一五条一項二文）、「州民請願の許可の申請が、その法律の議決後一ヵ月以内に行われなかった場合、あるいは州民請願が成立しなかった場合は、首相はその法律を公布しなければならない。」（同条二項）との規定が追加された。

（2）Landeswahlgesetz in der Fassung vom 20. Dezember 1989 (GVBl. 1990, S.13).

（3）州憲法前文は、ＲＰ州の州民が、「……自由および人間の尊厳を確保し、共同社会生活を社会的正義の原則に基づいて秩序づけ、すべての経済的発展を促進させ、そして新しい民主的なドイツを形づくるという意思に満ちて」憲法を制定した旨を述べ、州憲法一条は、「人格の自由な発展」と題し、「人間はその人格の自由な発展に関する自然権を有し、国家は個人の自由と人間の自立を保障し、ならびに個人および国内の共同社会の安寧を公共の福祉の実現により促進する任務をもつ」（一項）こと、「公権力の権利および義務は、公共の福祉の自然法上決定された必要により基礎づけられ、そして制約される」（三項）こと、そして「立法、行政および司法の機関は、これらの諸原則の保持を義務づけられる」（四項）ことを規定する。また同七四条は、「ＲＰ州は、ドイツの民主的および社会的な構成国である」（一項）こと、「国家権力の担い手は、州民である」（二項）ことなどを規定する。

（4）州憲法制定時、州民投票の成立要件を規定する州憲法一〇九条四項の原案においては、州民投票の有効性のために、「有権者の過半数の投票参加」が規定されていた。しかし、憲法制定会議において、ＳＰＤ会派はこの定足数の規定に対して次のような異議を唱えた。すなわち、この規定は政治に無関心な者に不相応な意義を与えることになる。なぜなら、政治に関心をもっている者は、自発的に投票に行くのであって、偶然の少数派がその意思を多数派に押し付けることができるという論拠は、彼の目にとまらないであろう。さらに、ある政党がその選挙民に対して棄権を呼びかけることにより、この規定を濫用することができるだけの影響力を行使することができるであろうと。このＳＰＤ会派の提案は一致して採択された（Arno Mohr, Die Entstehung des Verfassung für Rheinland-Pfalz, S.74)。

（5）一九五六年四月、基本法二九条二項に基づく州民請願が、コブレンツ、トリアーなどの県で実施され、例えばこの両県（一登録地域）での州民請願においては、有権者の一四・二％がＮＷ州への編入に賛成し、本法上の要件を満たして成立したことから、基本法二九条三項に基づき、当時の四つの県について、他の州への編入の可否を問う州民投票が、じつに約二〇年後の一九七五年一月一九日に実施されたものである。基本法二九条三項によれば、この州民投票が成立するためには、投票者の過半数が賛成し、それが投票地区の州議会選挙の有権者の少なくとも二五％にあたることが要求されているところ、この州民投票は、州内の三つの投票地域において実施され、例えば、コブレンツ・トリアー投票地区での投票率は三九・六％と、予想よりも（有権者の大部分は、棄権することがＲＰ州の現在の地域にとどまることに賛成する決定と同じ意味をもつということをさまざまな出版物を通じて確信していたとされるが）高かったが、有効投票の六六・八％がＲＰ州にとどまることに賛成し、ＮＷ州あるいはヘッセン州への編入に賛成したのは三三・二％で、これは同投票地区の有権者総数の一三・一％にとどまり、結局、いずれの投票地区においても、ＮＷ州など他の州への編入に賛成する票は成立要件を満たすことはできず、すべてＲＰ州にとどまることが決まった（Statistisches Landesamt Rheinland-Pfalz, Die Volksentscheide in Rheinland-Pfalz am 19. Januar 1975, S.6-9）。参照、Hans Fenske, Rheinland-Pfalz und die Neugliederung der Bundes- republik, S.126-127.

（6）Hennecke, JöR 35 (1986), S.215; Storost, Revision des Landesverfassungsrechts, S.1212 は、州民請願および州民投票に関する州憲法上の規定は、「過去四〇年の間、死せる文字のままである。」とし、それは「議会制民主主義においては、それらも異物であって、四年間の被選期を通じて比較的密接に直接の州民意思と結びついている州議会が、多数を擁して十分その機能を果たすことができるかぎりにおいては、州民投票的手続はほとんど役に立たないのである。」と述べている。なお、二〇〇〇年五月に、州首相の直接選挙、五％条項の廃止などを求める州民請願（Volksbegehren „Ein neues Verfassungsmodell für Rheinland-Pfalz“）の許可申請のための署名収集が開始されたとの報告がある（Mehr Demokratie e. V., Volksbegehrens-Bericht 2000, http://www.mehr-demokratie.de/）。

（7）Gusy/Müller, JöR 45 (1997), S.513.

（8）Antrag der Fraktionen der SPD und F. D. P., Einsetzung einer Enquete-Kommission Reform der Landesverfassung, Landtag RP, Drs.12/17. なお、この提案に対して、緑の党およびＣＤＵ会派が各々修正案（Landtag RP, Drs.12/154, 12/172）を提出し、いずれも採択された。

（9）Landtag RP, PlPr. 12/5 vom 15. August 1991, S.232.

（10）他の調査対象としては、男女同権の確保と進展、ヨーロッパ統一への展開に対する州憲法上の考慮、市民権の強化のための憲法裁判権の拡充、州政府に対する州議会の情報収集権の強化・拡大、州政府の諸決定における州議会の参加権、地方自治体に関する州議会および州政府の重要な諸決定に対して地方自治体が影響力を行使する可能性の拡大と憲法上の保護などが挙げられている。参照、Schröder, DÖV 1997, S.315.

（11） Bericht der Enquete-Kommission „Verfassungsreform“, Landtag RP, Drs.12/5555.

（12） A. a. O., S.11-12.参照、Gusy/Müller, DÖV 1995, S.262-263.

（13） A. a. O., S.18-22.

（14） Gusy/Müller, JöR 45 (1997), S.513.

（15） この憲法改正（Dreiunddreißigstes Landesgesetz zur Änderung der Verfassung für Rheinland -Pfalz (Änderung des Artikels 50) vom 12. Oktober 1995, GVBl. S.405）は、「勧告」Ⅷ（ヨーロッパ）「他のＥＵ構成国の国民もＥＵ法に準拠して選挙権、被選挙権を有する。」に相応する。

（16） Antrag Fraktion der SPD und F. D. P., Enquete-Kommission Parlamentsreform, Landtag RP, Drs.13/40. この委員会設置提案は、九〇年連合／緑の党の修正案（Landtag RP, Drs.13/84）を経て、ＣＤＵ会派を含めた超党派の修正案（Landtag RP, Drs.13/108）としてまとめられた。

（17） Landtag RP, PlPr. 13/5 vom 20. Juni 1996, S.276.

（18） Landtag RP, Drs.13/3500.

（19） A. a. O., S.16-21.

（20） Abg. Frau Grützmacher (BÜNDNIS 90/DIE GRÜNEN): Landtag RP, PlPr. 13/68 vom 10. September 1998, S.5335.

（21） Gesetzentwurf der Fraktion der SPD, CDU und F. D. P., ...tes Landesgesetz zur Änderung der Verfassung für Rheinland-Pfalz, Landtag RP, Drs.13/5066, S.7.

（22） Verfassung für Rheinland-Pfalz, geändert durch Gesetz vom 8. März 2000 (GVBl. S.65).

（23） Abg. Dr. Schiffmann (SPD): Landtag RP, PlPr. 13/99 vom 15. Dezember 1999, S.7408.

（24） Abg. Berg (CDU): Landtag RP, a. a. O., S.7413.

第四節　各州の制度の比較

一　SH州が一九九〇年六月の憲法改正によって採用した三段階の州民立法制度は、その後旧東ドイツ地域の五州、ニーダーザクセン州、さらにはベルリンの憲法にも採用されるに至った。また従来二段階の制度を採用していたブレーメンおよびRP州も、住民発案手続を新たに採用することにより、三段階の制度の仲間入りをした。そしてドイツの一六州のうち最後まで州民立法制度を有していなかったハンブルクにおいても、一九九六年五月の憲法改正により三段階の州民立法制度が採用された。したがって、現在、ドイツの一六の州の中で一一の州がこの三段階の州民立法制度を採用していることになる。(1)さらに前述のように、NW州も早晩、三段階の制度を採用する州に加わると考えられる。

この三段階の州民立法制度は、従来の州民請願および州民投票の二段階の手続に、州民発案という新たな手続を組み込むことにより、州民発案、州民請願および州民投票という三つの手続から構成され、広範囲の州民参加を可能にしていることを特徴としている。とりわけ比較的簡便な手続により、州の政治的意思形成に関する諸問題について広く発案を認める州民発案は、それらの問題の審議を州議会に義務づけている点で、その取扱いの有無が州議会の裁量に委ねられている「請願」と異なり、さらに発案者には州議会における聴聞の権利が与えられていることから、この州民発案権は、署名の収集段階のみならず、州議会における公的聴聞の段階において、より大きな世論の関心を獲得する可能性を市民に与えることができるといえよう。(2)しかしこの州民発案を組み入れた三段階の手続も、各州憲法上、次のような異同がみられる（図表２－１「三段階の州民立法制度の概要」参照）。

二　まず州民発案の手続に参加することができる州民の範囲に関して、ブランデンブルク州、ベルリンおよびブレーメンは、州議会議員の選挙権を有するドイツ人である「有権者」に限定せず、定住外国人などをも含む「住民」に拡大している。すなわち、ブランデンブルク州とベルリンにおいては満一八歳以上の住民に、ブレーメンにおいては満一六歳以上の住民にこの州民発案に参加する権利が保障され、さらにブランデンブルク州においては、青少年の問題に関わる州民発案の場合は、その発案資格年齢を満一六歳にまで引き下げている。もっともこの三州も、州民請願の段階からはその参加権を有権者に限定している。

次に、州民発案の対象についてては、一般的には、州議会の権限内の「政治的意思形成に関わる案件」とされ、概括的に広く認められているが、ハンブルクとザクセン州だけは、その対象を「法律案」に限定しており、概括主義をとる他の九州と極めて対照的である。また州民発案の対象として除外されるものとして、各州憲法はいずれも予算、公租公課あるいは給与法など財政に影響を及ぼす法律を挙げているが、それ以外に、人事決定（ブランデンブルク州、テューリンゲン州およびベルリン）、公企業の労働協約（ベルリン）、建設管理計画（ハンブルク）をも除外の対象とする州憲法も存する。

州民発案の提出に必要な署名数を、各々の住民・有権者総数に占める割合でみると[(3)]、ブランデンブルク州は〇・九七％（二万人）、ベルリンは三・一九％（九万人）、ブレーメンは二％、ハンブルクは一・六五％（二万人）、MV州は一・〇六％（一万五千人）、ニーダーザクセン州は一・一七％（七万人）、RP州は〇・九九％（三万人）、ザクセン州は一・一一％（四万人）、SA州は一・六三％（三万五千人）、SH州は〇・九四％（二万人）、そしてテューリンゲン州が六％であり、ベルリンとテューリンゲン州はやや高いものの、その他の九州は有権者（住民）総数のほぼ一％

前後に設定されている。

このような一定の署名者により州民発案が提出されると、州議会はその審議を義務づけられることになるが、州議会に認められた審議期間（ブランデンブルク州、ハンブルク、ザクセン州およびSH州においては、州民請願に移行するまでの猶予期間）は、ニーダーザクセン州は六週間と短いものの、他の州は三～六ヵ月が設定されている。

州民発案と次の手続である州民請願との関係については、ブランデンブルク州、ハンブルク、ザクセン州およびSH州の四州においては、州民発案が州議会により受け入れられなかった場合に限って、州民請願を申し立てることができるとされている。すなわちこれらの州では、州民発案と州民請願とは連続した手続として構成され、州民請願の段階から法律の制定・改廃を求める手続を開始することはできず、必ず州民発案の手続を経ていることが要求される。したがって、前述の州議会に認められた審議期間は、発案者が州民請願の手続を開始する権利の発生する条件として重要な意味をもつことになるといえよう。

これに対して他の七州においては、州民発案と州民請願とは各々独立した手続として構成され、州民発案からスタートして、それが州議会により受け入れられなかった後に州民請願の手段をとるか、あるいは州民発案の手続を経ずに、直ちに州民請願の段階から立法手続を開始するかは、提案者の任意に委ねられている。自分たちの要求を実現するために、対象案件や成立要件などにおいて制約が少なく比較的簡便に手続をとることはできるものの、最終的な結論に至るまでにはかなりの時間がかかることの予想される州民発案をとるか、それとも完成された法律案の添付を必要とし、比較的高いハードルの成立要件を満たさなければならないものの、州民投票による最終的な決定を視野に入れて行動することのできる州民請願をとるかは、各々の提案者側の事情によって決めることができる。ただし、州民請願の開始に際しては、二段階の州民立法制度におけると同様、いわゆる許可の申請を必要とし、そ

州民立法制度の概要

州民請願				州民投票の成立要件	経費の弁償請求権
許可要件（総数①に占める割合）	登録期間	成立要件（総数①に占める割合）	州議会の議決期間		
有権者2.5千人（1.03％）	2ヵ月	有権者10％	4ヵ月	投票の過半数 投票参加要件④	×
×⑤	4ヵ月	有権者8万人（3.90％）	2ヵ月	投票の過半数 有権者の1／4	×
有権者5千人（1.02％）	3ヵ月	有権者10％	2ヵ月	投票の過半数 有権者の1／4	×
×⑤	14日	有権者10％	3ヵ月	投票の過半数 有権者の1／4	○
×⑤	2ヵ月	有権者14万人（9・93％）	6ヵ月	投票の過半数 有権者の1／3	×
有権者2.5千人（0.42％）	1年	有権者10％	6ヵ月	投票の過半数 有権者の1／4	○
有権者2万人（0.66％）	2ヵ月	有権者30万人（9.95％）	3ヵ月	投票の過半数 投票参加要件④	×
×⑤	8ヵ月	有権者45万人（12・50％）	×⑦	投票の過半数	○
有権者2.5万人（1.17％）	6ヵ月	有権者25万人（11・66％）	4ヵ月	投票の過半数 有権者の1／4	○
×⑤	6ヵ月	有権者5％	×⑦	投票の過半数 有権者の1／4	○
有権者5千人（0.25％）	4ヵ月	有権者14％	6ヵ月	投票の過半数 有権者の1／3	×

④ ベルリンは有権者の1/2、ＲＰ州は有権者の1/4の投票参加を要求する。なおベルリンにおいては、投票参加が有権者の1/2未満の場合は、有権者の1/3の同意により成立する。
⑤ 州民請願実施の事前手続としての許可申請手続なし
⑥ 連続して提案する場合の特別規定あり
⑦ 州議会の審議を経ずに州民投票が実施される

図表 2-1　三段階の

	州民発案				
	法律案に限定	成立要件（総数①に占める割合）	州議会の議決期間	州民請願との連続性	法律案に限定
ベルリン	×	住民② 9 万人（3.19 %）	4 ヵ月	×	○
ブランデンブルク	×	住民② 2 万人（0.97 %）	4 ヵ月	○	×
ブレーメン	×	住民③ 2 %	規定なし	×	○
ハンブルク	○	有権者 2 万人（1.65 %）	4 ヵ月	○	○
メクレンブルク＝フォアポンメルン	×	有権者 1.5 万人（1.06 %）	3 ヵ月	△⑥	○
ニーダーザクセン	×	有権者 7 万人（1.17 %）	6 週間	×	○
ラインラント＝プファルツ	×	有権者 3 万人（0.99 %）	3 ヵ月	×	○
ザクセン	○	有権者 4 万人（1.11 %）	6 ヵ月	○	○
ザクセン＝アンハルト	×	有権者 3.5 万人（1.63 %）	4 ヵ月	×	○
シュレスヴィヒ＝ホルシュタイン	×	有権者 2 万人（0.94 %）	4 ヵ月	○	×
テューリンゲン	×	有権者 6 %	6 ヵ月	×	○

①　有権者総数は 1999 年 6 月実施のヨーロッパ議会選挙時点の統計、年令別住民総数は 1997 年 12 月 31 日時点の統計（Statistisches Bundesamt, Statistisches Jahrbuch 1999 für die Bundesrepublik Deutschland, S.59, 86）による。

②　18 歳以上の住民

③　16 歳以上の住民

の申請には、ベルリンでは二万五千人（一・〇三％）、ブレーメンでは五千人（一・〇二％）、ニーダーザクセンでは二万五千人（〇・四二％）、ＳＡ州では二万五千人（一・一七％）、そしてテューリンゲン州では五千人（〇・二五％）と、有権者総数の一％前後の署名者数が必要とされており、二段階の制度における許可の要件、例えば、ＢＷ州の〇・一四％（一万人）やバイエルン州の〇・二八％（二万五千人）と比べると、やや高いハードルとなっている。他方、ＭＶ州だけは、この州民請願実施の事前手続としての許可手続がなく、また州民発案を経て州民請願を提案する場合には、州民請願からスタートする場合と比べて、署名簿の設置に関して提案者の負担を軽減する特別規定がある。

なお州民発案と州民請願の手続が直結する前述の四州のうち、ブランデンブルク州とハンブルクにおいては、州民請願が成立するとそれは再び州議会の審議にかけられ、したがって州議会は州民発案および州民請願の両者について審議する可能性が認められているが、ザクセン州とＳＨ州においては、州民請願が成立すると州議会の議決を経ずに直ちに州民投票が実施され、州議会が州民立法手続に関与する機会は、州民発案に関する審議の段階において一回認められているにすぎない（図表２－２「各州の三段階の手続」および図表２－３「三段階の手続の比較」を参照）。

三　次に州民請願の手続についてみると、まずその対象については、州民発案の対象を広く概括的に認めていた九州のうち八州は、ハンブルクおよびザクセン州と同様、この段階になると法律案だけに限定するが、ブランデンブルク州だけは、州民発案において許される対象、すなわち「州議会の権限の範囲内における政治的意思形成の一定の案件」（もちろん法律案も含まれる）を州民請願の段階においても認めており、したがって同州における州民投票に提出される案件も法律案に限定されないことになる。

州民請願は、それを支持する一定数の有権者の署名により成立するが、この署名のために認められる期間（登録

図表2-2　各州の三段階の手続

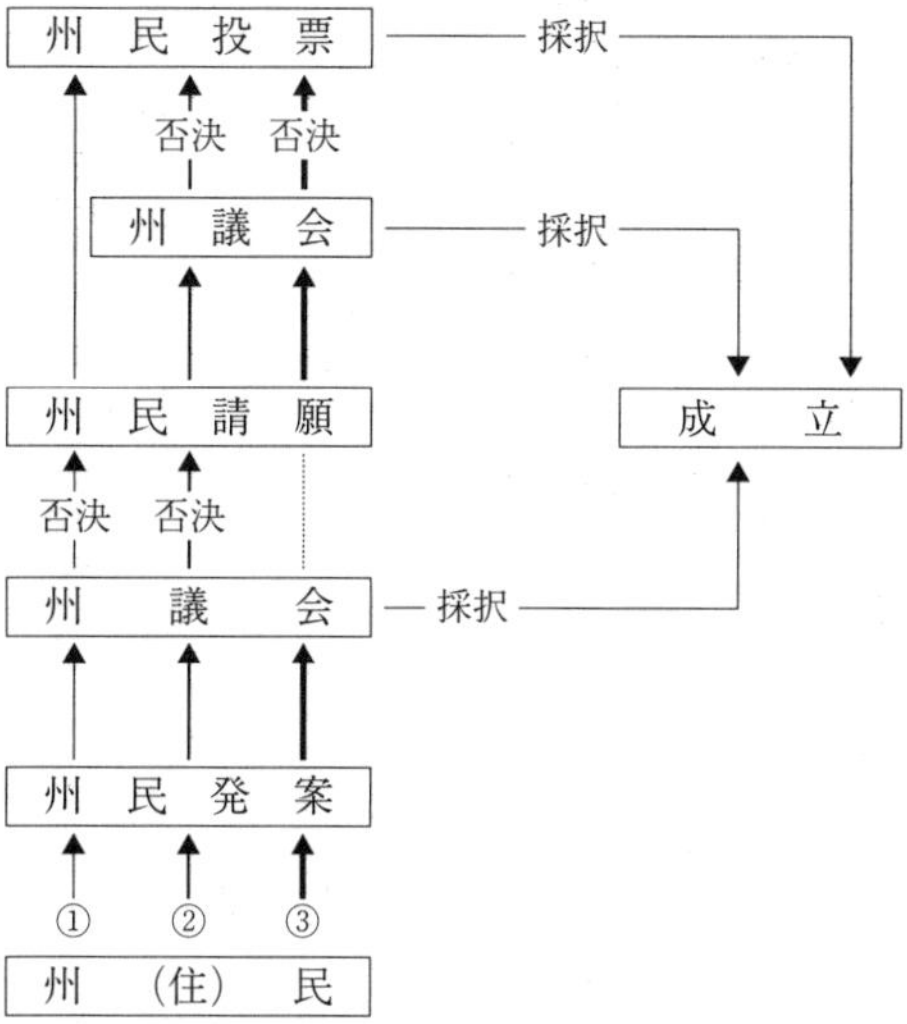

①（──→）：シュレスヴィヒ＝ホルシュタイン州、ザクセン州
②（──→）：ブランデンブルク州、ハンブルク
③（──→）：ベルリン、ブレーメン、メクレンブルク＝フォアポンメルン州、
ニーダーザクセン州、ラインラント＝プファルツ州、
ザクセン＝アンハルト州、テューリンゲン州

図表2-3　三段階の手続の成立要件

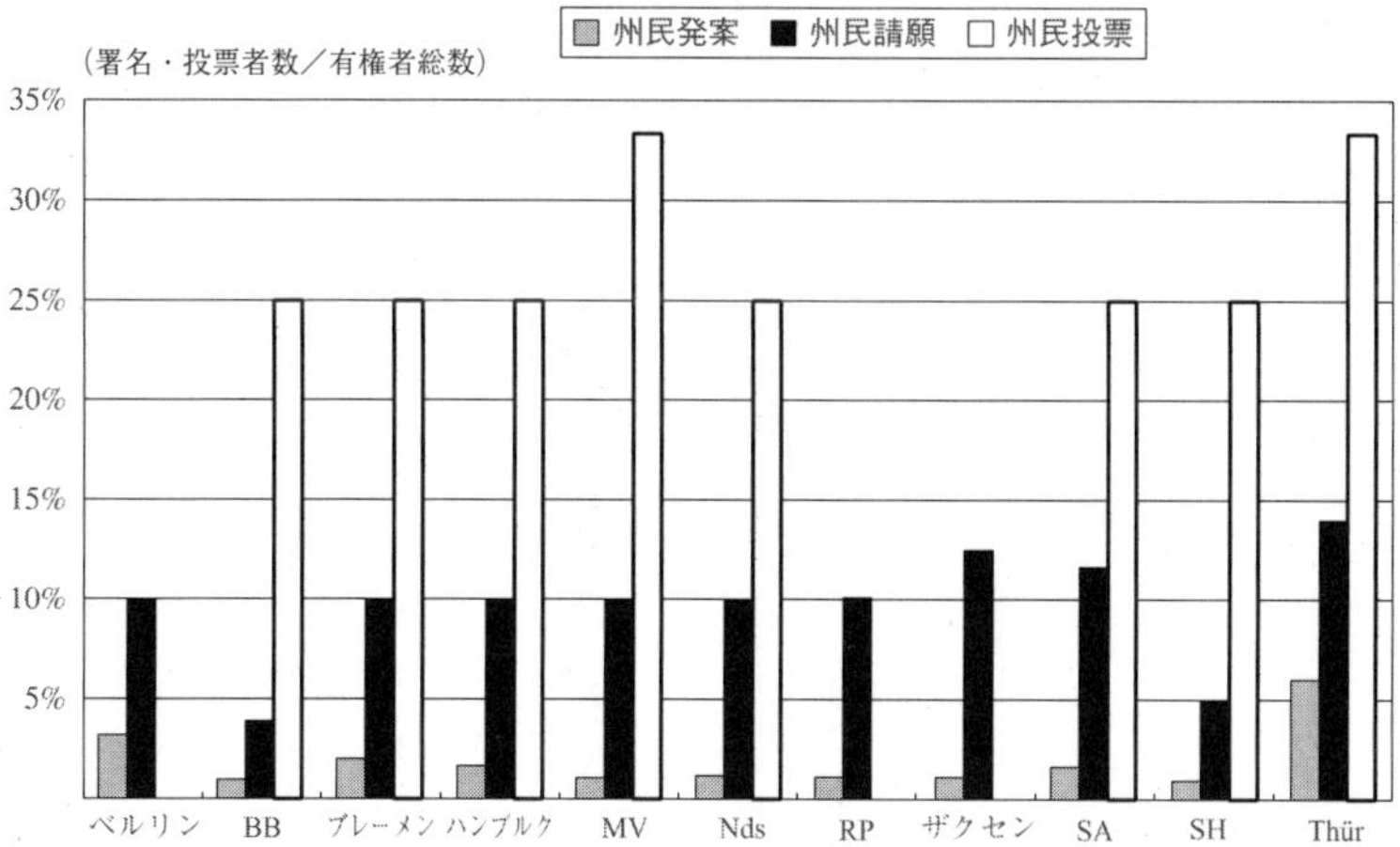

期間）として、ハンブルクだけは二週間と短いものの、SA州は一ヵ月間、ベルリンとMV州は二ヵ月間、他は四〜六ヵ月間、さらにニーダーザクセン州は一年間が設定されている。二段階の制度を採用する五州における登録期間はすべて一四日間に設定されていることと比べると、三段階の制度における登録期間はかなり長く設定され、この手続に参加することを望む有権者の便宜を十分配慮しているといえよう。

また州民請願の成立に必要な署名者数の有権者総数に占める割合についてみると、ブランデンブルク州が三・九〇％（八万人）ともっとも低く、続いてSH州の五％であり、テューリンゲン州は一四％とやや高いものの、他の八州はほぼ一〇％前後に設定されている。二段階の制度を採る州における同様の署名者数についてみると、バイエルン州（一〇％）およびBW州（一六・六七％）以外の三州は二〇％とされており、三段階の制度を採る州においては、州民請願の成立に必要なハードルはかなり低く設定されている。

州民請願が成立すると、ザクセン州とSH州を除く九州においては、州民請願の法律案が州議会の審議に付され、州議会がそれを受け入れない場合は、州民投票が実施されることになるが、州議会に与えられた当該法律案の審議期間については、ブランデンブルク州とブレーメンが二ヵ月間ともっとも短いが、他の七州は三〜六ヵ月間が設定されている。他方、ザクセン州とSH州においては、州民請願が成立すると、州議会の議決を経ずに前者は六ヵ月以内、後者は九ヵ月以内に州民投票が実施されなければならず、州議会が当該法律案を受け入れることにより州民投票が実施されないという可能性は存しないが、州民投票に州議会自らの対案を提出することは、他の七州と同様認められている。

四　州民投票において法律案が採択される要件に関しては、ザクセン州だけが有効投票の過半数の賛成で足りるとして特別の定足数を求めていない。他の一〇州においては、投票の過半数の賛成に、一定の要件を付加する方式を採っている。この付加される要件は、ベルリンにおいては、有権者の半数の投票参加、あるいは参加者がそれより少なかった場合は有権者の三分の一の賛成を要し、またＲＰ州においては、有権者の四分の一の投票参加を要求する。他の八州においては有権者の四分の一あるいは三分の一の賛成を付加している。

最後に、発案者が州民請願の手続あるいは州民投票運動に際して要する費用に関しては、ハンブルク、ザクセン州、ＳＡ州、ニーダーザクセン州およびＳＨ州の五州が、その費用の弁償を州に対して請求できる権利を認めている。

【注】

（1）一六州すべての州憲法が州民立法制度を採用していることについて、参照、Niclauß, APuZ 1997, S.5.

（2）Paterna, Volksgesetzgebung, S.23.

（3）年齢別住民総数は一九九七年一二月三一日時点の統計、有権者総数は一九九九年六月実施のヨーロッパ選挙時点の統計（Statistisches Bundesamt, Statistisches Jahrbuch 1999 für die Bundesrepublik Deutschland, S.59, 86）に基づいて算出。

第三章　憲法改正

第一節　制度の概要

一　ドイツの一六州のなかで、州民投票により州憲法が改正される手続を採用していない州は、ザールラント州だけである。同州憲法においては、州民立法に関する二段階の州民投票手続は制度化されているが、「憲法の改正を目的とする州民請願に関して、州民投票は行われない。」（州憲法一〇〇条四項）と明示されている（ただし禁止されているのは州民投票であって、州民請願を州議会に提出することまでは許されると解される）[1]。したがって同州を除く一五州の州憲法が州民投票による憲法改正を認めているが、この憲法改正に関する州民投票は、第一に、州民立法手続に基づいて実施されるもの（すなわち州民発案あるいは州民請願による憲法改正の提案を認め、州議会がそれを受け入れなかった場合には、当該憲法改正案が州民投票にかけられてその採否が決定される手続）、第二に、州議会の議決を前提として実施されるもの（この手続には、州議会が憲法改正案を議決した場合に必ず州民投票が実施されるものと、州議会が任意的に州民投票の実施を議決することにより実施されるものの二つの型がみられる）に大別される。以下、州民投票が実施される場合の区別に応じて、各州における州民投票による憲法改正の制度を概観することとする（図表３－１参照）。

二　まず、州民立法手続に基づく憲法改正は、三段階の制度を採用している州のなかでは、ベルリンを除く一〇の州憲法において認められている。ベルリン憲法だけは、六二条五項において憲法に関する州民請願が許されないことを明示的に規定している（ただし、州民投票手続を規定する州憲法六二・六三条の改正の場合は、州民投票を必要とする――州憲法一〇〇条）が、それ以外の、ブランデンブルク州（州憲法七八条三項）、ブレーメン（州憲法七二条二項）、ハンブルク（州憲法五〇条三項）、MV州（州憲法六〇条四項）、ニーダーザクセン州（州憲法四九条二項）、RP州（州憲法一二九条一項）、ザクセン州（州憲法七四条三項）、SA州（州憲法八一条五項）、SH州（州憲法四二条二項）およびテューリンゲン州（州憲法八三条二項）は、州民立法手続すなわち州民発案の段階から、州民請願を経て（あるいは州民発案から開始せずに州民請願から開始して）憲法改正案の提出を認め、それが州議会により採択されなかった場合には、州民投票により憲法改正案の採否が決定される制度を採用している。

単純法律の制定改廃に関する手続と比較すると、州民発案の場合は、その成立に要求される要件（署名者数）は、単純法律の発案の場合と同様であり、ほとんどの州においては、有権者総数のわずか一％前後（テューリンゲン州だけは六％）の支持により憲法改正案の審議を州議会に要求することができることになる。また州民請願の場合は、ブレーメンを除いて、両者の成立要件は同様であり、したがってブランデンブルク州とSH州は有権者の四～五％、他の七州はほぼ一〇％前後の支持を必要とする。ブレーメンにおいては、単純法律の発案の場合（一〇％）に比べて、憲法改正の発案の場合はその二倍の二〇％の要件を課している。

このように州民発案と州民請願の成立要件は、単純法律の発案の場合とほぼ同様であるが、それに対して州民投票の成立要件については、一〇の州憲法のいずれにおいても、単純法律の成立要件よりもハードルはかなり高く設定されている。例えばブランデンブルク州においては、単純法律の成立に必要な賛成者数が「投票の過半数および

改正の概要

よ る 憲 法 改 正			州議会の単独議決による憲法改正
州議会の議決に基づく州民投票		州民投票の成立要件	
憲法改正の議決	州民投票実施の議決		
州憲法 62・63 条の改正の場合のみ	—	(規定なし)	法定議員の 2 ／ 3
—	—	投票の 2 ／ 3 有権者の 1 ／ 2	法定議員の 2 ／ 3
—	法定議員の過半数	有権者の過半数	法定議員の 2 ／ 3
—	—	投票の 2 ／ 3 有権者の 1 ／ 2	出席議員の 2 ／ 3 (2 回) ④
—	—	投票の 2 ／ 3 有権者の 1 ／ 2	法定議員の 2 ／ 3
—	—	有権者の 1 ／ 2	法定議員の 2 ／ 3
—	—	有権者の過半数	法定議員の 2 ／ 3
—	法定議員の過半数	有権者の過半数	法定議員の 2 ／ 3
—	—	投票の 2 ／ 3 有権者の 1 ／ 2	法定議員の 2 ／ 3
—	—	投票の 2 ／ 3 有権者の 1 ／ 2	法定議員の 2 ／ 3
—	—	有権者の過半数	法定議員の 2 ／ 3
—	法定議員の過半数	有権者の過半数	出席議員の 2 ／ 3 法定議員の過半数⑤
法定議員の 2 ／ 3	—	投票の過半数 有権者の 1 ／ 4	—
法定議員の過半数	—	投票の過半数	—
—	出席議員の過半数	有権者の過半数	法定議員の 2 ／ 3
—	—	—	法定議員の 2 ／ 3

③ 16 歳以上の住民
④ 法定議員 3 ／ 4 の出席を前提とする
⑤ 法定議員 2 ／ 3 の出席を前提とする

図表 3-1　憲法

		州　民　投　票　に	
		州民立法手続に基づく州民投票	
		州民発案の成立要件（総数①に占める割合）	州民請願の成立要件（総数①に占める割合）
三段階の制度を採用する州	ベルリン	—	—
	ブランデンブルク	住民② 2 万人（0.97 %）	有権者 8 万人（3.90 %）
	ブレーメン	住民③ 2 %	有権者 20 %
	ハンブルク	有権者 2 万人（1.65 %）	有権者 10 %
	メクレンブルク＝フォアポンメルン	有権者 1.5 万人（1.06 %）	有権者 14 万人（9.93 %）
	ニーダーザクセン	有権者 7 万人（1.17 %）	有権者 10 %
	ラインラント＝プファルツ	有権者 3 万人（0.99 %）	有権者 30 万人（9.95 %）
	ザクセン	有権者 4 万人（1.11 %）	有権者 45 万人（または 15%）（12.50 %）
	ザクセン＝アンハルト	有権者 3.5 万人（1.63 %）	有権者 25 万人（11.66 %）
	シュレスヴィヒ＝ホルシュタイン	有権者 2 万人（0.94 %）	有権者 5 %
	テューリンゲン	有権者 6 %	有権者 14 %
二段階の制度を採用する州	バーデン＝ヴュルテンベルク	—	有権者の 1 ／ 6
	バイエルン	—	有権者 10 %
	ヘッセン	—	—
	ノルトライン＝ヴェストファーレン	—	—
	ザールラント	—	—

① 有権者総数は 1999 年 6 月実施のヨーロッパ議会選挙時点、年令別住民総数は 1997 年 12 月 31 日時点の統計（Statistisches Bundesamt, Statistisches Jahrbuch 1999 für die Bundesrepublik Deutschland, S.59,86）による。

② 18 歳以上の住民

有権者の四分の一」であるのに対して、憲法改正の成立については「投票の三分の二および有権者の二分の一」の賛成が要求され、またザクセン州においても、単純法律のそれが「投票の過半数」にすぎないのに対して、憲法改正のそれは「有権者の過半数」と規定されている。州民投票の成立要件を、「有権者の過半数」と規定するのは、RP州、ザクセン州、テューリンゲン州およびブレーメンの四つの州憲法であり、ニーダーザクセン州は「投票の過半数および有権者の二分の一」を、他の五つの州憲法はいずれも「投票の三分の二および有権者の二分の一」を要求している。

三　他方、二段階の制度を採用している州において州民立法手続に基づく憲法改正を認めているのは、BW州（州憲法六四条三項）、バイエルン州の二州だけである。バイエルン州憲法はこの憲法改正を求める州民投票手続に関する明示的な規定を欠くが、「憲法は、立法の方法によってのみ改正することができ」（州憲法七五条一項）、「法律は、州議会あるいは州民（州民投票）により決定される。」（同七二条一項）という規定から、一般に、州民請願に基づく州民投票により憲法改正が行われることも可能であると解され(2)、実際に、州民投票手続に基づいて州憲法が改正された例も存する。この点、三段階の制度を採用するRP州憲法も、憲法改正が成立する場合を、州議会が法定議員数の三分の二の多数で議決した場合のほかに、「州民が州民投票の方法で有権者の過半数をもって決定した」場合を規定する（一二九条一項）にとどまり、この州民投票が必ずしも州民請願に基づいて実施されることまで明示的に規定しているわけではないが、同州憲法には州議会の議決により州民投票を実施させる旨の規定はなく、憲法改正に関する州民投票は、立法権が「州民投票の方法により州民により、あるいは州議会により」（一〇七条）行使されることを基本として法律案の提出や州民請願および州民投票の手続を定めた同州憲法の規定に則って行われるにすぎないこと、また同州選挙法が州民投票の開始のための要件として、州議会による州民請願の不採択を挙げている（州選挙法七七条一号）ことなどから、同州憲法は州民立法手続に基づく州民投票の実施を認めていると解されている。(3)これに対して、同じく州民立法手続による憲法改正を認める憲法上の明示的な規定を欠くヘッセン州とNW州については、通説によれば、バイエルン州およびRP州とは逆に、当該制度は認められないと解されている。(4)

憲法改正を求める州民請願の成立要件は、二州ともに単純法律の場合と同様であり、BW州は「有権者の六分の一」、バイエルン州は「有権者の二〇％」の支持が求められている。しかし州民投票により憲法改正が成立する要件は、バイエルン州においては、単純法律の成立要件と同様、「投票の過半数」の賛成（州選挙法八〇条一項）であるが、BW州においては、単純法律の成立要件が「投票の過半数」（州憲法六〇条五項、ただし「有権者の三分の一」の要件を付加する）であるのに対して、憲法改正のそれは「有権者の過半数」とされ、三段階の手続を採る州と同様、憲法改正に関する州民投票の成立には、単純法律の場合と比べてかなり厳しい要件が設定されている。

四　以上のような州民発案あるいは州民請願という州民立法手続によらず、州議会の議決により、州憲法の改正に関する州民投票が実施される場合がある。この州議会の議決には、州議会が憲法改正の採否とは関係なく、任意に憲法改正に関する州民投票の実施それ自体を議決する場合と、州議会が憲法改正に賛成する議決を行っても、それだけでは憲法改正は成立せず、それを必ず州民投票にかけなければならない場合とがある。一般に、前者は「任意的レファレンダム」と呼ばれ、BW州、ブレーメン、NW州およびザクセン州において採用され、後者は「義務的レファレンダム」と呼ばれ、バイエルン州およびヘッセン州において採用されている。ここでは各々の制度を採用する州のなかから、BW州およびバイエルン州の制度について考察することとする。

BW州憲法によれば、州議会の法定議員数の過半数の議員は、憲法改正に関する州民投票の実施を申し立てることができると規定されている（六四条三項一文）。この申立ての議決の前提には、憲法改正に関する法律案が提出されていることが必要である（同条一項一文は、「憲法は、法律により改正することができる。」と、憲法改正が法律制定手続により改正されると規定している）が、その議決は、その憲法改正案を州民投票にかけることについての議決であり、その改正案自体の採否に関する議決である必要はない。この憲法改正手続は、最終的には州民投票によりその採否が決定される点で、広い意味での州民立法手続ともいえるが[5]、その憲法改正案が州民ではなく、州議会（NW州は州政府にも提案権を認める）により提案されることから、本来の州民立法手続、すなわち州民請願により提出された法律案について実施される州民投票の手続とは区別されるべきである。この州民投票の実施の申立ては、憲法改正法律案が州議会で受け入れられなかったか否かに関わりなく行うことができ[6]、またその議決は「法定議員数の過半数の同意」で足り、いわゆる特別多数は求められていない。したがって、州議会が単独で憲法改正を議決しようとする場合に、その議決のための要件、すなわち「法定議員数の少なくとも三分の二が出席し、その出席議員の三分の二で、しかも法定議員数の過半数にあたる議員の同意」（州憲法六四条二項）を満たすことができなかったとしても、さらにこの手続により憲法改正を目指すことが可能であるといえよう。

他方、バイエルン憲法においては、「憲法改正に関する州議会の議決は、法定議員の三分の二の多数を必要」とし、「それは決定のために州民に提出されなければならない。」（七五条二項）と規定されている。すなわち憲法改正は州議会の議決だけで成立することはなく、必ず州民投票にかけられ、「投票の過半数」の賛成を得る必要がある。同州においては、前述のように州民立法手続に基づく州民投票による憲法改正も可能であるが、これらいずれの手続によるとしても、憲法改正は必ず州民投票にかけられて決定され、州民の同意なしには憲法は改正されえない。

なお、ベルリンにおける憲法改正は、州議会の三分の二の多数の議決により行われ、原則として、州民投票手続による憲法改正は認められていないが、前述のように、州憲法六二条および六三条すなわち州民請願と州民投票に関する規定の改正に限っては、州議会の議決に加えて州民投票が必要であると規定されている（州憲法一〇〇条）。しかしこの場合の州民投票については、その定足数など手続上重要な規定を欠いている。(7)

五　最後に、ＢＷ州を始めほとんどの州においては、憲法改正が州民投票により決定される手続と並んで、州議会が単独の議決により憲法改正を行うことも認められており、この場合は、一般には、法定議員の三分の二の多数の賛成などの厳格な要件が課されている。他方、憲法改正が州民立法手続に基づいて提案され、州議会がその州民発案あるいは州民請願を受け入れた場合は、州民投票は実施されることなく憲法改正が成立することになることから、州議会が州民発案あるいは州民請願に基づく憲法改正法律案を採択する際に必要な議決は、通常の法律案の成立要件（一般的には「出席議員の過半数」――例えばＢＷ州憲法三二条二項一文）によるのではなく、州議会が単独で憲法を改正の場合に課されている特別多数などの要件によると考えるべきであろう。

【注】

（1）　Jürgens, Direkte Demokratie, S.86.
（2）　Jürgens, a. a. O., S.57-58.
（3）　Jürgens, a. a. O., S.80-81.
（4）　Jürgens, a. a. O., S.69-70, S.74.
（5）　Braun, Verfassung BW, Art.64, Rdnr.17.
（6）　Weber, DÖV 1985, S.180.
（7）　Pestalozza, LKV 1995, S.352.

第二節　実例

州民立法手続による州憲法の改正が認められているのは、ベルリン、ヘッセン州、NW州およびザールラント州を除く一二の州であるが、実際にこの手続により州憲法の改正が試みられた例は極めて少ない。一九九九年末までに、三段階の制度を採る州のうち州民発案により州憲法の改正を提出したのは、MV州およびザクセン州に各一例がみられ、また州民請願による動きは、ブレーメン、ハンブルク、テューリンゲン州にみられるが、州民投票により州憲法の改正が成立した例はない。他方、二段階の制度を採る州の中では、もっぱらバイエルン州に（NW州に一件）その試みがみられるが、バイエルン州においては、これまでに一〇件の憲法改正を求める州民請願が提出され、[1]そのうち五件の州民請願が成立している。これらの成立した州民請願のうち、一件は発案者と州議会との合意により作成された州議会の法律案が、憲法レファレンダムの手続により州民投票にかけられて成立し、また二件の州民請願は同じ対象に関する憲法の改正を求めるものであったことから、同じ州民投票にかけられている。したがって、州民請願に基づく憲法改正法律案について実施された州民投票は三件ということになるが、この三件の州民投票のうち、一件については州議会の対案が採択され、他の二件については州民請願の法律案が採択されて、いずれも州憲法の改正が成立している。そこで、ここでは、バイエルン州におけるこれらの実例を紹介することとする（他の州の実例については、第一・二章における各州の箇所で概観する）。

一　一九六七年、州議会の政党から三つの州民請願の許可を求める申請が提出された。[2]これらはいずれも、同州の宗派混合学校（Gemeinschaftsschule）と宗派学校（Bekenntnisschule）との関係に関して州憲法（一三五条）の改正を求めるものであり、いずれの申請も許可されて州民請願が実施された。最初に提出されたFDPの州民請願の法律案は、宗派学校が正規であり宗派混合学校は例外とされていた州憲法を改正してこれらの学校を同等のものとすることを求め、当初州議会に提出したが第一読会で否決されたために、引き続き州民請願の手続がとられたものであったが、州民請願は成立要件である有権者の一〇分の一の登録にわずかに達せず（九・三％）、失敗した。続いてSPDも、FDPの法律案の趣旨をさらに強め、宗派混合学校を正規とする憲法改正法律案を州民請願に持ち込み、FDPもこの要求に参加した。これに対抗するかたちでCSUも州民請願の手続を開始することを決定し、宗派混合学校を正規の形式とする点では結果的にSPD案と同じであるが、個々の学校の中では宗派に応じてクラスを分けることができるという内容の法律案を提出した。SPD／FDPの州民請願およびCSUの州民請願は、いずれも成立要件を満たして（前者は有権者の一二・九％、後者は一七・二％の登録により）成立し州議会に送付された。ところが州議会において、CSUとSPDは、各々の州民請願の法律案を支持することなく、むしろ共同して第三の案を作成することで一致し、宗派混合学校を正規の学校とし、その他の事項は施行法に委ねることを内容とする法律案を州議会に提出し、この結果、州議会は二つの州民請願の法律案を否決し、第三の共同案を可決した。もっともこの共同案は、手続上は州民請願の対案としてではなく、州議会が三分の二の多数で可決した憲法改正法律案であったことから、本来であれば、二つの州民請願に関する州民投票と一つの憲法レファレンダムが別々に実施されることになるが、これら三つの憲法改正法律案は同じ州民投票にかけられた。当時の州選挙法（旧八六条一項四号）によれば、同一対象に関する複数の法律案が州民投票にかけられた場合、賛成票は一つの法律案についてのみ許されており、一九六八年七月七日に実施された州民投票においては、四〇・七％の投票参加のもとで、三つの法律案に投じられた賛成票は、州議会の法律案が七六・三％、CSUの州民請願の法律案が八・五％、そしてSPD／FDPの州民請願の法律案が一三・五％となり、結局、州議会の法律案が採択され、州憲法が改正された。(3)

二　一九七一年九月、同州の郡および市町村等の再編成に関する地域改革に反対し、州憲法の改正を求める州民請願の許可の申請が行われた。(4) この州民請願は、県の郡への分割が、州議会の事前の承認を得た上で州政府の法規命令により規定されるとする州憲法九条二項について、今後は州議会の三分の二の多数により議決された法律だけにより行われるよう改正することなどを求めるものであった。当該州民請願の許可の申請は認められたが、州民請願においては、当該憲法改正案を支持して登録した有権者は三・七％にとどまり、その成立要件を満たすことはできなかった。

三　一九七二年三月には、放送管理機関における州政府、州議会および上院の代表者の数を制限し、とりわけラジオ・テレビ放送が公法上の性格をもっていることを憲法上根拠づけるために、それに相応する新たな条文を州憲法に追加することを求める州民請願の許可申請が行われた。(5) この州民請願は、内務省により許可されて実施され、SPDやFDPなどの政党の支持を得て、一〇〇万人を越す一三・九％の有権者が登録を行って成立した。しかし州政府は、この州民請願の憲法適合性を争う旨の意見を付して、これを州議会に送付したところ、州議会は、CSU会派の多数によりこの見解に同意し、これについて同州憲法裁判所の決定を申し立てることを議決した。しかしその後、州民請願の提案者の代表と州議会の各会派の代表との話し合いが行われ、最終的には、州憲法に提案者および議会反対派の主張を採り入れた新たな文言の条文（一一一a条）を追加するということで妥協が成立した。州議会は、この憲法改正案を三分の二の多数で可決し、一九七三年七月一日に実施された州民投票においては、一三・三％の投票率において、八七・一％の賛成を得て当該憲法改正案が採択され、憲法改正が成立した。(6) したがって、この州民投票は、州民請願の法律案に対してではなく、州議会の議決した法律案に対して行われた、いわゆる憲法レファレンダムである。

四　一九七五年一二月、州議会において財政計画法が可決されたが、そのなかでは財政上必要な節約政策を実施するために、学習用教材の自由が制限されていた。これに対して、一九七六年三月、同州のドイツ家族団体やＳＰＤなどから組織される市民団体が、州憲法（一三二条）のなかに、学習用教材の自由を保障する文言を追加するよう求める州民請願の許可を申請した。[7]しかし、内務省は、当該州民請願の法律案は、予算に関する州民投票は実施されないと規定する州憲法七三条と相容れないとして、同州憲法裁判所の決定を申し立てた。同裁判所は、州民請願が目的とする州憲法の改正については許可の前提を満たしているが、その改正と結びつく州法上の改正に関する法律案が提出されていないことを理由に、当該州民請願は不適法であると判示した。[8]このため、州民請願の提案者は、この判決にしたがって一九七七年八月に州民請願の許可を改めて申請し、この州民請願は、許可された上で実施されたが、有権者の六・四％の登録にとどまり、成立しなかった。

五　一九七七年二月には、スポーツ団体、遺族団体および自然保護団体が、上院の議席を六〇から七〇に増やし、各々の団体から合計一〇名の代表を加えることに関する憲法改正を求める州民請願の許可を申請した。[9]この州民請願は許可されて州民請願が実施されたが、登録者は有権者の五・九％にとどまり、成立要件の一〇％には届かなかった。

六　一九七七年一一月、地域改革の条件の加重を州憲法に規定することを求める州民請願の許可申請が行われた。[10]この州民請願は、計画されている地域改革に関わる二四五人の市長村長が発案者となり、住民のアンケート調査に基づく意思に反して行われる市町村の領域変更は、公共の福祉に関わる重要な理由から法律によってのみ許されるという条項を州憲法に追加することを要求した。内務省は、州民請願により求められている州憲法の改正は、約半年後に発効する市町村領域改革が確かに法形式上は未だ完了していないが実質的にはすでに完全に実行に移されている状況に介入しその発効を妨げるがゆえに、法治国家原理と相容れず許可の要件を満たしていないとして、州憲法裁判所の決定を申し立てた。これに対して同裁判所は、州民請願の法律案の内容は州憲法に反するものではないとしたが、それが予定する当該憲法改正の発効日が州民投票の時期を考慮していない（州民投票が実施されうると考えられる時点では、当該地域改革はすでに終了しており、したがってその場合に州民投票を実施すると、遡及効の問題が生じ、有権者が戸惑う危険性がある）という理由により、許可のための前提は存しないと判示した。[11]

七　一九九四年一〇月、「バイエルンにもっと民主主義を（Mehr Demokratie in Bayern e. V.）」市民団体が、地方自治体への住民投票制度の導入を内容とする州憲法および関連法律の改正を求める州民請願の許可を申請し、内務省は、この申請を許可し、その旨および当該法律案の条文、ならびに州民請願の登録期間（一九九五年二月六日～二月一九日までの一四日間）を公示した。[12] この州民請願の憲法改正法律案は、州憲法七条二項（「州民は、その権利を、選挙、州民請願および州民投票への参加により行使する。」）の中に、「住民請願（Bürgerbegehren）および住民投票（Bürgerentscheiden）」という文言を追加すること、ならびに州憲法一二条の中に、新たに、「州民は、市町村および郡の固有の活動範囲の案件を、住民請願および住民投票を通じて規律する権利を有する。……」という三項を追加することを規定していた。[13] 一九九五年二月に実施された州民請願には、一一九万九九八八人の登録があり、このうち一一九万七三七〇人の登録が有効とされ、これは有権者総数八七六万五八七五人の一三・七％に相当することから、この州民請願はその成立要件（有権者の一〇分の一）を満たして成立した。[14]

しかし州議会は、この成立した州民請願の法律案を否決するとともに、これと同じく地方自治体における住民参加制度の改正を内容とするＣＳＵ会派により提出された法律案を[15]対案として州民投票にかけることを議決した。[16]この州議会の法律案が州民請願の法律案と相違する点は、まず、州憲法の改正に関して、後者が住民請願と住民投票の制度の文言を憲法上明記するのに対して、前者は、「法律により、市町村および郡の事務への直接参加の形式を規定することができる。」と、住民の具体的な参加形式の決定を法律に委ねている点である。またその施行法律としての市町村規則の改正に関して、後者が住民請願と住民投票の二段階の手続を採るのに対して、州議会の法律案は、それらの手続に「住民発案（Bürgerantrag）」を加えた三段階の形式を採用し、この住民発案は、一％の住民が市町村および郡のあらゆる案件を三ヵ月以内に所轄機関が取り扱うことを義務づける制度とされ、この点では、州議会の法律案のほうが、住民参加の窓口をより広く開けているという意味で評価されよう。しかし他方、住民請願の成立要件については、州議会の法律案が五％（一〇万人以上の市町村）～一〇％（一万人以下の市町村）の署名を要求するのに対して、州民請願の法律案は三％（五〇万人以上の市町村）～一〇％（一万人以下の市町村）の署名とし、また住民投票の成立要件については、前者が投票の過半数および住民総数の二五％の賛成を要求するのに対して、後者は投票の過半数の賛成を要求するだけであり、住民請願および住民投票いずれの成立要件についても、州民請願の法律案のハードルのほうが低く設定されていた。

州政府は、これら二つの法律案について、一九九五年一〇月一日に州民投票を実施することを、各々の法律案の文言、両者の相違点ならびにこれらに関する州政府、州議会および上院の見解とともに公示した。[17]なお、当時の州選挙法によれば、同一対象に関わる複数の法律案が州民投票にかけられた場合、投票者は、いずれか一つの法律案に賛成するか、それともすべてに反対するか（すなわち複数の法律案に賛成することはできない）という方式で投票を行い（旧七六条三項二文）、もし賛成票の数が反対票の数を上回る法律案が複数となった場合は、それらのうちもっとも多くの賛成票を得た法律案が採択される（旧八〇条二項）と規定されており、この州民投票は、次のような結果となった。[18]

有権者総数	八七六万九九四五人
投票者総数	三一二三万　三五三人
州議会の法律案に対する有効賛成票	一二四万四八八六票
州民請願の法律案に対する有効賛成票	一八五万七九一九票
二つの法律案に対する有効な反対票	一一万　四六二票
有効投票総数	三二一万三二六七票

州議会および州民請願の法律案各々に対する賛成票は、ともに両案に対する反対票を上回ったが、後者の賛成票のほうが前者の賛成票よりも多かったことから、前述の選挙法の規定に基づいて州民請願の法律案が採択され州憲法および市町村規則等が改正された。[19] これは、州民請願により提出された法律案が、最終的に州民投票により採択されて成立した同州ならびにドイツのすべての州において初めてのケースであったが、[20] 以下のように、一九九八年にも、バイエルン上院の廃止に関する州民請願の法律案が州民投票において採択されている。

八　一九九九年一二月六日、州憲法裁判所の独立性の強化を目的として州憲法を改正し、第一に、憲法裁判所の裁判官の構成およびその選出方法を変更すること、第二に、裁判官選出委員会制度を導入することを求める州民請願（„Entwurf des Gesetzes Unabhängige Richterinnen und Richter in Bayern"）の許可申請が提出され、内務省がその許否について州憲法裁判所の決定を求めたところ、同裁判所は、二〇〇〇年二月二四日、州民請願の二つの要求対象が別々に取り扱われる場合に限り許可されるという判決を下したため[21]、内務省は当該州民請願をその代表者と一致して当該州民請願の対象を二つに分け（一方は、憲法裁判所の組織に関する法律案（略称―„Macht braucht Kontrolle:Für ein unabhängiges Verfassungsgericht in Bayern“）、他方は、裁判官選出委員会制度の導入に関する法律案（略称―„Macht braucht Kontrolle:Für eine demokratische Richterwahl in Bayern“））、それら各々について州民請願を許可する公示を行った[22]。しかし、その代表者は後者についての州民請願の実施をあきらめ、前者すなわち州憲法裁判所の組織改革に関する州民請願を五月九日から二二日まで実施したが、有効登録者は二七万一七三四人にとどまり、この州民請願は成立しなかった[23]。

九　前記許可申請と同じ一九九九年一二月六日、同州憲法を改正して州民立法制度を改善することを、州レベルにおいて求める州民請願（„Entwurf eines Gesetzes zur Stärkung der Mitwirkungsrechte der Bürgerinnen und Bürger im Freistaat Bayern“）ならびに地方自治体レベルにおいて求める州民請願（„Entwurf eines Gesetzes zum Schutz und zur Stärkung der Mitwirkungsrechte der bayerischen Bürgerinnen und Bürger in Städten, Gemeinden und Landkreisen“）の許可申請が提出され、内務省はこれら二件の州民請願の許否を州憲法裁判所に求めたが、同裁判所は、いずれの州民請願も州憲法に違反するとしてその許容性を認めなかった[24]。

【注】

（1）一九七八年までに提出された州民請願の経緯の概要に関する一覧表として、Bocklet, VB und VE in Bayern, S.406-407; Troitzsch, VB und VE, S.86 参照。

（2） Bocklet, VB und VE in Bayern, S.346-354; Troitzsch, VB und VE, S.84-89 による。そのほか、Rittger, Direkte Demokratie, S.167-170; Jürgens, Direkte Demokratie, S.174-176; Kruis, BayVBl. 1973, S.509 参照。

（3） Gesetz zur Änderung des Art.135 der Verfassung des Freistaates Bayern vom 22. Juli 1968, GVBl.1968, S.235.

（4） Bocklet, VB und VE in Bayern, S.360-362; Troitzsch, VB und VE, S.90 による。そのほか、Jürgens, Direkte Demokratie, S.176-177; Rittger, Direkte Demokratie, S.144-145 参照。

（5） Bocklet, VB und VE in Bayern, S.368-381;Troitzsch, VB und VE, S.91-92 による。そのほか、Jürgens, Direkte Demokratie, S.177-179; Rittger, Direkte Demokratie, S.171-174 参照。

（6） Viertes Gesetz zur Änderung der Verfassung des Freistaates Bayern vom 19. Juli 1973, GVBl.1973, S.389.

（7） Bocklet, VB und VE in Bayern, S.381-393;Troitzsch, VB und VE, S.93-95; BayVBl.1977, S.143-144 による。そのほか、Jürgens, Direkte Demokratie, S.179-181; Rittger, Direkte Demokratie, S.145-148 参照。

（8） BayVerfGH, Entscheidung vom 15.12.1976, BayVBl.1977, S.143-150.

（9） Bocklet, VB und VE in Bayern, S.393-399;Troitzsch, VB und VE, S.95 による。そのほか、Rittger, Direkte Demokratie, S.148-149; Jürgens, Direkte Demokratie, S.181-182 参照。

（10） Bocklet, VB und VE in Bayern, S.399-405; BayVBl.1978, S.334 による。その他、Rittger, Direkte Demokratie, S.150; Jürgens, Direkte Demokratie, S.182-183 参照。

（11） BayVerfGH, Entscheidung vom 10.3.1978, BayVBl.1978, S.334-337.

（12） Bek. des Bayerischen Staatsministeriums des Innern vom 25. November 1994, Zulassung eines Volksbegehrens über den Entwurf eines Gesetzes zur Einführung des kommunalen Bürgerentscheids, StAnz.Bay. Nr.48 vom 2. Dezember 1994, S.2-3.

（13） 州民請願の法律案の内容については、内務省の公示（注（12））および Gesetzentwurf nach Art.74 BV, Volksbegehren „Mehr Demokratie in Bayern: Bürgerentscheide in Gemeinden und Kreisen“, Bay. Landtag, Drs.13/1252 参照。なお、住民請願および住民投票の手続等に関する市町村規則および郡規則の改正の内容については省略する。

（14） Bek. des Landeswahlleiters des Freistaates Bayern vom 14. März 1995, Endgültiges Ergebnis des Volksbegehrens vom 6. Februar 1995 bis 19. Februar 1995 über den Entwurf eines Gesetzes zur Einführung des kommunalen Bürgerentscheids, StAnz. Bay. Nr.11 vom 17. März

1995, S.2.

(15) Antrag der Abgeordneten Glück Alois, Dr. Kempfler, Dr. Weiß, Brosch und Fraktion CSU, Gesetzentwurf zur Einführung von Bürgerantrag, Bürgerbegehren und Bürgerentscheid in Gemeinden und Landkreisen, Bay. Landtag, Drs.13/1333.

(16) Bay.Landtag, PlPr.13/23 vom 04.07.1995, S.1560.

(17) Bek. der Bayerischen Staatsregierung vom 13. Juli 1995, Volksentscheid über neue kommunale Mitwirkungs- und Entscheidungsrechte der Bürgerinnen und Bürger, StAnz. Bay. Nr.29 vom 21. Juli 1995, S.1-3.

(18) Bek. des Landeswahlleiters des Freistaates Bayern von 19. Oktober 1995, Volksentscheid zur Einführung des kommunalen Bürgerentscheids in Bayern am 1. Oktober 1995, StAnz. Bay. Nr.43 vom 27. Oktober 1995, S.3.

(19) Gesetz zur Einführung des kommunalen Bürgerentscheids vom 27. Oktober 1995, GVBl. 1995, S.730.

(20) 参照、Isensee, Verfassungsreferendum, S.21-24.

(21) この判決内容および当該州民請願をめぐる経緯については、BayVerfGH, Entscheidung vom 24.2.2000, BayVBl. 2000, S.306-309による。なお同州内務省による報道（http://www.innenministerium.bayern.de/presse/daten/）参照。

(22) Bek.des Bayerischen Staatsministeriums des Innern vom 8. März 2000, Zulassung eines Volksbegehrens über den Entwurf eines Gesetzes zur Organisation des Verfassungsgerichtshofs, StAnz.Bayern Nr.10 vom 10. März 2000, S.1; Bek. a.a.O. vom 14. März 2000, Zulassung eines Volksbegehrens über den Entwurf eines Gesetzes zur Einführung eines Richterwahlausschusses, StAnz.Bayern Nr.11 vom 17. März 2000, S.1.

(23) Der Landeswahlleiter des Freistaates Bayern, Volksbegehren „Macht braucht Kontorlle:Für ein unabhängiges Verfassungsgericht in Bayern, Volksbegehren über den Entwurf eines Gesetzes zur Organisation des Verfassungsgerichtshofs vom 9.Mai bis 22.Mai 2000, Endgültiges Ergebnis, http://www.bayern.de/ LFSTAD/vob2000/index2.html.

(24) 前者の州民請願に対する判決については、BayVerfGH, Entscheidung vom 31.3. 2000,BayVBl.2000,S.397ff., 後者については、BayVerfGH, Entscheidung vom 13.4.2000,BayVBl.2000,S.460 ff., またこれらの州民請願について、Mehr Demokratie e.V., Volksbegehrens-Bericht 2000, S.6-7参照。

第三節　バイエルン上院の廃止

一　一九九八年二月八日、バイエルン州の上院（Bayrischer Senat）の廃止に関する憲法改正法律の可否を問う州民投票が実施された。この州民投票にかけられたのは、上院の「廃止」を求める州民請願の法律案と上院の「改革」を提案する州議会の法律案の二つであったが、投票の結果、州民請願の法律案への賛成票が、有効投票の六九・二％（有権者総数の二七・三％）を占め（州議会の法律案への賛成は二三・六％、両案とも反対する票は七・一％）、複数の法律案が州民投票にかけられた場合の採択要件（州選挙法旧八〇条二項）を満たして成立した。[1] これにより、州憲法は上院に関する規定をすべて削除するかたちで改正され、上院は廃止されることになった。[2] その後、この上院の廃止（法律）の違憲性、とりわけ憲法改正における州民投票の成立要件の問題について、州憲法裁判所に異議が申し立てられたが、一九九九年九月一七日、同裁判所はこの申立てを退ける判決を下した。[3]

元来、バイエルン州は、州民の直接選挙により選出される「州議会（Landtag）」（州憲法一四条）とともに、「社会的、経済的、文化的諸団体および地方自治体の代表」（同旧三四条）から構成される「上院（Senat）」という職能代表的議院を有し、ドイツの一六の州の中では唯一、二院制を採用する州であった。この上院は、農林業、商工業、手工業、労働組合、自由業、協同組合、宗教団体、慈善団体、大学、地方自治体の一〇分野の団体から、民主的諸原則に基づいて選出（宗教団体の代表者だけは当該団体により指定）された合計六〇人の議員により構成され（同州憲法旧三五条）、任期を六年（ただし、二年ごとに三分の一ずつ改選）とする（同旧三六・三七条）議院であり、法律案の提出権

（同旧三九条）、州政府提出法律案に対する専門的意見の表明権（同旧四〇条）、州議会により議決された法律に対する異議申立権（同旧四一条）など、州議会および州政府とともに立法過程に参加する権限を有していた。しかし、州憲法の制定以来五〇年余り州憲法上の国家機関として存続してきたこの上院は、一九九九年かぎりでその活動に幕を下したのである。上院の廃止に関する州民投票の実施、さらに州憲法裁判所の判決へと至る経緯は、以下のとおりである。(4)

二　一九九七年四月八日、内務省は、「エコロジー・民主党（Ökologisch-Demokratische Partei（ÖDP））(5)」から提出された「バイエルン上院の廃止法律案に関する州民請願」（略称「上院のないスリムな州」）を許可する公示を行った。(6)この州民請願の法律案は、州憲法から上院に関する条項・文言をすべて削除すること、ただしその法律は、議会の立法者による必要な措置を可能とするために採択から二年後に発効することを主たる内容とし、上院廃止の提案理由については、「バイエルン上院は、もはや時代に合った職能代表議会ではない。憲法に規定されたその構成は、もはや現在の社会状況に相応していない。……上院は、一般的に不必要でもある。そこに代表されている諸団体および諸機関は、利益代表議会としての上院に頼る必要はな（い）。公的予算の強化のためには、節約の努力が不可避であり、……今こそ、とっくに時機を失した上院を廃止する好機である。」と述べている。

この公示により、その代表者の希望によりバイエルン州内のすべての市町村において、同年六月一〇日から同月二三日までの一四日間にわたり州民請願が実施され、当該州民請願を支持して登録を行った有権者は、九二万九七八五人にのぼり、そのうち九二万七〇四七人の登録が有効と認められ、これは当時の有権者数八八一万四七一五人の一〇・五%にあたり、州憲法七四条一項に規定された州民請願の成立要件である「有権者の一〇分の一」を超えていたことから、この州民請願は成立した。(7)

三 州民請願が成立したことにより、この州民請願の法律案は州議会の審議にかけられることになるが、八月一九日、首相は州憲法七四条三項に基づいて、上院廃止法案に関する州民請願を拒否するよう勧告する旨の見解を添えて、この法律案を州議会に提出した。(8) また同時に、州政府は、州民請願の法律案について上院の専門的意見を求めることを義務づけている州選挙法七二条一項二文に基づき、この法律案を上院にも送付した。(9)

上院は、こうした動向を傍観していたわけではなく、州民請願の提出に前後して、上院への代表選出団体の増加、女性議員の選出、議員資格年齢の引き下げなどを内容とする自らの改革に関する法律案を作成し、(10)「上院のあるベターな国家（Besserer Staat mit Senat）」を主張して、(11) 三月二〇日、その上院改革法律案を州議会に提出していた。(12) このため上院は、州民請願の法律案に対しては、上院の廃止は州憲法の根本的実質を著しく侵害するものであるとする見解(13)を表明し、一〇月二日、州議会に対し、この州民請願を否決するとともに、自らの上院改革法律案を対案として州民投票に提出するよう求めることを一致して議決した。(14)

他方、州議会においては、州民請願の法律案に関する審議が開始される直前、CSU会派が、上院の要請に応じるかたちで、州民請願の法律案とともに州民投票にかけられる対案（「上院改革法案」）を作成して、一〇月六日、州議会に提出した。(15) このCSU法律案は、「州内の様々な利害や要請が表明され、そして結集される『円卓会議』の考え方および役割を表現することにより、上院が様々な利害を調整し、公共の福祉に向かわせるという統合的機能を強調する」ことを提案理由として、上院に代表される団体として、新たに、障害者、女性団体、家族団体、青少年、救援団体、環境・自然保護、文化・郷土文化保存、スポーツの八つの団体を加え、また、議員の選出に際しては男女が同等の参加の権利を得るよう努めること、およびその被選出年齢を、現行の四〇歳以上から州議会議員の被選挙年齢（満二一歳以上の有権者）へ引き下げることなどを盛り込み、さらに上院の権限に関しては、上院が専門的見解を表明することができる法律案をすべての法律案に拡大し、また上院議員に対して、州議会の所管の委員会に出席して意見を述べ、異議を申し立て、また意見を聴取される権利を付与することなどにより、上院ができるだけ包括的に立法に協力することを保障するとともに、その意見表明などが州議会の公の場で行われることにより、上院議員の立法活動に、より大きな重要性をもたせることを意図していた。

このような内容のCSU法律案が、州民請願の対案として州議会に提出されたことをうけて、上院は、一〇月八日、さきに自分たちが提出した上院改革法律案は、州議会においてはSPD会派などの反対により、憲法改正に必要な三分の二の多数を得られない状況にあること、またCSU法律案には、代表選出団体の増加を始めとする自分たちの法律案の本質的な内容が採り入れられていることを理由に、当該法律案を撤回する議決を行った。[16]

CSU法律案は、州民請願の法律案とともに委員会に付託され、[17] 所管の憲法・法務・議会問題委員会は、州民請願の法律案については、CSU会派の反対多数（SPD会派および九〇年連合／緑の党は賛成）により、本会議に対して「否決」を勧告し、[18] 他方、CSU法律案に対しては、CSU会派の賛成多数により、「同意」を勧告した。[19] この委員会勧告は、本会議においても、CSU会派の賛成多数によりそのまま採択され、州民請願の法律案は否決され、CSU会派の法律案が可決された。[20] この結果、州民請願の上院廃止法律案およびその対案としての州議会の上院改革法律案に関する州民投票が実施されることとなった。

四　一九九七年一一月二四日、州政府は、州民請願により提出された上院廃止法律案および州議会により提出された上院改革の法律案に関する州民投票を一九九八年二月八日に実施することを、各々の法律案の条文および提案理由ならびにそれらに対する州政府、州議会および上院の意見とともに公示した。[21] なお、この公示には、「有権者は二つの法律案のうちの一つに同意するか、あるいは二つの法律案ともに否定するかの可能性を有する。」という投票の方式は記載されていたが、州民投票の成立に必要とされる多数およびその成立要件に関する指摘や説明は含まれていなかった。[22]

一九九八年二月八日に実施された州民投票は、次のような結果となった。[23]

有権者総数	八八三万一七三八人
投票者総数	三五二万七六三三人
州議会の法律案への有効賛成票	八二万三四六二票
州民請願の法律案への有効賛成票	二四一万二九四四票
両方の法律案への有効反対票	二四万九一四一票
有効投票総数	三四八万五五四七票
無効投票総数	四万　六一〇票
投票総数	三五二万六一五七票

州民投票に参加した有権者は、有権者総数の三九・九％であり、有効投票のうち、州議会の上院改革法案に賛成した票は二三・六％、州民請願の上院廃止法案に賛成した票は六九・二％を占め、後者は有権者総数に占める割合は二七・三％にとどまるが、両法律案の賛成票の比較多数（州選挙法旧八〇条二項）により採択され（第一章第一節四・四以下参照）、ここに「バイエルン上院廃止に関する法律」が成立し、この法律は二〇〇〇年一月一日に発効することとされた。[24]

五　この州民投票の後、州議会は、この州民投票の有効性の審査に関して、その有効性を確定する旨を、六月二四日、全会一致で議決した。[25] しかし他方、上院においては、一〇月一六日、この州民投票により成立した上院廃止法は憲法違反であるとして、その憲法適合性の審査を同州憲法裁判所に申し立てる旨の提案[26]が行われた。この提案によれば、上院廃止法には次のような憲法上の疑念が存するとされる。

㈠　上院廃止法案に関する州民投票には、四〇％以下の有権者が参加したにすぎなかった。……憲法上疑わしいと思われるのは、憲法改正が少なくとも五〇％の有権者の同意なしに、また州議会の同意なしに行われることである。バイエルンの立法者は、そのような制約を明示的に規定していないバイエルン憲法を、州選挙法の中でそれに相応する規定を置くことにより補完することを怠ったのである。これらの規定は、単純法律と憲法改正とが異なる意味をもっていることを考慮に入れなければならない。こうした補完がなければ、バイエルンの法状況は、代表民主制の諸原則を州憲法に対しても義務的に指定する基本法二八条一項に矛盾することになる。もし、少数の有権者が議会を通り越して憲法を改正することができるとすれば、それはこの原則に違反している。

㈡　とりわけ疑わしいと思われるのは、有権者の五〇％の同意という定足数のない州民投票により憲法機関が廃止されることである。諸憲法機関およびそれらの相互協力は、民主主義および国家がその機能を発揮することに関してとりわけ重要である。それゆえ、それらの機関は、市民の広いコンセンサスにより支えられていなければならない。個々の改正は、全体像を考慮することなく憲法の構造を変えることが可能である。その改正は、それにより最適な国家組織に矛盾する結果を招来することがありうる。バイエルン憲法の十分綿密に考えられた規定をそのように改正することは、選挙権を有する市民の半数以上がそれに賛成した場合に行われるにすぎない。

㈢　政治的意思形成に社会の諸団体が参加すること、および非政党政治的に構成された審議機関が権力分立の手段として存在することは、議会としての上院において実現されているように、「バイエルン憲法の民主主義的根本思想」に属する。バイエルン憲法七五条一項二文によれば、それに反する憲法改正は許されない。このことは、もちろん上院の構成および権限における改革を、それがバイエルン憲法の範囲内にとどまるかぎりにおいて、排除するものではない。これに対して、上院を跡形もなく除去することは許されない。それはバイエルン憲法を完全に改定することとの関連においてのみ可能であろう。……

この提案の審議が付託された上院の法務・憲法委員会は、本会議に対して、この提案に同意するよう勧告し[27]、本会議はこの提案を賛成多数（賛成三一、反対一二）で採択したことから[28]、この上院廃止法の効力は同州憲法裁判所の決定に持ち込まれることとなった。なお、これと同時に、州民投票による憲法改正には特別多数を要することを内容とする州選挙法の改正案を州議会に提出するよう州政府に要請する提案[29]も採択された。

六　一九九九年九月一七日、バイエルン州憲法裁判所は、上院の申立てを退ける以下のような判決を下した[30]。同裁判所の判旨は、次の三点である。

㈠　申立てを棄却する。

㈡　立法者は、憲法改正法律が州憲法七四条に基づく手続において州民投票により採択される前提を、判決理由の規準に基づいて新たに定めなければならない。

㈢　新たな規定が発効するまでの間については、州憲法裁判所法二九条二項に基づいて指定される。州憲法七四条に基づく手続において、州民に決定のために提出された州憲法の改正を対象とする法律案は、有権者の少なくとも二五％がその法律案に同意した場合にのみ採択される。

続いて、これらの理由が述べられるが、ここでは、上院の中立ての主たる論点、すなわち第一に、上院の存在は、州憲法七五条一項二文で憲法改正が禁止される「バイエルン憲法の民主主義的根本思想」に属し、したがってその廃止は憲法上許されないという点、第二に、州憲法は明示的に規定していないが、憲法改正に関する州民投票においては単純法律のそれとは異なる成立要件として、五〇％の有権者の同意が必要であると考えられるところ、当該州民投票には四〇％以下の有権者が参加したにすぎず、このような憲法改正は憲法上疑念があるという点について、それらの主張をいずれも退けた判決の主要部分のみを抜粋する。なお、判決文中に引用されている文献等については、本文中ではその著者名等および頁数だけにとどめ、それらの出典の詳細については【注】(31)に記した。

七　まず、上院の廃止は州憲法上許されるか否かという憲法改正の限界の問題に関して、同憲法裁判所は次のように述べてその廃止を認める（CⅡ1）。

バイエルン上院の廃止は、州憲法七五条一項二文の意味における憲法の民主主義的根本思想に反しない。

(c)　そのように規定される憲法の民主主義的根本思想の中に、上院の存在は入らない（異論 Schmitt Glaeser, S.155/174; Funk, S.108f; Horn, S.430/435）。このことは、上院が、法治国家的民主主義の諸原則に基づいて整えられている他の州の憲法および基本法には、類似のものがないことからすでに明らかである。決定的なことはむしろ、法治国家的および民主主義的諸原理がバイエルン州憲法の中に見出したその具体的な形成に際して、上院には、それを州憲法七五条一項二文によりその廃止を免れる憲法の本質に数えることが正当であるような不可欠の役割はないということである。上院における州の社会的、経済的、文化的団体および地方自治体の代表（州憲法三四条）が、「州議会による州民の代表に対する実質的な補完である」（Schmitt Glaeser, S.174）ことは、そのとおりである。上院が、諸制度の構造の中に、また憲法現実の中に、まったく特殊な機能、すなわち助言という機能を持ち込むこと（参照、Zacher, S.737）も、またそのとおりである。上院は、「その助言において、州議会に対して補完し、また修正をもする立場にある」（Badura, S.III）。それは、「引き止めてじっくり考える構成分子」（州政府、LT-Drs.13/8956, S.3）である。しかし、上院の存在が州憲法七五条一項二文の保護領域に含まれるのは、ただそれがバイエルン州憲法がそのように作り上げた自由主義的および法治国家的民主主義のために絶対に刻み込まれるものであるような場合、また上院の廃止が、まさしくバイエルン州憲法の自由主義的、法治国家的および民主主義的性格に鑑みて、実質的な損失を意味するような場合にすぎない。

当憲法裁判所は、それを認めることはできない。上院のような憲法機関の廃止が憲法の構造を変えるということ（参照、Funk, S.108f.）は正しい。上院には、憲法に基づいて、法律案提出権（州憲法三九条）、法律案に対する専門的意見の表明権（同四〇条）および州議会の法律の議決に対する異議申立権（同四一条）が与えられている。しかし憲法は、上院に、立法手続における決定権限を認めてはいない。これは、バイエルン州議会だけに留保されている。「外見的だけの、本来の意味での第二院ではない」（Badura, S.II）上院のこの限られた権限に鑑みれば、たとえその手続以外の任務と権限（参照、Steininger, S.705ff.）を考慮に入れたとしても、上院の廃止によりもたらされる変化は、バイエルン州憲法により具体化された自由主義的、法治国家的民主主義の共通形態との矛盾について語りうるほど、深刻なものではない。

八　次に、州憲法の改正には、少なくとも有権者の過半数の同意が必要であり、上院廃止法はその要件を満たしていないことから無効であるとする上院の申立てに対して、同憲法裁判所は、次のような理由によりこの申立ても退けるとともに、州の立法者に対して、判決理由に示された規準にしたがって州民投票の成立要件を改めて州憲法に規定するよう要請し、またその新しい規定の発効までは、州民立法手続に基づく州憲法の改正における州民投票の成立要件を、有権者の二五％の賛成とする旨をも指定している（CⅡ2）。

バイエルン上院廃止法は、バイエルン憲法に違反して成立したわけではない。

(a)　当憲法裁判所は、バイエルン憲法は州憲法七四条に基づく州民立法の方法においても改正されうるとの見解を固持する。州憲法七五条二項に規定される州議会の議決およびそれに続く州民投票による憲法改正手続は、排他的ではない。

(b)　当憲法裁判所は、これに対して、州憲法七四条に基づく手続における憲法改正において、州民投票に際しては定足数は必要ではないという見解は固持しない。……（この判決と異なり―村上）一九四九年一二月二日（VerfGH 2, 181ff.）の判決において主張されたこの見解は、破棄される。……州憲法七四条の場合における憲法改正法律に関する州民投票について、ある定足数を要求しているという結論に達する。州憲法七四条に基づく手続の範囲において、対象が憲法改正法律である場合の州民投票については、憲法の意思によれば、投票者の単純過半数では十分ではない。バイエルン憲法は、この場合州民による憲法改正法律の採択に対して、より高い要件を設定せざるを得ないようにしている。憲法は、完全な州民投票的手続においても同様に、単純法律との比較上、より高い存立保護を受けるのである。

(c)　……憲法制定者がこの問題を取り扱わなかったことから、憲法はこの争点を自ら最終的に決定しなかった。そのかぎりで、憲法の条文の計画に反する不完全性、すなわち解釈の方法において推論されるべき空所が存するのである。

この空所を埋める解釈の権限を有するのは、当憲法裁判所であり、なぜならそのかぎりで憲法が述べていることおよび憲法の意思の解釈が問題となるからである。……憲法の中で明示的になされている諸決定から、またそのなかに設定されている諸原則から、当憲法裁判所は空所をうめるための規準を得なければならない。当憲法裁判所は、一方では、憲法が州民立法手続においても、より高い存立保護を要求し、また相応の民主的正当性を確保しようとしていることを前提とする。州憲法七五条二項の規定は、そのかぎりで重要な規準を含んでいる。当憲法裁判所は、他方では、憲法が憲法改正の州民立法に対して、実際に超えることができず、それゆえに禁止の効果をもつハードルを立てるつもりはないことを基礎に置く。

(d)　憲法は、すでに、憲法の安定性および最小限の民主的正当性が、ある定足数により保障されなければならないという基本決定を行っている。それにもかかわらず、州民請願に基づく憲法改正に際して、慎重な調整の方法においてこの目的を確定するために、いくつかの解決策が考慮される。参加の定足数において、あるいは同意の定足数においてそれを定めることができるし、またこれらの解決の手がかりを互いに結びつけ、またそれらを投票者の特別多数の要求と結びつけることもできる。どの解決策によれば憲法の意図にもっとも応じられるかを厳密に示すことは、当憲法裁判所のしごとではない。憲法の意思をしかるべく具体化するのは、憲法により立法者に義務づけられている。……その際考慮されるべきことは、州民投票においては、いずれにせよ従来の経験によれば、原則的に、選挙における参加に比較できるほどの高い参加は達成されておらず、したがって、きわめて高い定足数は、州憲法七四条に基づく立法手続における憲法改正を実際に不可能にするであろうということである。立法者は、憲法により規定されたこれらの相反する目的を、慎重な調整により一つにしなければならない。原則として与えられたその形成裁量は、憲法の規準に鑑みて、比較的狭い幅に縮小する。

憲法の規準に相応する解決策としては、有権者の二五％の同意の定足数が考えられる。有権者の二五％の同意の定足数は、憲法発案を採用する他の州がその憲法に規定している同意の定足数の半分の高さである。つまりドイツにおける州民立法手続における憲法改正に対する要件が、バイエルンほど低いところは他にないということは、何ら変わらない。それにより、バイエルン憲法の州民立法手続に対する特別の尊重が、さらに考慮され続ける。二五％の同意の定足数は、内外の経験に基づき、かなりの部分の有権者が、たとえ憲法改正が問題となっていたとしても、州民決定に参加しないことを考慮に入れている。それは、バイエルン上院廃止法が示すように、実際に達成可能である。つまり決して超えられないハードルは設けられていない。確かに、憲法の安定性のために必要なハードルは、容易に越えられてはならない。憲法改正法律に対する二五％の同意の定足数は、単純法律に対して、州民立法手続においても明白により高い存立保護を憲法に与え、それは州憲法七五条二項が議会による改正手続について規定している、より高い存立保護と比較できるものである。二五％の同意の定足数は、憲法改正がかなりの部分の州民により担われることを確実にする。……

(e)　憲法をそのかぎりで具体化するのに必要な立法者の規定が発効する時点まで、州憲法七四条に基づく手続における憲法改正の州民投票の有効性に関して、法的に不明確なことが存してはならない。当憲法裁判所は、それゆえ、経過措置として、この期間については州憲法裁判所法二九条二項に基づき、この判決の公示以後、州憲法七四条に基づく手続において州民に決定のために提出されるバイエルン憲法の改正を対象とする法律案は、少なくとも有権者の二五％がその法律案に同意した場合にのみ採択されることを指定する。これは、当該法律案が憲法改正を含んでいるかぎりにおいて、バイエルン州議会により州憲法七四条四項に基づいて州民に併せて提出される法律案についても当てはまる。それ以外に、憲法改正法律案が州選挙法八〇条に基づいて採択される諸条件はそのままである。

(f)　バイエルン上院の廃止に関する法律は、一九九八年二月八日の州民投票において、有権者の二七・三％の同意を得た。この同意の割合は、この法律に民主的正当性を与え、そして憲法の安定性の目的と衝突しないために、十分である。より高い定足数は、前述のように、憲法により求められていない。憲法改正の州民投票における定足数に関して、憲法により命じられる法律条の規定を欠いていることは、したがって、バイエルン上院の廃止に関する法律が憲法に違反するということを結論づけるわけではない。さらに以前の憲法改正の州民投票には、この判決はいずれにせよ関係しない。

このように州憲法裁判所は、当該州民投票の法的有効性を確定する判決を下した。[32] このため州政府は、週明けの九月二〇日にはすでに、上院廃止法律の施行に伴って必要となる上院法などの諸法律の改廃に関する法律案を州議会ならびに上院に提出している。[33] 上院は、一〇月七日、この法律案に対して一部文言上の修正以外には何ら意見を表明する理由はないこと、[34] さらに一二月一三日にはそれを可決した州議会の議決に対して異議を申し立てないことを議決した。[35]

【注】

（1） Bek. des Landeswahlleiters des Freistaates Bayern vom 18. Februar 1998, Volksentscheide am 8. Februar 1998, StAnz. Bay. Nr.8 vom 20. Februar 1998, S.3.

（2） Gesetz zur Abschaffung des Bayerischen Senates vom 20. Februar 1998, GVBl.1998, S.42.

（3） BayVerfGH, Entscheidung vom 17.9.1999, BayVBl. 1999, S.719 (=DÖV 2000, S.28).

（4） 経緯の詳細については、Isensee, Verfassungsreferendum, S. 8-21 参照。

（5） Isensee, Verfassungsreferendum, S.9.

（6） Bek. des Bayerischen Staatsministeriums des Innern vom 8. April 1997, Zulassung eines Volksbegehrens über den Entwurf eines Gesetzes zur Abschaffung des Bayerischen Senats, StAnz. Bay. Nr.15 vom 11. April 1997, S.2.

（7） Bek. des Landeswahlleiters des Freistaates Bayern vom 22. Juli 1997, Volksbegehren vom 10. bis 23. Juni 1997 über den Entwurf eines Gesetzes zur Abschaffung des Bayerischen Senats, StAnz. Bay. Nr.30 vom 25. Juli 1997, S.2.

（8） Gesetzentwurf nach Art.74 BV, Volksbegehren über den Entwurf eines Gesetzes zur Abschaffung des Bayerischen Senats, Bay. Landtag, Drs.13/8956.

（9） Gesetzentwurf des Volksbegehrens, Gesetz zur Abschaffung des Bayerischen Senats, Ersuchung der Staatsregierung umgutachterliche Stellungnahme gem. Art.72 Abs.1 Satz 2 des Landeswahlgesetzes, Bay. Senat, Drs.233/97.

（10） Gesetzentwurf der Senatoren Thallmair, Beslmeisl, Groenen, Haibel, Hartmann, Kattenbeck, Dr. Schmitz vom 27. Februar 1997, Siebtes Gesetz zur Änderung der Verfassung des Freistaates Bayern, Bay. Senat, Drs.44/97.

（11） Dr. Hofmann: Bay. Senat, PlPr.3. Sitzung am 20. März 1997, S.32.

（12） Gesetzentwurf des Bayerischen Senats, Siebtes Gesetz zur Änderung der Verfassung des Freistaates Bayern, Bay. Landtag, Drs.13/7850.

（13） 法務・憲法委員会の議決勧告（Beschlußempfehlung des Rechts- und Verfassungs ausschusses, Bay. Senat, Drs.245/97）に基づく。

（14） Bay. Senat, PlPr.9. Sitzung vom 2. Oktober 1997, S.143; Beschluß des Bayerischen Senats, Gesetzentwurf des Volksbegehrens vom 22. Juli 1997, Bay. Senat, Drs.255/97.

(15) Antrag Abgeordneten Glück Alois, Welnhofer, Dr. Weiß und Fraktion CSU, Gesetzentwurf zur Reform der Bayerischen Verfassung, den Senat betreffend - Senatsreformgesetz - , Bay. Landtag, Drs.13/9097.

(16) Bay. Senat, PlPr.10. Sitzung vom 08.10.97, S.149.

(17) 州民請願の法律案の第1読会（Bay. Landtag, PlPr.13/88 vom 09.10.97, S.6369）参照。

(18) Beschlußempfehlung und Bericht des Ausschusses für Verfassungs-, und Rechts- und Parlamentsfragen, Volksbegehren über den Entwurf eines Gesetzes zur Abschaffung des Bayerischen Senats, Bay. Landtag, Drs.13/9220.

(19) A. a. O., Gesetzentwurf zur Reform der Bayerischen Verfassung, den Senat betreffend – Senatsreformgesetz - , Bay. Landtag, Drs.13/9224.

(20) Bay. Landtag, PlPr.13/93 vom 13.11.97, S.6632, S.6633; Beschluß des Bayerischen Landtag, Bay. Landtag, Drs.13/9482, 13/9483.

(21) Bek. der Bayerischen Staatsregierung vom 24. November 1997, Volksentscheide am 8. Februar 1998, StAnz. Bay. Nr.49 vom 5. Dezember 1997, S.1-3.

(22) Isensee, Verfassungsreferendum, S.20.

(23) Bek. des Landeswahhlleiters des Freistaates Bayern vom 18. Februar 1998, Volksentscheide am 8. Februar 1998, StAnz. Bay. Nr.8 vom 20. Februar 1998, S.3.

(24) Gesetz zur Abschaffung des Bayerischen Senates vom 20. Februar 1998, GVBl.1998, S.42.

(25) Bay. Landtag, PlPr.13/109 vom 24.06.98, S.7874; Beschluß des Bayerischen Landtags, Bay. Landtag, Drs.13/11483.

(26) Antrag der Senatoren Nüssel, Basso, Burnhauser, Dinkel, Groenen u. a., Verfassungsrechtliche Prüfung des Volksentscheids vom 8. Februar 1998 zur Abschaffung des Bayerischen Senats, Bay. Senat, Drs.223/98.

(27) Beschlußempfehlung des Rechts- und Verfassungsausschusses, Bay. Senat, Drs.225/98.

(28) Bay. Senat, PlPr.10. Sitzung am 05.11.98, S.141; Beschluß des Bayerischen Senats, Bay. Senat, Drs.233/98.

(29) Antrag der Senatoren Dittrich, Beer, Berger, Beslmeisl, Dönhuber u. a., Änderung des Landeswahlgesetzes, Bay. Senat, Drs.226/98.

(30) BayVerfGH, Entscheidung vom 17.9.1999, BayVBl.1999, S.719-727 (=DÖV 2000, S.28-32).

(31) 判決文中の引用文献（一部の論文名の詳細は村上による）

Badula, Peter: Rolle und Funktion der Zweiten Kammer; Der Bayerische Senat, BayVBl.1997, Heft 24-Beiheft, S.I-VI.

Funk, Ottmar: Kleiner Beitrag, Der Bayerische Senat – ewiger Bestandteil der Verfassung des Freistaates Bayern vom 2.12.1946, BayVBl.1999, S.108-109.

Horn, Hans-Detlef: Die Bayerische Verfassung, der Senat und der Volksentscheid, BayVBl.1999, S.430-435.

Schmitt Glaeser, Walter: Der Bayerische Senat, Kompetenz und Legitimität, Bayerischer Verfassungsgerichtshof (Hrsg.), Verfassung als Verantwortung und Verpflichtung, Festschrift zum 50-jährigen Bestehen des Bayerischen Verfassungsgerichtshof, 1997, S.155-175.

Steininger, Hans Karl: Aufgaben und Befugnisse des Bayerischen Senats außerhalb seiner verfassungsmäßigen Zuständigkeiten, BayVBl.1987, S.705-713.

Zacher, Hans F.: Plebiszitäre Element in der Bayerischen Verfassung, Historischer Hintergrund-aktuelle Probleme, BayVBl.1998, S.737-742.

(32) „Verfassungsgericht bestätigt Abschaffung der Zweiten Kammer; Endgültiges Aus für den Senat; Bei verfassungsändernden Volksentscheiden muss Gesetzgeber ein Quorum festlegen", Süddeutsche Zeitung vom 18./19.09.1999, S.1.

(33) Gesetzentwurf der Staatsregierung, Gesetz zur Ausführung des Gesetzes zur Abschaffung des Bayerischen Senats, Ersuchen der Staatsregierung um gutachtliche Stellungnahme gemäß Art.40 der Bayerischen Verfassung, Bay. Senat, Drs.171/99.

(34) Bay. Senat, PlPr.12.Sitzung vom 07.10.1999, S.191; Beschluss des Bayerischen Senats, Bay.Senat, Drs.182/99.

(35) Beschluss des Bayeischen Senats, Gesetzesbeschluss des Bayerischen Landtags vom 24.November 1999, Bay.Senat, Drs. 229/99.

第四章　州議会の解散

第一節　制度の概要

一　ドイツの州議会の解散制度は、連邦議会における基本法上のそれと比べて、より広い可能性を有している。基本法は、連邦議会の解散について、六三条四項および六八条一項の二つの場合を規定しているにすぎないが[1]、州のレベルにおいては、自律解散制度、州政府の組閣の失敗あるいは州政府に対する不信任決議に基づく解散制度、さらには州民投票による解散制度も採用されている[2]。

議会の解散制度をめぐるこうした法状況は、ワイマール憲法期においても同様であり、国レベルでは、大統領による帝国議会の解散が認められていた（ワイマール憲法二五条）にすぎないが、州レベルにおいては、自律解散制度[3]のほかに、多くの州憲法が州民投票による解散制度を採用していた。州民投票による解散制度のなかには、州政府等の指示により実施される州民投票制度も存したが[4]、州民が州議会の解散を要求する州民請願に基づいて実施される州民投票制度こそ、各州憲法の中に広範に採用されていた[5]。例えば、プロイセン憲法六条は、憲法改正および法律の制定改廃と並んで州議会の解散を求める州民請願を認め、州民請願は有権者の五分の一の支持により成立し、州民投票において有権者の過半数の賛成（ただし、有権者の過半数の投票参加を前提とする）があれば州議会は解散されると規定していた。[(6)] 一九一九年から一九三三年までの統計[(7)]によると、州議会の解散を求める州民請願は、一一州において合計一四回行われ、九回が成立している。このうち三州においては、州議会が自律解散したことにより州民投票は実施されなかったが、残りの六州においては州民投票が実施され、唯一オルデンブルク州における州民投票（一九三二年）は成立して州議会が解散されている。[(8)]

二　第二次世界大戦後の各州の憲法制定に際して、こうしたワイマール憲法期の伝統を継受して州民投票による州議会の解散制度を採用したのは、BW州、バイエルン州、ベルリンおよびRP州の四つの州憲法にとどまったが、一九九〇年代に入ると、まず旧東ドイツ地域の五州のうちブランデンブルク州が一九九二年制定の憲法に、続いてブレーメンも一九九四年の憲法改正によりこの制度を導入し、現在、六州の憲法がこの制度を採用している。

ブランデンブルク州の憲法制定に際しては、旧東ドイツ地域の他の四州と同様、円卓会議の憲法草案および一九九〇年の憲法改正により州民投票的要素を大幅に導入したSH州憲法がモデルとされたが、[(9)] 両者ともに州民投票による解散制度を規定していないことから、当該制度の導入には、同州の前身で当該制度を有していたマーク・ブランデンブルク憲法[(10)]も参考とされたことが推測される。[(11)]

他方、ブレーメンにおける同制度の導入は、一九九一年一二月に設置された「州憲法改正」特別委員会の提案によるものである。同委員会には、州憲法の全面的な点検が委託され、特に州憲法の改正手続、州議会の自律解散、州民請願と州民投票の要件緩和などが重点課題とされていたが、[(12)]「政府が議会多数派でなくなったり、組閣に失敗して政治的にまったく行為能力がなくなった場合、……改選を経て議会多数派が形成される憲法上の規定が必要である。」として、まず州議会の自律解散制度が、さらに「議会により議決された被選期の短縮により政府の危機を解決するその方途は、行為能力のない議会あるいは行動する気のない議会の場合はうまくいかない。それゆえ、……州民請願と州民投票による被選期の短縮が追加規定される。その定足数は、憲法改正のための定足数と同じであり、すなわち州民請願のためには有権者の五分の一の支持、州民投票のためには有権者の過半数の同意を要する。」と、州民投票による州議会の解散制度の導入が提案された(13)。

三　以下の考察は、州議会の解散を求める州民の提案が、最終的に州民投票により決定される手続を採用している前記の六州の制度に限定する。なるほど、三段階の州民立法手続を採用する州においては、州民発案により、州議会の議決事項である自律解散の問題を取り上げることも可能と解されるが、ブランデンブルク州、ブレーメンおよびRP州以外の州憲法については、州民発案以後の手続として州議会の解散に関する州民請願および州民投票の規定は在しないことから、特に考察の対象とはしない。また、ブレーメンおよびNWの州憲法は、州議会あるいは州政府により指定された州民投票により州議会が解散される以下のような手続を規定しているものの、それは州民の発案に基づくものではないことから、同様に、以下の考察からは除外する。

すなわち、ブレーメン憲法は、「州議会が、その権限に属する他の問題を州民投票にかけた場合」(七〇条一項(b))にも州民投票が実施されることを規定しているが、一九九四年の憲法改正により、州議会の自律解散を認める規定(七六条一項(a))が追加され、自律解散の議決は州議会の権限に属する問題であることから、州議会が自らの解散の可否を州民に問う可能性が生まれた。しかし、この場合の州民投票の実施は、州議会の議決によるものであり、州民の意思によるものではない。なお、同憲法は、州議会による自律解散の議決、州議会による州民投票実施の議決、そして州民請願に基づく州民投票という、三つの方法を通じた州議会の解散制度を有していることになる(14)。

次にNW憲法も、州民請願および州民投票に基づく州民立法手続(六八条一・二項)に続き、「同様に州政府は、州議会により否決された州政府提出法律を、州民投票にかける権利を有する。当該法律が、州民投票により採択された場合は、州政府は州議会を解散することができる。それが州民投票により否決された場合には、州政府は退陣しなければならない。」（同条三項）と、州民投票の結果により州議会が解散される可能性を規定しているが、この州民投票も、州民の要求ではなく、州政府の決定により実施されるものである。またこの規定の本来の目的は、州議会の解散それ自体ではなく、州政府と州議会の間の紛争の解決を州民への訴えかけによって可能とすることであり、[15]さらに、かりに州民投票により当該法律が採択されたとしても、州議会の解散の決定は州政府の裁量であり、この州民投票は、州政府が州議会を解散する場合の前提条件にすぎない。[16]

【注】

（1）連邦議会の解散制度を論じたものとして、参照、近藤敦「議会の解散——西ドイツ連邦憲法裁判所の判決を中心に——」九大法学五五号六九頁、石村修「西ドイツにおける議会の解散権（一）（二）」専修大学法学研究所編『公法の諸問題（二）』（専修大学法学研究所、一九八五年）一三五頁および専修法学論集四一号一〇九頁。

（2）こうした解散形式の分類により、ドイツの州議会の解散制度を論じたものとして、Höfling, DÖV 1982, S.889-894 参照。ほかに、Ley, ZParl 1981, S.367-377 参照。なお、自律解散制度については、一九九四年にBW州とブレーメンの二州が導入したことにより、現在では一六の州憲法すべてがこの制度を有している。

（3）プロイセン憲法一四条、バイエルン憲法三一条、ブレーメン憲法一七条、ハンブルク憲法一四条、ザクセン憲法九条およびテューリンゲン憲法一六条がその旨を規定しているが、いずれも解散の事由については何ら規定しておらず、自律解散議決は州議会の完全な自由裁量であった。自律解散の議決には、例えばプロイセン憲法では、「法定議員数の過半数の同意」（一四条二項）が要求されている（前述の他の州憲法もほぼ同様の規定を有する）が、これは「偶然の多数」が、重要問題の議決において決定的とならないことが保障されるべきであるという理由による（Giese/Volkmann, Preußische Verfassung, Art.14, Anm.6）。

（4）例えば、アンハルト憲法一一条は、「州議会は、被選期の満了前に州民投票により解散されうる。州議会の解散の問題は、州政府がそれを決定した場合、あるいは直近の州議会選挙における有権者の三分の一がそれを要求した場合には、州民投票にかけられなければならない。」と規定していた。ほぼ同様の規定として、ブレーメン憲法一八条、ヘッセン憲法二四条、ヴュルテンベルク憲法一六条二項、ザクセン憲法九条（Hartwig, VB und VE, S.73-74 参照）。しかし州政府など他の国家機関が独自の決定により州議会の解散を提案できる制度は現在のドイツ州憲法には存在せず、また当時も、議会により設置された政府が、それ自身の創設者の罷免の提案を行うことは矛盾に満ちており適切でないとみなされていた（Pokorni, Auflösung des Parlaments, S.142）。

（5）Hartwig, VB und VE, S.67-69; Kaisenberg, VB und VE, S.219-220. 参照、Strenge, ZRP 1994, S.272；Krause, Unmittelbare Demokratie, Rdnr.9；Hartung, Deutsche Verfassungsgeschichte, S.340-341; Toews, Parlamentsauflösung, S.271; Gusy, Die Weimarer Reichsverfassung, S.96-97.

（6）同様の制度を有する他の州において、州議会の解散を求める州民請願および州民投票の成立要件は、各々次のとおりである。バーデン憲法四六条（州民請願＝八万人の有権者、州民投票＝有権者の過半数）（以下、同様の順）、バイエルン憲法三〇条五項（有権者の五分の一、有権者の半数の投票参加＋投票の三分の二）、ブラウンシュヴァイヒ憲法三三・四一・四二条（有権者の一〇分の一、有権者の過半数）、ブレーメン憲法一八条（有権者の五分の一、有権者の過半数）、ヘッセン憲法一五・二四条（有権者の一〇分の一、投票の過半数）、オルデンブルク憲法五五・六八条（二万人の有権者、投票の過半数）、ザクセン憲法九・三八条（有権者の一〇分の一、有権者の過半数の投票参加＋投票の過半数）、テューリンゲン憲法一六・二五条（有権者の一〇分の一、有権者の過半数の投票参加＋投票の過半数）、ヴュルテンベルク憲法五・一六条（有権者の五分の一、投票の過半数）。参照、Kaisenberg, VB und VE, S.219-220.

（7）Hernekamp, Direkte Demokratie, S.378-383 および Schiffers, Elemente direkter Demokratie, S.243-248 に掲載された一覧表による。なお、Schiffers, a. a. O., S.211-241 は、州民請願の目的および経緯を提案者（主として政党）別に詳述している。

（8）Hernekamp, a. a. O. によれば、州民請願の成立後、州議会が自律解散したのは、ザクセン（一九二二年）、バイエルン（一九二四年）およびブラウンシュヴァイヒ（一九二四年）の三州であり、また州民投票が実施されたのは、シャウムブルク＝リッペ（一九二四年）、ヘッセン（一九二六年）、リッペ（一九三一年）、プロイセン（一九三一年）、ザクセン（一九三二年）およびオルデンブルク（一九三二年）の六州である。参照、Pfennig/Neumann, Verfassung Berlin, Art.39, Rdnr.9; Gusy, Die Weimarer Reichsverfassung, S.97; Strenge, ZRP 1994, S.274, Fn.23; Sampels, Bürgerpatizipation, S.26.

(9) Franke/Kneifel-Haverkamp, JöR 42, S.126; Simon/Franke/Sachs, Verfassung BB, S.14; Jung, JöR, S.47-48.

(10) マーク・ブランデンブルク憲法（Verfassung für die Mark Brandenburg vom 6.2.1947）二六条は、「州議会は、被選期の満了前に、(a)自らの議決により、(b)州民投票により、解散されうる。」と規定する。

(11) Sampels, Bürgerpartizipation, S.66.

(12) Bürgerschaft Bremen, BlPr.13/18.

(13) Bürgerschaft Bremen, Drs.13/592, S.4-5. 本会議の第一読会において、同委員会のフルス委員長は、当該提案について、「われわれの憲法秩序は、実際には州民の決定が最高位にある」がゆえにこれを受け入れるが、「思うがまま何度もその要求をすることはできない」のであるから高い定足数を設定した、と説明した（Bürgerschaft Bremen, PlPr.13/36 v.19.08.1993, S.2501）。この州憲法改正案は、州議会での憲法改正提案に際して設置が憲法上義務づけられている特別委員会（州憲法一二五条二項）に付託され（Bürgerschaft Bremen, BlPr.13/526）、同委員会提案（Bürgerschaft Bremen, Drs.13/897）を受けた第二・第三読会（各々、Bürgerschaft Bremen, PlPr.13/56 v.19.05.1994, S.3853ff., PlPr.13/58 v.30.06.1994, S.4001ff. 参照）においては、特に修正や反対はなく、可決・成立している（Bürgerschaft Bremen, BlPr.13/794; GBl. Bremen 1994, S.289）。

(14) Neumann, Verfassung Bremen, Art.76, Rdnr.8. なお、州議会による自律解散の議決および州民投票実施の議決の成立要件には大きな相違が存する。すなわち自律解散の議決の場合、「その提案は、少なくとも法定議員数の三分の一により提出され、議事日程に載せられる会議の少なくとも二週間前に、すべての議員および州政府に通知されなければなら」ず、「その議決には、州議会の議員の少なくとも三分の二の同意を要する。」（州憲法七六条(a)）と、厳格な要件が課せられているに対して、解散の是非を州民投票に問う議決については、特別多数は要求されておらず、通常の議決と同様、出席議員の過半数（ただし定足数は法定議員数の二分の一）（同八九条、九〇条）で足りる。

(15) Geller/Kleinrahm, Verfassung NW, Art.68, Anm.3 a)bb); Gensior/Krieg, VB und VE, §17.

(16) Jürgens, Direkte Demokratie, S.74-75; Friedrich, JöR 30 (1981), S.215 は、このように議会を見捨てることのできる政府の可能性には、実際的意義を認めることはできないであろうと評価している。

第二節　バーデン＝ヴュルテンベルク州の制度

一　沿革

一　BW州憲法四三条は、州議会の解散について、その議決による自律解散（一項）とともに、「州議会はさらに、有権者の六分の一が要求し、六週間以内に実施される州民投票において有権者の過半数がこの要求に賛成した場合に、解散される。」（二項）と、州議会の解散を求める州民請願を有権者の六分の一が支持すれば州民投票が実施され、そこで有権者の過半数が賛成すれば州議会は解散される旨を規定している。

この四三条は、過去二度の改正を経ている。州憲法制定時（一九五三年一一月）の文言では、「州議会は、二〇万人の有権者により要求され、六週間以内に実施される州民投票において有権者の過半数がこの要求に賛成した場合は、州政府により被選期の満了前に解散される。」と規定されていたが、後述する一九七一年の州民投票が不成立に終わったことを教訓として、一九七四年に、州民請願の成立要件が、「二〇万人」の有権者（当時の有権者総数の三〇分の一に相当する）から、有権者の「六分の一」へ引き上げられ[1]、さらに一九九五年には、州議会の自律解散制度の採用に伴って同条が見直され、「州政府による解散」の文言が削除され、州議会は州民投票により直接解散される旨の規定に改正された[2]。以下では、この制度の採用をめぐる憲法制定会議における議論、ならびに州民請願の成立要件が一九七四年に改正された際の州議会における議論を考察することにする。

二　すでに、BW州憲法の前身であるバーデン憲法（一九四七年五月）およびヴュルテンベルク＝バーデン憲法（一九四六年一一月）は、ワイマール憲法期の伝統を継受して、州民請願および州民投票により州議会が解散される制度を採用し[(3)]、例えば、後者は、「州議会は、一〇万人の有権者により要求され、一ヵ月以内に実施される州民投票において有権者の過半数がこの要求に賛成した場合は、直ちに州政府により被選期の満了前に解散される。」（五八条）と、一九一九年のバーデン憲法に依拠する規定を有していた[(4)]。

これらの憲法の考え方は、さらにBW州の憲法制定に際しても引き継がれ、その憲法制定会議に提出された与党案[(5)]およびCDU案[(6)]は、ともに当該制度を採用していた。すなわち、与党案は、「州議会は、二〇万人の有権者により要求され、六週間以内に実施される州民投票において、有権者の過半数がこの要求に同意した場合は、被選期の満了前に州政府により解散される。」（四〇条一項）と、CDU案は、「州議会は、二〇万人の有権者により要求され、六週間以内に実施される州民投票において、投票者の過半数がこの要求に同意した場合は、被選期の満了前に州政府により解散される。」（四二条三項）と規定していた。両案は、州議会の解散を求める州民請願が、二〇万人の有権者の支持により成立する点においては一致していたが、州民投票の成立に関して、与党案が「有権者」の過半数を要求したのに対して、CDU案は「投票者」の過半数で足りるとした点で異なり、憲法制定会議においては、この州民投票の成立要件が議論の中心となった[(7)]。

三　憲法委員会での議論[(8)]において、CDU会派は、ある決定を実際に投票しない者に委ねることは、民主主義の根本思想と相容れないという見解に立ち、与党案においては、州議会の解散に反対する者は投票に参加せず在宅するようにとのスローガンを掲げるだけでよいのに対して、もし投票者の過半数が決定するということであれば、州議会の解散に賛成および反対の両政党は、その案件に積極的に参加せざるを得ないであろうとし、さらに例えば西南諸州に関わる州民投票のように、実際に他の一連の重要な諸決定は投票者の過半数により行われてきたことをも指摘した。これに対して与党側は、もし州議会の解散を任意の数の投票者の過半数に委ねるとすれば、それは政治的遊戯の対象および極左・極右分子に好まれる活動領域に容易になりかねないという危惧を表明した。

結局、議会の可能なかぎりの継続性と安定性を求める声により、州議会を解散させる手段は偶然的な多数に委ねられないという主張が委員会の多数を占め、与党案すなわち「有権者」の過半数の賛成を州民投票成立の要件とすることが、憲法委員会案として採択された。(9)

四　しかし、この問題に関する議論は、憲法委員会案に基づく本会議の第二読会においても継続して行われた。(10) CDU側は、一貫して、州民投票の成立は「投票者」の過半数の賛成によるべきことを強調した。

ゴーグ議員は、州民請願および州民投票を通じた州民の意思による州議会の解散制度が有する「安全弁」機能について語り、「この安全弁が一層広く開かれていることにより、それは議会の本来の政治的機能を確保し、あるいは回復させ、それによって議会制民主主義の存立のために決定的に貢献するというその目的を実際に果たす」のであって、そのためには、州民投票の成立については、「特別な要件がなく、一定の投票参加率のない、投票者の多数で十分とされるべきである」。もし、それが有権者の過半数を要求するならば、この安全弁は、「事実上完全に閉められてしまい、まさにその制度全体が否定されうるであろう。なぜなら、この場合、決定しているのは、決定する意思をもつ投票者すなわち積極的市民ではなく、選挙や投票に飽きた人すなわちその主義や戦術から選挙や投票に参加しない人だからである。この民主主義、この議会制システムをうまく機能させることを望むならば、このような市民に、民主主義における政治的問題に関する決定を委ねるべきではない。」とした。また、「民主主義における極めて多くの諸決定は単純多数により行われ、われわれの現在の国家の基本的決定もまた、投票者の単純多数により行われた」のであり、「この決定に比べれば、例えば、州議会の解散に関する投票は、実際には第二級の決定である。」と、実例を引用した。さらに、「破壊的分子による少数派の決定の危険性は、なるほど民主主義は法律の規定だけによって救うことはできないのであるから、甘受しなければならない」が、「この破壊的少数派の決定という危険性は、関心を持たない市民、すなわち投票しない者が実際に決定することにより生じる破壊的決定と比べれば、はるかに少ないと評価されうると考える。」と述べた。[11]

またフーバー議員は、あるスイスの大学教授と著名なドイツ連邦議会議員との対談を次のように引用して、「有権者の過半数」の要件を批判した。すなわち、その議員が、「国民の政治的成熟度は、住民投票と選挙における投票参加の高さを見て推論されうる。」と述べたことに対して、その教授は強く反対し、「もしそれが正しいとすれば、スイスの民主主義は破滅的であろう。なぜなら、そこでは選挙および住民投票に際して、投票参加者は一〇%と九〇%の間を上下しているからである。」と説明した。また、「わずか一〇%の有権者しか参加していない投票についていかに考えるべきか、またどのような多数が決定権をもつべきか」という質問に対して、同教授は、「そのような投票においても、もちろん投票者の過半数であり」、「そのような決定は、投票に参加しない者に決して委ねられうるものではなく、それはやはり、それに積極的に参加する者の決定である。さもなければ、提出された問題に対して言うべきことをその行動を通してまったく表明しない者に、その決定を委ねてしまうことになる。その決定は、自ら判断を形成し、態度を決める努力をし、この態度をその後の投票において明らかにする者に委ねられなければならない。」と。[12]

さらに、ミュラー議員は、与党案の「有権者の過半数」の要件が現実的でないことを数字により明らかにしようとし、BW州には四四〇万人の有権者がいることから、与党案によれば、州議会の解散提案には二二〇万人が同意しなければならないところ、「八〇％の投票参加を前提とすると、投票には約三六〇万人の有権者が参加することになる。もし、この三六〇万人のうち二一〇万人が州議会の解散に賛成しても、すなわち八〇％の投票参加で、そのうちの六五％が解散に賛成したとしても」、与党案によれば、「それでは足りないということになろう。民主主義的諸制度のなかで、そのような要求をするところがどこにあるかぜひ教えてほしいものである。」と述べた[13]。

なお、ＣＤＵ会派は、州民投票の成立要件を「投票者」の過半数とする自分たちの基本的な考え方が採択される可能性を残すために、一定の「投票参加」を追加要件とする予備的提案[14]をも行った。

五　これに対して、ＳＰＤ側は、「有権者の過半数」を主張して譲らず、プフリューガー議員は、「州議会の解散は、異例の重要性をもつ問題であり、たやすく利用されてはならない。それは、最大範囲の州民の参加が無条件の前提でなくてはならない問題である」から、「州全体に対して、そのような要求を正当と思わせるだけの特別な理由がなければならない。」との基本的立場から、ＣＤＵ案であれば、「例えば、有権者の五％あるいは一〇％からでも成立しうる投票者の単純多数が、議会の解散を達成する可能性を有することになるが、それは適当とはいえない」のであり、西南諸州が単純多数で形成されたとのＣＤＵ会派の主張は、「これらの州の形成が、多数の州民の参加の下に行われたことを看過しており、そこではわれわれが州議会の解散に関して要求しているすべての前提が満たされていた。」と反論した。すなわち州議会の解散のような重要な決定に際しては、「州民の多数が、この問題に参加してその事態を改変させる権利を行使するということを期待できる必要があり」、「もし有権者の少なくとも半数が州民投票に行かないことが危惧されなければならないとすれば、その場合は、州議会の解散を正当化する前提を欠いているのであって、したがってそのような投票を実施するだけの理由も存しないのである。」と述べた[15]。

また、ラウゼン議員は、「そのような世界を揺るがすほどの事態はほとんど起こらないのであるから、州議会は通常その四年間を通じて職務を果たすべきであり、そして、真の、大きな、奥深い州民運動が存在する場合にかぎり、議会の解散を行う根拠が与えられるのである。したがって州憲法において、議会の解散に関する決定が極めて困難なものとされ、その結果、大きな州民運動の場合でしか、この議会が姿を消すことはないという保証が与えられていることは、まったく正当である。」と述べている。[16]

両会派の主張は平行線のまま投票に移り、まずCDU会派の予備的提案が否決された後、与党案の記名投票が行われ、同案は賛成五八票、反対四六票、棄権三票により可決され、第二読会を通過し[17]、第三読会においては、修正動議もなく可決された。[18]

六　こうして、州民による州議会の解散要求については、州民請願が「二〇万人の有権者（当時の有権者総数の約三〇分の一）」、州民投票が「有権者の過半数」の賛成を各々の成立要件とする制度が成立した。[19] これらの成立要件を、当時、同様の制度を有していた他の三州と比較すると、州民請願の成立要件については、ベルリンとRP州（改正前の憲法規定）が「有権者の五分の一」、バイエルン州が「一〇〇万人の有権者（当時の有権者総数の約五分の一）」であることに比べ、BW州の要件はかなり低いが、反対に、州民投票の成立要件については、他の三州がいずれも「（有効）投票の過半数」であることに比べて、同州の「有権者の過半数」はかなり厳しい要件である。[20] したがって、当時のBW州においては、州民請願と州民投票各々が成立するためのハードルの高さにかなりのアンバランスが存し、州民請願は容易に成立するが州民投票の成立は極めて困難であるという構造になっていた。

この問題は、すでに憲法制定会議において、CDU会派により指摘されてはいた。例えば、フーバー議員は、州民請願と州民投票による州議会の解散制度の採用、ならびにその制度が急進主義者のフィールドになるように形づくられてはならないことについては、すべての政党の意見が一致しているが、後者について、委員会では、「投票の成立のために有権者の過半数が要求されるべきとする可能性のみならず、さらに、申立手続への参加者の数が増やされるべきとする可能性も審議され」、同会派としては、「州民投票開始のための前提（＝州民請願の成立要件—村上注）として、二〇万人の代わりに五〇万人の申立ての署名が要求されるということになれば、それは極めて本質的かつ有益な規定であると評価したい。」と述べている。[21] ＣＤＵ会派のこの考え方は、結局、憲法制定会議では採択されなかったが、後述する一九七一年の州民投票の失敗（州議会で審議されていた行政改革法案の阻止を目的として開始された州議会の解散要求運動において、州民投票において州民請願は辛うじて成立したものの、州議会の解散に賛成した有権者は全体の八・六％にとどまり、憲法上要求される成立要件である「有権者の過半数」にはるかに及ばなかった事案）を契機に再登場することになる。

七　州憲法の制定から約二〇年を経た一九七二年、ＳＰＤ会派は、州憲法にそれまで規定されていなかった州民立法制度の導入に関する憲法改正案を提出し、また翌年にはＣＤＵ会派も同趣旨の提案を行った。[22] これらの提案の趣旨は、州民の発案に基づく立法制度を創設することにあったが、州議会における審議では、そのための州民請願の成立要件（ＳＰＤ会派は有権者の「一〇分の一」、ＣＤＵ会派は有権者の「五分の一」を提案）との関連で、必然的に州議会の解散に関する州民請願の要件も問題とされた。[23]

第一読会において、ＣＤＵ会派のフォルツ議員は、州民請願の成立要件を「有権者の五分の一」とする他の州憲法の例を挙げるとともに、一九七一年に実施された州議会の解散を求める州民請願と州民投票の経験、すなわち州民請願は二〇万人をわずかに超える支持により成立したが、州民投票において投票率は一六・八％にとどまり、有権者総数の八・六％が賛成したにすぎなかったことを引き合いに出して、「ここでは、州民請願と州民投票との間に、何ら有意義な段階づけがないため、その州民投票は明らかに失敗するほかはなかった。それゆえ、私は、州民請願にあっては、その定足数がむしろ高く設定されるべきであり、それにより、成果ある州民投票も行われうると考える。」と述べて、同会派が提案する「有権者の五分の一」への賛同を求めた。(24)

また州政府のフィルビンガー首相も、一九七一年の経験にふれ、「激しい戦いの末に成立した郡改革法のことを想い起しさえすれ」ば、「一〇分の一の定足数であれば、解体が予定されていたわずかな郡だけで、州民請願を成立させることができたであろう」し、「一旦、州民請願が成立すると、それに続く州民投票に際して、部分的利害により結びついた少数派がその見解を押し通すという危険が存する。」と述べて、SPD案の要件を批判している。(25)

この第一読会においては、SPDおよびCDU両会派とも州民立法制度の導入自体については異論なく、議論はもっぱら州民請願の成立要件に集中したが、これらの提案が付託された新旧議会間委員会(26)は、州民立法における州民請願の成立要件を、SPD案（「有権者の一〇分の一」）とCDU案（「有権者の五分の一」）の妥協として、「有権者の六分の一」とし、州議会の解散を求める州民請願についても同要件に合わせることを提案した。(27)

委員会提案を受けた第二読会において、SPD会派のガイゼル議員は、「州民立法制度とその定足数の問題の論議においては、州憲法四三条の問題をも詳細に検討することが当然であ」り、両者の定足数を、委員会提案のように「調整することが適切かつ必要であることについて、われわれの見解は一致するに至った。」とした。そして州議会の解散のための従来の定足数は二〇万人であったが、「この定足数が極めて低いものであることについては、いささかの疑いもない。それゆえ、この憲法改正過程において、州民立法について今回見出された定足数に統一されることは、適切かつ正当であった」が、定足数の引き上げにより州民請願の成立が困難になったことに対する疑念を生じさせないために、この改正は、「市町村改革との関連で、まさに州議会の解散をもたらす可能性のある現在進行中の確かな動きに鑑みて、直ちに施行することはできないし、また施行してはならない。州議会は、この定足数の改正により、現時点で、ある種の世論操作を行ってそのような動きを妨害したり阻止しようとしているかのごとき印象を、微塵も抱かれないようにしなければならない。それゆえわれわれは、……この州憲法四三条の定足数の改正は、……州議会の次の立法期の開始日に施行されるという考えで一致したのである。」と述べた。[28]

他の会派も、この改正案に対して賛意を表明し、ＣＤＵ会派のフォルツ議員は、「六分の一という妥協が見出だされたことは結構なことである。なぜなら、それは州民請願を妨げることはないが、若干の煽動家が政治的意思形成の手がかりを積極的に見出そうと試みる気のない騒動を引き起こすために、州民立法制度を利用できることを阻止するからである。」と、[29]またホフマン議員（ＦＤＰ／ＤＶＰ）は、「四三条に基づく州議会の解散の問題も同時に修正されたことは、首尾一貫しているがゆえに歓迎されるべきである。二〇万人という署名数は、言葉巧みに可能性を信じ込ませたが、それはいずれにせよ有権者の五〇％の同意というハードルのために失敗している。二つのハードルの高さの差は、あまりに大きすぎたのである。容易に克服できるハードルのうわべを見るだけで、その背後にあるほとんど克服し難い高い壁には注意しなかったのである。」と述べている。[30]

結局、この委員会提案は第二読会および第三読会を満場一致の賛成により通過し、州憲法の改正が成立した。[31]こうして州議会の解散を求める州民請願の成立要件は、「二〇万人の有権者」（有権者総数の約三〇分の一）から「有権者の六分の一」へと改正され、当時当該制度を有していた他の三つの州とほぼ同じハードルとなった。しかしここでは、州民請願の成立要件が、新たに採用された州民立法制度との調整上改正されたにとどまり、州議会の解散を事実上不可能なものにしている州民投票の成立要件についての議論はみられなかった。

【注】

（1） GBl. 1974, S.186.

（2） GBl. 1995, S.269. CDUおよびSPDの両会派により共同提案された当該憲法改正案（Landtag BW, Drs.11/5326）の提案理由によれば、「州議会の早期解散は、州民投票により直接、従来この場合について規定されていた州政府の解散議決なしに生ずるものとする。」とされ、委員会審議においてはこの点に関する異論は出ていない（Landtag BW, Drs.11/5402, S.17）。なお、「州民投票後六〇日以内に改選が実施される。」と規定していた従来の同条二項は、すでに被選期に関する三〇条二項に同じ規定があることを理由に削除された。参照、Engelken, Verfassung BW, Art.43, Rdnr.3.

（3） 参照、Braun, Verfassung BW, Art.43, Rdnr.1. ワイマール憲法期のバーデン憲法（一九一九年三月）は、「州議会は、八万人の有権者により要求され、一ヵ月以内に実施される州民投票において有権者の過半数がこの要求に賛成した場合は、議会期の満了前に州政府により直ちに解散される。」（四六条一項）と、ヴュルテンベルク憲法（一九一九年九月）は、「㈠州議会は、議会期の満了前に州民投票により解散されうる。㈡州議会の解散の問題は、州政府がそれを議決するか、あるいは直近の州議会選挙における有権者の五分の一が州民請願を行なった場合に、州民に提出されなければならない。」（一六条）（州民投票の成立要件は、五条三項により、「投票の単純過半数」）と規定し、また戦後のバーデン憲法は、「州議会は、被選期の満了前に州民投票により解散されうる。州民投票は、有権者の四分の一がそれを申し立てた場合にのみ実施される。」（六三条）（州民投票の成立要件は、五九条により、法律に委ねられる）と規定する。なお、一九四六年～四七年に制定された諸州憲法における州民投票による州議会の解散については、参照、F. Klein, Neues Deutsches Verfassungsrecht, S.208, 218.

（4） R. Nebinger, Kommentar zur Verfassung für Württemberg-Baden, Art.58, Rdnr.2.

（5） VLV BW, Beilage 40.

（6） VLV BW, Beilage 118.

（7） 参照、Streng/Birn/Feuchte, Verfassung BW, Art.43, Rdnr.1; Göbel, Verfassung BW, S.60; Feuchte, Verfassung BW, Art.43, Rdnr.1; Braun, Verfassung BW, Art.43, Rdnr.1.

（8） Berichte des Verfassungs-Ausschusses über den Entwurf einer Verfassung, VLV BW, Beilage 1103, S.55.

（9） VLV BW, Beilage 825. なお、与党案、CDU案および憲法委員会案を比較対照した資料として、参照、VLV BW, Beilage

850.

（10）　VLV BW, Verhandlungen, 44. Sitzung vom 30. Juni 1953, S.2000-2006.

（11）　Abg. Gog (CDU): VLV BW, Verhandlungen, a. a. O., S.2000-2001.

（12）　Abg. Dr. Huber (CDU): VLV BW, Verhandlungen, a. a. O., S.2003.

（13）　Abg. Dr. Gebhard Müller (CDU): VLV BW, Verhandlungen, a. a. O., S.2004-2005.

（14）　VLV BW, Beilage 942, Beilage 964. 前者は、「州議会は、……州民投票において、投票者の過半数がこの要求に賛成し、また有権者の三分の一がその投票に参加した場合に解散される。」とし、後者は、その投票参加を有権者の過半数とする案であるが、いずれも第二読会で否決された。

（15）　Abg. Pflüger (SPD): VLV BW, Verhandlungen, a. a. O., S.2001-2002.

（16）　Abg. Lausen (SPD): VLV BW, Verhandlungen, a. a. O., S.2006.

（17）　VLV BW, Verhandlungen, a. a. O., S.2006.

（18）　VLV BW, Verhandlungen, 58. Sitzung vom 4. November 1953, S.2465.

（19）　Verfassung des Landes Baden-Württemberg nach den Beschlussen Dritter Beratung (Schlussabstimmung), VLV BW, Beilage 1320; GBl. 1953, S.173.

（20）　バイエルン州憲法一八条三項、ベルリン憲法旧三九条三項、ＲＰ州憲法旧一〇九条三項。ただし、ベルリンにおいては、「有権者の少なくとも半数の投票参加」の要件が付加されている。州民投票の成立要件として、さらに、バイエルン州選挙法旧九五条一項、ＲＰ州憲法旧一〇九条四項、参照。

（21）　Abg. Dr. Huber (CDU): VLV BW, Verhandlungen, 44. Sitzung vom 30. Juni 1953, S.2993.

（22）　Initiativgesetzentwurf der Fraktion der SPD, Änderung der Landesverfassung (Volksbegehren), Landtag BW, Drs.6/1115; Initiativgesetzentwurf der Fraktion der CDU, Änderung der Landesverfassung (Volksbegehren), Landtag BW, Drs.6/2521.

（23）　Braun, Verfassung BW, Art.43, Rdnr.1; Feuchte, Verfassung BW, Art.43, Rdnr.2; ders, JöR 27 (1978), S.175.

（24）　Abg. Dr. Volz (CDU): Landtag BW, PlPr.16. Sitzung vom 15. Februar 1973, S.810.

（25）　Ministerpräsident Dr. Filbinger: Landtag BW, PlPr. a. a. O., S.814.

(26) 新旧議会間委員会（Ständiger Ausschuß）は、本来は、州憲法三六条に基づき、被選期の満了後あるいは州議会の解散後、改選を経て新たな州議会が召集されるまでの、いわゆる議会不存在期間に設置される委員会である（本節三参照）が、従来より法務・憲法問題を所管とする委員会にこの名称が付され、被選期間中も通常の議会委員会として事実上活動するのが慣行となっている。

(27) Antrag des Ständigen Ausschusses zu a) dem Initiativgesetzentwurf der Fraktion der SPD-Drucksache 6/1115, b) dem Initiativgesetzentwurf der Fraktion der CDU-Drucksache 6/2521, Entwurf eines Gesetzes zur Änderung der Verfassung des Landes Baden-Württemberg, Landtag BW, Drs.6/4828. なお、同委員会において、ＳＰＤ会派は、州民請願の要件を改正してハードルを高くすることが、当時進行中の市町村改革に対する州民の動きを妨害することを懸念して、当該改正を次の立法期から施行されることを条件に受け入れることを表明し、他の会派もこれに同調してこの議決に至った。参照、Schriftlicher Bericht Nr.136 über die Beratungen des Ständigen Ausschusses zu dem Initiativgesetzentwurf der Fraktion der SPD betr. Änderung der Landesverfassung (Volksbegehren), Landtag BW, PlPr.54. Sitzung vom 9. Mai 1974, Anlage 1, S.3486.

(28) Abg. Dr. Geisel (SPD): Landtag BW, PlPr.54. Sitzung vom 9. Mai 1974, S.3452.

(29) Abg. Dr. Volz (CDU): Landtag BW, PlPr. a. a. O., S.3453.

(30) Abg. Dr. Hofmann (FDP/DVP): Landtag BW, PlPr. a. a. O., S.3454.

(31) Landtag BW, PlPr. a. a. O., S.3455-3456.

二 手続

州議会の解散を求める州民請願および州民投票の実施に関する手続について、州憲法四三条はそれらの成立要件について規定するにとどまり、具体的な手続に関しては、「州民投票および州民請願に関する法律（州民投票法）」[1]（以下、単に「法」と略する）の規定に委ねている。もっともその手続は、州民立法における手続とほぼ同様であるため、ここでは州議会の解散の場合に特徴的な手続を中心に考察することとする。

一　州議会の解散を求める州民請願を実施するためには、法律案の提出の場合と同様、まず内務省に対する許可申請手続（法二五条一項）を経る必要がある。この許可申請の際には、州民請願の実施を希望する州内の市町村名の提示、ならびに「一万人の有権者」の署名などが必要とされており（法二五条二・四項）、内務省は、それらが規定どおりであるか否かを審査した上で、申請の到着後三週間以内に許可の決定を行わなければならない（法二七条一項）。州民立法手続においては、法律案の内容が基本法や州憲法に違反しないか否かの実質的審査が行われる（法二七条一項二号）が、州議会の解散の場合は、署名者数などに関する形式的審査が行われるにすぎない。内務省は、当該申請を許可する場合は、その旨を、官報で公示すると同時に、州民請願が実施される市町村に対しても州民請願の登録期間（通常一四日間）とともに通知する（法二八条一項）。

二　州民請願は、申請者の希望により登録名簿が設置された市町村において、州議会の解散を支持する有権者が当該登録名簿に署名することによって行われ（法三〇条一項）、法的に有効な登録数が、直近の州議会選挙あるいは州民投票に際しての有権者の六分の一に達していれば成立する（法三七条二項、州憲法四三条一項）。州投票管理委員長は、当該結果を州議会および州政府に通知するとともに、官報において公示する（法三七条三項）。

州民請願が成立すると、引き続き州民投票が実施されることになるが、州民立法手続の場合は、州議会が当該法律案の採否に関して審議している期間（審議期間は特に法定されていない）は、州民投票の実施は猶予され、州議会がそれを否決あるいは修正可決した場合に、その議決の日から遅くとも三ヵ月以内に州民投票が実施される（法五条二項一号）。これに対して州議会の解散手続の場合は、州民請願の結果が州議会に通知され、それが官報により公示された日の翌日から起算して「六週間以内」に州民投票が実施されること（法五条三項、州憲法四三条二項）が規定されるにとどまり、州民立法手続の場合（州議会議事規則五一条d）のように、州民請願による要求事項、すなわち自らの解散の是非について審議する手続を認める規定は存しない。なるほど、州憲法は一九九五年の改正まで州議会の自律解散制度を認めておらず、したがって州議会の解散を求める州民請願が成立すれば、それは自動的に州民投票の実施を意味したが、州議会による自律解散が可能となった現在では、州民請願の成立後、州議会に自律解散について審議する手続を認めるべきであるように思われる。バイエルン、ベルリン、ブランデンブルクおよびRPの四つの州においては、規定の表現に相違はあるものの、いずれも当該州民請願に対して州議会が態度を決める余地が与えられており、例えばベルリンにおいては、州議会の解散に関する州民投票は、州民請願の結果の公示後「二ヵ月以内」に実施されるが、「州議会が被選期の早期終了を自ら議決した場合には、実施されない。」（州民投票法二九条一・三項）[2]と規定されている。もし州議会が、州民請願の要求を容れて自律解散すれば、州民投票を実施する意味はないからである。しかしBW州においては、自律解散制度の導入に合わせて、この点に関する手続の見直しは行われておらず、実際に州議会が自律解散について審議するとしても、その審議期間、より正確にいえば自律解散を議決して解散するまでの期限は、いずれにせよ従来どおり「六週間以内」である。

三　州民投票が成立するためには、「有権者の過半数」の賛成が必要とされている（州憲法四三条一項）。この成立要件は、憲法改正に関する州民投票の要件（同六四条三項）と同じであるが、単純法律の場合の要件が「有効投票の過半数および有権者の三分の一」の賛成（同六〇条五項）であることに比べると、かなり高いハードルであり、相当多くの有権者が投票に参加しないかぎり、州議会の解散の可能性は存しない。

この要件の適否をめぐる議論が憲法制定会議において行われたことは前述したが、そこでは、一旦選挙で選出された州議会の可能なかぎり十分な継続性と安定性が求められ、州民投票による州議会の解散は、大多数の州民がそれを必要とするきわめて稀な場合にのみ可能であることが強調された。またBW州憲法裁判所も、州議会の選挙と異なり、「州議会の早期解散を求める州民請願は、立法期中に有権者の多数が、州議会の構成あるいはその政治活動ともはや一致しない場合のための、安全弁機能を有するにすぎない。[3]」と、この制度の意義づけについては消極的である。この判決は、後述のように、州民投票運動費用の公的援助の要求を退けるものであったが、州民投票を可能とする州憲法四三条は、その成立要件が厳格すぎることから、実際にはまったくの「偽善」にすぎず、裁判官のいう「安全弁」が再び詰まった場合は、「将来は、その背後に強力な資金提供者がひかえているような州民投票しか成功の見込みはないといえよう。[4]」といった批判が、州の新聞の解説において異口同音にみられた。[5]もっとも、より有力な資金提供者が現われようとも、極めて高い投票参加を達成し、有権者全体の過半数の賛成を得て州議会を解散させることは、事実上ほとんど不可能である。[6]したがって、もしこの要件をなくせば、低い投票参加のゆえに偶然の多数派が生じることを防ぐために、州民請願に反対する者にも票の獲得を余儀なくさせることになり、そうした実際の投票闘争の中にこそ、より大きな民主主義を認めることができるであろうとの見解もある。[7]

四　州民請願および州民投票の実施にあたって申請者および州が支出した費用の負担については、州民立法手続の場合とほぼ同じである。すなわち、州民請願の費用については、許可申請の費用、登録名簿の作成ならびにその市町村への送付の費用が申請者の負担とされ、許可申請に関する決定、登録結果の確定の費用および市町村に生じた費用は州が負担する（法三九条一項）。ただし、州民投票が成立して、州議会の解散が決定した場合には、申請者が負担した前記の費用が州により弁償されることになっている（法三九条二項）。他方、州民投票の費用については、SH州などのように、州民請願の申請者が、州民投票に向けて州民に情報を提供するなど投票運動に要した費用が公的に賄われる制度は存しない。しかし、州議会の選挙については一定の政党に対して選挙運動の必要経費が州により弁償される法的制度があることを拠り所として、一九七一年の州議会の解散に関する州民投票の運動を推進した団体が、州民投票運動のための公的財政援助を請求した例がある（本章第五節参照）。

【注】

（1）Gesetz über Volksabstimmung und Volksbegehren (Volksabstimmungsgesetz) in der Fassung vom 27. Februar 1984, GBl. S.178.

（2）一九九七年改正前の「州議会の解散のための州民請願および州民投票に関する法律」（GVBl.1974, S.2774）も、州民請願の成立の「州議会への通知」（二〇条）に続けて、「州議会の議決」と題する条文（二一条）を置き、「㈠州議会は、議長へのその通知後二ヵ月以内に、州議会の解散に関して議決する。㈡州議会がその解散を否決した場合には、その議決から二ヵ月以内に州議会の解散に関する州民投票が実施される。」と規定していた。

（3）ESVGH 22 (1972), S.3.

（4）„Als unzulässig abgewiesen, Keine Wahlkampf-Kostenerstattung an Liga für demokratische Verwaltungsreform; Ohne Geld kein Gewicht“, Südkurier vom 13. September 1971, S.1.

（5）Wehling, ZParl 1972, S.85.

（6）Braun, Verfassung BW, Art.43, Rdnr.6. 参照、Spreng/Birn/Feuchte, Verfassung BW, Art.43, Rdnr.1; Feuchte, JöR 27 (1978), S.175-176.

（7）Wehling, ZParl 1972, S.85.

三　被選期の終了と州民請願手続

州議会が解散されることによって、被選期は終了する。被選期（Wahlperiode）とは、基本的には、選挙により選出された議員の任期[1]、したがってその議会が活動能力を有する期間を意味するが、この被選期の終了により、議員の任期を含め、議会のすべての機関はもとより、その期間内に行われていた議会のすべての活動は終了し、次の被選期には継続しない。これは一般に、被選期「不継続の原則（Grundsatz der Diskontinuität）」[2]と呼ばれ、この原則はさらに、すべての議員の任期が終了する「人的不継続」、および委員会など議会のすべての機関が終了する「機関不継続」（両者を併せて「形式的不継続」と呼ばれる）、ならびに議決に至らなかったすべての案件が終了（廃案）になる「実質的不継続」とに区別される。[3]

ドイツの州民投票手続においては、州議会の解散あるいは法律の制定改廃（州憲法の改正を含む）を求める州民請願は、それが成立しても直ちに州民投票は行われず、必ず州議会の審議にかけられる。このため、州民請願が州議会で審議されている途中において、すなわち当該州民請願に対する州議会の態度がいまだ決定されていない段階において被選期が終了した場合には、被選期不継続の原則との関係で、この州民請願の処理手続に関して二つの問題が生じることになる。一つは、その手続にも実質的不継続の原則が適用され、それまでの手続はすべて無効となり、州民は次の被選期に改めて州民請願の最初の手続から開始しなければならないかという問題であり、いま一つは、かりに当該原則は適用されず継続するとされた場合、その手続は、被選期の終了から改選を経て次の新しい州議会の召集までの期間、すなわち形式的不継続の原則により議会のすべての機関が存在しない、いわゆる「議会不存在期間（parlamentslose Zeit）」[4]にはどのように取り扱われうるかという問題である。なお、この問題は州議会の解散の場合のみならず、被選期の満了の場合にも生じるが、ここでは必要に応じ、両者を併せて「被選期の終了」の場合として考察する。

【注】

（1） Maunz/Dürig, Grundgesetz, Art.39, Rdnr.1; Münch/Kunig, Grundgesetz, Art.39, Rdnr.7.

（2） 被選期不継続の原則に関する体系的文献として、参照、Jekewitz, Grundsatz der Diskontinuität, 1977; ders, JöR 27 (1978), S.75-166. なお、わが国の国会の「会期」における当該原則について、拙稿「会期不継続の原則」九大法学四〇号七三頁以下、今野彧男「会期不継続の原則についての一考察」ジュリスト一〇〇三号一〇〇頁以下参照。

（3） Jekewitz, Grundsatz der Diskontinuität, S.15-23; Maunz/Dürig, Grundgesetz, Art.39, Rdnr.49; Münch/Kunig, Grundgesetz, Art.39, Rdnr.25; Achterberg/Schulte, Grundgesetz, Art.39, Rdnr.12; AK Grundgesetz, Art.39 (Hans-Peter Schneider), Rdnr.7.

（4） Maunz/Dürig, Grundgesetz, Art.39, Rdnr.8; Braun, Verfassung BW, Art.43, Rdnr.11; Reiter, Verfassungsrechtliche Erwägungen zu der parlamentslosen Zeit nach einer Bundestagsauflösung, S.89-103.

1　被選期不継続の原則と州民請願手続

一　実質的不継続の原則により、被選期の終了までに議決に至らなかった法律案などの案件は「処理済み（erledigt）」すなわち廃案となり、次の被選期においては、改めて提出された上で審議が最初から開始されなければならない。州議会議事規則は、このことを明示的に、「被選期の終了あるいは州議会の解散の場合には、すべての提案、動議および質問は、処理されたものとされる。」（五一条一文）と規定する。

この原則が、州議会の解散あるいは州民立法に関する州民請願手続についても同様に適用されるか否かであるが、まず州議会の解散を求める州民請願および州民投票の手続については、この原則の適用の有無を論じるまでもなく、その手続の継続中に被選期が終了した場合は、なるほど手続は完了していないが、本来その手続を通じた州民の要求は、ある具体的な議員から構成される特定の州議会を解散させることであるから、州議会の解散あるいは被選期の満了により当該州議会が消滅したことにより、州民の要求は実質的には満たされたこととなり、したがって、この場合の州議会の解散を求める州民請願手続は次の被選期には継続しないと考えられる。

二　これに対して、法律の制定改廃を求める州民請願の場合は、その手続が州民により開始されたこと、また、その最終的な決定は州議会ではなく州民（投票）に委ねられていることから、州議会や州政府により提出された法律案と同様に実質的不継続の原則が適用されると考えることはできない。元来、州民請願を通じて法律の制定改廃を求める州民の意思は、具体的な人的構成に基づく特定の州議会に対して向けられたものではなく、むしろ州民は、主権者として、自らが選出した議会を越えて実質的な立法の実現を目指しているのであるから、議会の被選期の終了はその手続に何らの影響をも及ぼさないと解される。[1] すなわち州議会における審議は、最終的には立法者たる州民が決定する一連の立法手続において、その途中の一段階を構成するにすぎず、[2] したがって、州民請願による法律案には実質的不継続の原則は適用されず、州議会での審議の途中で被選期が終了したとしても、当該法律案は廃案にはならず、次の被選期に継続して審議が再開されると考えられる。[3] 同様のことは、「州民発案」に関する州議会の審議段階についても当てはまり、州議会による州民発案の不許可決定に対する異議申立てが裁判所に係属している間に被選期が満了しても、当該州民発案の手続は終了しない旨を判示した裁判例がある。[4] もとより、州民請願手続が州議会での審議以外の段階、例えば州民請願の登録段階において州議会の被選期が終了したとしても、その手続が続行することについては異論はないであろう。

三　このように、州議会において、州民請願により提出された法律案の審議が被選期の満了に際してなお終了していない場合、州政府は、その法律案を改選された州議会に再度提出しなければならず、また州議会にその決定のために十分な時間を与えるために、その審議期間は改めて開始されると解される。[5] この点について、州議会議事規則五一条は、実質的不継続の原則が適用されない例として、「議決を要しない州政府の提案、会計検査院並びにデータ保護オンブズマンの報告と意見」（二文）、「請願」（三文）とともに、この州民請願に基づく法律案を挙げ、「州民請願により提出された法律案で、州政府により州議会に提示されたが処理されていないものは、改選された州議会により改めて取り上げられる。」（四文）と明示的に規定している。この第四文の規定は、一九七九年の同議事規則の改正に際して[6]、州民請願の州議会における取扱規定（五〇d条）とともに挿入されたものであり、改正案の提案理由においては、「成立した州民請願は、議会の不継続の原則の適用を免れる。すなわち州民の法律案は、州議会あるいは州政府の法律案と異なり、州議会の被選期の終了により無効とはならない。これに対して、州民請願の州議会における処理手続が完了しなかった場合は、そのすべての議会の行為は不継続とされる。したがって、なお処理されていない州民請願の法案の審議は、新たな州議会において開始されなければならないが、それは前の州議会により到達した手続の段階から継続して行われうるものではない。」と述べられている。[7] すなわち、州民請願手続には実質的不継続の原則は適用されず、当該法律案は廃案になるわけではないが、被選期が終了すれば、改選が行われてそれを審議する議会（議員）が変わる以上、次の州議会は、当該法律案の審議に際しては、前の州議会による審議の途中の段階をそのまま引き継ぐのではなく、改めて最初から審議を開始しなければならないということであると解される。

四　州民請願手続に被選期不継続の原則が適用されないことを法的に明示している他の州の例としては、ブランデンブルク州（「被選期の終了により、すべての審議案件は処理されたものとされる。これは、州憲法七六条から七八条までの州民投票手続および請願には当てはまらない。」（州議会議事規則一〇四条））や、SA州（「被選期の終了に際して、最終的に取り扱われていない案件は、処理されたものとみなされる。州民発案、州民請願および請願は、次の被選期へ継受される。」（州議会議事規則二一条））など少数にとどまり[8]、ほとんどの州は、「請願」の処理が次の州議会に継続することを規定するにとどまる。(9) しかし、請願案件が継続する理由は、一般に、請願の宛先は、機関としての議会であって、具体的な人的構成における特定の議会ではないという点(10)に求められていることからすれば、州民請願に基づく法律案に関しても同様のことがいえると考えられる。

【注】

(1) Jekewitz, Grundsatz der Diskontinuität, S.309-310.

(2) Braun, Verfassung BW, Art.30, Rdnr.20.

(3) Feuchte, Verfassung BW, Art.30, Rdnr.11; Meder, Verfassung Bayern, Art.16, Rdnr.3.

(4) VerfG BB, Urteil vom 15. September 1994, LVerfGE, 2. Bd., S.164 (170). この判決は次のように述べて、「州民発案は議会活動の不継続の原則には該当しない」ことを判示した。すなわち、議会活動の不継続の原則は、例えば請願の処理のように破られることもあり、「その原則の意義は、州民の意思の新たな表明に基づいて形成された議会は、その前任者の決定により不利にされるべきではないという点に存する。しかし、このことは原則として政府および議会が提出した法律案およびその他の提案だけにあてはまり、州民発案にはあてはまらない。なぜなら、州議会の議員および州政府の閣僚と異なり、主権者としての州民の資格は選挙により左右されるものではないからである。その中から提出された立法提案は、議会の被選期とは実質的に関わりがない。……したがって、改選された州議会も、いまや許可されたものとして取り扱われるべき申立人の法律案を無効なものとみなすことはできない。州民投票法一二条二項一文に基づく期限は、この判決の言渡しの日より起算される。」（なお、判決文中「州民投票法一二条二項一文」は、州議会が、許可された州民発案を、州議会議長のもとに到着した後四ヵ月以内に決定しなければならないことを規定する。）

(5) Zinn/Stein, Verfassung Hessen, Art.124, Erl.VII 2 e).

(6) Bek. vom 13. Dezember 1978. (GBl. BW, 1979, S.59.)

(7) Landtag BW, Drs.7/4710, Anlage 1, S.10.

(8) ブレーメンの州民発案法も、「被選期の満了までに最終的に取り扱われなかった州民発案は、次の被選期において継続して取り扱われる。」（五条二項）と規定する。

（9）　例えば、GOLT SH, Art.77; GOLT NW, Art.116; GOLT Hessen, Art.95; GOLT RP, Art.126; GOLT Saarl, Art.61; GOLT Thür, Art.21; GOLT Bremen, Art.74.

（10）　Lemke, Parlamentspraxis des Schleswig-Holsteinischen Landtags, 1982, S.177. 参照、Trossmann, Parlamentsrecht, §126, Rdnr.3.4; Stern, Staatsrecht II, §26 III 4.

2　議会不存在期間における州民請願手続

一　以上のように、州民請願に基づく法律案には被選期不継続の原則は適用されず、その法律案は、改選後の州議会の召集をまって改めて提出され、審議が開始されることになる。しかし、被選期の終了から改選後の新たな議会の召集までの期間において、その審議は白紙に戻された状態のままでまったく手をつけることはできないのか、とりわけこの期間が長期に及ぶ場合、何らかの措置によりその審議は継続されえないかが、次の問題である。

議会の解散により、一般的には議員の任期は終了することから、少なくとも解散日から議員の改選日まで、また議員の任期の定め方によっては、新たな議会の最初の召集日まで、議会（議員）の存在しない期間（以下、二つの被選期の間で議会が法的に存在しない期間を「議会不存在期間」とよび、被選期は開始されているが事実上議会が召集されていない空白期間と区別する）が生じると考えられる。また、解散の場合ほど長期間ではないとしても、任期満了の場合においても、同様の空白期間が生じる可能性がある。[1] しかしこのような議会不存在期間をできるかぎり生じさせない議会制度こそ、民主主義の理念に一致することはいうまでもない。なぜなら、それにより主権者たる国民は、議会のなかに継続的にその正当な代表者を見出し、また行政に対する統制が不断に行われ、さらにそこでの討論を通じて継続的に国民の政治的意思形成が行われうるからである。[2]

二　この点、ドイツの各州においては、改選前の州議会の被選期を改選された州議会の最初の集会まで延長させるか、あるいは議会不存在存在期間に特別の委員会を設置して議会活動を継続させるか、いずれかの方法によりこの問題の解決を図っている。

前者は、例えばベルリン憲法が、「被選期は、改選された議会の召集により終了する。」（五四条五項）と規定するように、被選期を、州議会の改選を越えて新たな議会の最初の召集までの期間として設定し、したがって新たな州議会の召集までは旧議会が議事を継続し、二つの被選期の間に議会不存在期間を生じさせない方法であり、ベルリンのほか、九つの州憲法が同様の規定を置いている。[3]

これに対して後者は、例えばBW州憲法が、「州議会は、被選期の満了あるいは州議会の解散から改選された州議会の集会まで、州政府に対する州議会の権利を擁護する常置委員会を設置する。」（三六条一項）と規定するように、特別の委員会を設置して議会活動を継続させる方式であり、BW州のほか、バイエルン州、ヘッセン州、NW州およびRP州の四つの州で採用されている。[4]この委員会は、BW州においては「常任委員会（Ständiger Ausschuß）」と呼ばれており、「常置」とは、議会不存在期間にも議会の継続性が保障され空白期間が生じないということを表しているのであろうが、[5]その委員会は常時活動するわけではなく活動期間は限定されているのであるから、むしろバイエルン州およびRP州において用いられている「中間委員会（Zwischenausschuß）」という名称のほうが、二つの被選期の間に設置される委員会という意味でより適切とも考えられる。[6]しかしここでは用語上の誤解を避けるため、この委員会が一般に被選期の終了すなわち旧議会の終了の後、新議会の最初の召集まで設置されることから、「新旧議会間委員会」という名称を用いることとし、[7]主としてBW州の新旧議会間委員会を[8]対象として、その活動期間および権限を考察し、州民請願に基づく法律案が議会不存在期間においても審議可能か否かを検討する。

三　BW州憲法三六条は、新旧議会間委員会について次のように規定する。

（一）州議会は、被選期の満了あるいは州議会の解散から、改選された州議会の召集まで、州政府に対する州議会の諸権利を保持する常置委員会を設置する。その委員会は、この期間において調査委員会の権利をも有する。

（二）それ以外の権限、とりわけ立法、首相の選出、および議員と州政府の閣僚の訴追の権利は、委員会に帰属しない。

まず、新旧議会間委員会の設置は、例えば調査委員会の設置（州憲法三五条一項「州議会は、……調査委員会を設置する権利を有する。」）と異なり、義務的であり、設置の時期を明示する規定はないが、州議会の最初の召集後直ちに設置されると解されている。[9] この委員会の活動期間は、「被選期の満了あるいは州議会の解散から、改選された州議会の集会まで」の議会不存在期間であるところ、[10] この被選期は、「前議会の被選期の満了とともに、州議会の解散後改選の日とともに始ま」り、「改選は、被選期の満了前に、州議会の解散の場合には六〇日以内に行われなければなら」ず、「州議会は、被選期の開始後遅くとも一六日目に集会する」（州憲法三〇条一～三項）ことから、被選期の満了の場合には、新旧の被選期は法的には連続しており議会不存在期間は生じないが、実際には、被選期の開始から新議会の最初の集会までに最大一六日の空白期間が生じる可能性がある。[11] 他方、解散の場合には、解散日から改選日まで最大六〇日の議会不存在期間が生じ、改選日から新議会の最初の集会までの最大一六日の空白期間とをあわせて、最大七六日間が委員会の活動期間になるといえよう。[12] この委員会制度を採用する他の四州の憲法においても、被選期の満了の場合には議会不存在期間はなく、委員会の活動期間は、もっぱら州議会の解散の場合に生じる空白期間である。[13]

四　この議会不存在期間に、新旧議会間委員会が、州民請願により提出された法律案を取り扱うことができるか否かであるが、州憲法三六条二項によれば、「立法」の権限がこの委員会から除外されている。州民請願に基づく法律案は、発案者が州民であること、場合によっては州民投票が実施されることにおいて、州議会や州政府により提出された法律案と異なる立法過程をたどるが、州議会の当該法律案に対する議決は、単なる予備的あるいは諮問的性格を有するものではなく、州議会がそれを採択すれば法律が成立し、また無修正で可決しなければ州民投票により その採否が決定するという法的効果を帰結することからすれば、「立法」にあたり、したがって、この委員会は当該法律案について議決することはできないと解される。この委員会制度を採用する五州のうち、バイエルン州憲法だけは、「この委員会は、州議会の権限を有するが、大臣の訴追を提起し、法律を議決し、あるいは州民請願を取り扱うことはできない。」(二六条一項二文)[14]と、その旨を明示している。これは、「法的に有効な州民請願は、州議会により提出後三ヵ月以内に取り扱われ、さらにその三ヵ月以内に州民に決定のために提出されなければならない。これらの期間の進行は、州議会の解散により停止する。」(同七四条五項)との規定に対応しているが、新旧議会間委員会が立法権限を有しない実質的な理由は、これらの州憲法の条文からは明らかではなく、この委員会に付与された任務および権限の性質を考察する必要がある。

この点について、州憲法三六条一項一文の「州政府に対する州議会の権利を保持する」という文言は、その任務領域を一般的に規定しているようにも読めるが、同項二文が、「調査委員会の権利をも有する」と規定していることから、この委員会の任務と権限とは必ずしも厳格には区別されておらず[15]、第一項一文も権限付与の規定と解されている[16]。他方、この委員会には、「それ以外の権利、特に、立法、首相の選出および議員と州政府の閣僚の訴追の権利は委員会に属さない。」(同条二項)と、州議会が有するすべての権限が付与されているわけではない。したがって、新旧議会間委員会の権限は、州議会の州政府に対する関係に関する権限であり[17]、首相の選出、議員と閣僚の訴追、また立法の権限も、広い意味では州議会と州政府との関係に関わる権限であるが、これらは例示的であることから、州議会の州政府に対する権限から単にこれら三つの権限だけを除いた残りの権限と考えることはできない。[18]

五　新旧議会間委員会の権限から特に排除される三つの権限のうち、まず、立法の権限とは、拘束的な立法の議決を行う権限であり、[19]憲法上、法律の形式により行われなければならないもの、例えば、予算の議決（七九条二項）や起債（八四条）も、この委員会の権限には属さないと解される。[20]また、条約について州憲法五〇条二文は、「条約の締結は、州政府および州議会の同意を必要とする。」と規定するにとどまり、同意の形式については言及していないが、立法の対象に関わる条約については法律の形式により同意が行われると解されているため、[21]このような条約についてこの委員会は議決権を有しない。

次に、首相の選出（州憲法四六条一項）は、同時に首相に対する不信任の要件でもある（同五四条一項によれば、「州議会は、その議員の過半数をもって首相の後任を選出……することによってのみ、首相に対して不信任を表明することができる。」と規定する）ことから、その不信任の表明は委員会の権限には属さず、また首相に対して閣僚の罷免を要求すること（同五六条「首相は、州議会の議員の三分の二の議決に基づき、閣僚を罷免しなければならない。」）も同様にその権限ではないと解されている。[22]

第三に、州議会は憲法裁判所に対して、議員の訴追（州憲法四二条）および閣僚の訴追（同五七条）を行うことができるが、これらは議員および州政府の閣僚の資格の剥奪に関わる重大な案件であるため、その議決には厳格な要件が付されており、また閣僚に対する訴追は、前述の首相に対する閣僚の罷免の要求と同様の効果を有することから、これらの訴追の議決は州議会の本会議に留保された権限と考えられる。[23]

新旧議会間委員会に認められないこれらの権限のうち、特に、首相に対する不信任表明権（これは、州憲法五五条二項により、同時に他の閣僚の職務の終了をも意味する）の否定は、この委員会に、州政府に対するもっとも直接的かつ実効的な憲法上の統制手段が欠けていることを意味する。州憲法が特に前記三つの権限を排除した意味は、まさにこの点に存し、新旧議会間委員会は、回復不可能な措置をとることができず、すなわちこの委員会は州議会の地位を守るべきであって、変えるべきではなく、それゆえ他の憲法機関の地位をも侵害できないのであり[24]、このことは、立法の禁止により、法律の形式により行われる予算、起債、あるいは条約といった国家指導的な、州政府の活動領域に介入する行為が禁止されていることからも裏付けられる。したがって、そのほか州政府がその閣僚の管轄領域を決定する際に必要な州議会の同意（州憲法四五条三項）、州政府の職務担当のために必要な州議会の承認（同四六条三項）およびその承認後の首相による閣僚の任命に際して必要な州議会の同意（同条四項）については見解が分かれているが、これらは州政府の地位、構成に関わる議決であることから、この委員会の権限には属さないと解すべきであろう[25]。

以上のことから、新旧議会間委員会の権限は、基本的には、ある問題を最終的に決定したり、州政府の地位に拘束的に影響を及ぼすような性質をもつ権限ではなく、権力分立の意義および目的から帰結される州政府に対する統制および助言に限界づけられ[26]、具体的には、例えば、調査委員会の権限、州政府の閣僚に対する出席要求権、州政府に対する要望等の決議権、憲法裁判所において州議会の権利を主張する権限、請願を処理する権限などが挙げられる[27]。立法も、州政府を始めとする州の機関および州民に対して法的に拘束力を有するルールを最終的に決定する行為であることから、この委員会の権限から排除されているのであり、したがって、州民請願により提出された法律案が州議会で審議されている途中で被選期が終了した場合においても、当該法律案は、新旧議会間委員会により最終的に議決されてはならず、改選された州議会の召集をまって改めて提出され、その採否の議決は新議会により行われることになる。もっとも当該法律案の内容あるいは前議会における審議経過などによっては、必要に応じてこの委員会が審議を継続して行い、その結果を新議会に提出することは可能であろうが[28]、それはあくまで新議会における審議の予備的な参考資料にすぎず、その議決を何ら拘束するものではない。

【注】

（1）わが国の地方議会においては、議員の任期は一般選挙の日から起算する（公選法二五八条）ところ、議会が解散された場合、一般選挙は解散の日から四〇日以内に行われる（同三三条二項）ことから、解散日から一般選挙の日まで最大四〇日間の議会不存在期間が生じる。また議員の任期満了の場合は、一般選挙は議員の任期が終わる日の前三〇日以内に行われる（同三三条一項）ことなどから、法的には新旧の被選期は連続しているが、議会の召集は長の専権とされ（地自法一〇一条一文）、正副議長の選出など議会内の構成が未だ定まっていない新議会の最初の召集については、議員定数の四分の一の議員による臨時会の召集請求（同条二文）も期待できず、また改選日から何日以内に召集すべきとの規定もないことから、事実上は、議会が活動できない空白期間が存在すると考えられる。参照、長野士郎『逐条地方自治法（第九次改訂版）』（学陽書房、一九七五年）二六九～二七〇頁、西村弘一『地方議会』（学陽書房、一九八一年）四五～四七頁、西澤哲四郎『地方議会の運営Ⅰ』（教育出版、一九七〇年）五二一～五四頁、久世公堯・浜田一成『議会』（第一法規出版、一九七三年）一八九～一九一頁。

（2）Walter Sandter, Ständiger Ausschuß, S.63.

（3）Verf. Brand, Art.62, Abs.4; Verf. Hamburg, Art.10, Abs.2; Verf. MV, Art.27, Abs.1; Verf. Nds, Art.9, Abs.1; Verf. Saarl, Art.67, Abs.1; Verf. Sachsen, Art.44, Abs.1; Verf. SA, Art.43; Verf. SH, Art.13; Verf. Thür, Art.50, Abs.3. なおブレーメン憲法は、被選期の満了の場合は、「州議会は前議会の被選期の満了後一ヵ月以内に召集される。」（八一条）と、また州議会の解散の場合は、「改選は、被選期の早期終了に関する決定後遅くとも七〇日後の日祝祭日に行われる。」（七六条三項）と規定するにすぎず、議会不存在期間への対処に関する規定を欠いており（参照、Neumann, Verfassung Bremen, Art.75, Rdnr.6; Kröning/Pottschmidt/Preuß/Rinken, Verfassung Bremen, S.308）、また一九九四年の憲法改正により州議会の自律解散制度および州民投票による解散制度が導入されたことに伴い、州選挙法が改正され（GBl. Bremen 1995, S.117）、「州議会の被選期の早期終了」と題する五九条が新たに挿入されたが、同条は、改選に関する諸手続の期限を短縮することを主たる内容とするにすぎず、議会不存在期間をうめるための手当てはなされていない。

（4）　Verf. Bayern, Art.26; Verf. Hessen, Art.93; Verf. NW, Art.40; Verf. RP, Art.92. 連邦議会においても、かつてはこの常置委員会の設置が規定されていた（基本法四五条）が、一九七二年の連邦議会の解散に際して、二つの被選期の間の議長（団）の法的地位、政務次官の職務の継続などに関する問題が生じ、一九七六年に被選期に関する三九条が現行の文言に改正されたのに伴い、この委員会に関する諸規定はすべて削除された（参照、Schmidt-Bleibtreu/Klein, Grundgesetz, Art.39, Rdnr.3）。また、ベルリン憲法旧三九条およびニーダーザクセン州憲法旧一二条もこの委員会について規定していたが、いずれも憲法改正により被選期連続方式を採用した。ベルリンについて、Pfennig/Neumann, Verfassung Berlin, Art.39, Rdnr.8. ニーダーザクセン州について、Korte/Rebe, Verfassung und Verwaltung Niedersachsen, S.211; Neumann, Verfassung Niedersachsen, Art.12 参照。

（5）　参照、Braun, Verfassung BW, Art.36, Rdnr.1; Geller/Kleinrahm, Verfassung NW, Art.40, Anm. 1b); Maunz/Dürig, Grundgesetz, Art.45, Rdnr.1; Mangoldt/Klein, Grundgesetz, Art.45, Anm. III 1; Münch, Grundgesetz, Art.45, Rdnr.4.

（6）　ＢＷ州の憲法制定会議には、政府与党案（三三条）、ＣＤＵ案（五三条）ともに当該委員会を「常置委員会」の名称で提案しており、なるほど憲法委員会の審議においては、「常置委員会という名称により何か別のものを想定することを認めるような印象を持ったので、常置委員会の代わりに中間委員会と呼ぶべきではないか否かについて考えていただきたい。」との委員長の提案もあったが、その名称は一八一八年のバーデン憲法にまで遡ることができる確固としたものであり、『常置』とは、その委員会は議会の改選とともに消滅しないという意味を有する。」（ゲネヴァイン委員）との反論により、結局この名称が採択されている（Feuchte, Quellen 2, S.417-419）。他方、ヘッセン州およびＮＷ州においては、「本委員会（Hauptausschuß）」との名称が用いられており、また、この委員会の主たる任務が、政府に対する議会の権利の擁護にあることから、「監視委員会（Überwachungsausschuß）」と呼ばれることもある（Nawaisky/Leusser/Schweiger/Zacher, Verfassung Bayern, Art.26, Rdnr.3）。

（7）　参照、拙稿「議会不存在期間における行政統制――ドイツの新旧議会間委員会制度について――」『公法学の開拓線』（手島孝先生還暦祝賀論集）（法律文化社、一九九三年）一〇三～一二四頁。

（8）　ＢＷ州の新旧議会間委員会は、かつての基本法四五条、ヴュルテンベルク＝バーデン憲法（一九四六年）六三条、およびバーデン憲法（一九四七年）六五条をモデルにしており（Feuchte, Verfassung BW, Art.36, Rdnr.1）、またその前身はワイマール憲法三五条二項にみられ、さらにそれ以前にも、議会不存在期間に委員会の活動を継続させようとする試みは、例えばドイツ帝国下のライヒ予算委員会などにみられる。

（9） Braun, Verfassung BW, Art.36, Rdnr.2. なお、バイエルン州の中間委員会は、第一被選期（一九四六―五〇年）にはその被選期の全期間について、第二被選期には会期終了ごとに設置されたが、一九五四年の州議会議事規則九七条が、「会期は、州議会の召集とともに始まり、州議会が会期の早期終了を議決（州憲法一七条三項）しないかぎり、被選期の満了あるいは解散とともに終了」（一項）すると、被選期と会期を事実上同一のものと規定したことにより、第三被選期には、被選期の終了時に一度設置されただけである（Klemm, Zwischenausschuß, S.126）。

（10） 新旧議会間委員会は、州憲法五五条三項（「州政府の閣僚は、辞任あるいはその他の職務の終了の場合、後任者の職務引継ぎまでその職務を継続しなければならない。」）が規定する政府の不存在期間の橋渡し同様の機能を、議会不存在期間について果たす（Maunz/Dürig, Grundgesetz, Art.45, Rdnr.3; Mangoldt/Klein, Grundgesetz, Art.45, Anm. II 2）。

（11） Feuchte, Verfassung BW, Art.36, Rdnr.2; Spreng/Birn/Feuchte, Verfassung BW, Art.36, Rdnr.1.

（12） なお、緊急事態に際して州議会が直ちに集会することができない場合は、州議会の一委員会が「緊急議会」として州議会の諸権利を保持する（州憲法六二条一項）ことから新旧議会間委員会は活動することはできない（Braun, Verfassung BW, Art.36, Rdnr.2）。

（13） バイエルン州の中間委員会の活動期間は、「会期外の期間、および被選期の満了ならびに州議会の解散あるいは罷免の後、改選された州議会の召集まで」（州憲法二六条一項）と規定されている。被選期の始期に関する明示的規定を欠くが、一般にそれは改選の日より起算すると解されている（Nawiasky/Schweiger/Knöpfle, Verfassung Bayern, Art.16, Rdnr.3; Meder, Verfassung Bayern, Art.16, Rdnr.1）ことから、被選期の満了の場合には議会不存在期間は生じないが、解散の場合には、「州議会の改選は、解散あるいは罷免の後、遅くとも第六日曜日に行われる」（同一八条四項）ため、最大六週間の議会不存在期間が生じる。また憲法上は会期の存在が予定されている（同一七条三項）が、前述（注（9））のように、州議会の実践上、被選期は個々の会期に区分されていないことから、「会期外の期間」を想定することは無意味である（Nawiasky/Schweiger/Knöpfle, Verfassung Bayern, Art.26, Rdnr.3; Klemm, Zwischenausschuß, S.68-69）。ＲＰ州、ヘッセン州およびＮＷ州のこの委員会の活動期間は、解散の場合、各々最大で六週間（ＲＰ州憲法八四条二項）、六〇日間（ヘッセン州憲法八一、八二条）、八〇日間（ＮＷ州憲法三五―三七条）と考えられる。また、ヘッセン州憲法九三条およびＮＷ州憲法四〇条は、「州議会が集会していない期間」にもこの委員会が設置されることを規定しているが、会期（ヘッセン州憲法八三条四項、ＮＷ州憲法三六条）については、バイエルン州と同様の状況があてはまり、したがってそれは、州議会が召集され得ない特別の事情のある場合、例えば、「立法上の緊急状態」（ヘッセン州憲法一一〇条、ＮＷ州憲法六〇条）のような期間を意味するといえよう（Zinn/Stein, Verfassung Hessen, Art.93, Erl.4; Geller/Kleinrahm, Verfassung NW, Art.40, Rdnr.3a)。なお、ワイマール憲法三五条二項所定の常置委員会は、会期の停会期間にも設置されていたことについて、参照、Strassburg, Ständiger Ausschuß, S.36.

（14）「あるいは州民請願を取り扱うことができない」との文言は、憲法制定委員会において、ナヴィアスキー（Hans Nawiasky）委員の提案により、「この委員会が、一方で法律を議決することができないのに、他方で州民請願について最終的な態度を決定できるというのでは不合理であろう」との理由で挿入された（Klemm, Zwischenausschuß, S.95)。参照、Nawiasky/Leusser, Verfassung Bayern, S.103; Nawiasky/Schweiger/Knöpfle, Verfassung Bayern, Art.26, Rdnr.1; Süsterhenn/Schäfer, Verfassung RP, Art.92, Rdnr.3.

（15）参照、Klemm, Zwischenausschuß, S.72.

（16）Braun, Verfassung BW, Art.36, Rdnr.6. なお、かつての基本法四五条もほぼ同様の文言であったことから、同旨、Maunz/Dürig, Grundgesetz, Art.45, Rdnr.6.

（17）憲法委員会の第一審議においては、「州議会は、二つの被選期の間において州政府に対する州議会の権利を保持しなければならない常置委員会を設置する。この委員会は、州議会の権限を有するが、法律を議決し、閣僚の訴追を提起し、さらに閣僚の罷免を要求することはできない。」とのＣＤＵ案が採択されたが、第二審議においては、この文言を疑念のないようにしたいとの同会派の提案により、政府与党案の文言（現行文言と同一）のほうが、この委員会の任務および権限の時間的・事物的な限定においてより正確であるとして採択された（Feuchte, Quellen 5, S.704-710; Bericht des Verfassungs-Ausschusses über den Entwurf einer Verfassung, VLV Beilage 1103, S.54)。

（18）Maunz/Dürig, Grundgesetz, Art.45, Rdnr.8.

（19）Maunz/Dürig, a. a. O., Art.45, Rdnr.9.

（20）Braun, Verfassung BW, Art.36, Rdnr.7 参照、Maunz/Dürig, a. a. O., Art.45, Rdnr.10; Klemm, Zwischenausschuß, S.92.

（21）Braun, a. a. O., Art.50, Rdnr.8, 9 ; Feuchte, Verfassung BW, Art.50, Rdnr.14.

(22) Braun, a. a. O., Art.36, Rdnr.7; Feuchte, a. a. O., Art.36, Rdnr.3; Spreng/Birn/Feuchte, Verfassung BW, Art.36, Rdnr.2; Göbel, Verfassung BW, S.56. 参照、Maunz/Dürig, a. a. O., Art.45, Rdnr.9; Mangoldt/Klein, Grundgesetz, Art.45, Anm. III 4d); Klemm, Zwischenausschuß, S.93-94.

(23) ワイマール憲法三五条二項が規定するこの委員会が、大臣訴追の権限を有しないことについて、参照、Strassburg, Ständiger Ausschuß, S.53-54.

(24) Maunz/Dürig, Grundgesetz, Art.45, Rdnr.10. また、Strassburg, a. a. O., S.53 も、ワイマール憲法三五条二項所定の文言からすれば、この委員会は議会の本会議が排除されるような決定的、最終的な行為や決定を行うことはできないとする。

(25) Feuchte, Verfassung BW, Art.36, Rdnr.4 は、これらの権限が州政府に対する統制機能のために留保されるべきとする。これに対して、Braun, Verfassung BW, Art.36, Rdnr.7 は、これらの権限を付与することに消極的であり、その理由としてこの委員会の活動期間にはすでに首相の職務が終了していることを挙げている。しかし、首相の職務は新たな州議会の召集により終了し（州憲法五五条一項）、その委員会の活動期間中においても首相が新たな閣僚を任命する可能性は存することから、この理由には疑問があり、それはむしろこの委員会の地位および権限の性質に求められるべきであろう。

(26) Maunz/Dürig, Grundgesetz, Art.45, Rdnr.11.

(27) 新旧議会間委員会の権限を具体的に列挙したものとして、参照、Braun, Verfassung BW, Art.36. Rdnr.6; Feuchte, Verfassung BW, Art.36, Rdnr.4-5; Spreng/Birn/Feuchte, Verfassung BW, Art.36, Rdnr.2; Maunz/Dürig, Grundgesetz, Art.45, Rdnr.12; Mangoldt/Klein, Grundgesetz, Art.45, III 4.

(28) Sandter, Ständiger Ausschuß, S.75.

第三節　各州の制度

一　州議会が、州民の提案に基づき、最終的には州民投票により解散される制度を有しているのは、ＢＷ州のほか、バイエルン州、ベルリン、ブランデンブルク州、ブレーメンそしてＲＰ州の合計六州の憲法である。

これら六州のうち、ベルリン、ブランデンブルク州、ブレーメンおよびＲＰ州の四州は、州民発案に始まる三段階の州民投票制度を有している。まず、ベルリンにおける「住民発案」の対象は、「州議会の決定権限の範囲内においてベルリンに関わる一定の政治的意思形成の案件」（州憲法六一条一項）と概括的に規定され、州議会は自律解散権を有している（同五四条二項）ことからすれば、明示的な規定はないが、州議会の解散を要求する州民発案も可能と解される。同様のことは、ＲＰ州についてもいえる（州憲法八四条一項、一〇八ａ条）。またブレーメンにおける「市民発案」の対象についても、市民発案法が、「市民発案により、州議会に対して審議と議決のための案件を提出することができる。」と規定するにすぎず、また州議会の自律解散制度も存在する（州憲法七六条一項ａ）ことから、州議会の解散提案も可能と考えられるが、州憲法上この市民発案は、「立法」の章において、法律案の提出手続の一つとして扱われている（同一二三条）ことからすれば[1]、州議会の解散を求める市民発案は想定されていないと考えるほうが適切であろう。しかしいずれにせよ、これら三州の州民発案は、州民請願とは手続上直結していないため、以下の考察からは除外する。

他方、ブランデンブルク州憲法は、州議会の解散を求める「州民発案」について明示的に規定している。すなわち、州民発案の対象は、「州議会の権限の範囲内における一定の政治的意思形成案件」（州憲法七六条一項一文）であるが、それは「法律案の提出および州議会の解散を求める提案も行うことができる」（同項二文）とされ、そのためには、少なくとも一五万人の「投票権者」の署名（同項三文）が必要である。この一五万人は、有権者総数の七・三％に相当し、[2]法律の発案要件（二万人の「住民」の署名）と比較すると、署名者数だけでなく、発案権者が「住民」ではなく「投票権者」、すなわち「満一八歳以上の市民」（州民投票法二八条一項）に限定されている点で、かなり厳しい要件である。この要件を満たして成立した州民発案は、州議会に送付されて審議され、「州議会が、四ヵ月以内に州議会の解散を求める提案に同意しない場合は、その発案の代表者の請求に基づき、州民請願が実施される」（州憲法七七条一項）。したがって、州議会が当該発案を受け入れた場合、すなわち自律解散を議決した場合（この議決に際しては、単純多数によるのではなく、州憲法六二条二項に基づき三分の二の多数が必要であると解される）は、州民請願は実施されない（州民投票法一二条四項、五五条）。

二　次に、州議会の解散に関する州民請願および州民投票について、BW州以外の五つの州憲法は、各々次のように規定している。

バイエルン州憲法――「州議会は、一〇〇万人の有権者の提案に基づき、州民投票により解散されうる。」（一八条三項）

ベルリン憲法――「州議会の被選期の早期終了に関する州民投票は、ベルリン議会の選挙権を有する者の少なくとも五分の一が、その州民請願に同意した場合に実施される。州民投票は、有権者の少なくとも半数がそれに参加し、その過半数が早期終了に同意した場合のみ有効となる。」（六三条三項）

ブランデンブルク州憲法――「州民請願が成立するのは、少なくとも八万人の有権者が四ヵ月以内に州民請願に同意した場合である。州議会の解散を求める提案は、少なくとも二〇万人の有権者の同意を必要とする。」（七七条三項）、「憲法改正ならびに州議会の解散提案に際しては、投票者の三分の二で、有権者の少なくとも半数にあたる人が、憲法改正あるいは州議会の解散に同意しなければならない。」（七八条三項）

ブレーメン憲法――「被選期が早期に終了されうるのは」、「(b)有権者の五分の一が要求した場合（州民請願）は、州民投票による。」（七六条一項）、「州民投票により被選期が早期に終了されうるのは、有権者の過半数が同意した場合だけである。」（同条二項）

ＲＰ州憲法――「州民請願は、(b)州議会の解散に向けて実施されうる。」（一〇九条一項）「州民請願は、憲法が別に規定していないかぎり、三〇万人の有権者により申し立てられうる。」（同条三項）「州議会が三ヵ月以内に州民請願に応じない場合に、その後三ヵ月以内に州民投票が実施される。有効投票の過半数が採否を決定する。しかし、法律が議決され、また州議会が解散されうるのは、有権者の少なくとも四分の一がその投票に参加した場合だけである。」（同条四項）

三　ブランデンブルク州においては、州民発案と州民請願の手続は直結しており、州議会が州民発案を受け入れて自律解散しない場合は、発案代表者の請求に基づいて引き続き州民請願が実施され、州民請願の実施に関して州民側に特段の要件は課されていない。(3)しかし他の五州においては、州民請願を実施するためには、まずその許可を申請しなければならず、そのための要件として一定数の有権者の署名が必要とされている。その有権者数は、ＢＷ州においては一万人（〇・一四％―一九九九年六月時点の有権者総数に占める割合、以下同様）、バイエルン州は二万五千人（〇・二八％）、ベルリンは五万人（二・〇六％）、ブレーメンは五千人（一・〇二％）、そしてＲＰ州は二万人（〇・六六％）とされ、(4)ＢＷ州とバイエルン州のハードルは、ベルリンの要件と比べてかなり低く設定されている。またベルリンを除く四州の許可申請要件は、法律発案の場合の要件と同じであるが、ベルリンにおいては両者の要件は異なり、州議会の解散に関する要件は法律に関する要件（二万五千人）の二倍とされている。これは、一九九五年の憲法改正により、従来からの州議会の解散に関する州民投票制度に加えて新たに州民立法制度が導入されたことに伴い、両制度を統一した州民投票法が制定され、両者の手続上の要件が調整されたことによるものである。(5)

四　州民請願は、州議会の解散要求を支持する有権者が登録簿に署名することによって行われるが、そのための登録期間は、州民立法の場合と同様、ＢＷ州、バイエルン州の二段階手続においては、いずれも一四日間と短いのに対して、三段階手続を採るベルリンおよびＲＰ州は二ヵ月、ブランデンブルク州は四ヵ月、そしてブレーメンは州民請願許可の公示後三ヵ月以内と、長期の登録期間が設定されている。(6)

州民請願が成立するために必要な賛成者数は、ＢＷ州は有権者の六分の一、バイエルン州は一〇〇万人の有権者（一一・二三％）、ＲＰ州は三〇万人の有権者（九・九五％）、ブランデンブルク州は二〇万人の有権者（九・七五％）、そしてベルリンおよびブレーメンは有権者の五分の一である。いずれの州においても有権者の約一割から二割の間に設定され、許可申請の要件ほどの相違はない。ＢＷ州においては、前述のように、一九七四年の憲法改正前の成立要件は二〇万人の有権者（当時の有権者総数の約三〇分の一）と、他の州の要件と比べて著しく低く、特に州民投票の成立要件（有権者の過半数）の厳しさとのアンバランスが指摘されていたが、一九七一年の州議会の解散に関する州民投票の失敗にも鑑みて、現行規定に改正された経緯がある。

法律発案の場合の州民請願の要件と比較すると、(7)ＢＷ州とＲＰ州においては、両者の要件は同一であり、またバイエルン州においても法律発案の要件（有権者の一〇分の一）とほぼ同じ割合となっている。これに対して一九九〇年以降に州憲法を制定・改正したベルリン、ブランデンブルク州およびブレーメンの三州においては、両者の要件をまったく異ならせ、いずれも州議会解散のハードルのほうを高く設定している。すなわち、ベルリンとブレーメンにおいては、法律発案の要件が有権者の一〇分の一であるのに対して、州議会解散の要件は有権者の五分の一と二倍高く設定され、またブランデンブルク州においても、法律発案の要件は八万人の有権者（三・九〇％）であるから、州議会解散の要件（二〇万人の有権者）はその二倍強に相当する。

五　成立した州民請願は、バイエルン州、ベルリン、ブランデンブルク州およびRP州においては、州民立法の場合と同様、州議会に送付され、州民の解散要求に応じるか否かが審議されるが、この審議期間として、バイエルン州およびRP州においては三ヵ月、他の二州においては二ヵ月が設定されている。(8) そして審議の結果、州議会が州民請願の要求に応じて自律解散を議決した場合には、州民投票は実施されない。(9) また自律解散を否決し、あるいは当該審議期間を徒過したとしても、州民投票が実施される前に自律解散を議決すれば、州民投票の実施は無意味となろう。もっともこのような場合、自律解散の議決に引き続き実際に解散することが必要であるから、州議会が自律解散を議決しただけでは、直ちに州民投票手続自体が無効になるとは解されない。(10)

他方、BW州とブレーメンにおいては、州民請願の成立後、州議会が自律解散について審議することを想定する規定を欠いており、法的には、州民請願の成立は州民投票の実施に直結している。BW州の状況については前述したが、ブレーメンにおいても、一九九四年の憲法改正により、従来の州民立法制度に加えて、州議会の州民投票手続による解散制度ならびにその自律解散制度を導入し、新たな州民投票法においては、州民請願の成立後、州議会における法律案の審議手続は規定された（二一条二項）ものの、自律解散に関する審議手続は規定されていない。しかし両州ともに、州議会が州民投票の実施までに自律解散議決を行うことも、事実上は可能であると考えられる。州民請願の成立から州民投票の実施までのこの期間は、BWにおいては六週間以内（州憲法四三条二項）、ブレーメン

図表 4-1　州議会の解散を求める州民投票手続の概要

	州民発案		州民請願			州民投票	
	成立要件（%）*	州議会の審議期間	許可申請要件（%）*	成立要件（%）*	州議会の審議期間	成立要件	改選時期
バーデン＝ヴェルテンベルク	—	—	有権者1万人（0.14 %）	有権者1／6	(6週間)**	有権者の過半数	60日以内
バイエルン	—	—	有権者2.5万人（0.28 %）	有権者100万人（11.23 %）	3カ月	投票の過半数	6週間以内
ベルリン	—	—	有権者5万人（2.06 %）	有権者20 %	2カ月	有権者の1/2の投票参加 投票の過半数	8週間以内
ブランデンブルク	有権者15万人（7.31 %）	4カ月	—	有権者20万人（9.75 %）	2カ月	投票の2／3 有権者の1／2	70日以内
ブレーメン	—	—	有権者5千人（2.06 %）	有権者20 %	(4カ月)**	有権者の過半数	70日以内
ラインラント＝プファルツ	—	—	有権者2万人（0.66 %）	有権者30万人（9.95%）	3カ月	有権者の1/4の投票参加 投票の過半数	6週間以内

（注）

*　総数に占める割合。有権者総数および年令別住民総数は、1996年6月に実施されたヨーロッパ議会選挙時点の統計（Statistisches Bundesamt, Statistisches Jahrbuch 1999 für die Bundesrepublik Deutschland, S.59.86.）に基づいて算出。

**　州民投票の実施までの期間

においては四ヵ月以内（州民投票法二条一項）である。

六　最後に、州議会の解散に関する州民投票の成立要件について、バイエルン州（州選挙法八六条）においては、「有効投票の過半数」の賛成だけで足りる。ベルリンおよびRP州においては、「投票の過半数」の賛成に、ベルリンは「有権者の半数」の投票参加（州憲法六三条三項）、RP州は「有権者の四分の一」の投票参加（州憲法一〇九条四項）の要件が付加されている。BW州（州憲法四三条二項）とブレーメン（州憲法七六条二項）では、「有権者の過半数」の賛成を必要とし、さらにブランデンブルク州では、「投票の三分の二」および「有権者の半数」の賛成（州憲法七八条三項）という二重の要件を課している。六州のなかでは、バイエルン州の要件が、「有効投票」の過半数というもっとも低いハードルであり、ベルリンおよびRP州においては、その要件に投票参加率（ベルリンは有権者の半数、RP州は有権者の四分の一）を付加している点が特徴的である。実際の「投票者」

を基本とするこの三州に対して、「有権者」の過半数の賛成を必要とするBWおよびブレーメンの要件はかなり厳しいが、ブランデンブルクの要件は、さらに「投票者の三分の二」の賛成を付加しており、最も高いハードル設定となっている。他方、法律案に関する州民投票の成立要件[11]と比較すると、バイエルン州およびRP州の二州においては、両者の要件は同一であるが、他の四州においては、法律案の場合よりもかなり厳しく設定されている。すなわち法律案の場合、ベルリンでは、投票参加が半数に達しないときは、有権者の三分の一以上の賛成で成立するとされ、また法律案の成立要件として、BW州では「有効投票の過半数および有権者の三分の一」の賛成、ブランデンブルク州およびブレーメンでは、「投票の過半数および有権者の四分の一」が要求されているにすぎない（以上につき、**図表4－1**を参照）。

【注】

（1）　参照、Neumann, Verfassung Bremen, Art.123, Rdnr.15.

（2）　一九九九年六月一三日のヨーロッパ議会選挙の際の有権者数による（以下、同様）。

（3）　州民請願の実施を求める要件としては、書面により、州議会の議決後あるいは四ヵ月の審議期間の満了後一ヵ月以内に届け出ること（州民投票法一三条一項、二項）が規定されているだけである。

（4）　VAG BW, Art.25, Abs.4; LWG Bayern, Art.64, Abs.1; VAG Berlin, Art.15. Abs.1; VAG Bremen, Art.10, Abs.2; LWG RP, Art.63, Abs.2. ただし、RP州の選挙法は、二〇〇一年三月以降、改正される見込みである。

（5）　従来、州議会の解散を求める州民請願の許可申請には、「八万人」の有権者の署名が必要であった（旧州民投票法二条二項b）。しかし州民立法制度の導入に関する州憲法の改正により、州民請願の成立要件について、法律の発案の場合は「有権者の一〇分の一」と、州議会の解散の場合は、その二倍にあたる「有権者の五分の一」と憲法上規定されたことから、新しい州民投票法の制定に際して、州民請願の許可申請の要件については、政府案は、この憲法上の要件設定の考え方と他の州の例にそうかたちで、まず法律案の場合は、州民請願の要件の一〇%すなわち有権者の一%に相当する二万五千人の支持、続いて州議会の解散の場合は、その二倍の五万人の支持を要するとして提案された（州民投票法に関する政府提出法律案中の提案理由、Vorlage – zur Beschlußfassung - über Gesetz über Volksinitiative, Volksbegehren und Volksentscheid, AH Berlin, Drs.13/709, S.7-8)。

（6） VAG BW, Art.28, Abs.1; LWG Bayern, Art.66, Abs.3; VAG Berlin, Art.18, Abs.2; VAG BB, Art.14, Abs.2; VAG Bremen, Art.18, Abs.1; LV RP, Art.109, Abs.3.

（7） LV BW, Art.59, Abs.2, Satz 2; LV Bayern, Art.74, Abs.1; LV Berlin, Art.62, Abs.4; LV BB, Art.77, Abs.3, Satz 1; LV Bremen, Art.70, Abs.1 d); LV RP, Art.109, Abs.3, Satz 2.

（8） LWG Bayern, Art.73, Abs.1, Art.84; VAG Berlin, Art.29, Abs.1; VAG BB, Art.24, Abs.1, Art.56; LV RP, Art.109, Abs.4.

（9） ベルリン、ブランデンブルク州およびRP州においては、この点を法律上明記しており、例えば、ベルリン州民投票法二九条三項は、「被選期の早期終了に関する州民投票は、州議会が被選期の早期終了を自ら議決した場合には実施されない。」と規定する（参照、VAG BB, Art.24, Abs.1, Art.56; LWG RP, Art.75, Abs.1)。バイエルン州選挙法には、「州議会が州民請願の法律案を無修正で受け入れた場合には、州民投票は実施されない。」(LWG Bayern, Art.73, Abs.3) との規定を、州議会の解散の場合に準用する明示的規定は存しないが、当該州民請願に関する州議会の審議期間を認めていることから、同様に解される（参照、Schweinoch/Simader, Bayerisches Landeswahlgesetz, Art.93, Rdnr.2)。

（10） 一九八一年、ベルリン州議会の解散を求める州民請願が実施される前に、州議会が自律解散議決を行ったため、申請代表者は、その議決により請願運動の目的は達せられたとして当該申請を撤回している（本章第四節参照）。しかし、州議会が自律解散すなわち州民請願の目的に相応する議決を行ったからといって、州民請願を求める州民の権利が消滅するわけではなく、また州議会はいつでも解散議決を無効とする議決を行うことができるのであるから、申請代表者が申請を撤回しなかったならば、州議会が実際に解散していないかぎり、州政府は州民請願を実施しなければならなかったであろう（参照、Pfennig/Neumann, Verfassung Berlin, Art.39, Rdnr.15)。

（11） LV BW, Art.60, Abs.5; LWG Bayern, Art.80, Abs.1; LV Berlin, Art.63, Abs.2; LV BB, Art.78, Abs.2; LV Bremen, Art.72, Abs.1; LV RP, Art.109, Abs.4, Satz 3; LWG RP, Art.83, Abs.1.

第四節　実　例

これまで、州民請願および州民投票を通じて州議会の解散を求める手続が利用されたのは、一九七一年のＢＷ州および一九八一年のベルリンの二例を数えるだけである。(1) もっともＢＷ州においては、州民投票は成立要件を満たすことができず失敗に終わり、またベルリンにおいても、州民請願の実施前に州議会が自律解散したために州民請願の実施にまで至らなかった。

これら二州のケースは、州議会の解散を求めるに至った動機およびその運動の状況をまったく異にしている。(2)

ＢＷ州の場合、州民請願の申請者の目的は、州議会の解散および改選それ自体ではなく、むしろ当時州議会で審議中の行政改革法案の議決を阻止するために、解散要求運動を通じて州議会に政治的圧力をかけることであった。しかし、この運動は議会外の無名の政治組織により推進され、なるほど当該改革によって不利益を被る特定地域の州民の支持によって州民請願は成功したものの、州民投票の実施は当該法律がすでに州議会で可決された後のことでもあり、多くの州民の関心を集めることはできなかった。

これに対して、ベルリンにおける州民請願の申請は、州政府の閣僚が関与する政治腐敗事件をめぐる深刻な政治危機の打開を図るために、州議会の改選を通じて政権の交替を目指したものであった。このため、州民請願実施に向けての運動は、議会反対派の大政党により率いられ、その許可申請の際には、州民請願の成立にも十分な数の署名が集まり、州民請願の成功は疑いのない状況にあった。もっともこの間、政党間では州議会の自律解散に関する協議が進行中であり、この運動はそれを加速するための政治的圧力手段として利用されたことも推測される。

1　BW州における州民投票

一　一九七一年、BW州において、州議会の解散を求める州民請願および州民投票が行われた。州民請願は、改正（一九七四年）前の憲法上の要件（二〇万人の有権者の署名）を満たして成立したが、州民投票においては、有権者全体のわずか一六％が投票に参加したにとどまり、なるほどその有効投票のうち五四・五％が州議会の解散に賛成したものの、それは有権者全体の八・六％に過ぎず、憲法上の要求である「有権者の過半数」の同意にはまったく及ばず、州議会解散の試みは失敗に終わった(3)。

この州民請願および州民投票の実施を要求した運動は、州議会の解散それ自体を直接の目的とするものではなく、州政府により提案され、州議会で審議されていた行政改革法律案の議決阻止を目的とする闘争手段であった(4)。したがって、この運動は、当該法律案が州議会において審議されているかぎりにおいては、州議会に対する一つの圧力手段であった。しかし、州民投票が実施されたのは、当該法律がすでに州議会で可決された後のことであり、また約半年後には州議会の定例の改選が行われることになっていたため、州民投票の失敗は一般に予測されていたことであった。さらに、たとえより好都合な政治的条件や人を引きつける契機、またより強力な推進者があったとしても、州民投票が成功するための憲法上の厳格な要件により、その試みは恐らく失敗したであろうと考えられている(5)。たしかに有権者の中には、この州民投票により、すでに可決された行政改革に対して、なおも政治的影響を与えることができると考えて投票した人もいたのであろうが、その州民投票は、あくまで州議会の解散の是非を決めるための投票であり、特定の行政施策に対する州民の意思を州議会に提出するための投票ではなかったということ

も、この結果に結びついたと考えられる。(6)

他方、州民が、州議会において審議中の法律案あるいは可決された法律に反対する手段としては、州民立法手続を利用して、当該法律案が審議中であれば対案の制定を求める州民請願を、それが可決された後であればその改廃を求める州民請願を提起し、さらには州民投票により採否を決することが考えられるが、ＢＷ州においては、そのような州民立法制度の採用は一九七四年の憲法改正を待たなければならず、当該制度をもたない一九七一年当時においては、州議会の解散を求めたこの州民請願および州民投票は、特定の行政施策に対する州民の意思を州議会に表明するための代替手段として、いわば目的外利用されたともいえるであろう。(7) この州民請願および州民投票をめぐる経緯は次の通りである。(8)

二　一九七〇年一〇月半ばに公となった行政改革に関する州政府案は、郡（Landkreis）および県（Regierungsbezirk）の再編成、すなわち郡の数を従来の六三から三五に削減することならびに県知事の廃止を主要な内容としていた。(9) このため、解体が予定される郡においては、公聴会において拒否の意思を表明したり、郡の存続のための行動団体を設立するなどの抵抗がみられたが、州議会においては、ＳＰＤとＣＤＵの連立政府会派に所属する当該郡出身の議員は、両会派の政治的指導力により抵抗が封じ込められ、効果的な方法で現状維持のために尽くすことはできなかった。したがって当該改革に対する抵抗は、議会外に求められるしかなかったが、一九七一年二月、同州内の約九〇〇の市町村の長や議会を主たる会員とする「ＢＷ民主的行政改革同盟（Liga für demokratische Verwaltungsreform in Baden-Württemberg)」（以下、「同盟」と略す）が設立され、(10) この行政改革に脅かされる郡の存続並びに県知事の存続のためのさまざまな行動団体のリーダー的存在として活動を開始した。しかしその数日前、当該行政改革法案は、すでに州議会の第一読会を通過し、行政改革特別委員会に付託されていた。(11)

「同盟」の運動目標は、その規約の第七点に総括されている「州政府の現在の改革構想の実現阻止」であったが、この目標達成のために推進した州議会解散のための州民請願および州民投票について、「同盟」は、それはあくまで圧力手段にすぎず、州議会の解散自体が目標ではないという位置づけをしていた。[12] さらに、当該行政改革に対して、州内にはそれほど大きな抵抗はなかった（一九七一年初頭に公表された世論調査によれば、約半数の州民が行政改革に積極的な態度をとり、四〇％が知らないか無関心、そして反対する州民は一〇％という結果が出ており、反対者は解体の確定している郡においても一五％を超えていなかった）ことから、「同盟」は単なる拒否集団として行動したくはないという立場をもとっていた。このため、行政改革法案の審議に関する州議会の迅速なペースに対して、とにかく州民請願の許可申請を行わざるを得なかったものの、州議会の解散自体については決して真剣には努めようとはせず、州民請願の実施後一週間を経過した時でさえ、「同盟」の代表者は、「われわれは州議会の解散を絶対に望んでいるのではなく、州民請願を通して、州政府との話し合いを始めたいだけである。」と述べている。

三　一九七一年四月三〇日、「同盟」は、内務省に対して、州議会の解散を求める州民請願の許可を申請した。[13] この申請には、許可の法的要件である「一万人の有権者」を超える署名（一万四五三人）が添付されていたため、内務省は、五月一九日に州民請願実施の許可を与えるとともに、申請者の申立てにより登録名簿が設置される市町村（九特別市のうち三市、六三郡のうち五五郡が申請され、当該改革に関わらないシュトゥットガルトなどの特別市は申請されなかった）[14]、およびその登録期間（六月二一日から七月四日までの二週間）を公示した。[15]

この州民請願の登録期間内に、二一万七〇六七人の有権者（当時の有権者総数の三・七％）が法的に有効な署名を行い、当時、州民請願の成立に必要な署名数は二〇万人であったことから、州投票管理委員会はこの州民請願が成立したことを確認した。[16] この州民請願の成立について、州政府および州議会の連立会派側は、州民請願が辛うじて成功した結果には特段驚いてはおらず（首相）、むしろ、有権者の五％もその要求を支持しなかった結果は発案者にとって期待はずれであろう（ＳＰＤ州委員長）との見解を発表し、他方、「同盟」および反対会派のＦＤＰ会派は、州民投票まで行政改革法案の州議会での審議を延期するよう要求したが、その第二読会は州民請願が終了した四日後に開催されることがすでに予定されていた[17]。

この州民請願は、前述のように州内のすべての市町村で実施されたわけではなかったが、登録者数の約半数は、カールスルーエ（Karlsruhe）およびエスリンゲン（Esslingen）の二郡の有権者であったことが注目される[18]。これは、当該法案が付託された行政改革特別委員会が第二読会に提出した案[19]では、両郡の改革については、当初の政府案とは逆に、それらの郡を解体・分割して別の郡に、すなわちカールスルーエはブルーフザル（Bruchsal）に、エスリンゲンはニュルティンゲン（Nürtingen）に編入する内容に変更されていたことによると考えられる。しかし、この州民請願の結果は、州議会に対する政治的圧力となって激しい議論が展開され、結局、カールスルーエについては第二読会において、エスリンゲンについては第三読会において、いずれも当該委員会案が否決され、両郡を存続させる政府案が復活することとなった[20]。

州民請願の成功に基づき、州政府は、九月一九日に州民投票を実施することを公示した[21]が、その州民投票手続とはほとんど無関係に、当該法案に関する州議会での審議は急ピッチで進み、七月一四日には第二読会が終了し、第三読会の二日目である同月二三日に行政改革法律は本会議で可決された[22]。この間、反対会派のＦＤＰ／ＤＶＰは、同法律が可決された場合は、州憲法六〇条二項（「州議会議員の三分の一の申立てがあれば、州政府は、州議会により可決された法律をその公布前に州民投票にかけることができる。」）に基づいて、州政府が指定できる州民投票の実施を提案したが、同会派だけではその申立てに必要な議員数に足りず、また首相は、州議会の解散に関して実施される州民投票において、州民はその意思を表明する可能性をもっているのであるから、その州民投票だけで十分であるとして、それに反対することを表明したため、当該提案は実現に至らなかった。[23]

四　州民投票の成否について、州議会筋では、州民請願登録者の約半数を占めたカールスルーエとエスリンゲン両郡の不満が州議会における逆転議決により解消されたことから、「同盟」は、州民請願を支持した二一万人余りの改革反対者すら動員することはできないとの見解であった。このため、連立与党および州政府は、寝た子を起こさない戦術をとり、州民投票まで残すところあと二週間の時期には、「同盟」および州議会双方の州民投票に対する見解がテレビとラジオで放送されることになったものの、それらは投票日当日の投票者の数をできるだけ少なくするために、提供された放送時間を超えて必要以上に投票運動に取り組まないであろうとみられ、「同盟」は、それらが改革反対者のまわりに築き上げたこの沈黙の防波堤をくずすことができない状況にあった。[24]このため、「同盟」は、より多くの州民にこの問題について関心をもってもらう一つの手段として、後述するように、州民投票の運動費用の償還を求めて州憲法裁判所に訴訟を提起し、その判決は投票日約一週間前の九月一一日に出されている。また九月一四日の意見表明のなかで、「同盟」は、州政府が州民に対して州民投票において投票権を行使しないよう鼓舞したことは、憲法違反であると非難したが、議会反対派のFDP／DVP会派議長でさえ、州民投票は行政改革にはもはや影響を及ぼさず、この時点では無意味であり、むしろ予算や重要法案の可決を不可能にしてしまう恐れがあるとして、州議会の解散に反対する投票を求め、内務大臣は、州民投票に際して投票を棄権することは反対票と同じ意味をもつことを強調した。[25]

五　こうして九月一九日に実施された州民投票は、一般の予想通り失敗に終わった。有権者数は、州全体で、投票当日州議会の選挙権を有する約五九四万人であったが、このうち実際に投票権を行使したのは約九五万人で、投票率は約一六％にとどまった。有効投票のうち州議会の解散に対する賛成票は五四、四％を占めたものの、投票率が低かったため、結局、州議会の解散に賛成した投票者は有権者全体の八、六％にすぎず、これは州憲法四三条所定の州民投票成立の要件である「有権者の過半数」をまったく満たすことはできなかった（投票結果については図表4－2参照）[26]。

各投票区での投票状況をみると、なるほど行政改革法はすでに可決された後の投票ではあったが、当該改革により被害を蒙る郡における投票率は高く、とりわけニュルティンゲン、ブルーフザル、ジンスハイム（Sinsheim）、イーバーリンゲン（Überlingen）、エーインゲン（Ehingen）、ザウルガウ（Saulgau）、ヴァンゲン（Wangen）などの郡における投票率は、州全体（一六％）よりも少なくとも五割は高かった。このうちニュルティンゲンの投票率が最も高くて五九・八％に達し、しかも投票者の九二・九％すなわち同郡の有権者総数の五五・三％が州議会の解散に賛成し、すべての投票区のなかで唯一州憲法四三条の要件を満たしていた。これは、前述のように、行政改革特別委員会の提案では、ニュルティンゲンは隣接するエスリンゲンを編入して存続する内容であったが、審議の最終段階である第三読会において、委員会案とは逆に、後者が前者を編入して存続するという議決が行われたことによるものと考えられる。したがってニュルティンゲンにおいては、当該議決前に終了した州民請願を支持した有権者はわずか三五六人にすぎなかったのに対して、州民投票で州議会の解散に賛成した有権者は五万七千人余りにも達している（逆にエスリンゲンにおいては、州民請願では約三万六千人が登録したが、州民投票での賛成者は一万一千人にとどまった）。これとほとんど同じケースが、カールスルーエとブルーフザルであり、前者においては、州民請願の登録者が約五万五千人であったのに対して州民投票の賛成者は一万二千人足らずであった。エスリンゲンとカールスルーエの両郡では、前述のように州民請願に際して全体の四二％の登録者を集めたが、州議会のその後の逆転議決により各々の存

BW 州議会解散に関する州民投票の結果

賛成			反対		
票数	有権者数に占める割合（％）	有効票数に占める割合（％）	票数	有権者数に占める割合（％）	有効票数に占める割合（％）
57678	55.3	92.9	4431	4.2	7.1
11072	6.9	45.7	13131	8.2	54.3
11813	8.5	47.7	12934	9.3	52.3
14264	15.3	65.7	7451	8.0	34.3
5600	4.2	35.0	10416	7.8	65.0
25433	17.7	76.3	7904	5.5	23.7
12689	21.5	71.4	5074	8.6	28.6
26607	23.5	78.1	7479	6.6	21.9
14774	23.7	84.0	2808	4.5	16.0
9034	19.2	69.1	4049	8.6	30.9
9165	15.4	61.4	5755	9.7	38.6
12684	3.0	35.1	23478	5.6	64.9
4678	2.0	33.9	9131	4.0	66.1
508042	8.6	54.4	426445	7.2	45.6

（ただし、本文中で言及した投票地域のみ抜粋し、一部村上により算出）

続が決まったため、州民投票での賛成者はわずか四・五％にすぎなかった。このように編入するかされるかの関係にある郡において、その改革に対する不満がそのまま投票結果に表れている例は、他にもベーブリンゲン（Böblingen）とレオンベルク（Leonberg）などにもみられ、また前述の他の郡は、いずれも分割あるいは他の郡への編入を規定する政府案が最後まで変更されなかったため、州民請願および州民投票ともに支持者が多かった郡である。他方、当該改革と関係のない投票区、特にシュトゥットガルトやマンハイムなどの大都市においては、それを自分たちに対する問題とは明らかに感じておらず、投票率はかなり低かった。(27)

こうした州民投票の結果に対して、州政府および州議会の連立与党は、多くの州民は棄権することにより州議会の解散に反対する意

図表4-2　1971年9月19日における

投票地域（市・郡）	有権者数	投票者		有効票数
		人数	有権者数に占める割合（%）	
Nürtingen	104375	62327	59.7	62109
Esslingen（Ⅰ,Ⅱ）	160327	24525	15.3	24203
Karlsruhe（郡／Ⅰ,Ⅱ）	139691	25341	18.1	24747
Bruchsal	92996	22299	24.0	21715
Böblingen	133521	16383	12.3	16016
Leonberg	143734	33741	23.5	33337
Ehingen	59067	17956	30.4	17763
Wangen	113106	34365	30.4	34086
Überlingen	62227	17735	28.5	17582
Saulgau	46958	13222	28.2	13083
Sinsheim	59607	15144	25.4	14920
Stuttgart（市／Ⅰ～Ⅴ）	418829	36535	8.7	36162
Mannheim（市／Ⅰ～Ⅴ）	230020	14007	6.1	13809
Baden-Württemberg全体	5935026	948652	16.0	934487

（出典）
Bekanntmachung des Landesabstimmungsleiters über das endgültige Ergebnis der Volksabstimmung, vom 15. Oktober 1971, StAnz. BWNr.84 v.23.Okt.1971,S.6

思を表明したのであり、行政改革が多くの州民に受け入れられたことを示すものであると語ったが、他方、「同盟」は、投票運動における障害があまりにも大きかっただけに、「投票者の過半数」が州議会の解散に賛成したことは予想外であるとの声明を出している。[28] 州政府側は投票の棄権を求めていたこと、さらに行政改革法の議決後の投票であったことからすれば、投票率がわずか一六%であったことは直ちに、当該行政改革に対する一般の関心が低かった結果であると断言することはできない。[29] むしろ、前述のニュルティンゲンやエスリンゲンなどの例をみれば、投票への参加がその時々の状況に大きく左右されたことがわかる。しかし、合計七〇の投票区のうち、「有権者の過半数」が州議会の解散に賛成したのは、州議会の最終局面で劇的な逆転を蒙ったニュルティンゲンだけであり、州議会の解散に関する州民投票成立の要件を達成することが極めて厳しいことは確かである。

【注】

（1）Höfling, DÖV 1982, S.889ff. 参照。なお、同書八八九頁の他、Weber, DÖV 1985, S.183; Stiens, Landesverfassungen, S.213 には、ザールラント州議会についても、一九五三年一二月の州民投票により解散が成功した旨の記述がみられるが、同州憲法（一九四七年一二月一五日制定）には州民投票による州議会の解散に関する規定はなく、同州議会は、一九五五年一〇月二三日の州民投票で「ザールラントのヨーロッパ的地位の承認」が否決されたことをうけて、同月二九日の会議において、同年一二月一七日に自律解散（州憲法七一条一文）することならびに同月一八日に改選を実施することを議決した事実があるにすぎない。参照、M.Sander/T.Schäfer, Der Landtag des Saarlandes in der 1. und 2. Wahlperiode 1947-1955, S.67; AdG 1955, S.5433.

（2）以下、両者の比較については、Jürgens, Direkte Demokratie, S.221-222; Friedrich, JöR 30 (1981), S.215 参照。

（3）StAnz. BW Nr.75 vom 22. September 1971, S.2.

（4）Rittger, Direkte Demokratie, S.179-180; Troitzsch, VB und VE, S.105.

（5）Wehling, ZParl 1972, S.76.

（6）Gawatz, Volksabstimmung, S.320.

（7）こうした州民立法制度がなかったため、「同盟」は、六月二一日、当該行政改革法案の対案（すべての行政段階に対する完全な統制を目的とし、郡の改革には、当該郡・市町村の議会ならびに当該郡・市町村の住民が同意した法律を必要とすることなどを内容とする）を州議会の諸会派に手渡して審議を依頼する他なかった（„Ein Gegenentwurf zur Verwaltungsreform- Vorschlage der „Liga für eine demokratische Verwaltungsreform“ dem Landtag übergeben“, Südkurier vom 22. Juni 1971, S.2）。

（8）以下の経緯およびその状況判断に関する記述は、特に注記のある部分を除き、Wehling, ZParl 1972, S.78-85 による。

（9）州政府が、一九七一年二月一日、州議会に正式に提出した三つの行政改革法律案のうち、「行政改革第一法律（郡改革法律）案」について、Entwurf eines Ersten Gesetzes zur Verwaltungsreform (Kreisreformgesetz), Landtag BW, Drs.5/4000 参照。

（10）参照、Feuchte, JöR 27 (1978), S.175; ders, Verfassungsgeschichte BW, S.335.

（11）　Landtag BW, PlPr.5. WP., 101. Sitzung vom 12.2.1971, S.5869.

（12）　州民投票による州議会の解散という手段は、すでにシュトックアッハ（Stockach）存続のための市民運動がかなり早くから採り入れ、「同盟」が設立される一週間前に、同郡において「州民投票行動連合（Aktiongemeinshaft Volksentscheid）」が名のりをあげている。この「連合」は、州民請願の許可申請の約二ヵ月前にはすでに署名収集を開始していたが、「同盟」設立の際、明確に州議会解散に向けて努力すべきとするシュトックアッハ側の提案は受け入れられなかった（Wehling, ZParl 1972, S.81）。なお、シュトックアッハは、当該行政改革によりコンスタンツ（Konstanz）に編入された。

（13）　Gawatz, Volksabstimmung, S.318.

（14）　Statistisches Amt der Stadt Stuttgart, Volksabstimmung über die Auflösung des Landtags von Baden-Württemberg am 19. September 1971 in Stuttgart, Statistische Blätter der Stadt Stuttgart, Heft 30a, 1973, S.11.

（15）　Bek. des Innerministeriums Baden-Württemberg über die Zulassung eines Volksbegehrens auf Auflösung des Landtages nach Art.43 der Landesverfassung vom 19. Mai 1971, StAnz. BW Nr.40 vom 22. Mai 1971, S.5.

（16）　Bek. des Landesabstimmungsleiters über die Feststellung des Volksbegehrens vom 3.August 1971, StAnz. BW Nr.63 vom 11. August 1971, S.4.

（17）　„Jetzt Abstimmung über Landtagsauflösung - Volksbegehren zur Verwaltungsreform erfolgreich - Allein 100000 Unterschriften in Karlsruhe und Esslingen", Südkurier vom 6. Juli 1971, S.1.

（18）　カールスルーエでは約五五二〇〇人、エスリンゲンでは約三六一〇〇人が登録しており、これは両郡合わせると全体の約四二%にあたる。参照、Südkurier v.6. Juli 1971 S.1（注17）und S.6 („Ergebnis: Die Aktion Volksbegehren hatte in den Landkreisen folgende Ergebnisse"); Gawatz, Volksabstimmung, S.320.

（19）　Antrag des Sonderausschusses Verwaltungsreform zu dem Entwurf eines Ersten Gesetzes zur Verwaltungsreform (Kreisreformgesetz)-Drucksache 5/4000-, Landtag BW, Drs.5/4900.

（20）　カールスルーエについては、同郡の存続を求める提案（Landtag BW, Drs.5/5112）が第二読会で採択され（Landtag BW, PlPr.5. WP., 110. Sitzung v.9. Juli 1971, S.6621; 参照、„Karlsruhe hatte im Landtag Erfolg", Südkurier vom 10. Juli 1971, S.1）、エスリンゲンの存続については、第二読会では存続提案（Drs.5/4994, 5109）は否決された（Landtag BW, PlPr.5. WP., 109. Sitzung v.8.

Juli 1971, S.6462; 参照、„Stuttgart: Landtag überfuhr die Esslinger“, Südkurier vom 9. Juli 1971, S.1）が、法案可決前日の第三読会において再び熾烈な議論が戦わされ、再度の存続提案（Landtag BW, Drs.5/5268, 5/5259）が、僅差で可決された（Landtag BW, PlPr.5. WP., 115. Sitzung v.22. Juli 1971, S.7078; 参照、„Hartes Ringen um künftige Gestalt des Landes – Entscheidende Beratung im Landtag – Esslingen jetzt doch Kreissitz – Heute Beschlüsse über Regionen“, Südkurier vom 23. Juli 1971, S.1）。

（21） Bek. der Landesregieung Baden-Württemberg über die Durchführung einer Volksabstimmung vom 4. August 1971, StAnz. BW vom 11. August 1971, S.4.

（22） 行政改革法案の中核である第一法案（郡改革法案）は、七月一三日に第二読会を終了（Landtag BW, PlPr.5. WP., 112. Sitzung vom 13. Juli 1971, S.6791）し、同月二三日に第三読会を経て可決された（Landtag BW, PlPr.5. WP., 116. Sitzung vom 23. Juli 1971, S.7175）。なお、最終的に可決された同法律の文言については、Landtag BW, Drs.5/5346 参照。

（23） „Filbinger: „Eine Volksabstimmung ist genug“ – Gegen Antrag der FDP ausgesprochen – Opposition sammelt Unterschriften “ , Südkurier vom 22. Juli 1971, S.4.

（24） „Noch ist es ruhig die Volksabstimmung“, Südkurier vom 4. September 1971, S.4.

（25） „Streit um den Volksentscheid im Südwesten – Liga wirft Regierung Verfassungsbruch vor –FDP empfielt Nein – Krause propagiert Stimmenhaltung“, Südkurier vom 15. September 1971, S.1.

（26） 投票結果は、Bek. des Landesabstimmungsleiters über das endgültige Ergebnis der Volksabstimmung über die Auflösung des Landtags von Baden-Württemberg vom 19. September 1971, vom 15. Oktober 1971, StAnz. BW Nr.84 vom 23. Oktober 1971, S.6. による。参照、„Volksabstimmung zur Auflösung des Landtags gescheitert. Nur 8, 6 Prozent der Abstimmu ngsberechtigten unterstützten die „Liga“ – Druchschnittliche Beteiligung 16 Prozent“, StAnz. BW Nr.75 vom 22. September 1971, S.2.

（27） Gawatz, Volksabstimmung, S.320. 参照、„Volksabstimmung - Grund zum Nachdenken – Landesregierung und Landtag dürfen Wahlergebnis nicht unbeachtet lassen – Unterschiedliche Motive“, Südkurier v.20. September 1971, S.3.

（28） StAnz. BW Nr.5 vom 22. September 1971, S.2; „Wähler entschieden: Dieser Landtag bleibt-Über eine halbe Million Bürger stimmen für Auflösung-Wahlbeteiligung zwischen 7 und 70 Prozent“, Südkurier vom 20. September 1971, S.1.

（29） Statistische Blätter der Stadt Stuttgart, Heft 30a, 1973, a. a. O., S.14.

2　ベルリン議会の自律解散

一　一九八一年一月、ベルリン議会に対して、その解散を求める州民請願実施の許可申請が行われた。これは、深刻な政府の危機を招くとともにベルリンを根底から揺るがした政治汚職事件に端を発しているが、州民請願の実施に関する手続に移行する前に、州議会が自ら解散する途を選んだため、結局、州民請願の実施にまで至らなかったものである。(1) すなわちベルリンCDUを始めとする三団体は、議会の早期解散を求める州民請願実施の許可を得るために、約二五万人の署名（CDUだけで一五万人といわれる）を集め、CDUは、内務大臣に対して州民請願実施の許可を申請した。この署名者数はその許可に必要な数をはるかに越えるものであり、さらに州民請願自体の成立も有望な数であった。(2) こうした世論の状況に対して、ベルリン議会の与野党三会派（CDU、SPDおよびFDP）は、議会の早期解散に関する議決を行うことで一致し、三月一六日、州議会は州憲法三九条二項に基づく自律解散議決を行った。このため、CDUは州民請願運動の目的は達せられたとして、その実施の申請を撤回し、州民請願は実施されなかったのである。(3) この州民請願をめぐる経緯は、以下の通りである。(4)

二　一九八〇年一二月、ベルリン州政府は、ある建築会社に対して二年前に行った多額の保証引受が失敗した問題（いわゆる「ガルスキー事件」）により非難にさらされ、一九八一年一月上旬には、シュトーブル（Dietrich Stoble）首相の下、当該事件に関与した財務大臣を始め四人の閣僚の辞任が相次いで表明された。同首相は、政府改造を計画してSPDの承認を得たが、他方、CDU州幹事会は、「ベルリンの威信の失墜を阻止し、自浄能力と自助能力により新たなスタートを切るためには、州議会の改選こそ時の命じるところである。」として、州議会の改選に賛成する決議を採択し、改選に関する州民投票の前提としての州民請願に着手することを一致して議決した。同月一五日、SPDにより提案された新たな四人の大臣候補者は、州議会において、就任に必要な過半数の賛成（州憲法旧三一条二項、四一条二項）を得ることができず、改組は失敗したため、CDU会派代表ディープゲン（Eberhard Diepgen）氏は、SPDとFDPの連立政府は統治能力のないことが実証されたとして、首相の辞任と改選の実施を要求し、連立会派の長時間にわたる審議の後、首相は辞任を表明し政府も退陣した。翌日、ベルリン州CDUは、州議会の解散のための州民請願の申請を行うことを議決し、この手続に関する準備に着手した。

他方、こうした政治危機を打開するために、SPD党首ブラント氏、FDP党首ゲンシャー氏を始めとするボンの両党幹部が乗り出し、SPDは新首相の最終候補者として、当時の連邦司法大臣フォーゲル（Hans-Jochen Vogel）氏を指名し、ベルリンのSPD州幹事会および州議会の同会派はそれを承認した。CDU／CSU連邦議会会派は、連立会派に対して、選挙民の新たな委任なくして安定した政治状況をベルリンにもたらすことは誰にもできないであろうと、改選のための道を開くよう呼びかけたが、FDPは、SPDによるフォーゲル氏の指名を了承するとともに、同党から三人の入閣を要望することにより連立政府の形成を表明した。このため一月二三日の州議会において、フォーゲル氏は一三五票中七三票の過半数をもって首相に選出され、同首相の下での組閣が成立した。(5)

三　フォーゲル首相は、自分の首相選出前に州議会の早期解散と改選の時期について州議会の三会派と合意したい旨を表明しており、連立会派の間では改選の準備に関する話し合いが進行中であった。しかしこうした動きとは別に、ベルリンCDUは、すでに一月二三日から州議会解散を求める州民請願のための署名を開始しており、また同時に早期の改選の時期を目標とする会派間の話し合いには、なお応じる用意のあることを表明した。

一月二五日、CDUおよび二人の団体代表は、約二五万人（八万人だけで法定要件を満たすところ、CDUだけで一五万以上）の署名を集めて、(6)内務大臣に対して、正式に州民請願の許可申請を行ったが、CDU代表ディープゲン氏は、その成果を「ベルリン市民の民主主義に対する理解のすばらしい証明」であると評価している。内務大臣は、これらの申請が法律上の要件を満たしているとして許可を与えるとともに、州民請願を三月二二日から同二九日まで実施することを公示した。[7]

ところが一月二九日、州議会三会派の各代表は、州議会議長との会談において、州議会の改選を五月一〇日に行うことについて合意した。改選の日程が先に決定されたため、それに先行する州議会の解散は、州憲法の規定に基づいて逆算すると、改選の八週間前（三月一六日）がタイムリミットとなるが、[8] CDUが推進した州民請願および州民投票を通じた州議会の解散は、かりに成立するとしてもそれまでにかなりの期間を要し、[9] またCDUにとっては州議会の改選という本来の目的は達成されたことから、[10] 結局、州議会は各会派一致して自律解散の議決を行うこととなった。

こうして三月一〇日、三会派は、「ベルリン議会の第八被選期の早期終了」に関する動議を共同提案し、[11] 同月一六日、州議会は満場一致でそれを承認した。[12] この議会解散の議決後、CDUは、州議会の議決により目的は達せられたとして、内務大臣に対して一月に提出していた州民請願の実施を求める申請を直ちに撤回したとされている。[13]

四　同日の州議会において、自律解散の議決に関する審議の冒頭、ベルリン議会議長ルマー（Heinrich Lummer）氏は、州民投票制度の沿革と意義、とりわけこの制度をめぐるベルリンの状況について有意義な発言を行っているので、以下引用する。[14]

「被選期の早期終了に関する決定の出発点となったのは、われわれの都市の一般的・政治的状況と並んで、州民請願の開始のための提案であった。この提案は、明らかに世論の状況に一致しており、またその状況はわずかな間に二五万人以上のベルリン市民が州民請願を求める提案を署名により支持したことによっても明白となった。

反対会派は、なるほどベルリン憲法に規定されてはいるが、長い間どの政党からも一定の距離を置いて眺められ、それゆえ利用されることのなかった手段、すなわち議会の解散に関する州民投票を投入した。

州民請願と州民投票に対する懐疑は、わが国においては、なかんずく歴史上の、特にワイマール時代の落胆的な経験から生じている。なおのこと一九三三年から一九四五年までの政治的眩惑は、国民投票的要素に対する慎重さを要求するように思われた。感情というものは、諸決定の客観性と合理性をあまりにも容易に排除しうるのである。

第二次世界大戦後、ドイツ人の政治的成熟に対しては、特に不信の念が抱かれた。このことは外国においてだけではなかった。それゆえドイツ連邦共和国の基本法は、国家レベルにおいては、基本的に間接民主主義を優先させた。このことは確かにその真価が実証された。やや遅れて発効したベルリン憲法は、それより少し先に進み、議会を州民投票により解散する可能性、ならびに法律を州民投票により制定する可能性を規定した。見通しのきく領域においては、憲法の州民投票的要素の強化に存する危険性は、はるかに少ないと思われたのである。

それにもかかわらず、ベルリン議会においては、この規定の施行に関する法律的諸前提を作り出そうとする特段の気配は見られなかった。一九七四年に至ってようやく、議会の解散のための州民請願と州民投票に関する法律が可決され、これにより憲法の本質的な規定が実際に適用可能となった。われわれがここ数週間に認めることのできた活力を、当時はほとんど誰も予想することはできなかった。意図的に複雑でしかも長い期間に拘束されるその手続は、むしろ自制あるいは恐らく懐疑さえ予想させるものであるように思われた。したがって、この手段の価値の有無については何も述べられるべきではない。そうではあるが、その重要性が不十分にしか評価されなかったことは、心に留めおかれて然るべきである。民主主義は、期限付きの統治である。それにもかかわらず、被選期中の一定の時期においては、州民の意思と権力者による権力行使がもはや一致しない危険性、すなわちその状況を通じて、形式的正当性だけはなお存するが、意思の合致の実質的な正当性は失われているという危険性が存する。

それゆえ、唯一理にかなっていると思われるのは、主権者としての選挙人が期限付きの統治の期間を短縮する可能性をも持たなければならないということである。そのための手段を作り出すのが、州民投票である。その利用は憲法に基づくものであり、そして基本的に批判を受けてはならないものである。適切にも、この手段の利用に対する批判は散発的であったに過ぎず、まもなく聞かれなくなった。憲法の代議制的性格を改正することなく、ここに、さらなる――しかも直接的な――民主主義の一つが敢行される。州民投票は、否定と抗議の勢力を憲法上の決定メカニズムへと誘う。州民投票により、新たな代表者の選挙となる。われわれがここで言うことができるのは、州民請願は実行可能であることが証明され、その限りでその真価が発揮されたということである。」

【注】

（1）Jürgens, Direkte Demokratie, S.184-185. 参照、Wilke/Ziekow, JöR 37 (1988), S.300; Pfennig/Neumann, Verfassung Berlin, Art.39, Rdnr.15.

（2）当時の州民請願の許可申請に必要な署名数は、八万人（「州議会の解散のための州民請願および州民投票に関する法律（Gesetz über Volksbegehren und Volksentscheid zur Auflösung des Abgeordnetenhauses vom 27. November 1974）」（以下、「旧州民投票法」と略す）二条二項b）、さらに州民請願の成立に必要な有権者数は、州憲法旧三九条三項二文に基づき、有権者総数の五分の1（Statistisches Landesamt Berlin, Statistisches Jahrbuch 1996 によると、一九八一年改選当時の有権者総数は約一五一万人であることから、約三〇万人に相当する）であった。

（3）AdG 1981, S.24230, 24368.

（4）以下の経緯については、別に注記のあるものを除き、AdG 1981, S.24226-24230; Schmollinger, ZParl 1983, S.38-43; „SPD-Berlin: Der letzte Tango- Die Krise der sozialliberalen Koalition- eine Krise der Sozialdemokraten“, Der Spiegel vom 19.1.1981, S.23-30 参照。

(5) „Neue Regierung nach Senatskrise“, Das Parlament, Nr.5 vom 31. Januar 1981, S.9.

(6) CDU自らの申立てによると、一七万三六三六人の署名を集めたとされる（„Erfolg für Berliner CDU“, Südkurier vom 26. Januar 1981, S.1）。

(7) Volksbegehren zur Auflösung des am 18. März 1979 gewählten Abgeordnetenhauses von Berlin, Bek. des Senators für Inneres v.08.02.1981, ABl. Berlin, I, vom 14. Februar 1981, S.343. なお、この公示では、「もし州議会が、三月一六日に州憲法三九条に基づいて早期改選を招来する議決を行った場合は、州民請願は、それに相応する目的が達せられたのであるから、実施されない。」とされているが、その法的根拠はない。

(8) 州憲法旧三九条二項（一九八一年二月二六日の改正後は、同条四項）は、「被選期の早期終了の場合、改選は、州議会の議決あるいは州民投票の公示後遅くとも八週間後に実施される。」と規定する。

(9) 旧州民投票法二一条一・二項によれば、州民請願が成立した後、州議会にはその採否について二ヵ月間の議決猶予期間が与えられており、否決した場合は、二ヵ月以内に州民投票が実施されると規定されている。

(10) CDU会派のディープゲン氏は、「わずか数日の間に、二五万人の署名が集められた。これらの署名は、……改選を早めるという今日の提案にまで決定を熟させたのである。CDUは、市民の抗議が憲法に基づいて表明されうるこの手段を調えたのである。しかし、本日議会が改選を議決するのであれば、これは実際に、ベルリン市民の勝利である。」と、自律解散の議決により、州民請願運動を通じて目指した本来の目的は達成された旨の発言をしている（AH Berlin, PlPr.8/51, S.2220）。

(11) AH Berlin, Drs.8/753.

(12) AdG 1981, S.24368. なお、この申請の撤回は、旧州民投票法八条（「許可申請は、登録期間の開始までは撤回することができる。その撤回は、代表者により、……内務大臣に対して表明されなければならない。」）に基づくものと考えられる。

(13) „Einmaliger Vorgang in der Geschichte Berlins“, Das Parlament, Nr.14 vom 4. April 1981, S.12; „Einstimmig für vorgezogene Neuwahlen“, Südkurier vom 17. März 1981, S.1 参照。

(14) AH Berlin, PlPr.8/51, S.2218.

第五節　州民投票運動の費用の弁償

一　州民投票運動に要した費用が公的に賄われる制度は、前述（第二章第四節）したように、ハンブルク、ニーダーザクセン州、ザクセン州、SA州およびSH州の五州が一九九〇年代に入り州憲法の制定あるいは改正により採用したにすぎず、BW州においてはこの制度は採用されていない。ところが、一九七一年の州議会の解散に関する州民投票をめぐる動きの中で、州民請願を成功させた「同盟」は、州民投票の実施前に、その投票運動のための財政的援助を州議会議長に申請した。(1)かれらは、自分たちは州民投票による州議会の解散を規定する州憲法四三条により憲法上認められた反対派であるから、州政府、州議会および諸政党と財政的対等化を要求する権利を有すると主張した。しかし、州議会議長はこの申請を拒否したため、さらにBW州憲法裁判所に出訴し、選挙戦費用法は、州議会選挙の運動費用が政党に弁償されることを規定しているところ、州議会の解散に関する州民投票は、州議会の選挙と反対の行為と見做されるべきであるから、財政的援助についても同一の関係が当てはまるべきと主張して、投票運動費用の支払いに関する州議会議長の義務を求めた。(2)同裁判所は、その訴えを憲法裁判所の管轄ではないとして却下したが、選挙戦費用法が州議会の解散に関する州民投票に適用されないことについても判示している。(3)

二　BW州の「州議会選挙の選挙戦費用の償還に関する法律（Gesetz über die Erstattung der Wahlkampfkosten von Landtagswahlen vom 1. August 1967）」、いわゆる「選挙戦費用法（Wahlkampfkostengesetz）」(4)は、州議会の選挙戦費用の弁償に関する法律の制定を州に授権する政党法二二条(5)に基づく法律であり、その後の政党法の改正により現在は廃止されているが、[6]当初は、「㈠適正な選挙戦の必要経費は、州議会選挙に独自の候補者推薦をもって参加した政党に弁償されなければならない。その選挙戦費用は、この州議会選挙の有権者一人当たり一・五〇マルクの金額で一括算出される（選挙戦費用総額）。㈡選挙戦費用総額は、最終選挙結果に基づき州において投じられた有効投票の少なくとも二・五％に達した政党に配分される。㈢選挙戦費用総額の配分（弁償額）は、州において達した得票数に比例して算定される。」（一条）[7]と、一定の政党に対して、州議会の選挙運動に要した費用が公的資金によって賄われることを規定していた。

これに対して州民投票法[8]は、なるほど州民請願の費用については、「㈠許可申請の費用ならびに登録名簿およびその市町村への送付の費用は、申請者の負担とする。㈡州民投票が州議会の解散の結果となった場合には、申請者に対し、許可申請の費用ならびに登録名簿およびその送付の費用が州により弁償されなければならない。」（三五条）と規定し、住民請願の許可申請等にかかる費用は、まずは申請者が負担しなければならないが、州民投票が成功して州議会が解散された場合には、州により申請者に弁償されることになっている。しかし州民投票については、「州民投票の費用は、州が負担する。州は、郡および市町村に対して、投票結果の送付を含め州民投票の準備および実施により生じた必要経費を、経常的人件費および物件費を除いて弁償する。」（二〇条一項一文）と、州民投票の実施側である郡および市町村への費用の弁償を規定するにとどまり、例えばハンブルクの「世論への適切な情報提供に要した費用の弁償」（州民投票法三〇条一項）のように、州民請願の申請者が投票運動に要した費用を公的に賄う旨の規定はない。

このように州議会の選挙については、その運動費用が一定の政党に弁償される制度はあるが、州議会の解散に関する州民投票については、その州民請願の申請者などに州民投票運動に要した費用が弁償される制度はない。したがって、この訴訟においては、「同盟」が主張するように、州議会の解散に関する州民投票は州議会の選挙と反対の行為であるとして、選挙戦費用法が州民投票に類推適用されるか否かが、争点のひとつとなった。

三　他方、この訴訟の適法性に関して、ＢＷ州憲法裁判所は、その一年前、同じ選挙戦費用の弁償をめぐる訴訟において、州議会議長を相手とする訴えは憲法裁判所の管轄ではないとする判決をすでに下していた(9)。

この訴訟の提起は、連邦憲法裁判所が選挙戦費用の償還に関する政党法の規定を基本法違反である旨の判決を出したことを契機としている。それによると、申立人（Domokratische Linke）は、政党として、一九六八年四月のＢＷ州議会選挙に参加したが、当時の選挙戦費用法一条二項に基づき、選挙戦費用総額の配分を受ける要件としての有効投票の二・五％を獲得することができなかったため、当該配分の確定および支払いの申請を被申立人（州議会議長）に対して行わなかった。ところが、同年一二月三日、連邦憲法裁判所は、有効投票の二・五％を獲得した政党にのみ選挙戦費用総額が配分されることを規定する政党法一八条二項一号（「選挙戦費用総額は、最終選挙結果に基づき、少なくとも、選挙区域において投じられた有効な第二票の二・五％に達した政党に配分される。」）、および選挙戦費用の弁償を州に授権する同法二二条（「州においては、州議会選挙の選挙戦費用は、第一八条から第二〇条までの範囲内において……弁償されうる。」）が基本法に違反するとの判決(10)を下した。

すなわち、「政党法一八条二項一号が選挙戦費用の弁償を政党が最終選挙結果に基づき少なくとも有効投票二・五％を獲得したことにかからしめているかぎりにおいて、政党の機会の平等に関する権利が侵害されている。」なぜなら、「原則として、選挙戦に参加したすべての政党が考慮されなければならない選挙戦費用の弁償に際して、最低得票率は、機能を果たしうる議会をつくらなければならないという指摘によってではなく、あらゆる選挙について不可欠の前提である、選挙に出された提案や綱領が真剣に考えられていること、すなわちそれらが選挙の成功にのみ向けられ、他の目的に向けられていないことによってのみ正当化されうる。」したがって、「立法者は、政党法一八条二項一号の公布により、基本法三条一項と関連して同二一条一項に違反している。」[11]と。そして、この選挙戦費用の弁償に参加する資格を与えるためにどの程度の最低得票率が必要であるかについては、連邦議会選挙における具体的な状況を考慮してのみ算出されうるとして、最近の同選挙における有権者数および投票者数から、〇・五％に相当する票を獲得することのできる政党であれば、その選挙戦の努力の真剣さを疑うことはできず、また過去の選挙において投票の〇・五％に届くことができなかった政党は、これまでの選挙結果によれば、次の選挙で比例代表選挙法の五％阻止条項を超える見込みはほとんどないことから、〇・五％が相当であるとし[12]、したがって、政党法二一条は、「州に対して、州議会の選挙戦のための費用の弁償を、ある政党が〇・五％以上の得票に達したことにかからしめているかぎりにおいて」、同様に基本法二一条一項および同三条一項に違反していると判示した[13]。

そこで申立人は、一九六八年の州議会の選挙戦費用弁償について決定的なBW選挙戦費用法の規定は、それが費用の弁償を政党が少なくとも二・五％の票を獲得したことにかからしめているかぎりにおいて無効である――なぜなら、その法律の基礎となっている政党法二二条の授権規範は無効であり、さらにこの州法の規定は基本法二一条一項、三条一項およびBW州憲法二条一項に違反しているからである――として、一九六八年一二月一一日、州議会議長に対し選挙戦費用総額におけるその政党の配分の確定と支払いと求めた。しかし議長は、当該連邦憲法裁判所の判決からは、一九六八年四月の州議会選挙に遡及して選挙戦費用を事後的に弁償する自らの義務は導かれ得ないとして、この申立てを拒否した。このため、申立人はBW州憲法裁判所に訴えを提起し、州議会議長は連邦憲法裁判所の判決を無視して、もし選挙戦費用法に規定する最低得票率が〇・五％に確定されていたならば申立人が得たであろう選挙戦費用総額の配分の確定および支払いを拒否したことにより、基本法三条一項および二一条一項並びにＢＷ州憲法二条に違反していることを確認すること、さらに当該金額を確定して申立人に支払うよう州議会議長に指示することを求めた。しかし、同憲法裁判所は、以下、「同盟」の判決に引用されているように、当該訴訟は憲法上の訴訟ではなく行政裁判所の管轄下にあることを理由にこの請求を退けた。

四　「同盟」が提起した訴訟の適法性については、この一九七〇年の同州憲法裁判所の判決からすれば、また州議会議長の拒否決定のなかでも行政裁判所への出訴が教示されていたこともあり、同裁判所がどのような判決を出すかは十分予測されていた。それにもかかわらず「同盟」があえて出訴した理由は、この問題がより広く世間に知られることを期待したからであるとされる。すなわち、州憲法上、州民投票の成立には「投票者」ではなく「有権者」の過半数の賛成が求められ、棄権は反対票と同じ意味をもつことから、州政府および州議会は州民投票運動には取り組まず、「沈黙の壁」をつくることがより効果的と考えており、「同盟」は常にこの「沈黙の壁」と戦っていたからである。[14]「同盟」の要求ならびにＢＷ州憲法裁判所の判決の内容は、以下のとおりである。[15]

五　「同盟」は、憲法裁判所に対して、州民投票のための選挙戦費用弁償に関する一部弁済として二〇〇万マルクを支払うよう州議会議長に義務づけること、また補助的に仮の命令により州民投票の期日を訴訟判決まで延期するよう申し立てた。これに対して同裁判所は、「同盟」が本案の申立てをもって州議会議長に対して行った請求は、機関訴訟手続においては認められないとして、その訴えを却下した。

その理由の中で、同裁判所は、まず州議会議長に対する選挙戦費用一括総額支払の申立てにおいて、州憲法六八条一項の意味における憲法上の機関訴訟が問題となりうるかどうか、すなわち憲法裁判所の管轄かどうかは、すでに同裁判所の一九七〇年五月二三日の判決において消極的判断が下されており、この判例を次のように引用し、それを変更する理由を見いだされないとした。すなわち、「州議会議長は、選挙戦費用一括総額あるいは一部弁済の確定および支払いに際しては、その機能において、憲法機関あるいはかかる機関の一部としてではなく、行政官庁として活動するからである。選挙戦費用弁償のための資金を管理し、請求者への持ち分を確定しそれを支払うという彼の任務は、すなわち憲法からも州議会の議事規則からも生じない。その際問題となるのは、その五条二項[16]が州議会議長を明示的に『資金管理機関』と規定する選挙戦費用法からのみ明らかな行政事件である」。したがって、「選挙戦費用法の規定の個別的場合への適用可能性に関する訴訟は、確かに公法上の訴訟ではあるが、憲法上の訴訟ではなく、それについては行政裁判所法四〇条一項に基づき行政裁判所が管轄する」と。

六　さらに同裁判所は、「以上の結論は別として、選挙戦費用法および州議会議長によるその解釈の憲法適合性に関して、当事者が口頭弁論において詳細に検討したことに鑑みて、この点について裁判所の見解を公表することが適切と考える。」として、次のように述べている。

「選挙戦費用法は、その法律の名称ならびにその内容全体において、もっぱら州議会選挙における選挙戦費用の弁償に限定されている。この法律を州民請願の枠組みにおける投票に直接適用することは、その文言により明白に排除される。また類推適用も考慮されえない」。なぜなら、「州民投票法は、第三五条において、州民請願の実施に際して生じた必要支出の費用配分規則を定めることに限定され、また第二項において、州民投票が州議会の解散を招来した場合には、申請者に対して、それ自らが負担した許可申請の費用ならびに登録名簿およびその送付の費用が州により弁償されることについて明示的に規定している」からである。また、州民投票法の「わずか一年半後に議決された選挙戦費用法において、立法者は、選挙戦費用の弁償を別に規定したのであ」り、「この相違を意識していなかったであろうはずはない」のであって、「もし選挙戦費用法の規定を州民投票にも適用したかったのであれば、それに応じて州民投票法を補完することにより、このことを表現することを決して怠らなかったであろう」と。

七　次に、州議会の選挙とその早期の罷免とが異なる機能を有していることも、類推適用を許さない理由として挙げられている。「同盟」は、州議会の解散に関する州民投票は、州議会の選挙の「反対の行為」と見なされるべきであり、それゆえ両者については費用の弁償を含めて同一の関係があてはまらなければならないと主張したが[17]、これに対し裁判所は、「いずれにせよ、州議会の選挙とその早期の罷免とは、わが憲法の機能原理に基づけば、同種の、また同じ重要性をもつ出来事ではない。」とし、両者の次のような相違点を挙げる。

まず第一に、「州議会の選挙は、議会制民主主義において、一立法期について議会の政治的構成を選挙民の意思に従って見出し、それにより代表民主制を機能しうるよう維持するために、一定の時間的間隔を経て必要な有権者全体の意思表示である。これに対して、州議会の早期解散を求める州民請願は、立法期中に有権者の多数が、議会の構成あるいはその政治活動ともはや調和しなくなった場合のための安全弁機能を有するにすぎない。」

第二に、「州議会の選挙においては、諸政党は極めて広いレベルで、埋められるべきすべての議席のために、またそれとともに選挙人の意思に応じた議会の構成を求めて戦い、それにより確実に最高憲法機関の改組が行われるのに対して、州憲法四三条に基づく州民請願においては、比較的少数の選挙人グループが、州議会が立法期満了前に解散され、改選されるべきとする彼らの見解に同意するかどうかの問題を、選挙民全体に対して提出することができるという可能性が存する。」しかし、「この安全弁機能は、有権者の多数が住民請願の目的設定に同意しないことがほぼ確実に近い蓋然性をもって予測できる場合にも与えられている。」

「それゆえ、州議会の選挙と州議会の罷免は比較できるものではなく、選挙戦費用法の費用弁償規定を類推適用することは、したがって事の性質からも不可能である。」と結論づけた。

【注】

（1） Feuchte, Verfassung BW, Art.43, Rdnr.6.

（2） Wehling, ZParl 1972, S.80, 84.

（3） StGH BW, Urt. v.11.9.1971, ESVGH 22 (1972), S.1-4; BWVBl. 1972, S.73-74.

（4） GBl.1967, S.125.

（5） Gesetz über die politischen Parteien (Parteiengesetz) vom 24. Juli 1967, BGBl. I 1967, S.773. この一九六七年制定当時の文言によれば、第二二条は、「州における州議会選挙の選挙戦費用は、一八条から二〇条の範囲内において弁償されうる。」と規定され、州は当該法律の制定にあたって、特に選挙戦費用の弁償要件として二・五%の最低得票率を規定した政党法一八条二項一号の遵守が課せられたが、後述するように、一九六九年の改正（BGBl. I 1969, S.925）により、この拘束は外された。

（6） 一九九四年の政党法の改正（BGBl. I 1994, S.142）により、ヨーロッパ議会、連邦議会および州議会における政党への国家資金の支給が包括的に規定され、州は、政党への選挙戦費用の弁償に関する規定について、もはや立法権限を有しなくなったことから、州議会選挙法が一部改正（改正案および委員会報告について、Landtag BW, Drs.11/5830, 11/6078 参照）されるとともに、この選挙戦費用法は廃止された（Gesetz zur Änderung des Landtagswahlgesetzes, GBl.1995, S.509）が、選挙運動費用が政党に支給される制度は存続しており、政党法（一九九四年一月三一日の文言）一八条によれば、州議会選挙における政党への資金の支給について、直近の州議会選挙の最終選挙結果に基づき有効投票の一%を獲得した政党は、基本的に有効投票一票について一ドイツマルクの国家資金の支給を要求する権利を有すると規定されている（同条三項一号、四項）。

（7） 後述する連邦憲法裁判所による一九六八年の違憲判決（BVerfGE 24, S.300）および政党法の改正（BGBl. I, 1969, S.925）を契機に、一九六九年一二月八日に、一条二項の「二・五%」は「一%」に改正され（GBl.1969, S.301）、また一九七一年三月二五日の改正法律（GBl.1971, S.216）では、一条一項二文の「一・五〇」マルクは「二・五〇」マルクに、さらに一九七六年一二月一四日の改正法律（GBl.1976, S.622）において、一条一項二文は「選挙戦費用は、この州議会選挙の有権者一人あたり、政党法一八条一項において確定された金額で一括算出される。」と改正された。なお、この政党法一八条一項に規定された当該金額は、同法の一九九四年改正前までの文言（一九八九年三月三日公布、BGBl. I, 1989, S.327）では五・〇〇マルクであった。

（8） 一九六六年二月一五日制定（GBl.1966, S.14）。なお、同法はその後数度の改正を経て、現行法は、一九八四年二月二七日公示の文言（GBl.1984, S.177）に基づいており、それによれば一九六六年法律の二〇条は二四条に、三五条は三九条に移動しているが、本文に引用した各々の文言の変更はない。

（9）　BW州憲法裁判所一九七〇年五月二三日判決。この訴訟に至る経緯ならびに判決については、BWVBl. 1970, S.169-170 による。

（10）　連邦憲法裁判所一九六八年一二月三日判決（BVerfGH 24, S.300ff）。

（11）　BVerfGH 24, S.339-342.

（12）　A. a. O., S.342-343.

（13）　A. a. O., S.353. なお、この判決を受けて、一九六九年の政党法改正法律（BGBl. I, 1969, S.925）では、同法一八条二項一号の「二・五%」は「〇・五%」に引き下げられ、また同二二条は、「州は、州議会選挙のための選挙戦費用の弁償に関する規定を法律により公布することを授権される。その規定は、一八条一項および一九条および二〇条の範囲内にとどまらなければならない。」との文言に改正され、選挙戦費用の配分資格としての最低得票率を規定する一八条二項の拘束が外された。このため、BW州の選挙戦費用法の改正（GBl.1969, S.301）に際して、選挙戦費用の弁償への参加に必要な最低得票率の変更については、連邦議会に適用される「〇・五%」に従う必要はないものの、当該判決の諸原則に基づいていることを義務づけられており、BW州の州議会選挙における具体的な状況から算定すると、「一%」が相当であるとの同法改正案が可決された（改正案およびその理由について、Landtag BW, Drs.5/1730, 審議・議決について、Landtag BW, PlPr.50. Sitzung 1969, S.2803-2804 参照）。

（14）　Wehling, ZParl 1972, S.80-81.

（15）　ESVGH 22 (1972), S.1-4; BWVBl.1972, S.80-81.

（16）　選挙戦費用法五条二項は、「州会計検査院は、資金管理機関をしての州議会議長が選挙戦費用をこの法律の規定にしたがって弁償したかどうかを審査する。」と規定する。

（17）　Wehling, ZParl 1972, S.84.

略　語

A.a.O.	am angegebenen Ort
ABl.	Amtsblatt
Abs.	Absatz
AK	Alternativkommentar
AmAnz	Amtlicher Anzeiger
Anm.	Anmerkung
Art.	Artikel
BayVBl.	Bayerische Verwaltungsblätter
BayVerfGH	Bayerischer Verfassungsgerichtshof
BB	Brandenburg
Bd.	Band
Bek.	Bekanntmachung
BGBl.	Bundesgesetzblatt
BPr.	Beschlußprotokoll
BverfG	Bundesverfassungsgericht
BverfGE	Entscheidungen des Bundesverfassungsgerichts
BW	Baden-Württemberg
BWVwBl	Baden-Württembergisches Verwaltungsblatt
CDU	Christlich Demokratische Union
CSU	Christlich Soziale Union
DÖV	Die öffentliche Verwaltung
Drs.	Drucksache
DuR	Demokratie und Recht
DVBl.	Deutsches Verwaltungsblatt
DVP	Demokratische Volkspartei
Ebd.	Ebenda
Erl.	Erläuterung
EU	Europäische Union
FDP	Freie Demokratische Partei
Fn.	Fußnote

GBA	Gesetz über Bürgerantrag
GBl.	Gesetzblatt
GG	Grundgesetz für die Bundesrepublik Deutschland
GVBl.	Gesetz- und Verordnungsblatt
GVE	Gesetz über Volksentscheid
Hrsg.	Herausgeber
JA	Juristische Arbeitsblätter
JöR	Jahrbuch des öffentlichen Rechts der Gegenwart
KJ	Kristische Justiz
KPD	Kommunistische Partei Deutschlands
LKV	Landes- und Kommunalverwaltung
LV	Landesverfassung
LVerfGE	Entscheidungen der Verfassungsgerichte der Länder
LWG	Landeswahlgesetz
MBl.	Ministerialblatt
MV	Mecklenburg-Vorpommern
Nds	Niedersachsen
NdsVBl.	Niedersächsische Verwaltungsblätter
NJ	Neue Justiz
NJW	Neue Juristische Wochenschrift
NVwZ	Neue Zeitschrift für Verwaltungsrecht
NW	Nordrhein-Westfalen
NWVBL	Nordrhein-Westfälische Verwaltungsblätter
PlPr.	Plenarprotokoll
Rdnr.	Randnummer
REP	DIE REPUBLIKANER
RP	Rheinland-Pfalz
SA	Sachsen-Anhalt
Saarl	Saarland
SächsVBl.	Sächsische Verwaltungsblätter
SH	Schleswig-Holstein
SPD	Sozialdemokratische Partei Deutschlands
StAnz.	Staatsanzeiger

StGH	Staatsgerichtshof
Thür	Thüringen
ThürVBl.	Thüringer Verwaltungsblätter
VB	Volksbegehren
VBlBW	Verwaltungsblätter für Baden-Württemberg
VE	Volksentscheid
VerfGH	Verfassungsgerichtshof
VI	Volksinitiative
VLV	Verfassunggebende Landesversammlung
WRV	Die Verfassung des Deutschen Reichs
ZG	Zeitschrift für Gesetzgebung
zit.	zitiert
ZParl	Zeitschrift für Parlamentsfragen
ZRP	Zeitschrift für Rechtspolitik

▨文　献

1　州民発案、州民請願および州民投票の手続に関する法律

(1) Baden–Württemberg (zit.:VAG BW)

Gesetz über Volksabstimmung und Volksbegehren in der Fassung 27. Februar 1984. (GBl.S.178)

(2) Bayern (zit.:LWG Bayern)

Gesetz über Landtagswahl, Volksbegehren und Volksentscheid von 9. März 1994. (GVBl.S.135)

(3) Berlin (zit.: VAG Berlin)

Gesetz über Volksinitiative, Volksbegehren und Volksentscheid von 11. Juni 1997. (GVBl. S.304)

(4) Brandenburg (zit.:VAG BB)

Gesetz über das Verfahren bei Volksinitiative, Volksbegehren und Volksentscheid vom 14. April 1993. (GVBl. Teil I, S.94)

(5) Bremen (zit.: VAG Bremen, BAG Bremen)

Gesetz über das Verfahren beim Volksentscheid vom 27.Februar 1996. (GBl. S.41)

Gesetz über das Verfahren beim Bürgerantrag vom 20. Dezember 1994. (GBl. S.325)

(6) Hamburg (zit.: VAG Hamburg)

Hamburgisches Gesetz über Volksinitiative, Volksbegehren und Volksentscheid vom 20. Juni 1996. (GVBl. S.136)

(7) Hessen (zit.: VAG Hessen)

Gesetz über Volksbegehren und Volksentscheid vom 16.Mai 1950. (GVBl. S.103)

(8) Mecklenburg–Vorpommern

Gesetz zur Ausführung von Initiativen aus dem Volk, Volksbegehren und Volksentscheid in Mecklenburg–Vorpommern (Volksabstimmungsgesetz VaG M–V) vom 31. Januar 1994. (GVBl. S.127)

(9) Niedersachsen (zit.: VAG Nds)

Niedersächsisches Gesetz über Volksinitiative, Volksbegehren und Volks-

entscheid (Niedersächsisches Volksabstimmungsgesetz –NVAbstG) vom 23. Juni 1994. (GVBl. S.270)

(10) Nordrhein–Westfalen (zit.: VAG NW)

Gesetz über das Verfahren bei Volksbegehren und Volksentscheid vom 3.August 1951. (GVBl.S.103)

(11) Rheinland–Pfalz (zit.: LWG RP)

Landeswahlgesetz in der Fassung vom 20.Dezember 1989. (GVBl.1990,S.13)

(12) Saarland (zit.: VAG Saar)

Gesetz Nr.1142 über Volksbegehren und Volksentscheid (Volksabstimmungsgesetz) vom 16.Juni 1982. (ABl. S.649)

(13) Sachsen (zit.: VAG Sachsen)

Gesetz über Volksantrag,Volksbegehren und Volksentscheid (VVVG) vom 19.Oktober 1993. (GVBl.S.949)

(14) Sachsen–Anhalt (zit.: VAG SA)

Gesetz über das Verfahren bei Volksinitiative, Volksbegehren und Volksentscheid (Volksabstimmungsgesetz – VAbstG) vom 9. August 1995. (GVBl. S.232)

(15) Schleswig–Holstein (zit.: VAG SH)

Gesetz über Initiativen aus dem Volk, Volksbegehren und Volksentscheid (Volksabstimmungsgesetz – VAbstG) vom 11. Mai 1995. (GVBl. S.158)

(16) Thüringen (zit.: VAG Thür)

Thüringer Gesetz über das Verfahren bei Bürgerantrag, Volksbegehren und Volksentscheid (ThürBVVG) vom 19.Juli 1994. (GVBl. S.918)

2　憲法集

Verfassungen der deutschen Bundesländer, 6.Auf., Stand 1. November 1998, 1999 (Beck–Texte im dtv).

Wegener, Wilhelm : Die neuen deutschen Verfassungen, 1947.

Ruthenberg, Otto : Verfassungsgesetze des Deutschen Reichs und der deutschen Länder nach dem Stande vom 1. Februar 1926, 1926.

3　引用した法令公報、官報、議事録、統計資料など

(1) Baden–Württemberg

Gesetzblatt für Baden–Württemberg (zit.:GBl.BW)

Staatsanzeiger für Baden–Württemberg (zit.: StAnz. BW)

Verfassunggebende Landesversammlung des Landes Baden–Württemberg, Beilage, Verhandlungen (zit.:VLV BW, Beilage, Verhandlungen)

Landtag von Baden–Württemberg, Drucksache, Plenarprotokoll (zit.:Landtag BW, Drs.,PlPr.)

Landtag von Baden–Württemberg, 12.Wahlperiode, Volkshandbuch, 1996. (zit.: Landtag BW, Volkshandbuch)

Handbuch des Landtags von Baden–Württemberg, 12. Wahlperiode, 1996. (zit.: Handbuch Landtag BW)

Entscheidungen des Hessischen Verwaltungsgerichtshofs und des Verwaltungsgerichtshofs Baden–Württemberg mit Entscheidungen der Staatsgerichtshöfe beider Länder (zit.: ESVGH)

Statistisches Landesamt Baden–Württemberg, Statistik von Baden–Württemberg, Bd.95., „Die Parlamentswahlen in Baden–Württemberg seit 1952“, 1964.

Statistisches Landesamt Baden–Württemberg, Statistik von Baden–Württemberg, Bd.182,

Gemeindestatistik 1971, H.2, „Volksabstimmung über die Auflösung des Landtags von Baden–Württemberg am 19. September 1971“.

Statistisches Amt der Stadt Stuttgart, Statistische Blätter der Stadt Stuttgart, H.30a, „Volksabstimmung über die Auflösung des Landtags von Baden–Württemberg am 19.September 1971 in Stuttgart“.

Südkurier, Unabhängige Tageszeitung in Baden–Württemberg

(2) Bayern

Bayerisches Gesetz–und Verordnungsblatt (zit.: GVBl. Bayern)

Bayerischer Staatsanzeiger (zit.: StAnz. Bayern)

Bayerischer Landtag, Beilage, Drucksache, Plenarprotokoll (zit.: Bay.Landtag, Beilage, Drs., PlPr.)

Bayerischer Senat, Drucksache, Plenarprotokoll (zit.: Bay.Senat, Drs., PlPr.)

(3) Berlin

Gesetz–und Verordnungsblatt für Berlin (zit.: GVBl.Berlin)

Amtsblatt für Berlin (zit.: ABl.Berlin)

Abgeordnetenhaus von Berlin, Drucksache, Plenarprotokoll (zit.: AH Berlin,

Drs., PlPr.)

(4) Brandenburg

Gesetz–und Verordnungsblatt für das Land Brandenburg (zit.: GVBl. BB)

Amtsblatt für Brandenburg (zit.: ABl.BB)

Landtag Brandenburg, Drucksache, Plenarprotokoll (zit.: Landtag BB, Drs., PlPr.)

Handbuch des Landtages Brandenburg, 2.WP., Teil I, II, 1994.

(5) Bremen

Gesetzblatt der Freien Hansestadt Bremen (zit.: GBl.Bremen)

Amtblatt der Freien Hansestadt Bremen (zit.: ABl. Bremen)

Bremische Bürgerschaft, Drucksache, Plenarprotokoll, Beschlußprotokoll (zit.: Bürgerschaft Bremen, Drs., PlPr., BPr.)

(6) Hamburg

Hamburgisches Gesetz–und Verordnungsblatt (zit.: GVBl. Hamburg)

Amtlicher Anzeiger, Teil II des Hamburgischen Gesetz–und Verordnungblattes (zit.: AmAnz. Hamburg)

Bürgerschaft der Freien und Hansestadt Hamburg, Drucksache, Plenarprotokoll (zit.: Bürgerschaft Hamburg, Drs., PlPr.)

(7) Hessen

Staatsanzeiger für das Land Hessen (zit.: StAnz.Hessen)

Hessischer Landtag, Drucksache, Plenarprotokoll (zit.: Landtag Hessen, Drs., PlPr.)

Hessischer Landtag, 13. WP., 2.Aufl., Volkshandbuch, 1991.

(8) Mecklenburg–Vorpommern

Gesetz–und Verordnungsblatt für Mecklenburg–Vorpommern (zit.: GVBl. MV)

Amtsblatt für Mecklenburg–Vorpommern (zit.: ABl. MV)

Landtag Mecklenburg–Vorpommern, Drucksache, Plenarprotokoll (zit.: Landtag MV, Drs., PlPr.)

(9) Niedersachsen

Niedersächsisches Gesetz–und Verordnungsblatt (zit.: GVBl. Nds)

Niedersächsisches Ministerialblatt (zit.: MBl. Nds)

Niedersächsischer Landtag, Drucksache, Stenographischer Bericht (zit.:

Landtag Nds, Drs.,PlPr.)

Taschenhandbuch des Niedersächsischen Landtages der 13. WP., 1994.

(10) Nordrhein–Westfalen

Gesetz–und Verordnungsblatt für das Land Nordrhein–Westfalen (zit.: GVBl. NW)

(11) Rheinland–Pfalz

Gesetz–und Verordnungsblatt für das Land Rheinland–Pfalz (zit.: GVBl.RP)

Landtag Rheinland–Pfalz, Drucksache, Plenarprotokoll (zit.: Landtag RP, Drs., PlPr.)

Handbuch Landtag Rheinland–Pfalz, 13.WP.,1997.

Statistisches Landesamt Rheinland–Pfalz, Die Volksentscheide in Rheinland–Pfalz am 19. Januar 1975.

(12) Saarland

Amtsblatt des Saarlandes (zit.: ABl. Saarland)

Lantag des Saarlandes, Drucksache, Plenarprotokoll (zit.: Landtag Saarland, Drs.,PlPr.)

(13) Sachsen

Sächsisches Gesetz–und Verordnungsblatt (zit.: GVBl. Sachsen)

Sächsisches Amtblatt (zit.: ABl.Sachsen)

Sächsischer Landtag, Drucksache, Plenarprotokoll (zit.: Landtag Sachsen, Drs., PlPr.)

(14) Sachsen–Anhalt

Gesetz–und Verordnungsblatt für das Land Sachsen–Anhalt (zit.: GVBl. SA)

Ministerialblatt für das Land Sachsen–Anhalt (zit.: MBl. SA)

Landtag von Sachsen–Anhalt, Drucksache, Plenarprotokoll (zit.: Landtag SA, Drs., PlPr.)

Landtag von Sachsen–Anhalt, 2.Aufl., 1.WP., Volkshandbuch, 1992; 2.Aufl., 2.WP., 1995; 3.WP., 1998.

Amtliches Handbuch, Landtag von Sachsen–Anhalt, 3.WP., 1999.

(15) Schleswig–Holstein

Gesetz–und Verordnunsblatt für Schleswig–Holstein (zit.: GVBl. SH)

Amtsblatt für Schleswig–Holstein (zit.: ABl. SH)

Schleswig–Holsteinischer Landtag, Drucksache, Plenarprotokoll (zit.: Landtag

SH, Drs., PlPr.)

Landeszentrale für Politische Bildung Schleswig–Holstein (Hrsg.), Eine neue Verfassung für Schleswig–Holstein, 1990.

Schleswig–Holsteinischer Landtag, 14. Wahlperiode, Volkshandbuch, 1996.

Handbuch des Schleswig–Holsteinischer Landtages, 14.Wahlperiode, 1996.

(16) Thüringen

Gesetz–und Verordnungsblatt für das Land Thüringen (zit.: GVBl. Thüringen)

Thüringer Landtag, Drucksache (zit.: Landtag Thüringen, Drs.)

(17) 新聞・雑誌

Süddeutsche Zeitung

Stuttgarter Zeitung

Der Spiegel

Das Parlament

Archiv der Gegenwart, (Hrsg.) Heinrich von Siegler

(18) インターネット

各州議会および州政府のホームページ

（例えば、http://www.sh-landtag.de/links.htm からアクセス）

Mehr Demokratie e.V. のホームページ（http://www.mehr-demokratie.de）

4　引用した著書、論文

Abelein, Manfred : Plebiszitäre Elemente in den Verfassungen der Bundesländer, in: ZParl 1971, S.187–199.

Alternativkommentare, Kommentar zum Grundgesetz für die Bundesrepublik Deutschland, 2. Auflage, 1989. (zit.: AK Grundgesetz)

Anschütz, Gerhard : Die Verfassung des Deutschen Reichs vom 11.August 1919, 14. Aufl.,1965. (zit.: Anschütz, Verfassung)

Arndt, Hans–Wolfgang:Anmerkung zu StGH BW, Urt. v.18.3.1986, in: VBlBW 1986, S.416–418.

Aubert, Jean–François/Eichenberger, Kurt/Müller, Jörg Paul/Rhinow, René A./ Schindler, Dietrich (Hrsg.): Kommentar zur Bundesverfassung der Schweizerischen Eidgenossenschaft vom 29. Mai 1874, Lfg. 6 (1996). (zit.: Aubert, Kommentar zur Bundesverfassung)

Berger, Wolfgang : Die unmittelbare Teilnahme des Volkes an staatlichen Entscheidungen durch Volksbegehren und Volksentscheid, Diss. Freiburg, 1976. (zit.: Berger,Unmittelbare Teilnahme)

Berlit, Uwe : Die neue Niedersächsische Verfassung, in: NVwZ 1994, S.11–17.

Bertrams, Michael : Aus der Rechtsprechung des nordrhein–westfälischen Verfassungsgerichtshofs, in: NWVBl. 1994, S.401– 409.

Birkmann, Andreas : Verfassung des Freistaats Thüringen–im fünften Jahr ihrer Bewährung, 5. Aufl.,1998.

Blanke, Edzard : Niedersächsische Verfassung 1993, Erste Neuregelung in den Alt–Bundesländern nach dem Beitritt der fünf östlichen Bundesländer, in: Festschrift für Walter Remmers, 1995, S.113–125.

Bocklet, Reinhold : Volksbegehren und Volksentscheid in Bayern, in: Bocklet, Reinhold (Hrsg.) Das Regierungssystem des Freistaates Bayern, Bd. II, 1979, S.295–445. (zit.: Bocklet, VB und VE in Bayern)

Bönninger, Karl : Verfassungsdiskussion im Lande Sachsen, in: LKV 1991, S.9–12.

Bönninger, Karl : Verfassungsdiskussion in den ostdeutschen Bundesländern – Beispiel Sachsen, in: DuR 1991, S.394–403.

Börnsen, Gert: Die Verfassungs–und Parlamentsreform in Schleswig–Holstein, in: RuP 1991, S.69–79.

Boettcher, Enno/ Högner, Reinhard : Landeswahlgesetz – Bezirkswahlgesetz – Landeswahlrodnung, Handkommentar, 13.Auflage, 1990. (zit.: Boettcher/ Högner, Landeswahlgesetz)

Bose, Harald von : Der Stand der Verfassungsberatung in Sachsen–Anhalt, in: Wiedervereinigung, Bd. III, S.79–88.

Braun, Klaus : Kommentar zur Verfassung des Landes Baden– Württemberg,1984. (zit.: Braun,Verfassung BW)

Brünneck, Alexander v. / Epting, F. Immanuel: Politische Gestaltungsrechte und Volksabstimmungen, in: Simon/Franke/Sachs, Verfassung BB, S.339–353.

Brünneck, Wiltraut v.: Die Verfassung des Landes Hessen vom 1.Dezember 1946, in: JöR 3 (1954), S.211–270.

Bürklin, Wilhelm P. : Die schleswig–holsteinische Landtagswahl vom 13. September 1987 : Politische Affäre und parlamentarisches Patt, in: ZParl 1988, S.43–59.

Danwitz, Thomas von : Plebiszitäre Elemente in der staatlichen Willensbildung – Verfassungsrechtliche Möglichkeiten, Eingrenzungen, Konsequenzen – , in: DÖV 1992, S.601–608.

Degenhart, Christoph : Direkte Demokratie in den Ländern – Impulse für das Grundgesetz ?, in: Der Staat 1992, S.77–97.

Degenhart, Christoph : Grundzüge der neuen sächsischen Verfassung, in: LKV 1993, S.33–39.

Degenhart, Christoph/ Meissner, Claus : Handbuch der Verfassung des Freistaates Sachsen, 1997. (zit.: Degenhart/Meissner, Verfassung Sachsen)

Degenhart, Christoph : Staatsrecht I, 15. Aufl.,1999.

Deiseroth, Dieter : Das Volksbegehren gegen die Startbahn 18–West, in: DuR 1982,S.123–142.

Deubert, Michael : Bürgerbegehren, Bürgerentscheid und die Problematik der Stichfrage, in: BayVBl.1997, S.619–621.

Dreier, Horst : Landesverfassungsänderung durch quorenlosen Volksentscheid aus der Sicht des Grundgesetzes, in: BayVBl. 1999, S.513–523.

Driehaus, Hans–Joachim : Die neue Verfassung von Berlin im Spiegel der Rechtsprechung des Verfassungsgerichtshofs, 1996.

Engelken, Klaas : Ergänzungsband zu Braun, Kommentar zur Verfassung des Landes Baden–Württemberg, 1997. (zit.: Engelken, Verfassung BW)

Feddersen, Christoph : Die Verfassunggebung in den neuen Ländern: Grundrechte, Staatsziele, Plebiszite, in: DÖV 1992, S.989–998.

Fell, Karl : Plebiszitäre Einrichtungen im gegenwärtigen deutschen Staatsrecht, Diss. Bonn, 1964. (zit.: Fell, Plebiszitäre Einrichtungen)

Fenske, Hans : Rheinland–Pfalz und die Neugliederung der Bundesrepublik, in: 40 Jahre Rheinland–Pfalz, 1986, S.103– 130.

Feuchte, Paul : Die verfassungsrechtliche Entwicklung im Land Baden–Württemberg 1971 bis 1978, in: JöR Bd.27 (1978), S.167–237.

Feuchte, Paul : Verfassungsgeschichte von Baden–Württemberg,1983. (zit.: Feuchte, Verfassungsgeschichte BW)

Feuchte, Paul : Quellen zur Entstehung der Verfassung von Baden–Württemberg, 1.Teil (1986) – 9.Teil (1995). (zit.: Feuchte, Quellen BW)

Feuchte, Paul (Hrsg.): Verfassung des Landes Baden–Württemberg, Kommentar,

1987. (zit.: Feuchte,Verfassung BW)

Franke, Andrea : Zur Verfassung des Freistaates Sachsen, in: Wiedervereinigung, Bd. III, S.57–64.

Franke, Dietrich : Der Entwurf der brandenburgischen Landesverfassung, in: Wiedervereinigung, Bd. III, S.1–22.

Franke, D./Kneifel–Haverkamp,R.:Die brandenburgische Landesverfassung, in: JöR 42 (1994), S.111–147.

Friedrich, Manfred : Das Parlamentarische Regierungssystem in den deutschen Bundesländern, in: JöR Bd.30 (1981), S.197–221.

Frotscher, Werner: Direkte Demokratie in der Weimarer Verfassung, in: DVBl. 1989, S.541–549.

Fuchs, Jochen : Landesverfassungsrecht im Umbruch–Problem und Aufgaben einer modernen Landesverfassungsgebung–, 1994. (zit.: Fuchs, Landesverfassungsrecht)

Gawatz, Eberhard : Volksabstimmung über die Auflösung des Landtags von Baden–Württemberg am 19.September 1971, in: Baden–Württemberg in Wort und Zahl 1971, S.318–320. (zit.: Gawatz, Volksabstimmung)

Geller, Gregor/Kleinrahm,Kurt/Dickersbach, Alfred/Kühne, Jörg–Detlef : Die Verfassung des Landes Nordrhein–Westfalen, Kommentar, 3. Auflage, 1977. (zit.: Geller/Kleinrahm, Verfassung NW)

Gensior, Walter/Krieg, Volker/Grimm, Max : Volksbegehren und Volksentscheid in Nordrhein–Westfalen, 1978. (zit.: Gensior/Krieg/Grimm, VB und VE NW)

Giese,Friedrich/Volkmann,Ernst : Die Preußische Verfassung vom 30. November 1920, Kommentar für Studium und Praxis, 1921. (zit.: Giese/Volkmann, Preußische Verfassung)

Göbel, Kurt : Die Verfassung des Landes Baden– Württemberg, 1953.

Grawert, Rolf : Volksbegehren vor dem Verfassungsgerichtshof, in: NWVBL 1987, S.2–7.

Gremer, Reinhard : Das Mehrheitsprinzip im Volksentscheid zu Volksbegehren und Gegenentwurf–Zur Regerung gemäß der Änderung des Bayerischen Landeswahlgesetzes (LWG) vom 24.12.1993 (GVBl.S.1059), in: BayVBl. 1999, S.363–368.

Gross, Rolf : Die Entwicklung des Hessischen Verfassungsrechts, in: JöR 21(1972),

S.309–359.

Grube, Andreas:Der Bürgerantrag gemäß Artikel 68 der Verfassung des Freistaats Thüringen, in: ThürVBl. 1998, S.217–223, S.245–254.

Günther, Uwe/Hüsemann, Dietmar: Betr.: Parlamentsreform, in: DuR 1990, S.404–426.

Gusy, Christoph : Die Weimarer Reichsverfassung, 1997.

Gusy, Christoph/Müller, Andreas: Verfassungsreform in Rheinland-Pfalz–Zum Schlußbericht der Enquete–Kommission 12/1„Verfassungsreform" des rheinland–pfälzischen Landtages–, in: DÖV 1995, S.257–264.

Gusy, Christoph/Müller Andreas : Die verfassungsrechtliche Entwicklung in Rheinland–Pfalz von 1986–1996, in: JöR 45 (1997), S.509–533.

Häberle, Peter : Der Entwurf der Arbeitsgruppe » Neue Verfassung der DDR « des Runden Tisches (1990), in: JöR 39 (1990), S.320–349.

Häfelin, Ulrich/Haller, Walter : Schweizerisches Bundesstaatsrecht, Ein Grundriss, 3. Aufl., 1993.

Hagebölling, Lothar : Niedersächsische Verfassung, Kommentar, 1996. (zit.: Hagebölling, Verfassung Niedersachsen)

Hamer, Kurt: Von der „Ministerpräsidenten–Verfassung" zur „Parlaments–Verfassung", in: Eine neue Verfassung für Schleswig–Holstein, 1990, S.9–20.

Harbeck, Karl–Heinz : Vorwort, in: Eine neue Verfassung für Schleswig–Holstein, S. 7-8.

Hartung, Fritz : Deutsche Verfassungsgeschichte vom 15. Jahrhundert bis zur Gegenwart, 9. Aufl., 1950. (zit.: Hartung, Deutsche Verfassungsgeschichte)

Hartwig, Werner : Volksbegehren und Volksentscheid im deutschen und österreichischen Staatsrecht, 1930. (zit.: Hartwig, VB und VE)

Hennecke, Frank J.: Die verfassungsrechtliche Entwicklung in Rheinland–Pfalz von 1971 bis 1985, in: JöR 35 (1986), S.187–228.

Hernekamp, Karl : Formen und Verfahren direkter Demokratie, Dargestellt anhand ihrer Rechtsgrundlagen in der Schweiz und in Deutschland, 1979. (zit.: Hernekamp, Direkte Demokratie)

Hinds, Caroline:Die neue Verfassung des Freistaates Sachsen–Berechtigte oder unberechtigte Kritik an der Verfassungsgebung, in: ZRP 1993, S.149–151.

Höfling, Wolfram : Das Institut Parlamentsauflösung in den deutschen

Landesverfassungen, in: DÖV 1982,S.889–894.

Hölscheidt, Sven : Grundlagen und Entwicklung der Verfassungsberatungen in Mecklenburg–Vorpommern, in: DVBl. 1991, S.1066–1070.

Hofmann, Hasso : Bundesstaatliche Spaltung des Demokratiebegriffs ?, in: Festschrift für Karl H. Neumayer zum 65. Geburtstag, 1985, S.281–298.

Holzheid, Hildegund: Maßgebliche Verfassungsgrundsätze bei Wahlen und bei Volksbegehren–aufgezeigt an Hand der Rechtsprechung des Bayerischen Verfassungsgerichtshofs, 1995. (zit.: Holzheid, Verfassungsgrundsätze)

Hoof, Claus/Kempf, Antonio : Dokumentation zur plebiszitären Praxis und Verfassungsrechtslage in den Bundesländern, Stand: Dezember 1992, in: ZParl 1993, S.14–21.

Horn, Hans–Detlef : Mehrheit im Plebiszit, Zur Voraussetzung eines Zustimmungsquorums bei Volks–und Bürgerentscheiden, in: Der Staat Bd.38 (1999), S.399–422.

Huber, Bertold : Formen direktdemokratischer Staatswillensbildung–eine Herausforderung an das parlamentarische System der Bundesrepublik Deutschland?, in: ZRP 1984, S.245–251.

Huber, Peter M. : Die neue Verfassung des Freistaats Thüringen, in: LKV 1994, S.121–131.

Isensee, Josef : Verfauungsreferendum mit einfacher Mehrheit, Der Volksentscheid zur Abschaffung des Bayerischen Senats als Paradigma, 1999. (zit.: Isensee, Verfassungsreferendum)

Jekewitz, Jürgen : Der Grundsatz der Diskontinuität der Parlamentsarbeit im Staatsrecht der Neuzeit und seine Bedeutung unter der parlamentarischen Demokratie des Grundgesetzes, 1977. (zit.: Jekewitz, Grundsatz der Diskontinuität)

Jürgens, Gunther : Direkte Demokratie in den Bundesländern, Gemeinsamkeiten – Unterschiede – Erfahrungen, Vorbildfunktion für den Bund?, 1993. (zit: Jürgens, Direkte Demokratie)

Jung, Otmar : Unmittelbare Demokratie für Niedersachsen ?, in: Niedersächsisches Jahrbuch, Bd.64 (1992), S.439 ff.

Jung, Otmar : Daten zu Volksentscheiden in Deutschland auf Landesebene (1946–1992), in: ZParl 1993, S.5–13.

Jung, Otmar: Jüngste plebiszitäre Entwicklungstendenzen in Deutschland auf Landesebene, in: JöR 41(1993), S.29–67.

Jung, Otmar : Grundgesetz und Volksentscheid, Gründe und Reichweite der Entscheidungen des Parlamentarischen Rats gegen Formen direkter Demokratie, 1994.

Jung, Otmar : Volksgesetzgebung, Die „Weimarer Erfahrungen" aus dem Fall der Vermögenauseinandersetzungen zwischen Freistaaten und ehemaligen Fürsten, 2. Aufl. 1996, Teil I, II.

Jung, Otmar : Weniger Demokratie wagen? – Seltsames aus der Berliner Verfassungsrevision–, in: JR 1996, S.1–10.

Jung, Otmar : Das Finanztabu bei der Volksgesetzgebung, in: NVwZ 1998, S.372–373.

Jung, Otmar : Die Praxis direkter Demokratie unter den neuen Landesverfassungen, in: ZG 1998, S.295–328.

Karpen, Ulrich : Plebiszitäre Elemente in der repräsentativen Demokratie ? – Eine Studie zur Verfassung des Landes Brandenburg –, in: JA 1993, S.110–115.

Keisenberg, Georg : Die formelle Ordnung des Volksbegehrens und des Volksentscheids in Reich und Ländern, in : Anschütz, Gerhard/Thoma, Richard (Hrsg.): Handbuch des Deutschen Staatsrechts, Zweiter Band, 1932, S.204–220. (zit.: Kaisenberg,VB und VE)

Klages, Andreas/Paulus,Petra: Direkte Demokratie in Deutschland,Impulse aus der deutschen Einheit, 1996. (zit.: Klages/Paulus, Direkte Demokratie)

Klein, Friedrich : Neues Deutsches Verfassungsrecht, 1949.

Korte, Heinrich/Rebe, Bernd : Verfassung und Verwaltung des Landes Niedersachsen, 2. Aufl., 1986. (zit.: Korte/Rebe, Verfassung und Verwaltung Niedersachsen)

Krause, Peter : Verfassungsentwicklung im Saarland 1958– 1979, in: JöR 29 (1980), S.393–466.

Krause, Peter : Verfassungsrechtliche Möglichkeiten unmittelbarer Demokratie, in: Isensee, Josef/Kirchhof, Paul (Hrsg.), Handbuch des Staatsrechts der Bundesrepublik Deutschland, Bd. II, 2.Aufl., 1998, S.313–337. (zit.: Krause, Unmittelbare Demokratie)

Kretschmer, Gerald : Wege zur Parlamentsauflösung nach deutschem Bundes–und

Landesrecht, in: Klemens Kremer (Hrsg.), Parlamentsauflösung,1974, S.5–10.
Kröning, Volker/Pottschmidt, Günter/Preuß, Ulrich K./Rinken, Alfred (Hrsg.): Handbuch der Bremishen Verfassung, 1991. (zit.: Kröning/Pottschmidt/ Preuß/Rinken, Verfassung Bremen)
Kühne, Jörg–Detlef : Gesetzgeberisches Neuland für Niedersachsen : Das Volksabstimmungsgesetz auf Grundlage des Art. 50 Abs. 2 NV, in: NdsVBl. 1995, S.25–31.
Lemke, Helmut (Hrsg.) : Parlamentspraxis des Schleswig–Holsteinischen Landtags, 1982.
Ley, Richard : Die Auflösung der Parlamente im deutschen Verfassungsrecht, in: ZParl 1981, S.367–377.
Linck, Joachim : Die Vorläufige Landessatzung für das Land Thüringen, in: ThürVBl. 1992, S.1–10.
Linck, Joachim/Jutzi, Siegfried/Hopfe, Jörg : Die Verfassung des Freistaats Thüringen, Kommentar, 1994. (zit.: Linck/Jutzi/Hopfe, Verfassung Thüringen)
Lippold, Rainer: Eine Verfassung für Schleswig–Holstein, in: DÖV 1989, S.663–671.
Luthardt, Wolfgang : Direkte Demokratie, Ein Vergleich in Westeuropa, 1994.
Luthardt, Wolfgang : Parlamentarische Demokratie, Formen direkter Demokratie, Partizipation, in: RuP 1988, S.40–49.
Mahnke, Hans– Heinrich : Die Verfassung des Landes Sachsen–Anhalt, 1993. (zit.: Mahnke, Verfassung SA)
Mangoldt, Hans v. : Die Verfassungen der neuen Bundesländer, Einführung und synoptische Darstellung, 1993. (zit.: Mangoldt, Verfassungen)
Mangoldt, Hans v. : Die Verfassung des Freistaates Sachsen – Entstehung und Gestalt, in: SächsVBl. 1993, S.25–35.
Mangoldt, Hermann von/ Klein, Friedrich : Das Bonner Grundgesetz, Bd. II,1966. (zit.: Mangoldt/Klein, Grundgesetz)
Maunz, Theodor/Dürig, Günter/Herdegen, Matthias/Herzog, Roman/Klein, Hans H./Lerche, Peter/Papier, Hans–Jürgen/Randelzhofer, Albrecht/Schmidt–Assmann, E./Scholz, Ruper: Grundgesetz, Kommentar, Lieferungen 1 bis 35. (zit.: Maunz/Dürig, Grundgesetz)
Meder, Theodor: Die Verfassung des Freistaates Bayern, Handkommentar, 4.Aufl.,

1992. (zit.: Meder, Verfassung Bayern)

Mehr Demokratie e. V., Volksbegehrns-Bericht 2000, Themen, Trends, Erfolge der direkten Demokratie in den Bundesländern, 1. Februar 2000, http://www.mehr-demokratie.de.

Meier, Rolf : Reform der Verfassung von Rheinland–Pfalz, Vorschläge der AsJ, in: RuP 1995, S.218–228.

Mohr, Arno : Die Entstehung der Verfassung für Rheinland–Pfalz, 1987.

Münch, Ingo von (Hrsg.) : Grundgesetz–Kommentar, Bd. 2, 1976. (zit.: Münch, Grundgesetz)

Nawiasky, Hans/Claus, Leusser: Die Verfassung des Freistaates Bayern vom 2. Dezember 1946, Systematischer Überblick und Handkommentar, 1948. (zit.: Nawiasky/Leusser, Verfassung Bayern)

Nawiasky, Hans/Schweiger, Karl/Knöpfle, Franz (Hrsg.): Die Verfassung des Freistaates Bayern, Kommentar, 2. Aufl., Lieferungen 1 bis 9, November 1997. (zit.: Nawiasky/Schweiger/Knöpfle, Verfassung Bayern)

Nebinger, R. (Hrsg.) : Kommentar zur Verfassung für Württemberg–Baden, 1948. (zit.: Nebinger, Verfassung WB)

Neumann, Heinzgeorg: Die Vorläufige Niedersächsische Verfassung, Handkommentar, 2. Aufl., 1987. (zit.: Neumann, Verfassung Niedersachsen)

Neumann, Heinzgeorg : Die Verfassung der Freien Hansestadt Bremen, Kommentar, 1996. (zit.: Neumann, Verfassung Bremen)

Niclauß, Karlheinz : Vier Wege zur unmittelbaren Bürgerbeteiligung, in: Aus Politik und Zeitgeschichte, B14/1997, S.3–12.

Paterna, Tatiana: Volksgesetzgebung, Analyse der Verfassungsdebatte nach der Vereinigung Deutschlands, 1995. (zit.: Paterna, Volksgesetzgebung)

Peine, Franz–Joseph : Volksbescholssene Gesetze und ihre Änderung durch den parlamentarischen Gesetzgeber, in: Der Staat 1979, S.375–401.

Pestalozza, Christian : Der Popularvorbehalt, Direkte Demokratie in Deutschland, 1981. (zit.: Pestalozza, Popularvorbehalt)

Pestalozza,Christian:Volksbefragung – das demokratische Minimum, in: NJW 1981, S.733–735.

Pestalozza, Christian : Die überarbeitete Verfassung von Berlin, in: LKV 1995, S.344–353.

Pfennig, Gero/ Neumann, Manfred J. (Hrsg.) : Verfassung von Berlin, Kommentar, 2. Auflage, 1987. (zit.: Pfennig/Neumann, Verfassung Berlin)

Pokorni, Norbert : Die Auflösung des Parlaments, Bedeutungswandel und Zurücktreten eines Verfassungsinstituts, Diss. Bonn, 1967. (zit.: Pokorni, Auflösung des Parlaments)

Prachtl, Reiner : Die vorläufige Verfassung des Landes Mecklenburg–Vorpommern, in: LKV 1994, S.1–7.

Preuß, Ulrich K. : Das Landesvolk als Gesetzgeber, Verfassungsrechtliche Anmerkung zum Volksgesetzgebungsverfahren aus Anlaß eines baden–württembergischen Volksbegehrens, in: DVBl. 1985, S.710–715.

Reich, Andreas : Verfassung des Landes Sachsen–Anhalt, Kommentar, 1994. (zit.: Reich, Verfassung SA)

Reiter, Karl J. : Verfassungsrechtliche Erwägungen zu der parlamentslosen Zeit nach einer Bundestagsauflösung, in: Klemens Kremer (Hrsg.), Parlamentsauflösung, 1974, S.89–103.

Rittger, Gebhard : Der Streit um die direkte Demokratie in der Bundesrepublik Deutschland, Diss. Bonn, 1992. (zit.: Rittger, Direkte Demokratie)

Röper, Erich : Parlamentarische Behandlung von Bürgeranträgen/Volksinitiativen, in: ZParl 1997, S.461–474.

Rohm, Stephan: Verfassungsreform in Schleswig–Holstein, in: NJW 1990, S.2782–2786.

Rommelfanger,Ulrich : Die Verfassung des Freistaats Thüringen des Jahres 1993, in: ThürVBl 1993, S.145–150, S.173–184.

Ruthenberg, Otto : Verfassungsgesetze des Deutschen Reichs und der deutschen Länder, 1926.

Rux, Johannes : Die Verfassungsdiskussion in den neuen Bundesländern – Vorbild für die Reform des Grundgesetzes ?, in: ZParl 1992, S.291–315.

Sachs, Michael : Zur Verfassung des Landes Brandenburg, in: LKV 1993, S.241–248.

Sachs, Michael : Bericht zur Verfassung Landes Brandenburg, in: Wiedervereinigung, Bd II, Teil 2,S.3–11.

Sampels, Guido : Bürgerpartizipation in den neuen Länderverfassung – Eine verfassungshistorische und verfassungsrechtliche Analyse–, 1998. (zit.: Sampels,

Bürgerpartizipation)

Sander, Michael/Schäfer, Thomas : Der Landtag des Saarlandes in der 1.und 2. Wahlperiode 1947–1955, in: 40 Jahre Landtag des Saarlandes, 1987, S.43– 70.

Sandter, Walter : Entwicklung, Wesen und Befugnisse des Ständigen Ausschusses, in: Klemens Kremer (Hrsg.), Parlamentsauflösung, 1974, S.63–77. (zit.: Sandter, Ständiger Ausschuß)

Schiffers, Reinhard : Elemente direkter Demokratie im Weimarer Regierungssystem, 1971. (zit.: Schiffers, Elemente direkter Demokratie)

Schlenker, Heinz : Die Änderungen der Verfassung des Landes Baden–Württemberg, in: VBlBW 1983, S.353–359, S.399– 405; VBlBW 1984, S.12–16, S.56–60.

Schlenker, Heinz : Das Landesvolk als Gesetzgeber, Zum Verfahren nach § 27 des Volksabstimmungsgesetzes, in: VBlBW 1988, S.121–125, S.167–171.

Schmid, Josef : Die „Kieler Affäre": Symptom eines deformierten Regierungssystems, Tat eines Einzelnen oder Kulminationspunkt einer schleswig–holsteinischen Sonderentwicklung?, in: ZParl 1988, S.495–505.

Schmid, Manfred : Der Stand der Verfassungsberatung im Land Thüringen, in: Wiedervereinigung, Bd. III, S.105– 110.

Schmidt– Bleibtreu, Bruno/Klein, Franz : Kommentar zum Grundgesetz, 9. Aufl., 1998. (zit.: Schmidt– Bleibtreu/Klein, Grundgesetz)

Schmollinger, Horst W. : Die Wahl zum Berliner Abgeordnetenhaus vom 10. Mai 1981: Einbruch der Sozialliberalen, in: ZParl 1983, S.38–53.

Schneider, Hans : Gesetzgebung, Ein Lehrbuch, 2. Aufl., 1991.

Schneider, Hans–Peter/Zeh, Wolfgang: Parlamentsrecht und Parlamentspraxis in der Bundesrepublik Deutschland, 1989. (zit.: Schneider/Zeh, Parlamentsrecht)

Schonebohm, Friedrich Karl : Die Volksgesetzgebung nach Hessischem Verfassungsrecht, in: Avenarius/Engelhardt/Heussner/Zezschwitz (Hrsg.), Festschrift für Erwin Stein zum 80. Geburtstag, 1983, S.317–335. (zit.: Schonebohm, Volksgesetzgebung)

Schröder, Meinhard : Fünfzig Jahre Verfassungsentwicklung in Rheinland–Pfalz, in: DÖV 1997, S.309–316.

Simon, Helmut/Franke, Dietrich/Sachs, Michael : Handbuch der Verfassung des Landes Brandenburg, 1994. (zit.: Simon/Franke/Sachs, Verfassung BB)

Spitta, Theodor : Kommentar zur Bremischen Verfassung von 1947.

Spreng, Rudolf/Birn, Willi/ Feuchte, Paul : Die Verfassung des Landes Baden–Württemberg, Kommentar, 1954.

Starck, Christian : Die neue Niedersächsische Verfassung von 1993, in: NdsVBl. 1994, S.2–9.

Starck, Christian : Die Verfassungen der neuen deutschen Länder, Eine vergleichende Untersuchung, 1994. (zit.: Stark, Verfassungen)

Starck, Christian : Die Verfassungen der neuen Länder, in: Isensee/Kirchhof (Hrsg.), Handbuch des Staatsrechts, Bd.IX, 1997, S.353–402.

Stern, Klaus: Das Staatsrecht der Bundesrepublik Deutshland,Bd. I, 2. Aufl., 1984; Bd. II, 1980. (zit.: Stern, Staatsrecht)

Stern, Klaus (Hrsg.): Deutsche Wiedervereinigung, Die Rechtseinheit, Arbeitskreis Staats–und Verfassungsrecht, Bd. I, 1991; Bd. II, 1992; Bd. III, 1992. (zit.: Wiedervereinigung, Bd. I, II, III)

Stiens, Andrea : Chancen und Grenzen der Landesverfassung im deutschen Bundesstaat der Gegenwart, 1997. (zit.: Stiens, Landesverfassung)

Stöffler, Dietrich : Kann über ein Volksbegehren zur Änderung der Landesverfassung der Weg zum finanzwirksamen Volksbegehren eröffnet werden?, in: ThürVBl. 1999, S.33–39.

Storost, Ulrich : Revision des Landesverfassungsrechts ? – Vorüberlegungen am Beispiel der Verfassung für Rheinland–Pfalz, in: Fürst, Walther/ Herzog, Roman/Umbach, Dieter C. (Hrsg.) Festschrift für Wolfgang Zeidler, 1987, Band 2, S.1199–1215.

Storr, Stefan : Staats–und Verfassungsrecht, 1998.

Strassburg, Heinrich : Der Ständige Ausschuß zur Wahrung der Rechte der Volksvertretung gegenüber der Regierung im Reich und in Preußen, Diss. Görlitz, 1933. (zit.: Strassburg, Ständiger Ausschuß)

Strenge, Irene : Plebiszite in der Weimarer Zeit, in: ZRP 1994, S.271–275.

Tauz, Günter : Die Entstehung einer Verfassung im Freistaat Sachsen, in: Wiedervereinigung, Bd. I, S.25–35.

Thiele, Burkhard/Pirsch, Jürgen/Wedemeyer, Kai : Die Verfassung des Landes Mecklenburg–Vorpommern, 1995. (zit.: Thiele/Pirsch/Wedemeyer, Verfassung MV)

Thieme, Werner : Die Entwicklung des Verfassungsrechts in Saarland von 1945 bis

1958, in: JöR Bd.9 (1960), S.423–473.

Thieme, Werner : Verfassung der Freien und Hansestadt Hamburg, Kommentar, 1998. (zit.: Thieme, Verfassung Hamburg)

Toews, Hans– Jürgen : Verfassungsreform und Parlamentsauflösung. in: Schneider, Hans/Götz, Volkmar (Hrsg.), Im Dienst an Recht und Staat, Festschrift für Werner Weber zum 70. Geburtstag, 1974, S.269–298.

Troitzsch, Klaus G. : Volksbegehren und Volksentscheid, 1979. (zit.: Troitzsch,VB und VE)

Unruh, Peter : Zum Stand der Verfassungsreform in Hamburg, in: DÖV 1995, S.265–275.

Vette, Markus : Volksgesetzgebung in Brandenburg, in: RuP 1996, S.218–221.

Wassermann, Rudolf : Plebiszitäre Demokratie – ja oder nein?, in: RuP 1986, S.125–131.

Weber, Albrecht : Direkte Demokratie im Landesverfassungsrecht, in: DÖV 1985, S.178–185.

Weber, Werner : Mittelbare und unmittelbare Demokratie, in: Festschrift für Karl Gottfried Hugelmann, 1959, S.765–786.

Wedemeyer, Kai : Das Verfahren der Verfassungsgebung in Mecklenburg–Vorpommern, in: Wiedervereinigung, Bd. III, S.37–46.

Wegener, Wilhelm : Die neuen deutschen Verfassungen, 1947.

Wehling, Hans–Georg und Rosemarie : Parlamentsauflösung durch Volksabstimmung? Zur Volksabstimmung in Baden– Württemberg, in: ZParl 1972, S.76–85.

Wesel, Uwe : »Offenbar unbegründet«, Zur Verfassungsmäßigkeit des Volksbegehrens gegen den Bau der Startbahn West, in: KJ 1982, S.117–131.

Widtmann, Julius/Grasser, Walter/Glaser, Erhard : Bayerische Gemeindeordnung, Kommentar, Stand : 1.Juni 1999. (zit.: Widtmann/Grasser, Bayerische Gemeindeordnung)

Wilke, Dieter/ Ziekow, Jan : Die Entwicklung von Status und Verfassung des Landes Berlin seit 1945, in: JöR Bd.37 (1988), S.167– 334.

Will, Rosemarie : Die neue Berliner Verfassung, in: NJ 1995, S.626– 630.

Wuttke, Holst: Die verfassungsrechtliche Entwicklung des Landes Schleswig–Holstein vom 1. 1.1972 bis zum 26.5.1979, in: JöR 1979, S.449–467.

Ziekow, Arne : Direkte Demokratie in Berlin, in: LKV 1999, S.89– 94.

Zinn, Georg August/Stein, Erwin/Zezschwitz, Friedrich v. : Verfassung des Landes Hessen, Kommentar, bis Erg.–Lfg. 16 (1999). (zit.: Zinn/Stein, Verfassung Hessen)

Zivier, Ernst R.: Verfassung und Verwaltung von Berlin, 3. Aufl., 1998.

著者紹介

村上　英明（むらかみ・ひであき）

1953年9月10日　山口市に生れる
1977年　九州大学法学部卒業
1981年　九州大学大学院法学研究科博士課程中退
　　　　佐賀大学経済学部講師，同助教授を経て
現　在　佐賀大学経済学部法政策講座教授
専　攻　憲法，行政法

主要著書

『憲法新版』（手島孝編，青林書院新社，1983年）
『男女雇用平等の新時代』（石橋主税編，法律文化社，1989年）
『基本憲法学〔第二版〕』（手島孝監修・安藤高行編，法律文化社，1998年）
『基本行政法学〔第2版〕』（手島孝＝中川義朗編，法律文化社，2001年）
『現代の人権と法を考える』（中川義朗編，法律文化社，1998年）

2001年9月20日　初版第1刷発行

ドイツ州民投票制度の研究

著　者　村　上　英　明
発行者　岡　村　　　勉

発行所　株式会社　法　律　文　化　社
〒603-8053　京都市北区上賀茂岩ケ垣内町71
電話　075（791）7131　FAX　075（721）8400
URL:http://web.kyoto-inet.or.jp/org/houritu/

㈱吉川印刷工業所・大日本製本紙工㈱
ISBN 4-589-02520-5

安藤高行著　憲法の現代的諸問題
―情報公開・地方オンブズマン・議員免責特権・良心の自由―
A5判　三五六頁　四三〇〇円

中川義朗著　ドイツ公権理論の展開と課題
―個人の公法的地位論とその権利保護を中心として―
A5判　三五二頁　八五〇〇円

落合俊行著　アメリカ政党の憲法学的研究
A5判　二三〇頁　五〇〇〇円

苗村辰弥著　基本法と会派
―ドイツにおける「会派議会」の憲法問題―
A5判　二一〇頁　三五〇〇円

近藤敦著　政権交代と議院内閣制
―比較憲法政策論―
A5判　二三二頁　二八〇〇円

原野翹著　行政の公共性と行政法
A5判　三二〇頁　六八〇〇円